新员工入职第一课

章哲◎著

中信出版集团 | 北京

图书在版编目（CIP）数据

新员工入职第一课 / 章哲著 . -- 北京：中信出版社，2020.11
ISBN 978-7-5217-2050-1

Ⅰ. ①新… Ⅱ. ①章… Ⅲ. ①企业管理－职工培训
Ⅳ. ① F272.921

中国版本图书馆 CIP 数据核字（2020）第 131291 号

新员工入职第一课

著　　者：章哲
出版发行：中信出版集团股份有限公司
（北京市朝阳区惠新东街甲 4 号富盛大厦 2 座　邮编　100029）
承 印 者：北京诚信伟业印刷有限公司

开　　本：710mm × 1000mm　1/16　　印　　张：31.75　　字　　数：440 千字
版　　次：2020 年 11 月第 1 版　　印　　次：2020 年 11 月第 1 次印刷
书　　号：ISBN 978-7-5217-2050-1
定　　价：99.00 元

前言

这是一本专业的企业新员工入职培训用书。

入职第一课应该讲什么？讲职场常识。

有一句话是“行家死于大势，菜鸟死于常识”。初入职场，新员工首先要学习什么？当然是职场常识，包括职场的基本概念、基本知识、职业意识、职业规则等。由于不懂职场常识，一些新员工刚刚入职，就犯了低级错误。曾经有一位新员工，由于不懂逐级汇报的常识，越级汇报，入职不久就与顶头上司闹僵。一些新员工，居然不知道遇事要请示，居然不知道辞职与辞退的区别，居然不知道什么是工资，居然不知道谁的问题找谁，居然不知道保密，居然不知道什么是岗位职责……看看，这么多“居然”，问题只有一个——不了解基本的、必须熟知的职场常识。

有人说，关于入职第一课，公司不是有新员工培训吗？

说到点子上了，这本书的初衷恰恰是想弥补企业新员工培训的缺憾。

什么缺憾呢？几乎所有公司在新员工入职时，都要开设专门的新员工培训课程，这是公司给新员工的入职第一课。本来，职场常识应该是新员工培训的主要内容之一，可是你会发现，几乎所有公司的新员工培训都不安排或很少安排通用且必不可少的职场常识，而是聚焦于本公司——公司概况、公司规章制度、公司员工行为规范、公司文化，以及业务知识和技能等，总之，聚焦于自己公司特定的入职注意事项。

这是不够的。记得很多年前，一位公司高管说：“连狐狸都没听说过，能听懂聊斋吗？连职场常识都不知道，能理解公司的新员工培训吗？能顺利入职吗？”是啊，大多数职场常识，如岗位、职责、制度、绩效、薪酬、胜任、敬业、诚信、团队精神等根本就没有纳入新员工培训。

那么，企业新员工培训为什么不讲职场常识呢？

答案很简单，没有时间。

即使非常有实力的公司，也无法安排充裕的时间做新员工入职培训。实际上，许多公司的新员工培训时间都是一减再减。由于时间不足，公司概况和业务培训被优先保证，职场常识被最先剔除，这几乎是所有企业新员工培训的通行做法。这意味着，新员工没来得及学习职场常识就匆匆上岗了，相当于没学基本概念和原理就去参加考试，没学交规就开车上路。如此，入职后的不顺和麻烦，就在所难免了。

入职第一课，就是要补上新员工入职时本来应该学习而没有学习，新员工培训应该安排而没有安排的职场常识。

入职第一课，就是为员工在入职前后进行“1+N”的学习和培训提供支持。“1”就是入职第一课，“N”就是公司自身的新员工培训课程和员工手册等。

基于此，在内容上，本书与公司新员工培训课程和员工手册相匹配，共计 16 课，分别是“认识企业”“上班”“岗位”“规章制度”“职业发展”“绩效”“奖惩”“薪酬”“计划”“执行”“组织沟通”“职场人际”“基本职业操守”“敬业”“诚信”“团队精神”，基本覆盖了新员工入职时应该掌握的职场常识。不同的是，本书聚焦于新员工培训和员工手册中的通识部分，也就是通行于职场的基本概念、知识、规则、职业意识和职业操守，不涉及特定公司的入职要求。

由于是企业新员工培训用书，本书坚持：

专业——符合企业新员工培训课程和员工手册的标准、体例和要求；

严谨——遵守国家法律法规，理论、原则、方法、名词、概念符合教科书标准，拒绝煽情和心灵鸡汤；

替公司代言，为员工着想——本书作为新员工培训的一部分，旗帜鲜明地替公司代言，介绍职场常识，给新员工提要求、立规矩；同时，也为员工着想，低标准，严要求，让员工避免犯常识性过错，不输在起跑线上。

完美入职，从入职第一课开始！

目录

1

认识企业

每一家企业像一艘船，新员工就像上船的新手，首先要做的就是了解这艘船——这艘载着自己远航的船。

认识企业，是认识职场的第一步。

本课目标

1. 了解企业，特别是要了解企业法人的含义。
2. 了解和体会公司发展史。
3. 了解公司的组织架构。
4. 了解公司的所有权与控制权。
5. 明白企业文化是公司之魂。

本课提要

1.1 什么是企业

企业法人　公司与非公司

1.2 公司发展史

向前辈致敬　时间线　成功基因

1.3 谁是老板

所有权　控制权

1.4 公司组织架构

组织结构　股东大会　董事会　监事会　管理团队　部门　科层制　指挥链　直线式　职能式

1.5 企业文化

标识和仪式　制度和行为规范　愿景　使命　企业精神　价值观

1.1

什么是企业

职场痛点

许多新人对与自己利益相关的组织——企业一无所知。

本讲提要

企业是什么？是独立的法人，是营利性组织，是利益的蛋糕。

了解企业，可以帮助你了解自己在职场的责任、权力和利益。

企业，人类最伟大的发明之一，是迄今为止最为广泛高效的经济组织形式。对于许多人来说，企业是工作的地方、生活的地方、养家糊口的地方、成就事业的地方、幸福和苦恼的地方，也是爱和恨的地方。

2010 年，中央电视台播出了一套系列电视纪录片《公司的力量》，引起轰动。片子里以国外的杜邦、西门子、三菱、松下以及中国的华为、格力、海尔等为例，讲述了公司在一个国家经济运行中发挥的作用。

企业构成了全球经济力量的 90%，创造了全球生产总值的 94%。如果把企业和国家放在一起统计，那么全球一百大经济体中，51 个是企业，49 个是国家。全球最大的 10 家企业的销售总额超过了世界上最小的 100 个国家国内生产总值（GDP）的总和。2018 年，《财富》世界 500 强企业中的第一名沃尔玛公司营业额为 5 003.43 亿美元，如果把沃尔玛看成一个国家，它在世界各国国内生产总值排名中位列第 25 位，超过有近 7 000 万人口的泰国。企业为全球 81% 的人口提供了就业机会。仅沃尔玛公司一家，就雇用了 230 万名员工，这一数据在全球国家和地区人口排名中位列第84位。

再来看看我国的企业。

以2017年年底作为统计口径，中国共有注册企业2 900万家，其中不到2%是外企，不到9%是国企，其余近90%是私有企业，也叫民营企业。2018年，在《财富》世界500强企业中，中国企业占80多家，在世界各国中居第二位。2018年，我国有3.91亿人口在企业上班，企业吸纳了我国50.4%的就业人口，创造了我国90%的国内生产总值。

可以说，企业兴则中国兴，企业强则中国强。处于世界科技和创新领域领先地位的华为、阿里巴巴，进入世界500强企业的80多家中国企业，我国2 000多万家中小企业，使全世界感受着中国力量。企业在我国经济和社会发展中所起的作用，从来没有如此重要。中国的企业，撑起了中国经济，撑起了中国科技创新，撑起了上亿家庭的生活，撑起了数亿人的事业和梦想。

那么，企业是什么呢？企业，是独立的法人，是以营利为目的的组织，是利益的蛋糕。

企业是独立的法人

什么是法人？法人是按照法定程序设立的、有一定组织机构和独立支配的财产，并能以自己的名义享有民事权利、承担民事义务的社会组织。这就是说，企业就像一个年满18岁的成年人，有姓名、身份证，有权利、义务，能独立决定事务，能独立承担责任。

如果企业不是法人，不像独立的成年人那样享有权利和承担责任，企业怎么聘用员工呢？怎么和员工签订劳动合同？谁和员工签合同？签了合同谁负责？不发工资员工找谁？有劳动纠纷时员工找谁？

如果只有几个人或十几个人的小公司，什么事都找老板，老板也许还能应付，如果再大一点的企业呢？如果是大型企业呢？中国平安保险公司有151万名员工，全公司每天签订的各种合同和协议就有上万份，都要找老板？显然是不现实的。

现在的许多公司，员工甚至找不到老板。你在公司里能看到的所有人，从董事长、总裁到经理，都是雇员，都是打工的。那么，公司出了事谁负责？

有了法人，这些问题就迎刃而解了。你去公司上班，是和公司这个法人签订劳动合同，而不是与某个个人签订合同。只要公司在劳动合同上盖了公章，公司的代理人签了字，出了任何事情，负责任的既不是给你签字的这个人，也不是公司的老板，而是公司这个法人。劳动合同的签字人离职，董事长被解雇，你都不用担心，只要公司这个法人存在，双方的权利和义务就存在。你的工资被拖欠，不是老板拖欠你的，而是公司拖欠你的，你可以通过起诉公司这个法人得到赔偿。

在我国，企业有两种，一种是公司，另一种是非公司。

公司是按照《公司法》注册成立的。公司有两种，分别是有限责任公司和股份有限公司。两种公司都是以注册和投资的全部财产对公司的债务承担有限责任。公司的注册资本为100万元，如果全部亏损，甚至亏损了1 000万元，承担的民事责任最高是100万元。有了这种安排，不仅与公司有交易和往来的各方有了权利和义务的主体，而且投资人也不用担心企业出事会连累自己，使自己倾家荡产。个人以自己的投资额承担有限责任，只要他足额出资，公司因经营困难发不出工资，员工只能找公司经营者（总裁、董事长），或者申请劳动仲裁，甚至申请财产保全，但无权要求个人赔付工资。

非公司包括个人独资企业和合伙企业，这类企业要承担无限责任。也就是说，这类企业如果欠债，无法偿还，老板要拿自己名下的资产，甚至出售房子，也要把钱还上。

企业是独立法人，不仅意味着有债要还，还意味着每一位员工进入公司后的一举一动，都代表着公司这个法人，是公司行为而不是个人行为。你如果在工作中出了差错，比如给客户或者公司造成了几百万元、几千万元的损失，最后都要由公司这个法人帮你解决。

公司法人是公司行为和社会责任的基础，是公司员工职业行为规范的基础，也是员工与公司权利与义务的基础。没有这个基础，员工不知道和谁签劳动合同，也不知道找谁领工资。

企业是以营利为目的的组织

做企业是为了赚钱吗？答案是肯定的，不以赚钱为目的的企业是不存在的。

我国《公司法》等相关法律给企业的定义是：企业是从事营利经营的独立核算组织。

联想公司有一句著名的广告语是：如果没有联想，世界将会怎样。人们更需要思考的是，如果没有千千万万的企业赚钱，世界会如何？国家将会怎样？

企业是为了赚钱而存在的，因赚到钱而蓬勃发展，因赚不到钱而倒闭破产。企业就是要追求利润最大化，这样，我们才能理解企业为什么会存在，也才能理解经济活动为什么能够持续。

市场经济中有一个非常简单的道理：一个个人或者一家公司，只有满足客户对产品或服务的需求，客户才会付钱。也就是说，双方都得到好处而没人受损，交易才会达成。所以，在法律允许下，让客户自觉自愿掏钱，能赚钱的企业，增进了人们的福祉，会受到客户和社会的奖赏。这个奖赏就是，越来越多的客户愿意购买甚至用更高的价格购买这家公司的产品或服务，从而让这家公司赚取远远超过市场中其他公司的利润，公司可以用这些利润开发更好的产品或服务。

- 2017 年，美国苹果公司的净利润达到 484 亿美元，成为世界第一赚钱机器。
- 2017 年，中国工商银行净利润 417 亿美元，位居世界第四。
- 2018 年，华为公司的净利润为 593 亿人民币。

试想，如果中国每年有几百家、几千家企业净利润达到几百亿美元，中国的企业家都能赢利，或者大部分能赢利，中国的国力会有所增强，中国老百姓的生活会有巨大的改善。

赚钱是企业的最终目的，但是在不同时期，企业的经营目标可能有所不同。有的公司稳扎稳打，年年赚钱。比如海底捞，从公司成立到今天，年年赢利，从来没有亏损过。有的公司为了将来赚钱，当下选择以扩大市场份额、规模化经营为目标，即使巨额亏损也在所不惜。阿里巴巴公司成立后连续 10 多年亏损，近年来才赢利。京东 1998 年成立到今天 22 年了，还在亏损。

企业的目的是赚钱。但是，企业不能唯利是图、不择手段，必须遵守国家的法律法规，甚至要遵守生意伙伴所在国的法律法规和国际贸易的通行规则。我国的《公司法》《反不正当竞争法》《劳动法》等法律法规，都是确保企业在不损害社会、消费者和劳动者利益的前提下，良性竞争并取得利润。企业在赚钱的同时，要承担企业公民的责任、环境社会责任等。

所以，新人进入公司，最重要的任务是为公司创造价值，帮助企业赚钱。

企业是利益的蛋糕

公司所有人忙碌了一年，产生的营业收入就是一个大蛋糕。我们看看这几家公司的蛋糕有多大。2016 年沃尔玛公司营收 4 859 亿美元，2017 年苹果公司营收 2 156 亿美元，2018 年阿里巴巴营收 2 502 亿元人民币，2018 年华为公司营收 7 311 亿元人民币。

全国的中小企业、小微企业，虽然不能与这些企业相比，但一年也有几百万元、几千万元人民币的营收。所以，这是一块很大的蛋糕！你到公司上班，风里来雨里去，不就是想从公司这个大蛋糕中分一块吗？不仅你这么想，投资人、高管、其他员工，还有银行、供应商，甚至在公司门口摆摊的、来公司送快递的、开出租的、卖保险的，谁不想从中分一块呢？

怎么分？一般来说，能够分的这个大蛋糕，叫营业收入。在企业营业收入这个大蛋糕里，首先要分出一大块给开发商、业主或供应商，用于购买原材料、设备，或者购买土地、厂房；然后要分一块作为办公费用，支付房租、水电费、差旅费、招待费等；再分出一块，支付银行的利息和其他融资成本；接着，要分一块给员工和管理人员，支付工资、奖金、保险金和相关福利；接下来，要分一块给企业的各种服务商。租用了云服务器的公司，要分一块给阿里云、百度云或者华为云；将人力资源外包的公司，要分一块给人力资源公司；将法务外包的公司，要分一块给律师事务所；将保安业务外包的公司，要分一块给保安公司；将后勤外包的公司，要分一块给送餐公司、出租车公司、保洁公司。再接下来，要分一块作为折旧费、公积金、公益金等。

最后，有一块很大而且很重要的蛋糕要分出来，用于纳税。公司营收这块大蛋糕，你一口，他一口，剩下的就不多了，这还没有计算研发、投资、赔偿、公益捐赠等费用。

华为是我国的卓越公司之一，2018 年营收为 7 311 亿元人民币，经过一系列分蛋糕的操作，只剩下 593 亿元人民币的净利润，利润率仅为 8.1%，这已经很高了。许多行业，比如制造业、零售业，利润率能保持在 3% 就很不错了。在经济发展比较好的年份，一般会有 30% 左右的企业处于亏损状态。在经济不景气的年份，会有 70% ~ 80% 的企业亏损。亏损是什么意思？就是公司所有人忙碌很久，不仅一分钱没赚到，反而赔钱了。

注意，无论企业怎么亏损、赔钱，你的工资、社保等一分钱都不能少，必须要保障。2020 年 2 月新冠肺炎疫情高发，西贝莜面村的老板坦言公司遭遇经营困境，现金流紧张。后在政府支持下，西贝莜面村很快获得银行一个亿的贷款，并首先用于支付员工的工资和保险。

如果企业没有亏损，剩下的是纯利润。剩下的纯利润该分给谁呢？理论上，该分给股东（投资人）。投资人投资这家公司，就是想让公司的大蛋糕在大家分剩下之后，能给他留一点。所以，投资人或者老板，获得的是企业营业收入这个蛋糕该分的都分了之后，剩下的那一块。他们是分蛋糕游戏中最后拿蛋糕的人。最后剩下的那一块，用经济学的专业术语说，是经济剩余，或者叫企业剩余。投资人或老板，是第一个进入企业，最后领取企业剩余的人。

作为职场新人，要了解公司分蛋糕的规则，学会与他人分享公司成果，还要学会维护自己的权益。

了解了以上 3 点，新人就应该知道入职后，如何认识自己的企业。

企业是独立的法人，意味着员工要了解公司的组织架构、公司各部门和各岗位的职责、职能、工作权限和工作关系。入职后，公司要为员工承担责任，员工也要为公司承担责任。

企业是以营利为目的的组织，意味着员工的价值在于帮助企业赢利，那么员工须尽快了解公司的战略、市场定位、客户、产品和服务、公司的竞争优势、如何运营、财务状况如何等。

企业是利益的蛋糕，意味着员工应该深入了解公司的绩效、薪酬、奖惩、职业发展等规定，学会与他人共享利益，学会维护自己的利益。

新人入职，从认识自己的公司开始。

本讲知识点

企业是什么？

企业是独立的法人，是以营利为目的的组织，是利益的蛋糕。

1.2

公司发展史

职场痛点

1. 缺乏对自己公司的了解。
2. 在一些新人眼里，自己公司的发展史是别人的历史，持局外人的心态。

3. 一些新人觉得大型企业如何了得，但对自己公司不屑一顾，缺乏起码的尊重和敬意。

本讲提要

了解公司发展史，是入职培训的必修课。许多公司都是由公司“大人物”亲自上这堂课。因为没有历史，就没有未来。

作为新人，对本公司发展史的态度应该如下。

- 致敬——向前辈致敬。
- 了解——按照时间线了解公司发展历程。
- 传承——传承公司的成功基因。

新人应努力让公司成为自己成长史的一部分，自己成为公司发展史的一部分。

新人参加公司的入职培训，了解公司的创业史、发展史，是必修的一课。

“欲知未来，先晓过往”，要了解自己的公司，必然要先了解自己公司的历史。许多公司都是由公司的大老板或者高管亲自讲这门公司发展史课，网络上就有马云给阿里巴巴新人讲公司发展史的视频。

提起企业发展史，许多人会想起全球知名企业传奇般的创业故事。比如，美国许多著名公司，都诞生在车库里。

1939 年，惠普公司诞生在一间狭窄的车库里。苹果公司是乔布斯和另外一个年轻人，以 1 300 美元起家，在车库里创立的。谷歌公司则是佩奇和布林在获得 10 万美元风险投资后，于 1998 年在美国加州的一个车库内创建的。

其实，我国企业的创业史、发展史与西方企业的比起来，更有传奇色彩，更耐人寻味。

1978 年改革开放以前，我国实行的是计划经济，民营企业的数量几乎为 0，外资企业的数量也为 0，当时只有国有企业，而计划经济下的国有企业，本质上不是企业，相当于计划体制下的一个车间、一个班组。因为国有企业的人、财、物全部纳入国家计划，企业招聘一个工人、修一个车间，要向政府部门层层申请，企业没有任何自主权。但是，那个时期的国有企业，也有自己的奋斗史、发展史，比如著名的大庆油田、第一汽车等。而更多的国有企业的历史，是政府部门的计划史、调拨史。纳入国家计划，企业兴；未纳入国家计划，企业亡。由不得企业自己。

今天，我们看到的大部分企业，都是1978年改革开放以后，从零开始，从无到有，慢慢发展起来的。40多年以来，我国有几千万家企业创立，成长起来一批世界级的公司。而我国的企业中，国有企业、外资企业、民营企业三分天下，各领风骚，这种格局在全世界是绝无仅有的。

而其中，民营企业发展史最有看点。要知道，我国的民营企业是通过自身努力，一步步冲破牢笼，成长起来的。民营企业像计划外的孩子。当年政策不允许，创始人却偷偷"生"，或者戴着红帽子"生"。所以，民营企业的发展史是要从创始人开始讲起的。

1984年，柳传志带着11个人和20万元创业，一开始就被人骗了，最后绝路逢生。2019年，联想位列中国制造企业500强第16位，位列《财富》杂志世界500强企业第212位。

任正非在国企经营中被骗200万元，44岁被开除，离婚后于1987年下海，好不容易凑到2.1万元。他带着父母和兄弟姐妹住在深圳的一个出租棚里，创建了华为技术有限公司。公司从给境外公司做电话交换机代理起步，今天已成长为世界级的伟大企业。

万达创始人王健林15岁参军，1988年主动到国有企业当总经理。王健林组织员工旅游，因为人均200元的活动经费未经请示而受到处分。他深感国企的体制对发展的束缚，于是在1992年将公司改制，万达集团股份有限公司成立。公司以万达广场为模式，在全国攻城略地，创造辉煌。

阿里巴巴、腾讯、京东、百度、万科、新希望集团，还有隐形世界冠军企业、地域龙头企业等，有的是从"鸡毛换糖"起家，有的是从夫妻店做起，有的是偶然被风险投资眷顾。甚至有一家民营企业，从1.5元起步，发展成拥有几十亿元资产的集团公司。

与民营企业相比，国有企业的发展史就显得中规中矩。国有企业，是根据政策成立，并承担着政府赋予的使命和任务，所以，其成长史与党和政府的领导与支持分不开。以福建省知名国有企业厦门建发集团的成长史为例。

1980 年，伴随着厦门经济特区成立的号角吹响，建发集团的前身——厦门经济特区建设发展公司在这块拓荒的土地上诞生了。几十年来，在厦门市委市政府的领导与支持下，经过一代又一代建发人的奋斗拼搏，它始终坚定地和特区一起茁壮成长并逐渐走向成熟，形成了以供应链运营、房地产开发、旅游酒店、会展、投资等产业为核心的福建省大型投资企业集团，探索出了一条国有企业改革发展之路。

国企成长史一般是领导班子团结一致，勇于探索，发动群众，改革创新，报效国家的历程。国企领导干部是组织任命的，有任期，所以国企不会像民营企业那样突出介绍领导干部的创业史，而是介绍不同时期企业的发展状况、成就，失败和暗淡之处会一笔带过。这样，国有企业成长史听起来，好像没有民营企业那样传奇。其实，在波澜壮阔的改革大潮中，许多国有企业的成长史也带有传奇色彩。中国移动、中国联通、中国电信这 3 家通信运营商，从当年的电信局分出，从零做起，一路打拼，分分合合，几经整合，形成了今天三大通信运营商三分天下的格局。

中国的外资企业，一般是国外的母公司在中国的分公司或者子公司，所以外资企业的成长史，就是母公司的成长史加上在中国的发展史。

西门子创立于 1847 年，1872 年就进入中国开展业务，已经 140 多年了。其实许多外资企业的成长史，都包括悠久的业务史、与中国的合作史、在中国的公益史等。另外，外资企业的成长史有一个特点，即会仔细介绍公司的产品、技术和服务的升级创新过程。

其实，每一家公司都有自己独特的成长史。新人入职时，公司会把自己的创业史、成长史仔细地讲给新人听。

那么，新人应该如何看待自己公司的成长史呢？

向前辈致敬

任何一家合法经营的企业，都值得尊敬。在学习公司成长史的时候，首先要从内心对公司和带领公司发展到今天的人们，表达自己的敬意。那些传奇式的大企业，其成长的故事激励着许多人，值得尊敬。那些名不见经传，仍然处在艰苦创业阶段的中小企业，也值得尊敬。

据我所知，当下企业中的许多职场新人，在上学的时候听惯了苹果、阿里巴巴、华为等著名企业的传奇，在入职培训时听自己公司的成长史就不屑一顾，觉得自己公司与它们相比很差，对自己公司的成长史嗤之以鼻，不以为意。

这种态度是不对的，是职场失败的开始。

我也创过业，做过几年公司的总经理。创业的酸甜苦辣，巨大的投资压力、经营压力和精神压力，非亲历者不能理解。

2019 年，华为创始人任正非接受采访时谈到，在华为发展的好多年，甚至到 2005 年，他还焦虑得每天晚上睡不着觉，有时很想放弃，甚至想卖公司。

中国每年会倒闭 100 万家企业，中国企业的平均寿命为 3.9 年。这意味着绝大多数新人入职时，很幸运地进入了一家成功企业，因为失败的企业已经关门。每一家企业，即使规模再小的企业，能够在市场中生存下来，发展起来，能够有自己的客户，能够给员工按时发工资、上保险，已经很了不起。而这些成就，是公司创始人和团队历尽千辛万苦才取得的。

新人应该知道，即使一家小公司，也有它了不起的历史。尊重企业成长史，就是尊重公司的创始人和团队，就是尊重公司，也是尊重自己。

所以，新人对公司成长史漠不关心的态度是不可取的，因为这表明新人对公司不满意或者不在意，没打算在公司长期发展。

按照时间线了解公司发展历程

公司大事记或者公司沿革，是公司的简历。新人入职一家公司，应该知道自己公司什么时候创立的，发生过哪些重大事件，就像了解一个人，就要了解他什么时候上学、工作、结婚等重大事件一样。大家可以按照时间线了解公司。

华为于 1987 年创立，代理香港公司的用户交换机；1990 年自主研发；1992 年研发并推出农村数字交换解决方案；1995 年销售额达 15 亿元，主要来自中国农村市场；1997 年推出无线 GSM 解决方案，并开拓城市市场；1999 年在印度设研发中心；2002 年在海外市场的销售额达 5.52 亿美元；2004 年与西门子合作成立合资公司，开发 TD-SCDMA 解决方案；2008 年在专利申请公司（人）排名榜上排名第一，LTE 专利数占全球 10% 以上；2012 年智能手机销售量超 2 000 万部；2018 年全年全球销售收入首超千亿美元，华为手机（含荣耀）全球发货量突破 2 亿部，稳居全球前三，开启 5G 微波技术全面商用新征程。所以，我们顺着时间线，很容易理清脉络，了解公司历史。

传承公司的成功基因

一家企业能够发展壮大，生存几十年、几百年，基业长青，一定有自己的独特之处，这就是企业的成功基因。了解一家企业的成长史，核心是了解企业的成功基因，即什么造就了这家企业的成功。

世界上，日本、德国、荷兰这几个国家寿命长的企业最多。截至 2013 年，全球寿命超过 200 年的企业，日本有 3 146 家，为全球最多，德国有 837 家，荷兰有 222 家，法国有 196 家。这些企业长寿的秘诀是什么？人们通过研究发现，它们都传承着一种精神——工匠精神，即坚定、踏实、精益求精的精神。亚马逊公司的老板贝佐斯认为，亚马逊成功的密码是“以客户为中心”，避免只向内看，只关注自己，他说：“如果我们开始专注于自己，而不是我们的客户，那么这就是灭亡的开始。”马云认为，阿里巴巴成功的基因，是阿里巴巴的核心价值观。

上面关于成功基因的解说，都是高大上的。实际上，大多数企业的成功基因，都是朴实无华的。一家广告公司成立 10 多年来，只有一个客户，每年有两个亿的广告业务收入。它成功的秘诀是——一心一意为这家企业提供精心的、定制的、深度的服务。一家小软件公司已经成功经营 20 多年，在自己细分行业中一直处于领导地位。它成功的秘诀是，软件公司不是卖软件，而是卖深度的、浸入式服务。有的企业的成功，是因为有好资源、好的支撑、好技术等。而新人会成为这些成功基因的传承人。

从新人入职那天开始，公司的成长史已经不是他人的风景、他人的故事，而是新人自己的故事，是新人的成长史。所以，新人应让公司成为自己成长史的一部分，让自己成为公司成长史的一部分，这才是真正的入职。

本讲知识点

对公司成长史的态度应该是什么？

向前辈致敬，按照时间线了解公司发展历程，传承公司的成功基因。一句话，新人应让公司成为自己成长史的一部分，让自己成为公司成长史的一部分。

1.3

谁是老板

职场痛点

许多新人不明白老板的概念，不知道公司的老板是谁，也不清楚所有权与控制权分离是什么意思。

本讲提要

公司老板包括两层含义：第一，企业所有者是谁，老板就是谁；第二，企业控制人是谁，老板就是谁。

入职前后，新人都想明白一个问题——公司老板是谁。

然而，老板是一个滥用的称呼，不同的公司有不同的含义。有的公司，老板是投资人或大股东。有的公司，老板是公司的实际控制人。有的公司，老板是公司的董事长或总裁。有的公司，员工把自己的上级统叫老板。比如员工的顶头上司是一个经理，有7~8个下属，下属一般会称经理为老板。

那么，新人如何理解老板这个称呼，并通过老板来理解公司及公司管理体系呢？很简单，只要理清两个问题即可。

第一个问题，企业归谁所有，所有者是老板。第二个问题，企业由谁控制，控制人是老板。所有者与控制人是两个概念。

比如你的父亲有一辆宝马汽车，你可以天天驾驶。这辆宝马汽车的所有者是你父亲，但是实际由你支配和控制，你开车不小心，出了车祸，交警会通知车主，也就是你父亲进行处理。所以，要回答“老板是谁”这个问题，要看问的是谁，是公司的所有者还是公司的控制人。

企业归谁所有

“企业归谁所有”这个问题较容易回答，答案很简单，从所有权的角度考虑，投资人是谁，所有者就是谁，老板就是谁。在我国，个人独资企业的投资人只有一个人，这种只有一个投资人的企业，所有者很清楚，投资人是谁，所有者就是谁。我国《公司法》规定，公司必须由两个以上的个人或者主体组成，这样投资人至少是两个，所有投资人都是公司的所有者，俗称“老板”。

一位明星的丈夫创办了一家公司，他占公司20%的股份，那公司就是他的吗？不是，即使他是大股东，也不是他的，因为公司是所有投资人的。但是，说他是公司的老板并不错，因为他确实是投资人之一。

有的公司规模很大，比如上市公司，有几万、几十万甚至上百万名投资人，公司是所有投资人的，而不是某一个大股东的，投资人哪怕手中只有一手公司股票，他也是公司的所有者，也拥有股东的权利，也是公司的老板。

大家可能注意过这样的报道，有人为了参加某家公司的股东大会，专门买一手该公司股票，他在会上主张小股东的利益，或者发表自己的意见。无论谁，只要买了公司股票，就是该公司的股东，就是投资人，获得了投资人的权利，也是老板，有资格参加股东大会。

国有企业的投资人是全国人民，它归全国人民所有，国资委是全国人民的“管家”，替全国人民管理资产。作为中华人民共和国公民，我们都是国有企业的老板。地方国企是地方政府投资的，比如北京、上海、广东的国企，是分别属于北京市居民、上海市居民、广东省居民的。

我国有混合所有制企业，混合是指国有资产与非国有资产混合。在这样的企业中，既有国有资产，又有民营资产或者境外资本，既有法人投资人又有个人投资人，这类企业归谁所有？依然归全体投资人。

实际上，我国几乎所有的大型国有企业，都已经在境外或者境内上市，这些企业除了国有部分外，有大量机构投资者和个人投资者，它/他们以自己的出资额在企业中享有所有者权益。

企业由谁控制

控制人决定企业的经营战略、发展方向，决定企业的重大投资，决定企业组织和人员聘用，比如聘用高管、中层领导，决定公司的利润和收入分配等。

这些问题与员工关系密切，新人一定要清楚。如果是一家老板自己投资的小公司，就很容易理解，老板自己投资，自己经营，所有者与控制人就是同一个人。企业有一定规模后，投资人会变多，会出现企业所有者与实际经营者分离的现象。所有者并不一定是控制人，控制人并不一定是企业所有者。企业规模越大，投资人就越多，大多数投资人无法参与到企业经营当中，而控制人不一定在公司有多少投资，甚至没有股份，这就是控制人和所有者不一致的现象，也叫“两权分离”。

那么，谁是企业的控制人呢？根据我国《公司法》的规定，有董事会的企业，谁控制董事会，谁在董事会里拥有多数投票权，谁就控制企业，谁就是企业的实际控制人。

谁能控制董事会呢？一般有以下几种情况。

第一，谁是控股股东，企业实际控制人就是谁。我国《公司法》规定，控股股东是指出资额占有限责任公司资本总额 50% 以上或者持有的股份占股份公司股本总额 50% 以上的股东，以及出资额和持有公司的股份比例不足 50%，但依出资额或者持有的股份享有的表决权已足以对股东会、股东大会决议产生重大影响的股东。这就是说，谁的股份达到 50% 以上，谁就可以成为控制人。或者说，虽然股份没有达到 50% 以上，可能只有百分之十几，但是只要相比其他股东是大股东，就可能是控制人。我国的《公司法》规定了同股同权，许多公司的实际控制人所占公司股份的比例一般在 30% 左右，最低的只要占百分之十几，就可以成为控制人。中兴通讯公司的实际控制人是中兴新，而中兴新只持有中兴通讯 28% 的股份。

第二，拥有的股份比例不高，但是通过同股不同权的制度安排实现了对企业的控制，从而成为实际控制人。不少中国的创业公司在美国上市，而不是在我国香港或者其他地方上市，是因为纳斯达克认可同股不同权。所谓同股不同权，是把股票分为两种——a 类股票和 b 类股票。投资人持 a 类股票，公司的创始人和高管持 b 类股票，b 类股票一股可以取得 a 类股票 10 股的表决权。这就像一些电视台的选秀节目，选秀节目一般设两种评委——专业评委和大众评委，其中专业评委的一票相当于大众评委的10票甚至更多。

马云在阿里巴巴只占7.8%的股份，加上其他合伙人的也没有超过20%，但是马云及管理层合计拥有阿里巴巴63%的表决权，这样就控制了董事会，成为公司的实际控制人。马云于2019年退休，但仍是实际控制人。这种同股不同权的设计，在美国上市的中国公司中普遍存在。百度的李彦宏拥有百度16.1%的股份，却掌控了百度60%以上的投票权。刘强东持有京东15.8%的股份，却拥有80%的投票权，是公司绝对的控制人。

第三，依靠影响力成为控制人。有的企业的控制人，在公司占有的股份比例非常低，甚至不到1%，公司也没有同股不同权的制度安排，那么他靠什么来控制企业呢？靠的是个人在公司的影响力。比如，控制人在公司的创立和发展中做过巨大的贡献，拥有很高的威望，从而取得了股东的支持，控制了董事会，控制了公司。以下是几个典型的案例。

苹果公司的创始人乔布斯，生前是苹果公司的实际控制人，但是乔布斯在1997年回归苹果公司之后担任首席执行官，只有苹果公司0.585%的股份。深圳万科公司创始人王石在2014年之前，一直是万科的实际控制人。其实，王石只有公司0.069%的股份，按照万科的事业合伙人计划，合计才占4.48%的股份，大股东是华润集团，占有公司14.73%的股份。王石是如何做到在30年中一直是万科的控制人的？因为万科是王石创立的，并且在他的领导下，万科从一家小公司发展成为中国房地产行业第一品牌，他在万科具有巨大的影响力。在很长的时间里，万科的大股东和其他股东都支持他控制公司。格力电器的实际控制人是董明珠，而它是一家珠海国资委通过格力集团控股的公司，董明珠在2017年仅拥有上市公司格力电器0.74%的股份。由于在格力电器的发展中做出的卓越贡献和形成的巨大影响力，董明珠成为格力电器的实际控制人。2019年12月，珠海明骏公司受让了格力集团持有的15%的股份，成为新的大股东。然而，格力电器的实际控制人仍然是董明珠。

国有企业是典型的所有权和控制权分离的企业。从所有权看，央企（中央国有企业）属于全国人民，地方国企属于当地全体公民。但是，国有企业的实际控制人并不是老百姓，而是国资委，中央和地方国资委充当出资人和控制人的角色。甚至一些国企的实际控制人并不是国资委，而是国企的领导层。个别国企为领导个人所有，资产被掏空，经营管理混乱，这种现象在经济学中有一个专门的概念，叫“内部人控制”。

1941 年，美国社会学家詹姆斯·波恩汉姆（James Burnham）写了一本书《经理革命：世界上正在发生的事情》（*Manager Revolution: What is Happening in the World*），书中谈到当时西方的企业界出现了一种趋势，这种趋势是企业所有权和管理权的分离，越来越多的企业所有者，也就是我们说的老板或者投资人，从企业的经营管理中退出，把企业交给经理人打理，越来越多的企业掌控在经理人手里。今天，西方 95% 以上的大中型企业都是由经理人打理的，也就是说，95% 以上的公司的董事长、首席执行官，基本是经理人。首席执行官以下，几乎都是经理人了。这些经理人包括微软公司董事长约翰·汤普森、可口可乐公司现任董事长内维尔·伊斯戴尔（Neville Isdell）、美国通用电气前董事长兼首席执行官杰克·韦尔奇和随后继任的董事长杰夫·伊梅尔特（Jeffrey Immelt）等。

而有的公司里，高管、总裁、副总裁等被下属称为老板，甚至有的公司里，部门经理、小班长也被称为老板，实际上，他们既不是公司的所有者，也不是公司的控制人，而只是公司的管理者，是不应该被称为老板的。公司里的其他员工那样称呼，新人当然也可以。

通过这一讲，以后有人再问你，你们公司的老板是谁，你就容易回答了。你要问，是想知道投资人还是控制人，然后告诉对方投资人是谁（你应该并不知道公司的投资人具体有哪些），公司的控制人就是指董事长。

大家在平日里常把自己的直接上司叫老板，这是一种称呼的习惯，在有的大学里，研究生把自己的导师也叫老板。显然，他们都不是老板。

本讲知识点

1. 什么是“两权分离”？指企业的所有权与经营权（控制权）分离，分别由不同的人行使的现象。

2. 老板如何控制公司？老板通过 3 种方式控制公司：成为控股股东，依靠同股不同权的安排，依靠影响力。

1.4

公司组织架构

职场痛点

新人对公司组织结构不了解，对公司的指挥链不熟悉，对自己在公司中的位置不清楚。

本讲提要

1. 如何看懂公司的组织架构？以组织图为向导。

2. 公司的组织架构，分为 3 个部分：决策层、执行层和操作层。

3. 公司的组织结构有 3 种：科层制、直线式和职能式。

组织架构

一家公司，由几百人、几千人甚至几万人组成，其中的机构、部门就像摩天大楼里的管道、线路那样复杂，一不留神就像进入了迷宫。

入职后，你要尽快了解：你在哪个部门，你们部门归谁管，你的上级是谁，工作的前后手是谁。公司有哪些部门和机构，你以后要和哪些部门打交道，公司管理团队如何，公司治理结构如何。

怎么了解公司这座迷宫呢？新人可以从组织图入手了解公司。

什么是组织图？即公司组织架构的示意图。

请大家先看一个样本，下图是一家有 100 多人的公司组织图。

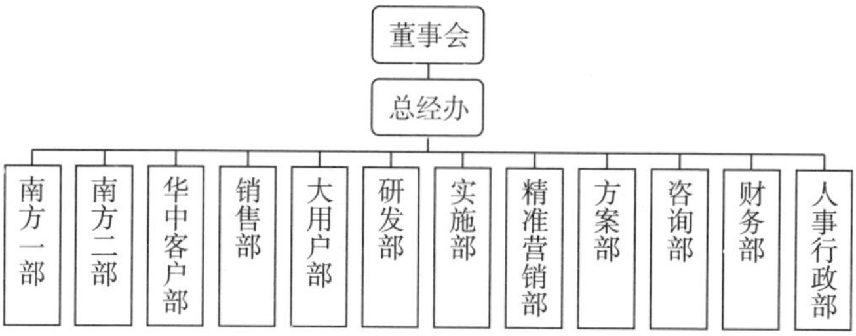

简单组织图

虽然这张组织图简单，但对新人了解自己在公司里的位置和对应关系会有很大帮助。假如你入职的岗位是大客户专员，通过解读这张组织图，你可以了解到以下内容。

- 你这个岗位隶属于大用户部。
- 你的顶头上司或者直线上级，是大用户部经理。
- 大用户部的直线上级是总经办的分管副总。
- 公司的最高决策机构是董事会。
- 你与大用户部的其他大客户专员是同事。
- 你工作的前后手有销售部、研发部、实施部、方案部、咨询部、财务部、人事行政部，你们协作配合，共同为客户提供最好的产品和服务。

下面，我们一起看一张复杂的组织图，这是国内某大型快递公司的组织图。

如何解读呢？一个人有大脑、躯干和四肢。一家公司的组织架构和人体相似，也分为大脑、躯干、四肢 3 个部分。公司的组织图就像人体示意图。

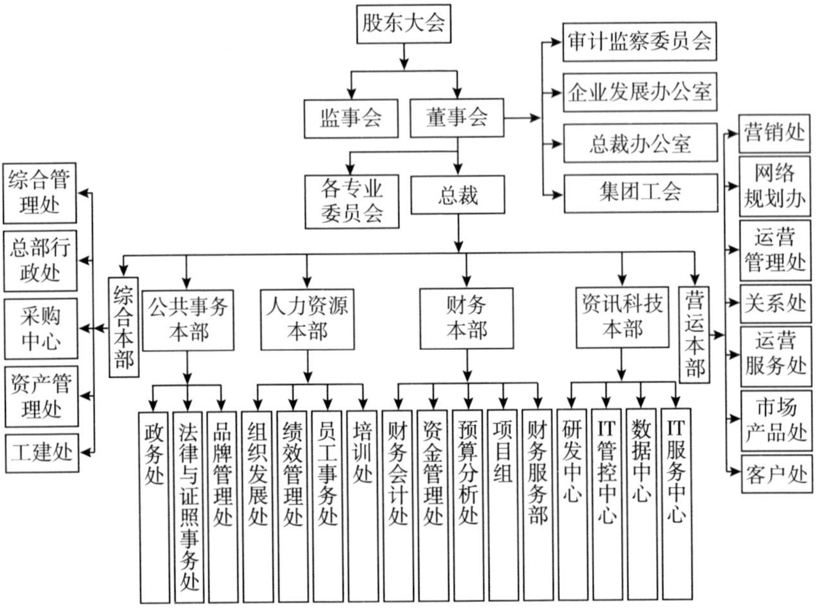

复杂组织图

公司的大脑是决策层，公司的躯干是公司各部门和分支机构，公司的四肢是基层工作单元。我们分别了解这 3 部分。

第一部分是公司的大脑——决策层。任何公司都有决策层，相当于公司大脑。决策层在有的公司叫经营层或管理层。一家治理结构完整的公司，决策层有 4 部分，分别是股东大会、董事会、监事会和管理团队。通过委托—代理关系对这 4 个部分的权力、责任和利益进行安排，就是公司治理。

1. 股东大会。

股东大会不是常设机构，一年开一两次会，最重要的议题是选出公司董事，成立董事会。

2. 董事会。

董事会是大中型企业的常设机构，由若干名董事组成，对股东大会负责，是公司重大决策的中心。董事会是公司的最高权力机构，决定公司的发展战略、预算、决算、分配政策、重大的人事任免和重大投资决策。

董事有两种：一种是执行董事，在公司上班，属于专职；另一种是非执行董事，由高管兼任，或者从公司外聘请专家、名人担任，也叫外部董事或者独立董事。董事长由董事会选举产生，任期由公司章程决定。有的公司学习国外的做法，把董事会叫董事局，把董事长叫董事局主席。大企业和上市公司在董事会下设几个专业委员会，比如审计委员会、战略投资委员会、提名委员会、薪酬考核委员会。小企业，特别是私营企业，一般没有常设的董事会，甚至没有董事长，只有一名执行董事，相当于董事长。公司的法定代表人一般由董事长担任，也可以由董事会指定某人担任。

3. 监事会。

监事会是大企业的常设机构，与董事会平行，对股东大会负责。监事会监督公司财务、董事会、经营管理人员的行为，维护公司章程和股东利益。监事会就像公司的纪委。监事会设监事长一名、监事若干。根据我国《公司法》，小企业也必须有一名监事，往往由老板指定一人担任，大企业就比较规范。

4. 管理团队。

在民营企业或者外资企业，管理团队也叫高管团队或者总裁办公会。国有企业不使用“管理团队”这个称谓，而用“经营班子”或者“领导班子”的称呼。不管什么称谓，他们是负责公司日常经营管理的高级管理人员，简称高管或者高层。有的公司有总经理，有的公司有首席执行官，有的公司两者都有，首席执行官比总裁级别高。副总裁在有的公司被称为副总经理，在有的公司被称为首席财务官、首席运营官或首席技术官等，都是副总裁级别。有的公司的 CXO 是总监的别称。在外资企业，很多副总裁是荣誉职务，并不是高管。另外，公司有“三总师”，即总工程师、总经济师、总会计师，都属于高管。总裁助理在有的公司是高管，在有的公司则不是。在国有企业中，除了董事长、总经理、副总经理、副总裁之外，党委书记（一般兼任董事长）、党委副书记、纪检组长、工会主席也属于高管。特别说明一下，大企业或者上市公司都有一个职位叫董秘，即董事会秘书，千万不要以为董秘就是给董事长当秘书的。董秘在公司中属于高管，必须持证上岗，薪水很高，负责公司信息披露等董事会事务。

大多数大公司，董事长和总裁分别由不同的人担任。马云在退休前，阿里巴巴的董事局主席是马云，首席执行官是张勇。我国几乎所有国有大中型企业，都分设董事长和总裁。少数大公司的董事长和总裁由一人担任。2015 年以前，马云担任阿里巴巴董事局主席兼首席执行官。刘强东迄今为止仍担任京东集团董事局主席兼首席执行官。如果是小企业，比如几十人、上百人的公司，上面的 4 部分常常合而为一——投资人、执行董事、董事长、总裁是同一个人，这个人常被称为老板。

第二部分是公司的躯干——公司各部门和分支机构。在高管团队下面，公司设有许多部门和分支机构。部门有行政部门、职能部门、业务部门。分支机构有分公司、子公司、参股公司、办事处、代表处等。

1. 行政部门。

行政部门包括董事长办公室（简称董办）、董事长秘书办公室（简称董秘办）、总经理办公室（简称总办）、党委办公室（简称党办）。

2. 职能部门。

公司根据研发、生产、物流、市场、销售、财务、人事、法务、合规等职能划分的部门叫职能部门。有的公司仅仅把行使管理职能的部门叫职能部门，包括行政部、财务部、人力资源部和企管部。不同的公司，对职能部门的划分是不一样的，因公司而异。

3. 业务部门。

业务部门就复杂了，不同的公司，差异很大。业务部门包括生产部、技术部、质量管理部、仓储运输部等，生产部下面有生产厂、厂长，厂长下面设车间主任。在有的公司，研发部门是独立的大部门，但在有的公司是生产部内设的小部门。其中的销售部门有市场部、销售部、客户服务部。销售型的公司由于销售网络比较庞大，下设的部门会很多，比如在销售系统里专设人力资源部、培训部、财务部。大公司的业务部门划分很复杂，有根据公司的产品来划分业务部门的，比如电子仪表部、工业工具部、光源部、显示器部等。有根据工艺流程划分部门的，比如冲压车间、焊接车间、电镀车间等。

4. 分支机构。

分支机构有分公司、子公司、参股公司、办事处和代表处等。

分公司没有独立的法人资格。比如某公司的北京分公司、上海分公司在当地从事经营活动，由总部承担经营的法律责任。

子公司则是公司投资设立的具有独立法人资格的公司，又分两种。一种是控股公司，是由总部投资创立的全额子公司，或者出资额超过 50% 的子公司；另一种是参股公司，出资额低于 50%，不控股。总公司不能合并不控股公司的营业收入和财务报表，只能将其计入投资损益。

在这些部门、分支机构里，有的是公司的核心部门，有的是非核心部门。那么，公司里哪些部门是核心部门？哪些部门是非核心部门呢？你只要看在公司发展中，哪个部门给公司带来最多的利润，让公司最有市场竞争力，或者公司最离不开哪个部门，哪个部门就是核心部门。

第三部分是企业的四肢——基层工作单元。各部门下面的基层工作单元包括车间、小组、基层部门、主管、领班、工长、生产线上的线长、车队的队长等。在基层，有的职务是实的，有的则是虚的。

有的公司为了方便，给销售人员或者基层销售主管制作名片时，将其头衔叫得很响亮，经理、总监是常见的，还有中华区副总裁、华东区总裁等，但很可能他就是一个月工资几千元钱的普通员工，一个下属都没有。但是，就像人的四肢用来走路干活一样，公司的基层单元和基层员工，处在公司各项事务的一线，再伟大的公司战略，最后都要通过基层员工的执行才能实现。

那么，公司的大脑、躯干、四肢从上到下是如何连接的？为了把几百名、几千名、几万名员工组织起来实现公司的战略目标，公司要设置一定的组织结构，这种组织结构呈现出自上而下的层级划分，即科层制。小公司分为 3 个层级——老板、部门、员工，大公司有多个层级。

许多国有大企业按照总部—省公司—市公司—区县公司—乡镇公司层层设置。某快递公司在公司总部下面设若干业务和职能本部，在其中一个本部——运营本部下面又设6个经营本部，分别是华南、华东、华中、华北、东南、海外；在经营本部下面设若干区部，区部下面又设分部，分部下面又设点部，形成总部—运营本部—经营本部—区部—分部—点部共6个管理层级 。

公司的组织结构，有两种设置方式。第一种是直线式。这是上级对下属指挥，下属对上级服从的关系，也就是常说的顶头上司和直接下属的关系。每一位员工都有顶头上司，他对下属拥有指挥权、决策权，让员工干什么工作，员工就必须干什么工作，你的工作任务、假期、考核等都是由这位直线上级决定的。这种直线上级，也叫直线经理或直线领导。在公司里，从上到下，上级有自己的直线下属，直线下属又有直线下属，这样按照科层制层层往下，就形成了公司的指挥链。

作为新人，入职后，不仅要清楚自己的顶头上司是谁，还要清楚整个指挥链，也就是你的上级的上级是谁，甚至上级的上级的上级是谁，这些都是职场必备知识。

第二种是职能式。公司上下之间不是一种指挥和服从的关系，而是一种咨询、协助、参谋、劝告的关系。在公司里，这类部门和职位很多。公司的财务部、人力资源部、行政部、采购部、公共关系部、法务部等，一些职位如总裁助理、经理助理等，都属于职能式或参谋式。职能式最大的特征是对下面的部门或人员，没有指挥权、决策权，只能建议、参谋、咨询、劝告。

某快递公司总部下设总裁办、企业发展办公室、公共事务本部、人力资源本部、财务本部、综合本部、资讯科技本部、运营总部等，在本部下面又设了处。公司的运营总部是分布在全国的六大经营本部的直线上级，而其他如公共事务本部、人力资源本部、资讯科技本部等是职能部门，不是六大经营本部的直线上级，不能指挥经营本部。所以，新人应该明白，在公司里除了自己的直线上级之外，其他经理虽然层级高，但是并不是你的直线上级，对你的工作没有指挥权和决策权。

当然，除了直线式和职能式两种之外，还有矩阵式、直线职能式等，这些较复杂，新人了解即可。

最后，新人须注意两点。一是，寻找自己的位置。新人应了解自己的上级是谁，上级的上级是谁，工作的前后手是谁，所在部门的职能是什么，与公司其他部门的关系如何，与外部合作伙伴的关系如何，部门归谁管。公司管理团队有哪些人。二是，认识上要有两手准备。由于客观原因，大多数公司公布的官方组织图、组织设置图、指挥关系图等，与公司真正运行时的情况是不同的。

新人千万不要看到组织图上董事长是总裁的直线上级，就认为董事长就真的是总裁的直线上级，实际上有很多复杂情况。美国硅谷有一张有名的组织图，是几家科技公司的结构图。这些公司的组织结构与官方公示的差不多，而实际情况并非如此。

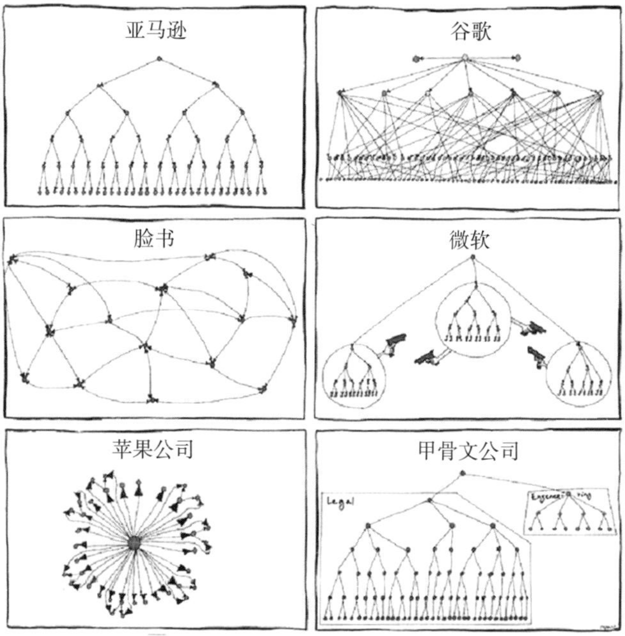

硅谷几家科技公司的结构图

本讲知识点

1. 公司决策层有几个部分?

4个部分，分别是股东大会、董事会、监事会和管理团队。

2. 什么是科层制?

公司的组织结构是按照自上而下的层级划分的。

3. 什么是直线式组织?

公司里是上级对下属指挥，下属对上级服从的关系，是常说的上下级关系。

4. 什么是职能式组织?

公司上下之间不是指挥和服从的关系，而是咨询、协助、参谋、劝告的关系。

5. 什么是指挥链?

在科层制组织中，按照直线式组织关系所形成的指挥—服从链条。

1.5

企业文化

职场痛点

新人不理解，公司为什么强调企业文化。

本讲提要

企业文化，是企业做事的原则和态度、行为准则和核心价值观，一般分为 3 个部分：第一部分是标识和仪式，第二部分是制度和行为规范，第三部分是企业的使命、愿景和价值观。企业文化的核心是价值观。

企业文化是企业入职培训的重中之重。新人入职后，公司首先要给新人装上公司自己的软件，新人才能变成自己人。这个软件是什么？就是企业文化。

我们先看一个事件。2011 年 2 月 21 日，阿里巴巴宣布，为维护公司“客户第一”的价值观，2010 年公司清理了约 0.8%，即逾千名涉嫌欺诈的“中国供应商”客户。在调查中，有迹象表明公司直销团队的一些员工，为了追求高业绩高收入，故意或者因疏忽使一些涉嫌欺诈的公司加入阿里巴巴平台，先后有近百名销售人员被认为负有直接责任。这些人员将按照公司制度接受包括开除在内的多项处理。

阿里巴巴为什么如此处理？马云说，这是捍卫企业文化，捍卫企业的价值观。那么，什么是企业文化？企业文化是企业做事的原则和态度、行为准则和价值观。

一个人有做人的原则，即什么可以做，什么绝对不能做。一个家庭也有自己的原则，即家训、家规和家风。有一个家族的家训是：百善孝为先、诚信为本、以和为贵、以德服人。另一个家族的家训是：尊老敬贤，耕读传家。诸葛亮写给儿子的《诫子书》中要求儿子：“夫君子之行，静以修身，俭以养德。非淡泊无以明志，非宁静无以致远。”南北朝时期的颜之推，写了著名的《颜氏家训》，其中写道：“积财千万，不如薄技在身。”这些家训反映了家族的长辈对后代在做人做事、安身立命方面的希望和要求。根据家训，不少家族又订立了家规。家族通过家训、家规和家风，把安身立命的原则传承下去。

一个国家和民族应有自己的核心价值观。在我国，大家熟知的社会主义核心价值观是：富强、民主、文明、和谐，自由、平等、公正、法治，爱国、敬业、诚信、友善。一家企业也有自己做事的原则和态度、行为准则及价值观，这就是企业文化。为了捍卫企业文化，阿里巴巴辞退一批高管和明星员工，可见企业文化对一家企业有多么重要。不过，有新人说，企业文化就是几句口号、几条原则，到底怎么理解呢？

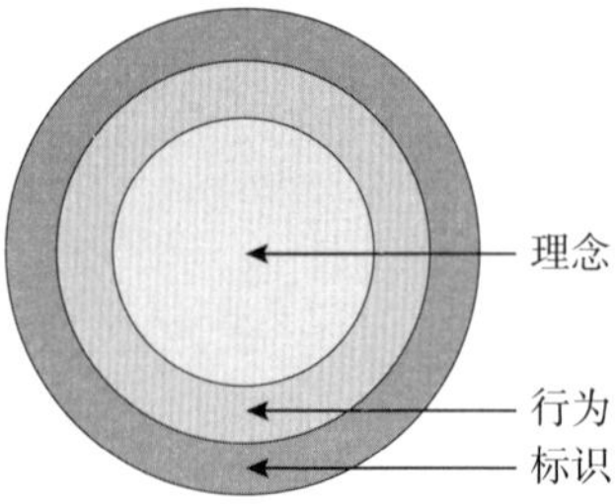

企业文化

企业文化，并不难理解，可以用 3 个圈表示。第一个圈是标识和仪式，是给大家看的。第二个圈是制度和行为规范，是定下来并要按照做的。第三个圈是使命、愿景和价值观，是心里想的，要去努力的。

标识和仪式

一家公司的企业文化，首先是通过视觉化、听觉化的标识、仪式体现出来的。这些标识和仪式有以下几类。

1. 公司标识。公司标识承载着公司的理念和价值观。

2004 年，华为的标识由 15 朵花瓣组成，现在改为 8 朵花瓣。任正非说，华为的标识是一朵菊花，它的寓意是华为的员工要蓬勃向上，万众一心，散发光芒。

2004年以前　2004年　2018年

华为的标识

2. 办公场所张贴的标语、口号。

3. 宣传栏、看板、公司内刊。

4. 公司之歌。

《联想之歌》的歌词是：“我们的心中有一个声音在回响，人类失去联想，世界将会怎样。我们的目光在科技高峰上翱翔，肩负历史的重任，托起中华的太阳。啊，联想，联想，联想，乘风破浪向远方；啊，联想，联想，联想，我们走向辉煌。”

5. 开会的议程、活动的仪式。

2019 年 3 月 29 日，华为消费者业务部门举行“军团作战”誓师大会，大会的主题是敢于领先，勇挑重担，激发活力“多产粮”。手机业务掌门人在大会上说：“要通过华为品牌守住南坡，通过荣耀品牌守住北坡……向 1 500 亿美元的目标前进！”

制度和行为规范

制度和行为规范包括企业文化手册、员工行为规范、员工手册、企业文化制度、企业文化活动及企业故事。

1999 年 4 月 30 日开始，海尔集团在美国 F 州建厂。作为海尔在美国建厂的负责人，徐某第一次去就给美国人留下了深刻的印象。“我接待过许多中国代表团，但是没见过像海尔人这样抢时间工作的，即使路过迪士尼乐园也不进去，这种精神真了不得！”一见总裁的面，F 州的办公厅主任 R 先生就夸起了海尔人。原来，海尔冰箱进出口公司的徐某到美国 F 州开展业务，R 先生在得知他是第一次到美国时，硬是把他拉到了迪士尼乐园门口。面对 R 先生的盛情，他婉言谢绝：“谢谢，但我的工作还没干完。”R 先生感动之余伸出了大拇指：“我接待过上百个代表团，不提到迪士尼乐园玩一玩的，海尔人是第一个，现在我明白了，海尔为什么能在短短十几年发展过程中创造这么多奇迹！”

使命、愿景和价值观

什么是使命？使命是企业存在的理由。

- 阿里巴巴——让天下没有难做的生意。
- 京东——让生活变得简单快乐。
- 华为——丰富人们的沟通和生活。

什么是愿景？愿景是企业对未来的展望和设想，是用来回答企业将来要成为什么样子的。

- 阿里巴巴——分享数据的第一平台，员工幸福指数最高的企业。
- 万科——成为中国房地产行业持续领跑者。
- 腾讯——成为最受尊敬的互联网企业。

什么是企业价值观？企业文化的核心是价值观。价值观是企业做事的原则，是企业提倡什么、反对什么、赞赏什么、抗拒什么的标准。有人会说，价值观比较虚，重要吗？答案是非常重要。

大家看过足球、篮球比赛，试想一下，如果把足球、篮球去掉，你知道这些人是在干什么吗？没有球，你只看到那些人在场地上跑来跑去、抢来抢去，但不知道为什么。但有了足球、篮球，大家就看懂了球场上的人为什么跑来跑去、抢来抢去。球，让球场上人们的行为有了意义。企业的价值观，就像球场上的球。

价值观让公司和人的行为有了意义。企业不能唯利是图，不能铤而走险。什么钱该赚，什么钱不该赚；什么可以做必须做，什么不能做不必做；赞成什么，反对什么，都是有原则和标准的，这个原则和标准就是企业的价值观。阿里巴巴的核心价值观有 6 条，号称“六脉神剑”，分别是客户第一、团队合作、拥抱变化、诚信、激情、敬业。华为的核心价值观也有 6 条，即成就客户、艰苦奋斗、自我批判、开放进取、至诚守信、团队合作。大家看到，我国这两家著名企业的核心价值观有共同点，比如都提到客户、团队、诚信，这很正常，无论是中国其他企业，还是国外的企业，价值观都聚焦于核心元素。

兰德公司（Rand）、麦肯锡公司的研究表明，世界 500 强企业注重团队协作、以客户为中心、平等对待员工、激励与创新等核心价值观。据调查，在美国 301 家顶级企业的企业文化宣言中，“客户”出现了 211 次，“团队、团体、团队合作”出现了 263 次，“创新、原创性”出现了

174 次，“诚信”出现了 192 次，“员工”出现了 236 次。

不同的企业，有不同的企业文化。就像不同的人有不同的做事原则、不同的家族有不同的家训和家规一样，企业文化是企业在发展中积累总结的，带有创始人的价值取向和克服市场挑战所形成的印记，所以，不同企业有不同的企业文化。有多少家企业，就有多少种企业文化。我国一些企业，用动物代表自己的企业文化。

- 狼文化——敏锐、奋不顾身、群体奋斗。
- 象文化——诚信、稳健、实力、敏锐、团队、和谐共生。
- 鹤文化——自信、从容、稳健、和谐。

除以上以外，企业文化还有牛文化、马文化、龙文化、狗文化，十二生肖被不同的企业当作了自己企业文化的标志。其实，用动物代表企业文化是比较抽象的，如象文化和鹤文化都有稳健、和谐的意思，并不容易理解。

在我国，比较直观的有以下 4 种企业文化。

1. 科层文化。

科层文化表现为四平八稳，不冒险。任何工作都要讲程序，办手续，按部就班，宁可不做也要把程序走完。领导的权威大，层级分明。做任何工作，先考虑如何理顺公司内部上下的关系，考虑对公司方方面面的影响，即使再小的事情，也要开会研究，开会就要设主席台，有相关领导参加，有领导做指示。公司放在第一位的，永远是上级领导的指示，而不是市场、客户和绩效。

2. 家长文化。

老板在公司像一家之主，甚至像国王，拥有绝对的权威，一切工作都必须围绕老板的想法和指示开展。在我国某公司，老板讲话时，所有员工无论职位高低，必须站着听。而且，老板的讲话会在第一时间被发布到公司的司刊上，并且会在全公司掀起学习和表态的热潮。公司各部门和分、子公司的经理和员工，人人表态，人人拥护。老板如果在公司工作群说一句话，人人必须点赞。与官僚式不同的是，家长式企业文化并不是四平八稳的，也不讲程序，不循规蹈矩，不考虑方方面面的影响，只要老板想做的事情，就立刻执行，不需要论证，不需要程序，有条件要做，没有条件要努力去做。

家长文化的企业十分推崇中国传统文化，讲究孝敬父母、家庭和睦、礼义廉耻；同时，十分推崇军旅文化，提倡向军人学习，强调服从、执行、奉献和集体主义。

3. 草莽文化。

草莽文化在一些创业公司很普遍。公司不注重制度，不讲程序，员工有想法一起干，有困难一起克服。

4. 开放文化。

开放文化强调责任、参与和人人平等。开放文化是绩效导向的文化，一切工作都围绕为客户提供更好的产品和服务而开展。在公司里，普通员工见到老板，可以直呼其名。开会不设主席台，不用让整个领导层参加，讲话人也不用拿讲话稿一字一句地念，更像在发表演讲。阿里巴巴、腾讯、百度、小米等被认为是具有开放文化的公司。

企业文化各种各样，有的公司倡导成功学文化，天天喊口号。具有不同企业文化的公司，做事方式差别很大，从乘电梯和开会这两个行为就能看出。

电梯里已经挤满了人，老板最后一个进来就会超重，怎么办？

- 开放文化——老板主动出去。
- 草莽文化——里面的人把老板拉进去，强行关门。
- 科层文化——不等老板进去，里面的员工就会出来一两位，让老板进去。
- 家长文化——不会出现这种情况，老板乘电梯前，电梯里已经没有人了。

不同企业文化的公司的会议也不同。

- 开放文化——不设主席台。根据议题需要安排发言顺序，而不是按职务高低安排发言顺序，准时开会，准时散会。
- 草莽文化——不守时，较随意，如通知 10 点开会，11 点人可能还没到齐。没有程序，开会吵吵闹闹。
- 科层文化——设主席台，按照职位高低发言，有讲话稿，准时开会，散会时间不定，领导最后入场。
- 家长文化——主席台上只有老板一个人，其他人包括高管均坐在下面。老板入场时间不定，有时提前，有时延后，无论何时，凡是比老板晚到的都算迟到，散会时间不定。

作为新人，遇到你认同的企业文化，是幸运；遇到你不认同甚至反感的企业文化，要慢慢适应。

本讲知识点

1. 什么是企业文化？

企业文化是企业做事的原则和态度、行为准则及价值观。

2. 企业文化分为几个部分？

一般分为 3 个部分：第一部分是标识和仪式，第二部分是制度和行为规范，第三部分是企业的使命、愿景和价值观。企业文化的核心是价值观。

3. 什么是企业价值观？

企业价值观是企业做事的原则，是企业提倡什么、反对什么、赞赏什么、抗拒什么的标准。

4. 常见的企业文化有几种？

有 4 种，分别是科层文化、家长文化、草莽文化和开放文化。

2

上班

谈到上班，一些老板和经理人的看法是：

- 上班，绝不能迟到、早退。
- 上班，不能踩点进、踩点走，最好提前 10 分钟到公司。
- 除非实在没办法，否则不要请假。
- 上班时别玩手机。
- 加班是幸运，不加班是幸福。

本课目标

1. 了解上班，上班是文明的表现。
2. 了解工作的时间制度。
3. 熟悉考勤与请假的相关事项。
4. 了解关于加班的法规和争论。

本课提要

2.1 什么是上班

上班族不能将上班理解为“朝九晚五”、打卡、干活，而要把上班理解为责任、契约、职业伦理

2.2 工时制

标准工时　综合工时　不定工时

2.3 考勤与请假

考勤　公出　缺勤　迟到　早退　旷工　脱岗　事假　病假　年休假　加班

2.4 加班

“996”大论战　加班可理解　加班可选择　加班要合法

2.1

什么是上班

职场痛点

不能把上班仅仅理解为干活或劳动，上班是现代文明的表现，核心是契约、权利、责任和职业伦理。

本讲提要

什么是上班?

上班的3个特征。

从上班的进化历史看，上班是现代文明的表现。

提到上班，上班族常会抱怨，那到底什么是上班呢?

网络上的资料显示，上班是“在规定的时间到工作地点工作”。其实，这个定义并不准确，因为古代的奴隶也按照主人的要求，在规定的时间到工作地点工作，比如去守城堡，但这不是上班。还有古代的大臣早上按时上朝，也不是我们今天所说的上班。今天的上班，准确的含义是：一种受雇于他人，赚取报酬，按照法定工作时间制度进行的劳动。上班是一种劳动，但是劳动并不一定就是上班，只有符合以下3个基本特征的劳动，才是上班：一是受雇于人，二是取得报酬，三是符合法定的工作时间制度。这3个基本特征，缺一不可。

我们一一来看这3个特征。

上班是一种现代文明的表现。古代是没有上班这件事的，而劳动在几十万年以前就有了。从劳动到上班，经历了漫长的进化。经过人类文明的洗礼，古代的劳动才慢慢进化成今天这种有契约、制度、法律和伦理意义的上班。

我们看看上班是怎样一步一步进化而来的。从劳动进化到今天的上班经历了 5 个时期，分别是原始时期、奴隶时期、封建时期、工业革命时期和今天。上班出现于工业革命时期，成熟于今天。工业革命以前的 3 个时期有劳动，没有上班。

第一个时期——原始时期

在几千年前的原始时期，每个人都要辛勤地劳动，劳动是为了自己，也是为了族群的生存。没有雇主，没有雇员，没有报酬，日出而作，日落而息，不用找工作，不用担心失业，这时的人类打猎采摘，刀耕火种，进行着繁重、危险的劳动，却常常食不果腹。

第二个时期——奴隶时期

这一时期人类的劳动有了第一个重要进化，出现了按照别人的指令进行的劳动——奴隶的劳动。奴隶依附于奴隶主，没有人身自由，劳动和劳动的全部成果都属于奴隶主，甚至奴隶也是奴隶主的私有财产。这时，奴隶的劳动是强制性的，没有时间限制，奴隶主想让奴隶劳动多长时间，奴隶就必须劳动多长时间，哪怕是 12 小时、16 小时，甚至日夜不停地劳作。因为没有报酬，所以没有失业的问题，更不用找工作。

第三个时期——封建时期

这一时期人类的劳动有了第二个重要进化，出现了劳动报酬。封建时期出现了有人身自由的自由民，出现了以出卖劳动力为生的雇工。自由民可以自由地出卖自己的劳动，可以自己与雇主签订契约，可以要劳动报酬。地主雇人时，无论长工还是短工，都必须付工钱。靠付出劳动换取报酬，就要找雇主，也就有找不到雇主的时候，这就是“找工作”

和“失业”。这种现象在原始时期和奴隶时期是没有的，所以，失业、报酬是与人身自由相伴而生的。没有人身自由，就没有失业，也就没有报酬。不过，这时候还没有上下班的说法，被地主雇用后，雇工在雇佣期的时间几乎全部由雇主支配，在雇主看来，雇工劳动的时间越长越好。

第四个时期——工业革命时期

这个时期出现了上班。之所以上班会出现，是因为这个时期人类的劳动有了第三个重要进化，出现了工作时间制度。

从18世纪开始，世界各国逐步进入工业革命时期，大量有人身自由的劳动者进入工厂劳动，以劳动换取报酬。资本主义早期，进入工厂的工人的境况是悲惨的，恩格斯写的《英国工人阶级状况》（*The Condition of the Working Class in England*）一书中，就描述了工人当时的境况，与封建时期相比，区别不大，有些甚至更悲惨。即使如此，大批劳动者也争先恐后，想进入工厂上班，这是为什么呢？首先是报酬高，到工厂上班的报酬是农民在田地里劳作的报酬的几倍甚至几十倍。当时，进入工厂上班是令人羡慕的事。

更重要的是，工作有了固定的时间。在工业革命早期，工作时间很长，超过12小时，有的工厂甚至要求超过15小时，但上下班的时间是固定的。很快，要求缩短工作时间、改善劳动条件的工人运动开始了。1817年，英国社会主义者罗伯特·欧文（Robert Owen）提出了8小时工作制，他还提出了“8小时劳动，8小时休闲，8个小时休息的劳动者权益要求”。1884年，美国工人在芝加哥举行大罢工，要求实行8小时工作制。当时在罢工工人中流行着一首《8小时之歌》，歌词有：“我们要闻闻花香，我们要晒晒太阳，我们相信，上帝只允许8小时工作。”一个月后，美国政府宣布实行8小时工作制。很快，在19世纪末20世纪初，几乎所有西方国家都实行了8小时工作制。这样，上班的3个特征——受雇于人、支付报酬、法定工作时间，都具备了。上班——这个现代文明产物终于产生了。

第五个时期——今天

从 1884 年 8 小时工作制确立到今天，上班还在不断进化之中。

1. 工作时间。

一个显著的变化是，法定工作时间越来越短。1938 年，美国总统罗斯福签署法案，规定“每周工作 5 天，每天 8 小时”。1995 年 5 月 1 日，我国开始实行每周双休制，将每周的工作时间规定为 40 小时。今天的德国，上班时间已经缩短到每天 5.6 小时。在法国，每年的休假天数已经达到 150 天。有的国家甚至正在酝酿每周 4 天工作制和更多的假期。2019 年 8 月 29 日，在世界人工智能大会上，马云说，人类不需要太多工作时间，一周工作 3 天，一天 4 小时，就很好了。

2. 报酬。

有关报酬，除了由劳动者个人和雇主协商之外，还可以由工会与雇主集体谈判，国家出台了关于工资、福利等方面的法律法规，对标准工资、社平工资、最低工资、社会保险、劳动保护、职业危害防护、劳动定额等进行了规定。工资、福利、劳动条件等，不再仅仅由劳动者和雇主双方自愿协商，而是受国家法律约束。

上班的进化有 3 个关键点。

- 从为自己干活进化到为雇主干活。
- 从无报酬进化到有报酬。
- 从被雇主随意驱使进化到有法定工作时间和工作条件。

根据以上内容总结如下表。

上班的进化

时期	雇佣	报酬	法定工作时间	雇主责任和职业伦理
原始时期	无	无	无	无

续表

时期	雇佣	报酬	法定工作时间	雇主责任和职业伦理
奴隶时期	有	无	无	无
封建时期	有	有	无	无
工业革命时期	有	有	有	无
今天	有	有	有	有

上班族是当今社会经济发展的主力军，在上班的过程中，产生了雇员的胜任力、职业操守和伦理等问题，同时产生了雇主的商业伦理、雇主品牌和雇主责任。

今天，我们所说的上班，不仅仅是劳动。上班是一种劳动，但是劳动并不一定是上班。比如，做家务是一种劳动，但并不是上班。只有受国家法律、劳动契约、商业伦理、职业行为规范约束的劳动，才能被称为上班。

正因为如此，上班族不能将上班理解为“朝九晚五”、打卡、干活，而要理解为契约、权利、责任、职业伦理等，只有这样，才能真正理解上班所蕴含的价值。

本讲知识点

1. 什么是上班？

上班是一种受雇于他人、能赚取报酬、按照法定工作时间制度进行的劳动。

2. 上班的 3 个特征是什么？

受雇于人、取得报酬、法定工作时间。

3. 如何理解上班？

上班族不能把上班仅理解为劳动，而要将其理解为契约、权利、责任和职业伦理等。

2.2

工时制

职场痛点

许多新人认为，上班就是“朝九晚五”，进行 8 小时工作，对其他一概不知。由于对工作时间制度不了解，要么误解公司的工作时间安排和考勤制度，要么无法维护好自己的权益。

本讲提要

工作时间制度即工时制，一共有 3 种，分别是标准工时制、综合工时制和不定工时制。

其中，标准工时制是公司考勤、核定标准工资和加班费、折算其他工时的基础和依据。

上班，意味着员工要按照公司的工作时间安排，按时上下班，不能迟到，不能早退。上班时间如何安排？有专门的工作时间制度，简称工时制。我国《劳动法》和相关法规，规定了 3 种工作时间制度。

标准工时制

什么是标准工时制？标准工时制也被称为标准工作制度，是由国家法律规定的一昼夜中工作时间的长度和一周工作日的天数。简单来说，标准工时制是国家对每天工作多长时间、每周工作多长时间，规定了一个标准，要求所有企业和单位都遵守的一个工作制度。这一制度是一个标杆和基础，其他工作时间制度要以标准工时制作为计算依据和参照标准。

根据《国务院关于职工工作时间的规定》，我国目前实行的是每日工作 8 小时、每周工作 40 小时的标准工作时间制度。也就是法定的工作时间，是每天 8 个小时，每周 5 天。任何公司不得以任何方式增加员工的工作时间。如公司需要员工在标准工作时间之外进行工作，需征得员工同意并支付加班费。标准工时制是法定的，我国企业必须遵守。所以，无论几点上班的公司，员工工作 8 小时后，就必须下班。如果中午休息 1 小时，7 点上班的公司就必须在 4 点下班，8 点上班的公司必须在 5 点下班；否则属于违法。公司的考勤，比如上下班、公出、病事假、年休假、迟到早退、旷工等，都必须以标准工时作为基准和依据。公司给付的固定工资（基本工资），是按照员工标准工时计算的，也就是员工按照标准工时每天工作 8 小时，每周工作 5 天，公司必须支付劳动合同中约定的固定工资。加班工资及因病事假、迟到早退、旷工等原因应扣除的工资，都应以标准工时折算。其他工时制，必须按照标准工时折算工作时间。

综合工时制

综合工时是以标准工时为基础，工作周期不是按照周，而是按照月度、季度或者年度计算工作的时间。有的行业，比如交通、铁路、邮电、水运、航空、渔业、建筑、旅游等，受工作性质、连续作业、季节、自然条件限制的工种，员工无法按照标准工时工作。比如出海捕鱼，员工每次出海十几天、几十天，需要连续工作。比如建筑工地上的工人，不能工作 5 天，休息两天。开火车的司机，从北京开到新疆需要很久，途中不能说下班就下班。

虽然综合工时制的工作时间不是每天 8 小时，一周 5 天，但是必须按照标准工时折算。也就是说，每天的工作时间可以超过 8 小时，每周也可以超过 5 天，但是按照月度、季度或者年度计算，要符合标准工时，不得超过。

比如，由于工作的需要，员工本周工作时间超过了 40 小时，下周将超过 50 小时，但是在一个月、一个季度或者一年内，平均工作时间还是每天 8 小时，每周 40 小时。这就意味着，如果这周工作 50 小时，下周就可以工作 30 小时，或者今天工作 12 小时，明天可以工作 4 小时，或者本周连续四天工作 12 小时，下周可能会多休息两天。

但综合工时制，并不是没有限制。比如，有人设想，既然综合工时是以标准工时为基础折算，那么公司是否可以这样安排工作时间：这个月每天工作 12 小时，没有休息日，下个月一个月不上班，全部放假？这种安排是不可以的。综合工时制是以标准工时制为基准和参照的，我国法律规定综合工时最多只能在标准工时基础上浮动 36 小时。按照标准工时，我国企业员工平均每月工作时间为 $20.83 \times 8 = 166.64$ 小时。如果某公司安排员工在某月每天工作 12 小时，没有休息，相当于一个月工作时间达到 360 小时，比标准工时多了 193.36 小时。我国《劳动法》规定，在标准工时制下，加班时间的安排，每个工作日最多不能超过 3 小时，每个月加班时间总计不得超过 36 小时。如果某公司实行综合工时制，在一个月之内，最多只能在标准工时的基础上，上下浮动 36 小时。这意味着，如果按照月度安排综合工时，一个月工作时间最多只能是 $166.64 + 36 = 202.64$ 小时，最少只能是 $166.64 - 36 = 130.64$ 小时。

当然，由于工作需要，公司可以按照季度调整工作时间，但是原则是一样的。所以，如果你所在的行业，实行的是综合工时制，淡季的时候很悠闲，甚至不上班，旺季的时候几乎天天上班，没有休息日，你不用觉得惊奇，这么做在一定限度内，并不违反《劳动法》。值得一提的是，有个别企业可能会利用综合工时制的灵活性，规避节假日的加班费。公司要实行综合工时制，是需要报请劳动部门批准的。

不定工时制

不定工时制，是需要员工连续上班或员工无法按时上下班，需要机动作业，不能按照标准工时制工作，没有固定工作时间限制的一种工作时间制度。而且，实行不定工时制的公司的大多数岗位不适合弹性工作制。我国有关法规规定，只有企业中的高级管理人员、外勤人员、推销人员、部分值班人员和其他无法按标准工时制工作的员工可以按照不定时工作制上班。

不定工时制不受工作时间限制，优点是可以灵活安排上班时间，缺点是为一些企业规避加班费、增加工作量提供了操作空间。所以，国家法规规定，不定工时制必须参照标准工时制核定工作时间和工作量。不定工时制的工作时间由员工定，工作量由老板定，老板不考虑员工的工作时间，只看员工的工作任务完成与否。如果没有约束，老板就会给员工增加工作量和工作任务来激励员工，这并不违法。

对职场新人来说，不定工时制的可能性较小，除非你是做销售或做外勤的。新人刚到公司，很多情况还不熟悉，工作习惯还没有养成，独立的工作能力和相关经验还不具备，不定工时制不利于职场新人的成长。

另外，公司实行不定工时制，必须报请劳动部门批准。

除以上 3 种，还有一种工作时间制度在近年开始流行，是弹性工作制。弹性工作制是指员工在完成规定的工作任务或固定时间的工作的前提下，员工灵活自主地选择工作的具体时间，以代替统一、固定的工作时间的制度。

在我国相关法规中，弹性工作制并不是单列的工作制度。在实际操作中，有的公司的弹性工作制是标准工时制的变通，比如将上班地点从公司改为员工家里，工作时间还是每天 8 小时、每周 40 小时。有的公司的弹性工作制则属于不定工时制：不规定工作时间和地点，只规定工作任务。

近些年，越来越多的企业采用弹性工作制，让员工在家办公。根据盖洛普（Gallup）发布的报告，2017 年约有 43% 的美国人曾在家办公。美国苹果公司、谷歌公司等著名企业不再让员工上班打卡。日本日立公司（Hitachi）在全球有 30 万名员工，已开始在家办公的员工有 1 万名左右，公司计划在两到三年内实现 10 万人在家办公，占日本国内员工的半数。国内一些著名的机构，比如普华永道等从今年开始也实行在家办公。2020 年新冠肺炎疫情期间，我国许多公司采取弹性工作制，进行复工。

弹性工作制需要特定的前提条件。一是员工具有独立的工作能力。这一点新员工就不符合，所以弹性工作制不适合新员工。二是工作可以通过网络远程协作。显然，制造业等需要员工通过一定物理距离协作的公司不适合。三是有保密要求。许多高科技公司不能使用家用电脑办公。四是管理上要求更高。所以，弹性工作制听起来不错，但不一定适合每一位员工、每一家公司。

新人可能已经明白，“朝九晚六”或“朝九晚五”地上班，意味着公司实行的是标准工时制。作为职场人士，应该了解几种工作时间制度，并且学会以标准工时制作为参考标准，评估公司的其他工时安排，评估工作量，评估考勤和加班，这是在职场的基本功。

本讲知识点

1. 什么是标准工时制？

由国家法律规定的一昼夜中工作时间长度和一周中工作日天数的制度，我国的标准工时制是指每日工作 8 小时、每周工作 40 小时的工作时间制度。

2. 什么是综合工时？

以标准工时制为基础，工作周期不是按照周，而是按照月度、季度或者年度计算工作时间的一种工作时间制度。

3. 什么是不定工时制？

需要员工连续上班或员工无法按时上下班，需要机动作业，不能按照标准工时制工作的一种工作时间制度。

2.3

考勤与请假

职场痛点

不了解考勤制度和流程，导致旷工、挨罚、扣钱甚至被辞退。

不了解公司的请假制度和文化，导致不必要的请假冲突。

本讲提要

上班之前，必须清楚以下概念：考勤、公出、缺勤、迟到、早退、旷工、脱岗、事假、病假、年休假、加班。许多新人由于对考勤与请假的理解错误而出现无故缺勤、频繁请假、造假等情况。学习本讲内容后，新人入职后再仔细了解公司的考勤与请假制度，可以减少许多低级错误。

考勤

考勤是考察出勤，即考察员工对工作时间制度的遵守执行情况，包括上下班、迟到、早退、事假、病假、婚丧假、公休假、加班等情况。缺勤是员工在工作时间未到岗，分为无故缺勤和请假两种情况。无故缺勤是在工作时间内，员工未经批准不在公司或不在工位，没有上班。迟到、早退、脱岗、旷工等都是无故缺勤。公出是指因公并且经过批准在工作时间外出，包括出差、外出拜访等。公出不属于缺勤。一般公司，上下班都要打卡。现在，几乎所有公司都有考勤机、打卡器，对员工的上下班时间可以精确记录。公司规定 9 点上班下午 5 点下班，晚一秒就是迟到，早一秒就是早退。北京有一家公司规定，每周员工可以有一次 10 分钟以内的迟到，不计缺勤，以体谅员工面临的堵车问题；还规定，有孩子的员工，每周可以有两次一个小时内的早退，不计缺勤，以便员工接孩子放学。

在公司上班期间，员工中途脱离工位多长时间算缺勤？这个目前没有法定标准，不同的行业，不同的工作性质，公司的规定不同。某公司规定，工作时间，员工未经批准外出 30 分钟，视为无故缺勤。从规定看，这家公司应该是在写字楼里的公司。有生产线、呼叫中心岗位的公司，员工工作一分钟都不能停，一般会规定上下午上班时间中间，可以有 10 ~ 15 分钟的休息时间，以便员工处理喝水、吃饭等私事，除此以外，离岗一分钟也被视为缺勤。

新人请注意，考勤有两个要点。第一点是工作时间在不在公司或在不在工位。第二点是如果不在，有没有经过批准。如果经过批准，就不属于无故缺勤。反过来，如果因故不能上班或不在工位，需要请假。

我们再来看迟到、早退、脱岗和旷工。迟到是指未经批准，上班时间应到而未到。早退是指未经批准，未到下班时间而提早下班。脱岗是指未经批准，中途离开工位或工作场所。旷工是指除有不可抗力因素之外，员工未履行请假手续的情况。

1. 员工未按规定履行请假手续未到岗。

2. 请假未经批准未到岗。

3. 假期已满未办理续假手续未到岗。

4. 未到岗超过一定时间。比如，某公司规定，迟到超过 1 小时按照旷工半天计算，迟到超过 3 小时按照旷工 1 天计算。

5. 早退超过半小时。

6. 违规代打卡。

这里要对旷工特别说明一下。一些新人入职后，忽略旷工的要件，无意中旷工。某公司规定，请假一天以上，必须经过直线上级和部门负责人两级批准，方可在人力资源部按照请假备案。某员工向他的直线上级请事假，上级同意后，他通过公司 OA 系统（办公自动化系统）走流程，在直线上级的上级，即部门负责人还没有签批的情况下，该员工自认为上级已经同意，于是开始休事假，休满后回公司，被按照旷工处理。该员工没有注意到请假的要件是“经过批准”。有的公司是一级批准，有的公司是两级批准，大多数公司规定假期超过一定天数需要两级甚至三级批准。“经过批准”是指经过各级批准，而不仅是直线上级批准，是书面批准而不是口头答应，否则属于“请假未经批准未到岗”，要按照旷工处理。

大多数公司规定，迟到、早退、脱岗超过 30 分钟，就属于旷工半天。对于无故缺勤，公司都制定了严厉的处理办法。一般来说，处理的办法有如下几种。

- 扣钱，每迟到、早退一次，扣工资若干。
- 取消加薪资格。
- 降低或取消绩效工资。
- 降低或取消奖金。

下表是一家公司的考勤规定。

某公司的考勤规定

<table>
<tr><th colspan="2">情形</th><th>处分</th><th>薪资处理</th></tr>
<tr><td rowspan="3">迟到 / 早退</td><td>0 分钟<时间≤15 分钟</td><td>警告 1 次</td><td>不做薪资扣减</td></tr>
<tr><td>15 分钟<时间≤30 分钟</td><td>警告 1 次</td><td>半小时不计薪</td></tr>
<tr><td>30 分钟<时间≤4 小时</td><td>警告 2 次</td><td rowspan="2">按实际时间以半小时为单位累计不计薪，不足半小时以半小时计</td></tr>
<tr><td>旷工</td><td>4 小时<时间<8 小时</td><td>记小过 2 次</td></tr>
<tr><td>旷工</td><td>一天（8 小时）</td><td>记大过 1 次</td><td>一天（8 小时）不计薪；连续旷工 3 天或 3 个月内非连续旷工 4 天以自动离职论处</td></tr>
</table>

上述规定在当下的职场已经算十分宽松了，迟到、早退没有扣钱。比较起来，我国大多数企业的规定要严厉得多。

特别说明一下，所有的公司都“痛恨”旷工，连续旷工，被认为是无视本职、无视制度的严重事件，员工会受到严厉处罚。具体如何惩罚呢？

一是扣钱力度大。在万达集团，旷工半天扣岗位工资 25%，旷工一天扣岗位工资 50%，旷工两天扣岗位工资 100%。岗位工资低的也有几千元，旷工半天就要扣上千元。

二是让你自行离职。“连续旷工 3 天，或不连续旷工但是一年旷工累计达到 5 天以上，公司有权辞退”，这个规定几乎所有企业都有。这就是说，你一年中如果有 10 次超过 30 分钟迟到，就累计旷工 5 天，公司就有权让你无补偿地离开公司。

因公外出，无法打卡的，如外出开会、出差等，应向部门领导报告，并在人力资源系统中提前申报。若出现考勤异常，员工须在人力资源系统中办理考勤异常申报，经上一级领导批准后，考勤异常记录会被取消。

请假

因故不能上班，员工需要履行请假手续。因私事请假是事假，因病请假是病假，因结婚请假是婚假，因丧事请假是丧假，因生孩子请假是产假，因年休请假是年休假。虽然都是请假，但公司的规定和对不同假期类型的态度是不同的。

1. 事假。

若无十分必要，不要请事假。企业并不希望员工请事假。员工请假，谁来补缺？即使有同事补缺，但如果经常由别人补缺，也会打乱别人的工作安排。经常请事假的员工，容易被推测是不敬业的员工。正因为如此，公司对请事假有严格的规定。员工事假过多，会被劝退或辞退。

权限：许多公司规定，直线上级只有每月批准一天事假的权限，事假连续超过一天或者一个月累计超过一天，由上级的上级批准。大多数制造企业规定，超过一天的事假需要两级主管批准。

手续：员工至少提前一天向上级提交请假单，按权限签批后报人力资源部。现在大多数企业都是网上签批，不需要面签。事假一律要事先请，事后补假无效，按旷工处理。员工请假期满或提前返工，不仅要向直线上级报到，还应到人力资源部销假，否则人力资源有权不计考勤。

工资：仅有极少数公司不会因事假扣除工资，绝大多数公司因事假扣除工资的力度都非常大。如按照日工资标准扣除请假日工资或扣减当月绩效工资或奖金；年度累计事假超过若干日，扣减年度绩效工资或奖金，取消评优或加薪资格。有的公司会安排一定天数的无薪事假。美国通用电气中国公司规定，全日制员工和尚在试用期内的全日制员工经直接主管批准后，可以申请无薪事假，全年累计不得超过 20 天。

中途请假：上班期间，员工中途因私外出不超过两个小时，被视为中途请假；超过两个小时，属于请假半天。管理严格的公司，对中途请假的要求等同于按日请假。一些公司对中途请假比较宽容，只要不影响工作、不是经常中途请假，员工向上级打个招呼即可，不用履行签批手续。通过中途请假的结果，你能看出你在团队中的表现。如果你平时工作尽心尽力，或者能力超强，总能提前完成工作，中途请假一两次，上级一般都会允许。

公司虽然不希望员工请事假，但是人总有不得已的时候，确实需要请事假，如何处理？以下 3 种做法，请新人参考。

第一种是倒休。倒休也叫调休，指调整休假时间。在一些公司，员工平时和节假日的加班，不计加班费，而是用来调休，即需要请事假时申请倒休，用之前的加班时间换休息日或者事假。由于这种倒休不计加班费，有的公司许可或鼓励这种做法。

第二种是敬业。员工平时工作尽职尽责，积极主动，帮助他人，达到或者超过上级期望，偶尔请事假，当然会得到上级和同事的理解，大家也会主动帮助补缺。

第三种是请事假前，安排好手头工作，把请假对工作的影响降到最低程度。有的新人只考虑如何请假，不考虑请假后自己负责的工作，扔下工作让上级和同事做，或者等自己回来再做，耽误了工作，这样是不对的。

2. 病假。

人总有头疼脑热的时候，所以在一定限度内，公司对病假的要求较宽松，比对事假的要求宽松，具体有以下表现。

权限：不同的公司权限安排不同，比起事假，直线上级的病假权限更大。

手续：病假可以事先请，也可以事后补，签批程序与事假相同，有的公司病假以小时为单位。

病假与其他假相比，有一个特殊之处，即员工回来上班销假时，要提供就医证明。有的公司要求病假必须提供医院挂号收据、缴费发票、医生处方和病历，而且医院必须是指定医院或医保定点医院，或者是区县级以上医院，否则无效。

工资：不同的企业对病假工资的规定差别很大，一般有两种做法。一种做法是，请一天病假扣除一天工资，工资扣除方式等同于事假。在许多小企业、民营企业，员工请病假就没有工资。另一种做法是，病假期间工资不清零，员工享受病假工资——一定比例的固定工资。麦当劳规定，员工按照工龄的不同享受 40%～70% 比例的工资，其中工龄 10 年以上享受 70% 的工资。中国移动 2 年到 8 年工龄的员工，享受 60%～100% 的工资，工龄满 8 年且年病假 6 个月内享受 100% 的工资，超过 6 个月享受 60% 的工资。富士康规定，每年有薪病假 15 天，病假期间员工领取固定工资的 70%，且不得低于当地最低工资的 80%；超过 15 天病假的无工资。

特别向新人说明一下，请病假是一些员工可以钻空子的时候，所以公司会有相应的规定。

原因有两个。一是因为头疼脑热、身体不舒服而请假，这是人之常情，领导不准假就显得不近人情。二是公司对病假有人性化的规定。大多数公司规定，病假可以事后补、他人代请。已经过了上班时间，家人或同事打电话给领导，说某某病了，不能上班，让其代请假，也是合情合理的。绝大多数公司，员工在病假期间享受一定比例的工资，甚至100% 的工资。有的公司规定，病假天数不受限制，可以休几天、几个月甚至几年。在我国企业中，绝大多数员工即使身体欠佳，也会克服困难，坚守工作岗位，如果一定要请病假，会诚实地请假和销假。但是也有个别员工伪造事由和证据，请病假逃避工作。

某公司李某请病假 3 周。其间，李某与家人赴西藏旅游，在微信朋友圈发了旅游照片。发现李某欺骗行为后，公司向李某发出解除劳动关系的通知，李某不服，上诉至法院，经二级法院审理，驳回上诉，支持公司解除劳动合同的做法。因为在朋友圈发照片和信息，导致假病假暴露的情况确实不少。还有员工借病假在家里玩游戏，和朋友聚会，办私事，做第二职业赚外快，甚至长期不上班。过去，有的国有企业中甚至有几十年一直在家里带薪休病假的员工。

新人应该明白，如果确实因病需要请假，绝大多数公司对病假的规定都很人性化，只要按照规定履行请假手续即可，公司和上级会理解甚至照顾。当然，新人也应该理解公司为了防范员工以请病假欺骗公司而采取的严格措施。

3. 年休假。

年休假是指除国家规定的节假日之外，员工可以享受的带薪年休假。对带薪年休假，我国《劳动法》和 2007 年颁布的《职工带薪年休假条例》均有相关规定。

条件：带薪年休假不是每个员工都可以享有的，享有需要符合一定条件。《劳动法》规定，员工连续工作 1 年以上，才可以享受年休假。《职工带薪年休假条例》规定，累计工作满 1 年不满 10 年的，年休假 5 天；累计工作满 10 年不满 20 年的，年休假 10 天；累计工作满 20 年及以上的，年休假 15 天。另外，它还规定，请事假、病假超过一定天数，不得享受年休假。

这里的工龄，是指自然工龄还是在公司工作的司龄？执行中有不同理解。不管如何理解，年休假对工作不满 1 年的职场新人来说，是没有的。1 年后，你就有相应的年休假。在外企，年休假的天数更多一些，因为外企除了遵守中国法律之外，还要履行西方的一些惯例。某外企年休假包括圣诞节 2 天、备用年休假 1 天。

工资：带薪休假是指公司在员工休假期间照常发工资。按照规定，年休假期间，员工享受与正常工作期间相同的工资。实际上，不同的公司有不同的理解和操作，这里的不同主要是由于月平均工资的不同计算方式。

手续：对于带薪休假，少数企业手续简单，大多数企业的手续复杂。复杂在于，公司里的每个员工都要对自己的工作负责，一下子休假 10 天或半个月，工作如何安排？而且，越是重要岗位的员工越难休假。所以，在企业的实际操作中，年休假需要提前很长时间做出安排，才可能不影响工作。有的员工满怀期待，已经买好机票，突然公司有急事，就只能取消年休假。所以，有相当部分员工由于工作需要，实际上很难完整地享受年休假。一次性休完年休假，是一种奢侈，是公司对优秀员工的一种奖励。如果未能休年休假，按照我国法规，公司应该按照正常工资的两倍计算工资，相当于员工在休息日加班，当然也可以倒休。

与我国相比，西方国家的年休假更多也更实在。这个“多”，指的是西方企业的年休假更多，条件更宽松。在法国，员工工作 1 个月可以享受 2.5 天年休假。这样，一年就差不多有 1 个月的带薪假。另外，在条件上，1982 年法国规定员工的工龄至少 1 个月才可以带薪休假，也就是说，从学校毕业到公司上班 1 个月，就可以带薪休假。但是欧盟认为这个条件体现了临时工与其他雇员之间的不平等，要求法国取消 1 个月的条件。2008 年法国把这一条件降为 10 天。2012 年，法国又服从欧盟，把这一条件取消。也就是说上班第一天，员工就有资格要求年休假。“实在”是指西方企业的员工确实享受了年休假。西方企业的假期多，工作时间少，员工几乎不加班，这也是造成企业竞争力不如中国企业的一个重要原因。

4. 其他假。

事假、病假、年休假，是员工最常见的假。此外，还有一些事项需要请假，这些假包括探亲假、婚假、丧假、产假等。下面是某公司的规定。

某公司假期的具体规定

类别		假期
婚假		3 天
晚婚假		加 10 天
产假	正常产	90 天（其中产前 15 天）
	难产	加 30 天
	独生	加 35 天
	晚育	加 15 天
	多胞胎	每多生一个加 15 天
看护假		10 天
丧假		3 天
计划生育假		按政府的有关规定办理
工伤假		按政府的有关规定办理
员工探亲假		按政府的有关规定办理
归侨、侨眷出境探亲假		按政府的有关规定办理

以上内容，规范的企业是按照政府有关规定进行操作的，也是我国企业在考勤和请假方面常见的规定和办法。新员工入职后会发现，在现实的企业中，在真实的职场中，会出现令人意想不到，甚至匪夷所思的现象和做法，常见的有两种。

第一种，苛刻。公司实际执行的办法，比公司规定的要苛刻。比如按规定，年休假有 5 天，实际上没有年休假。按规定，产假有 90 天，实际上如果休了产假，员工工作就没有了。按规定，病假可以补请，实际上公司对医院资质和证明要求很高，所以员工补假一般无效，甚至会遭到公司的故意刁难。

第二种，放纵。有的公司则相反，员工请假十分容易，甚至不请假也没关系。你想请假，向上级打声招呼就可以，甚至不打招呼，直接走线上流程也可以，上级甚至会帮你“打掩护”。有的公司考勤不严格，员工想来就来，想走就走，无人追究。还有的公司，员工长期借病假不来上班，在外面闲逛或做第二职业。

在我国，越来越多的企业在管理上比较规范，在考勤和请假上，能够严格遵守国家有关法律法规和自身规定，但是确实也有一些企业，会出现苛刻或放纵现象，新员工对此要有思想准备。不管上级会不会严格执行规定，也不论老员工会不会钻公司规定的空子，作为职场新人，都不要心存侥幸，而要遵守规定。

本讲知识点

1. 什么叫缺勤?

是指在工作时间未到岗。

2. 无故缺勤有几种情况?

有 3 种：迟到、早退和旷工。

3. 旷工有哪几种情况?

以下 4 种情况均属于旷工。一是员工未按规定履行请假手续未到岗，二是请假未经批准未到岗，三是假期已满未办理续假手续未到岗，四是超过规定时间到岗。

4. 如何处理事假?

若无十分必要，不请事假。如果不得不请假，一是尽量倒休，二是平时工作敬业，三是设法把请假对工作的影响降到最低程度。

5. 如何请病假?

需要提供就医证明。

2.4

加班

职场痛点

加班在企业中普遍存在。

新员工对加班的态度，是两极分化的。不巧的是，公司在加班问题上，也是两极分化的。如果新人与公司在加班的态度上是相反的，对双方都是一个问题。

本讲提要

2019 年，我国职场发生了“996”大论战，这反映出在我国职场中，加班现象普遍存在，它是奋斗的代价。同时，反感甚至反对加班的观点也有很多人支持。

建议新人对加班持以下基本态度：偶尔加班，很正常；不同公司有不同的加班文化，公司和个人都有选择的权利；加班要合法。

“996”大论战

提起加班，就不得不提起“996”。所谓“996”，是指早上 9 点上班，晚上 9 点下班，中午休息不到 1 小时，每周上班 6 天的工作制度。我国许多由“奋斗者”组成的公司，实行的就是“996”工作制。据不完全统计，目前至少有 80 多家知名互联网公司在实行“996”工作制。“996”，意味着加班，且由来已久。

- 2016 年，58 同城曾推行“996”工作制，引发争议。
- 2019 年 1 月 17 日，上海一家公司，在年会上宣布，将实行“996”工作制，引发关注。
- 2019 年 3 月 26 日，一位受不了“996”工作制的程序员，在程序员网站 GitHub 上写了一段话，并发起了名为“996.ICU”的开源项目，含义是“工作 996，生病 ICU”。他在网站上列出“996”公司的黑名单，这个举动引发了“996”大论战。

在“996”大论战中，有趣的是，不仅有上班族和老板之间的讨论、上班族之间的讨论，一些知名企业家也纷纷加入。一时间，“996”成为全民议论的话题。

反对“996”的人，列举了许多“996”的弊端：长时间加班，损害员工的身心健康，引发焦虑、倦怠等问题，甚至导致过劳死等后果；不支付或者不足额支付加班费，无偿占有员工的劳动。甚至有人计算，“996”薪酬应是“955”的 2.275 倍，这个计算虽然不准确，但反映了加班费不足额支付的现实。

支持“996”的人也不少。有一个写实短片的内容是程序员凌晨四点关灯，早餐店凌晨四点开灯，白领 24 小时待机，医生没有时间开机。

“996”工作制的论战，实际上是关于加班问题的争论。对加班，有的坚决支持，有的坚决反对，有的则态度温和。其实加班问题，不是今天才出现的，“996”也不是最厉害的加班方式。

比“996”厉害的，是“5+2”和“白加黑”。所谓“5+2”，就是 5 个工作日加周六、周日两个休息日都要上班。所谓“白加黑”，是白天加晚上都要工作。“5+2”和“白加黑”的意思是没日没夜，没有休息时间，全身心地投入工作。

还有更厉害的，是“床垫文化”。“996”还有一天休息时间，“5+2”和“白加黑”还有回家时间，而“床垫文化”是指直接把床垫放在办公室，住在办公室，除了吃饭睡觉，都是工作。“床垫文化”是由华为首先提出而且推行的，一位员工因为加班出事之后，华为不再提倡。现在一些创业公司仍提倡“床垫文化”。

那么，作为上班族，应该如何看待“996”呢？如何看待加班问题呢？这里有 3 个判断，供大家参考。

第一个判断：加班很正常。加班是职场中再正常不过的事情。无论哪家公司，由于某种原因，如旺季、项目工期紧、客户临时需求、出现突发情况，都可能需要员工加班。对此，上班族不应该有不满或者抵触情绪，而应该配合公司的安排，克服困难，该加班时就加班。2019 年 3 月 3 日凌晨，某云“深夜宕机”，导致不少公司的应用程序（App）与网站陷入瘫痪，该公司云服务部门的不少程序员、运营人员、运维人员连夜回公司加班，在周末度过了一个“不眠之夜”。在这种突发情况下，作为公司的一员，当然应该响应公司的要求，克服困难，马上赶到公司加班。加班是对客户、公司，也是对自己这份工作的尊重。

企业要参与中国市场、世界市场的竞争，就必须提供有竞争力的产品和服务。中国的企业属于后来者，在相当长时间里，技术和创新不占优势，依靠什么来竞争？当然是成本和效率优势——比竞争对手的价格更低，比竞争对手的服务更好。西方国家的公司，员工下班后就休息，周六、周日无人加班，而中国一些公司的员工，无论节假日还是半夜三更，客户随叫随到。这也是中国制造业、互联网行业、服务业中许多公司，具有全球竞争力的一个重要原因。在一些行业或者企业，加班是其竞争力的一部分，将长期存在。

第二个判断：对于加班，个人和公司都有选择的权利。上班族对加班有两种截然不同的观点，有的人渴望奋斗，渴望通过加班干一番事业，甚至想通过加班多赚一些加班费，还房贷养家；而有的人愿意花更多的时间享受生活，不希望加班。这都是个人的选择，是个人的权利，无可非议。

公司对加班也有两种不同的文化。比如华为、阿里巴巴、京东，以及许多互联网公司、创业公司，形成了加班文化。马云说自己不是“996”，而是“12×12”。许多公司形成了不到晚上 9 点或 10 点就不下班的传统，加班加点成为习惯，公司从上到下对加班都比较认同。有的公司形成了一种上班努力工作，下班愉快生活，不加班加点的企业文化。“996.ICU”的发起者在给出加班公司的黑名单的同时，也给出了不加班公司的白名单，白名单里包括谷歌、爱立信、易安信等公司。公司有不同文化，上班族在入职时，要根据自己的意愿进行选择。愿意奋斗者，可以选择具有奋斗者文化，实行“996”工作制的公司。愿意工作和生活平衡者，可以选择不加班或者加班比较少的公司。问题是，有的员工不愿意加班，却选择了有“996”工作制的公司，入职后与公司格格不入，整天抱怨。有的员工，愿意加班，入职后发现公司四平八稳，所有人都按时上下班，感到失望。出现这种情况，实际上不是公司的问题，而是个人选择的问题，你选错了公司。遇到这种情况，很简单，新人要么尽快适应公司文化，要么尽快换工作，不能既不积极适应公司，又不换工作，还整天抱怨。

第三个判断：加班要合法。我国法律关于加班的相关规定如下。

1. 加班自愿。我国法律规定，加班是一种自愿行为，禁止任何违背员工意愿的强迫加班。

2. 加班时间不得超过法定加班时间。

3. 公司要按照相关法规支付足额加班费。

我国法律规定，工作日加班一般不能超过 1 个小时，最多不超过 3 个小时，一个月加班时间最多不超过 36 个小时。这就是说，在工作日，如果公司的正常上班时间是上午 9 点到下午 6 点，中午休息 1 个小时，那么加班最晚可以到晚上 10 点（晚饭休息 1 个小时）。一个月最多有 12 个工作日可以安排每次 3 小时的加班。或者，按照工作从早 9 点到晚 9 点，午饭和晚饭休息 1 个小时，一个月有 18 个工作日可以这样安排。

“996”超过了法定加班时间。“996”工作制下一个月的加班时间为 $20.83 \times 2 + 4 \times 11 - 4 \times 4 = 69.66$ 个小时，法律规定一个月不超过 36 个小时。“996”工作制中的加班时间超过法定加班时间 33.66 个小时。

我国《劳动法》规定，加班是工作日工作时间超过 8 小时的部分，公司要支付不低于150%的工资报酬；休息日安排加班又不安排补休的，公司要支付不低于工资200%的工资报酬；法定休假日加班，公司支付不低于工资300%的工资报酬。如果有的公司，经常安排加班，既不安排补休，又不支付加班费，就违反了《劳动法》的有关规定。公司即使规范地支付加班费，不同的员工对加班也有不同的看法。有的即使加班费再多也不愿意加班，有的可能非常愿意加班。而有的公司很人性化，员工会自愿加班。

本讲知识点

1. 什么是“996”？

所谓“996”，是指早上9点上班，晚上9点下班，中午休息不到1小时，每周上班6天的一种工作制度。

2. 对加班的基本态度是什么？

一是偶尔加班，很正常；二是对加班，公司和个人都有选择的权利；三是加班要合法。

3. 加班要合法，指的是什么？

一是我国法律规定，加班是一种自愿行为，禁止任何违背员工意愿的强迫加班；二是加班时间不得超过法定加班时间；三是公司要按照相关法规支付足额加班费。

3

岗位

公司以事定岗，以岗定人，以岗定责，以岗定薪。员工不理解岗位，就无法理解职场。

本课目标

1. 了解自己的岗位。
2. 学会解读岗位说明书。
3. 熟悉岗位职责。
4. 了解任职资格和胜任力。
5. 学会面对岗位“乱象”。

本课提要

3.1　什么是岗位

岗位是公司招聘、培训、任用、定薪酬、考核、奖惩的依据　以事定岗　以岗定人　以岗定薪　以岗定责

3.2　岗位说明书

岗位描述　岗位职责　任职资格

3.3　什么是岗位职责

一是工作任务或范围；二是必须做的，责无旁贷；三是如果没有完成工作，要承担责任

3.4　任职资格与胜任

任职资格是镜子、尺子、梯子和驾照　胜任，是公司需要你与你需要公司的唯一理由　冰山模型

3.5　“不拉马的士兵”

公司里可能有无所事事的同事，你要如何面对

3.1

什么是岗位

职场痛点

上班就是上岗，不了解岗位，员工就无法上班。

许多新人不知道，岗位是公司招聘、考核、奖惩的依据。

本讲提要

岗位，也叫职位，是职场中最重要的概念之一。

公司以事定岗、以岗定人、以岗定薪、以岗定责。

岗位是公司招聘、定薪酬、考核、奖惩的依据，也是与新人切身利益高度相关的职场概念之一。

什么是岗位

在公司里，岗位指的是性质相同或相近的任务或者工作的总称。什么是性质相同或相近的任务或者工作？在公司里，财务往来和现金收付是性质相同或相近的任务，把这类任务归为一类，形成一个岗位——出纳岗，任职人被称为出纳员。从事同一类工作，比如维护公司治安，形成一个岗位——保安岗，任职人被称为保安。公司一般不可能把相同的任务划分到不同的岗位，比如不可能将财务往来和现金收付任务，划分到保安岗，或者划分到运营维护岗。

公司一般也不会把不同的任务交给同一个岗位负责，比如公司一般不会把销售、收付款、记账、招聘等完全不同的任务，都交给出纳岗来负责。当然，如果是小公司，一共就几个人，每个人身兼数职，什么样的安排都有可能。当公司设置和划分岗位时，一定是公司由于发展的需要，到了把性质相同或相近的工作任务分类管理，以事定岗，以岗定人的时候。

岗位在一些公司也叫职位。招聘的时候，大多数公司用“招聘职位”这种说法，另一些公司用“招聘岗位”这种说法，新人可以把岗位和职位看成一回事。岗位描述在有的公司也叫职位描述，岗位说明书在有的公司也叫职位说明书；招聘岗位也叫招聘职位，岗位职责也叫职位职责。但是，从专业角度细究起来，岗位与职位的概念还是有区别的，有的公司会把两者区别开来。其中，岗位与职位的一个区别是，职位是随组织结构定的，而岗位是随任务定的，因事设岗。比如，经理是一个职位，很少说经理是一个岗位。我们说保安是一个岗位，很少说保安是一个职位。

建议新人，按照自己公司的习惯称法，公司称岗位，你就跟着称岗位，公司称职位，你就跟着称职位。公司不区分岗位和职位，你也就不用区分。公司认为岗位和职位是有区别的，你就该把两者区别开来。

公司有哪些岗位

一家公司可能设置数十个甚至数百个岗位。任何一家公司一旦设立，就要按照公司战略（干什么，不干什么）—组织架构（公司治理结构、部门设置、职能职权划分）—岗位（设置哪些岗位）—人员的顺序，把公司的组织设立起来，岗位设置起来，人员招聘进来，这样公司才能运转起来。

一家 100 多人的小公司，可能要设立 20 ~ 30 个岗位（职位）。几千人、几万人的大企业，有几百个甚至更多岗位。这些岗位分为几大类，大类下面分小类，再分具体岗位。过去，我国多数企业把岗位分为管理岗、技术岗、工人岗三大类。今天，只有极少数企业还这么划分，大多数企业开始按照职能来划分岗位。某公司把岗位划分为 8 类——决策、行政 / 人力资源、采购、财务、生产、销售、产品研发、品质安全，每一类下面设置具体的岗位。比如，行政 / 人力资源设置 6 个岗位，分别是文秘岗、保安岗、前台岗、招聘专员岗、薪酬专员岗、劳动关系专员岗。一家互联网公司把岗位划分为六大类，分别是职能、设计、技术、产品、市场、运营，每一大类下面再设置若干岗位。比如，运营类岗位下面设有运营总监、内容运营、产品运营、用户运营、数据运营、活动运营、社群运营、新媒体运营，如下图。

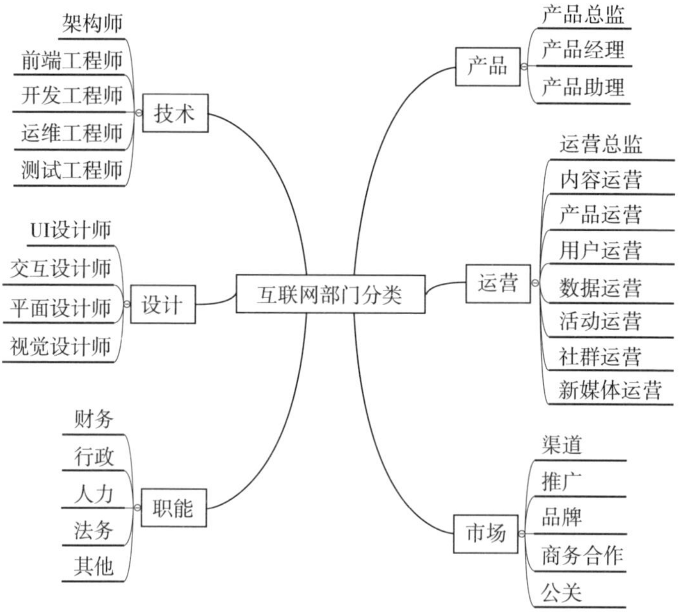

互联网公司岗位设置

由于岗位设置是公司的内务，公司可以自主决定，所以不同公司设置的岗位五花八门。在有的企业，管理岗仅仅指的是中层管理以上岗位，而有的企业将初级管理岗和职能部门的主管也列入管理岗。就高管岗位来说，有的公司设有董事长、首席执行官、总裁，还有常务副总、生产副总、销售副总、研发副总、信息副总、行政副总、总裁助理等十几个岗位。有的公司只设一两个高管岗位，比如娃哈哈集团就只设一个高管岗位，即董事长兼总裁，不设副总等其他高管岗位。在国有大企业，高管岗位一般是 7 个左右，即党委书记兼董事长、总裁、常务副总、业务副总、研发或者行政副总、党委副书记、纪检组长或者工会主席。绝大多数公司把管理岗称为职位或职务，而不称为岗位。比如，销售副总这个职位一般不会说成销售副总这个岗位。这些细微之处，时间长了，新人自然就明白了。

一岗多职。一个岗位一般由一名员工任职，由多名员工任职时叫一岗多职。在某公司，薪酬专员岗只有 1 名员工任职；前台岗有 2 名员工任职，一名早班，一名晚班；保安岗有 8 名员工任职，也就是公司有 8 个保安；大客户销售岗有 10 多名员工任职。在大型商场，收银员、理货员岗位，一个岗位同时有 100 多名员工任职（当然，理货员等岗位下面可以细分为日用品理货员、冷冻品理货员、烟酒类理货员等）。在大型制造企业的生产线上，一个岗位的员工可能达上千人。在公司里，每一个岗位叫什么，在公司的组织架构中处在什么具体位置，有哪些职责，需要什么资格等，不是随意定的，而是由岗位说明书进行描述和规定的。这个文件将在下一讲进行介绍。

岗位，是公司用人的依据，是公司组织架构中的零件，整个公司是由数百个岗位组成的一台精密的工作机器。更重要的是，岗位是公司中关系到每一名员工切身利益的事项，因为岗位是招聘、定薪酬、考核、奖惩、衡量职业发展等的依据。

1. 岗位，是公司招聘的依据。

2019 年 5 月 3 日，华为在“心声社区”公开了任正非在一次大会上的讲话，任正非称，华为正处于战略结构调整期，要把重心放在新业务上，停止对一般性岗位的社招，谁自行社招，要被处分、问责。这样做，一是为了避免其他部门过度裁员，二是避免过度招新人。

在企业中，没有设置的岗位，就不能招聘这个岗位的人。许多公司没有设置产品经理岗，即使该部门急需产品经理，也无法招聘，除非公司认为有必要尽快设置产品经理岗。

岗位定员。公司有了这个岗位，没有相应的职数，也不行。公司在组织设计时，根据需要设置了某岗位，同时会规定该岗位的职数，也叫员额，即该岗位上需要几名员工任职。比如公司的出纳岗设出纳员 3 人，职数为 3 个，这就是定员。对于某岗位，公司规定或批准 3 个职数才能招聘，否则不得招聘。华为的案例，说明由于公司战略调整，组织架构、岗位、员额也要相应调整，某些岗位和职数被冻结或者被撤销后，不得再招聘。

2. 岗位，是定薪酬的依据。

岗位技能工资。我国大多数公司，实行的工资制度是岗位工资制，员工获得的工资也叫岗位技能工资。不同的岗位，薪酬标准不同。有的岗位薪酬很高，年薪达几百万元；有的岗位薪酬很低，一年只有几万元。

一岗一薪。一个岗位对应一个薪酬标准，这就是一岗一薪。比较规范的公司，都会将岗位划分成一定的等级，叫岗级（职级）。比如中国移动的省公司，岗位分为 19 级。

易岗易薪。在公司里，当一名员工从一个岗位转到另一个岗位以后，薪酬也要随之调整。岗位变了，薪酬就会变，薪酬随岗位变，而不是随人变，这就是易岗易薪。

如果一个程序员被公司挑中转岗当区块链工程师，工资当然要随之调整，年薪可能从十几万元调整到四五十万元。

3. 岗位，是考核、奖惩的依据。

公司的考核奖惩制度，与岗位挂钩，这是岗位责任制。岗位责任制是指根据各个岗位的工作性质和特点，明确规定其职责、权限、工作标准，然后对员工进行考核及奖惩的制度。对于公司来说，最关注的是员工有没有履行岗位职责，能不能胜任岗位工作。能胜任，公司会奖励；不能胜任，公司会惩罚。

这样看来，和每名员工切身利益密切相关的，是被任用、定薪酬、考核、奖惩，而这些都是以岗位为基础和纽带的，可见岗位这个概念的重要性。

本讲知识点

1. 什么叫岗位？

岗位是性质相同或相近的任务或者工作的总称。

2. 为什么岗位很重要？

因为岗位是公司招聘、定薪酬、考核、奖惩等的依据。

3. 什么叫“一岗一薪”？

在公司里，每一个岗位都有特定的薪酬标准。一个岗位一个薪酬标准，岗位不同，薪酬标准不同。

4. 什么叫“易岗易薪”？

当一名员工从一个岗位转到另一个岗位以后，薪酬也要随之调整。薪酬随着岗位变，而不是随人变。

5. 什么叫岗位责任制？

根据各个岗位的工作性质和特点，明确规定其职责、权限、工作标准，然后对员工进行考核及奖惩的制度。

3.2

岗位说明书

职场痛点

司机开车上路，居然对车况一点儿不了解，能开好车吗？当然不能。

岗位信息相当于你的车况。入职上岗，要在这个岗位上工作几年甚至很多年，这就相当于跑长途，岂能对岗位信息一无所知呢？遗憾的是，许多新人入职后就是这种状态。

本讲提要

仅靠一个岗位名称，员工是无法了解岗位信息的，简单的办法是仔细阅读岗位说明书。

仅通过岗位名称，是不可能了解岗位信息的。新人在入职后，想尽快开始工作，需要先了解什么？当然是岗位信息：自己的职责是什么，上级是谁，下属是谁，工作前后手是谁，工作权限有哪些，需要什么样的工作能力、经验、知识，工作标准是什么，工作环境和资源如何。

许多新人认为，知道了岗位名称，就知道了岗位的基本信息。比如，新人以为采购员岗位就是负责采购的，报关员岗位就是负责报关的，会计岗位就是负责记账的，程序员岗位就是负责写代码的，这种理解太肤浅了。

如果新人这样理解自己的岗位，会产生很多问题。因为同一个岗位在不同的企业，甚至在同一企业不同的发展阶段，岗位信息差异也是巨大的。这意味着，同岗位对任职人的要求，也是不同的。

产品经理是职场中大家熟悉的岗位名称，在下面的案例中，大家可以看到，不同的公司虽然都有产品经理岗，但是在岗位信息上有非常大的差异。2019 年 9 月 8 日，某科技公司招聘产品经理，岗位描述如下。

岗位职责：

1. 负责面向 C 端用户的营销运营平台的市场调研、需求梳理和竞争分析，参与产品的整体战略规划和路线图设计；

2. 负责营销运营平台的功能规划和设计，完成交互原型和流程图；

3. 负责协同数据工程开发团队、数据管理团队和数据科学团队，完成高质量的产品交付和落地；

4. 负责营销平台的使用数据分析、客户反馈采集、持续优化产品，确保客户成功。

任职资格：

1. 本科以下学历，5 年以上产品管理经验；

2. 具有创新精神和学习能力，能够快速理解业务需求，应对飞速变化的市场环境；

3. 具有良好的服务意识和协同能力，能够推动多个团队互相配合，协作完成任务；

4. 有数据产品经验者优先。

2019 年 9 月 8 日，某集团招聘产品经理，岗位描述如下。

工作职责：

1. 负责公司教育教学产品的设计与迭代；

2. 对高校的教务教学情况有一定的了解，能够根据学校需求及竞品完成业务管理系统的需求分析与原型设计，并跟踪设计、研发的全流程图，把控产品进度，测试上线；

3. 持续对整个行业、竞争对手、自身产品进行数据分析与评估，完成产品生命周期管理；

4. 完成产品原型设计、功能需求分析等产品工作；

5. 持续收集 B 端用户反馈，根据用户反馈制订每周产品计划；

6. 协同研发、设计、运营等不同团队，持续提升产品稳定性及扩展性。

岗位要求：

1. 本科以上学历，1 年教育相关产品设计经验；

2. 熟悉常用的数据分析模型、算法模型，有 SPSS 和 SAS 分析工具使用经验者优先；

3. 有扎实的产品功底、一定的审美能力，是目标导向者；

4. 抗压能力好，善于沟通，能独立负责一块业务，推动产品落地；

5. 对数据敏感，有优秀的业务解读能力和数据分析能力；

6. 勇于创新，有独立的思考能力和自主工作意识。

这两家公司招聘的岗位，不是资深产品经理或者高级产品经理，且岗位名称是一模一样的，比较两家的岗位描述，就会发现以下不同点。

1. 职责。某科技公司的关键词是“市场调研”、“需求梳理”和“竞争分析”，以及“参与产品的整体战略规划和路线图设计”等；而某集团的关键词是“需求分析”“原型设计”“测试”“分析与评估”。前者是规划层面上的，后者是操作层面上的。

2. 任职资格。我们仅从一项就能看出不同。某科技公司要求 5 年以上产品管理经验，而某集团要求 1 年教育相关产品设计经验。业内资深人士一看就明白，5 年与 1 年，产品管理与产品设计，差的不是一点儿。都是产品经理，而两家的要求差了几个数量级。

3. 报酬。某科技公司给的报酬是 60K ~ 90K，某集团给的报酬是 10K ~ 15K，都是产品经理，两家给的报酬有 5 倍的差距。

以上对比并不是表明报酬高的公司就高级，报酬低的公司就差，而是通过比较说明：同样的岗位，在不同的企业，岗位信息有很大的差异。

所以，新人千万不能想当然，以为知道了岗位名称，就了解了岗位。

那怎么办呢？很简单，仔细阅读公司发的官方正式文件——岗位说明书。

岗位说明书

岗位说明书也叫职位说明书、职务说明书和工作说明书，不同的公司，叫法不同。岗位说明书是公司用规范的文件形式对组织内各类岗位的工作性质、任务、责任、权限、工作内容和方法、工作条件、岗位名称、职等职级以及任职人员的资格条件、考核项目等做出统一的描述和规定。用一句话来说，岗位说明书是记录岗位基本信息的文件。

岗位描述是公司招聘广告中的岗位描述，互联网公司通常称其为 JD，JD 是英文 job description 的缩写，意思就是岗位描述。阿里巴巴设过一个岗位，在招聘该岗位员工时引起热议，这个岗位名称很奇怪，叫“机器人饲养员”。招聘广告表示，我们需要这样的你：

1. 为机器人宝宝制定“食谱”，科学投喂；

2. 教机器人宝宝“学说话”；

3. 帮机器人宝宝“搭积木”；

4. 带机器人宝宝“交朋友”。

给出的条件，广告中是这样说的，你将拥有：

1. 自由的工作时间，无须打卡；

2. 新颖的薪资福利待遇，据说很不错；

3. 超越大熊猫饲养员的成就感，相信我，很有挑战。

阿里巴巴的招聘广告就是岗位描述。岗位描述是将某岗位的岗位职责、任职资格、薪资福利等关键信息进行描述。阿里巴巴这个机器人饲养员的岗位描述，是用幽默、调侃的语气表达的。招聘网站上的招聘广告由于版面的限制，招聘单位的岗位描述一般会比较简洁、直白。这种招聘广告上的岗位描述，仅仅是岗位信息的简写版。可以这么说，岗位描述是岗位说明书的简写版，岗位说明书是岗位描述的完整版。广告上的岗位描述，一般是从岗位说明书中摘取的。而在管理规范的大中型企业中，完整、标准的岗位说明书长达 3～5 页，一般有 11 个项目，包括岗位名称、所属部门、职等职级、直接上级、直接下级、岗位概述、岗位职责、任职资格、工作关系、工作标准、工作环境等。

而大多数公司的岗位说明书也有 5～7 个项目。以某公司采购员岗位的岗位说明书为例。该公司的《采购员岗位说明书》共有 2 页，分为 7 个项目。

第一部分：表头。岗位说明书的第一页最上面的部分是表头，记录岗位的基本信息，包括岗位名称、岗位编号、所在部门、岗位定员、直接上级、工资等级、直接下级、所辖人员薪酬类型等。

第二部分：岗位职责（工作任务）。岗位说明书的第二部分，一般是岗位职责清单。岗位职责是岗位说明书的核心部分，通常会列出若干项，最少 5～6 项，最多十几项。这份《采购员岗位说明书》的岗位职责部分，一共列出了 14 项具体的职责，以下是部分职责。

- 职责 3：协助主管对新老供应商进行资质认证和综合能力考评。
- 职责 5：组织参与供应商生产过程质量控制。
- 职责 10：负责建立供应商档案。

在所有公司里，岗位说明书最后一项职责都是一样的，都是“领导交办的其他事项”，这一条是用来兜底的，公司担心规定岗位职责时没有考虑周全。有了这一条，领导无论把什么工作交给你，就都有理由了。从专业的角度，这种“领导交办的其他事项”不应该超过全部职责的10%。“领导交办的其他事项”越多，表明岗位说明书越不规范。

第三部分：工作权限。工作权限一般分为“负责”、“协助”、“参与”和“协调”等。凡是带有“负责”前缀的职责，任职人要独立决定，全权负责。而“协助”、“协调”和“参与”的事项，任职人没有决定权。从“职责 3”可以看出，这家公司的采购员可以执行，但不能做决定，做决定的是主管或更高职位的人员。

第四部分：工作协调关系。这是指工作的前后手、内部客户与外部客户。如内部关系包括品管部、工程部、财务部、法务部，而外部关系包括供应商、行业协会和友商等。

第五部分：任职资格。任职资格是指岗位职责对学历、专业、培训经历、经验、知识技能、个人素质等方面的具体要求。

第六部分：考核指标。大多数公司的考核指标，不会列入岗位说明书里，当然，列明更好，如年度供应计划完成率、供应合同履约率、数据库完善程度等。

第七部分：工作环境。工作环境包括使用工具、工作地点、工作时间、工作现场环境、出差情况等。

这份《采购员岗位说明书》包括 7 个项目，已经不少。许多中小企业的岗位说明书，一般会简化为 2 个项目：一个是岗位职责，另一个是任职资格。仅这两个项目，对于履行岗位职责来说，信息是远远不够的，不过中小企业有包括 2 项内容的简化版岗位说明书，已经很不错。

对员工来说，岗位说明书很重要。为什么这么说呢？许多新人没有注意到，岗位说明书其实是一份邀约合同，是一份具有法律性、契约性的文件。

在管理规范的公司里，当公司为某个岗位制定岗位说明书时，这个岗位上的信息就固定下来。当公司用这份岗位说明书去招聘时，就说明公司与任职人达成了约定。签订劳动合同时，许多公司都会把岗位说明书作为附件，这样，约定就具有了法律约束力。

本讲知识点

什么是岗位说明书？

是公司用规范的文件形式对组织内各类岗位的工作性质、任务、责任、权限、工作内容和方法、工作条件、岗位名称、职等职级以及任职人员的资格条件、考核项目等做出统一的描述和规定。用一句话来说，岗位说明书是记录岗位基本信息的文件。

3.3

岗位职责

职场痛点

上班是做什么？是做自己的本职工作。哪些是本职工作呢？许多新人居然并不知道。如果你已经入职，请你合上书，把自己的岗位职责默背一遍或者默写一遍，你能做到吗？我敢肯定，你做不到。如果你都记不住岗位职责有几项，搞不清每一项的要求是什么，你怎么能干好你的本职工作呢？

本讲提要

对自己的岗位职责如数家珍，是职场基本功。

什么是岗位职责？

如何理解岗位职责？

如何解读岗位说明书所规定的岗位职责？

你的上级，不能随意把不属于你的工作布置给你。而你也不能由上级拨一下才动一下，不拨就不动。如此不专业地对待岗位职责，会给工作带来许多麻烦。这就需要你在入职后，学会解读岗位职责。

什么是岗位职责？是在岗位上应该做的工作事项或任务，与为此承担的相应责任。新人可以从以下 3 点来理解岗位职责。

工作范围

公司根据组织需要、工作流程和工作量，界定某个岗位具体的工作，然后以岗位说明书的方式，将工作范围和工作事项一一列出。

岗位职责是给你设定工作范围和工作事项，相当于给你的工作画了一个圈、一个边界线。在圈里、边界内，是你的地盘、你的一亩三分地；圈外面、边界外，是别人的地盘、别人的工作范围。圈内的工作，在职场上叫本职工作。

责无旁贷

凡是你工作范围内的事项或任务，就是你的本职工作、你的义务，这些工作是你应该做的，你应该恪尽职守，责无旁贷。也就是说，凡是本职工作，不用上级命令，不用别人催，不管有没有人要求、监督，你都应该自觉自愿地去做而且做好，决不能以任何理由或者借口推脱。保安的职责，是工作时间坚决不放一个闲人进入办公地，守护办公地和办公人员的安全。会计的职责，是守护公司的财务管理制度，没有按照程序进行签字审批的，不允许报销。为什么责无旁贷？因为岗位职责是你的义务。

新人和公司签订的劳动合同中，都有“工作内容”这一项条款。所以，你入职时，你的工作范围和工作内容就已经写进了劳动合同，成为对你具有法律约束力的一项条款。事实上，在许多公司，岗位说明书是劳动合同的附件，这意味着岗位说明书中列举的岗位职责，是你必须履行的义务。权利与义务是相生相伴的，享有权利的同时，就必须承担一定的义务；承担义务的同时，就会享有一定的权利。当新人与公司签订了劳动合同，建立了劳动关系，就会享有一定的权利，包括取得工资的权利、休假的权利、享受公司福利的权利和受《劳动法》保护的权利等。也就是说，一旦你与公司签订了劳动合同，公司就有义务给你发工资、提供福利。你的权利和公司的义务是相对的，当你享有取得劳动报酬的权利时，你同时也有履行岗位职责的义务。所以，每当在这个问题上感到困惑时，你就应该想一想公司为什么给你付工资，为什么岗位职责是应该履行的。然而，有的新人入职后居然堂而皇之地和领导说：“这个工作我做不了，你找别人做。”这就是没有意识到自己应该履行的职责，也没有因为自己不能履职而有愧疚感、负罪感。某公司有一名女员工在入职后，遇到不想做的工作，就求别人帮忙。有一次，她工作上遇到一点儿麻烦，就向自己的领导撒娇，这种撒娇不是第一次，这位领导说：“可以，我帮你干。既然你干不了，明天你就可以去办离职手续了。”

还有一些新人，进公司很长时间了，履职能力长期不达标，工作要么不到位，要么干一项工作，惹一次麻烦，领导和同事经常帮他善后。在职场上，很多新人没有意识到岗位职责是自己应该履行的，偷懒、推诿、装傻、混日子的不在少数。

作为新人，刚入职时缺乏能力和经验，不能完全胜任岗位工作，对此，公司是有思想准备的，也会通过培训、指导等方式帮助解决，并允许新人一段时间内不达标。但是，如果新人不能正确认识岗位职责，不为自己不能履职而愧疚，不为尽快履职而努力，不为自己工作出差错而主动承担责任，结局就是，你不配在公司里享受相应的权利。

承担责任

凡是你的岗位职责，就是你的本职工作，是你应该做的工作，失职必须承担责任。什么叫承担责任？就是你在工作上出了问题，你要负责。岗位职责必须履行，不得推卸，未能尽职尽责者，要被追究责任，接受惩罚。在职场上，员工因主观、客观原因而未能尽职尽责，给公司带来问题甚至造成巨大损失的情况时有发生。

- 某公司总办下发开会通知时，将开会日期“2019 年 5 月 16 日”不慎写成“2019 年 6 月 15 日”，很多天都没人注意到，到开会前一天才被发现，会议取消。
- 某公司保安玩忽职守，小偷趁员工午休时进入公司办公区，不少笔记本电脑和手机被盗。

出现失职情况，员工怎么承担责任呢？要根据失职情节的轻重，接受处罚。处罚包括批评教育、写检查、罚款、记过（填过失单）、警告、降低绩效评分、降职降级、减少或取消奖金（绩效工资）、辞退，甚至提起行政或者刑事诉讼，让当事人承担行政或者刑事责任。在国有企业上班的，失职甚至会以渎职罪论处。

鉴于岗位职责的重要性，我们分 3 项再次强调一下。岗位职责是你的工作范围；你必须做的，责无旁贷；你在工作上出了问题，你要负责。

明白了岗位职责的定义后，我们对岗位说明书中具体的岗位职责应该如何解读呢？入职后，你要承担哪些岗位职责呢？管理规范的公司早就为你规划好了——在岗位说明书里，公司对每个岗位的职责都做了明确的规定，少则几项，多则十几项。当公司发给你岗位说明书后，其中的岗位职责部分，你千万不能看一眼就算了。现在大多数公司的岗位说明书是电子版的，有的新人甚至都不看。这可要不得，因为吃亏的是你自己。

许多人比较熟悉保安，下面以某公司保安岗位职责为例，带大家一起看看，如何解读岗位职责。

1. 按时交接班，认真巡查，注意发现和及时消除各种隐患。

2. 写好当班记录。

3. 负责公司各项活动的安全、秩序的维护工作。

4. 检查员工是否按规定佩戴厂牌上岗，认真监督员工上下班打卡，如发现有代打卡现象，应立即没收代打的 IC 卡，并报告人事行政部。

5. 执行公司人员、货物、车辆出入管理规定。

6. 处理来访人员。

7. 负责公司各区域灭火器的检查（位置是否移动，保险栓是否脱落）工作。

8. 定期检查消防栓的供水和压力情况。

9. 检查各宿舍有无乱拉接电线和使用大功率（电炉、电饭锅）电器等现象。

10. 检查作业现场的隐患，检查车间、宿舍内有无突发事件（打架、斗殴、吵架）发生。

11. 检查厂区各区域有无人员未在指定的地点抽烟的现象。

12. 检查员工有无私带公司物品出厂的情况。

13. 负责检查夜间各车间与仓库办公室的门、窗、灯、电脑、空调的关闭情况。

14. 检查车间内是否有过量存放的危险化学品。

15. 完成上级领导交代的其他工作。

解读一：岗位职责以岗位说明书的规定为准。该公司的保安竟然有 15 项岗位职责，也许大多数人没有想到。正因为岗位职责可多可少，多一项少一项又直接关系到工作量，关系到工作任务能否完成，关系到考核奖惩等，所以除非公司和上级另有要求，否则岗位职责以岗位说明书中的内容和规定为准。如果公司没有岗位说明书这样的官方文件，即使是保安的上级，恐怕也难以说全保安的岗位职责。事实上，岗位职责是公司通过专业的工作分析方法得出的工艺性、法律性文件的内容。每一份岗位说明书中所记录的岗位职责，都是严肃的，是经过任职人、直接上级、人力资源部、公司高层、外部人力资源专家组成的工作分析委员会的讨论、调研、访谈、信息采集、汇总、对比、分析，形成的岗位说明性内容。

保安的 15 项职责，每一项都不是随意编的，内容也不是谁“拍脑袋”想出来的，而是经过专业的程序并由公司批准的。公司要考虑：保安上班期间能不能完成这 15 项职责？每一班次会遇到多少问题？工作量有多大？公司门卫、办公大楼保安、研发大楼保安、厂区保安等是不是应该有不同的岗位职责？公司不对公司战略、组织结构、各部门职能、各岗位状况进行充分掌握，是不可能编写出一份专业的岗位说明书的，也无法准确规定岗位职责。所以，新人千万不要以为岗位职责是上级随便定的。

解读二：岗位职责是职责信息的极简版。每一项岗位职责一般由主语 + 状语 + 谓语 + 定语 + 宾语的句子组成。其中的主语，就是上岗的你，往往省去，部分定语和状语也常会省去。岗位职责的核心信息，由其中的谓语动词和宾语决定，所以新人要仔细阅读每一项职责表述中的谓语和宾语，比如“写好当班记录”“处理来访人员”“检查车间内是否有过量存放的危险化学品”。抓住谓语动词和宾语，每一项职责的关键点就抓住了。新人一定要明白，岗位说明书中的岗位职责，实际上是职责信息的极简版。

具体如何理解？以“处理来访人员”为例。“处理来访人员”是对这项工作职责所做的最简单表述，许多工作信息并没有表述出来。比如什么是“来访人员”？来办私事还是公事？什么是“处理”？要询问什么问题？登记什么？拒绝还是请示放行？显然，由于岗位说明书的篇幅有限，不可能将所有工作信息都写进去，只能对每一项岗位职责做极简表述。正因为是职责信息的极简版，许多工作信息没有记录在内，仅仅解读“处理来访人员”这几个字是不够的，所以新人一定要从拿到岗位说明书的那天开始，就想方设法将缺失的岗位职责信息补上，主动掌握完整版信息。

将职责信息的极简版扩充到完整版的过程，是职场新人走向成熟的过程。如何得到每一项岗位职责的完整信息呢？无外乎以下几个办法。

第一，入职时，公司会就如何履行岗位职责，针对性地进行岗位技能培训，新人全部掌握后才能上岗。第二，如果没有培训，新人可以阅读公司相关的规章制度和操作规范。第三，如果公司没有规章制度和操作规范，新人可以请教公司的前辈。第四，如果没有前辈，新人可以及时请示上级，上级说如何做就如何做，除非他给你授权。

解读三：新人必须对自己的岗位职责了如指掌，一个都不能忽略。前面15项岗位职责，都是这家公司保安应该履行的，一项都不能忽略。保安当班时，任何一项出现纰漏或者问题，公司都要追究当班保安的责任。所以，入职后，新人对自己的岗位职责应该了如指掌，如数家珍。一个具有职业素养的员工，是不用天天等上级布置工作，也不用上级催促的。一入职，他就非常清楚自己该干什么，不该干什么。他是如何做到的？因为他仔细阅读了自己的岗位职责，一条一条地记下来并践行了。

员工对自己的岗位职责，不仅要做到一个都不能忽略，而且不得质疑，不得逾越。

不得质疑。任何员工在入职后，不得对岗位职责的必要性和合理性质疑或提出挑战。上述15项职责，确实不少，而且覆盖面广，履职难度大。但是，除非得到上级的明确指令或认可，保安不得擅自变更职责，认为有必要的工作就做，没必要的就不做。

不得逾越。各个岗位上的员工要各司其职，既不产生冲突，也不推诿。如果某项职责，公司已经明确规定由某岗位履行，除非特殊情况或者上级要求，否则其他岗位任职人员不得擅自行使该项职责。

解读四：没有职责的孤岛。任何公司，由于岗位设置、职责界定总会有遗漏或空白、模糊等情况，因此会出现“两不管”地带、无人负责的工作，甚至可能会出现推诿现象。这个时候，大家需要主动站出来“补位”，主动承担责任。

岗位职责不是汪洋中的孤岛，也不是孙悟空用金箍棒在地上画的一个圈儿，只要你不出圈就平安无事。岗位与岗位之间，职责与职责之间，都是相互连接的，都是为了达成公司统一的目标而设置和规定的。当出现职责不清、遗漏或空白等情况时，员工应该主动站出来，主动承担责任，相互补位。

所以，公司划分和界定每个岗位的岗位职责，是为了让员工既恪尽职守，责无旁贷，又相互协作，拾遗补阙，形成高绩效的工作团队。

本讲知识点

1. 什么是岗位职责？

是指在岗位上应该做的工作事项或任务，与为此应该承担的责任。

2. 如何理解岗位职责？

第一，是工作范围和内容。

第二，必须做的，责无旁贷。

第三，工作上出了问题，你要负责。

3. 如何解读岗位职责？

第一，除非公司和上级另有要求，否则岗位职责应当以岗位说明书中的内容和规定为准。

第二，理解和掌握每一项岗位职责。

第三，新人必须对自己的岗位职责了如指掌，一个都不能忽略。

第四，没有职责的孤岛。

3.4

任职资格与胜任

职场痛点

一些新人认为，既然公司录用了自己，就说明自己基本符合公司的任职资格。实际上，企业经常因为招不到合格的人，只好在“矮子里拔将军”，录用达不到任职资格的人员。

还有一些新人认为，刚入职时不能胜任工作是情有可原的，“新人”这个身份是最好的挡箭牌。

本讲提要

新人在公司领工资拿奖金，不是因为你形象好，也不是因为你心地善良、孝敬父母，唯一的理由是你胜任工作。你也并不需要公司同情你、可怜你而给你发工资，你可以理直气壮地索取报酬，理由是你胜任。

所以，给新人的建议有 3 点。

第一点：不能胜任工作是令人羞耻的。不要以为自己是新人，就对不能胜任工作心安理得，否则公司是不是也可以不给不能胜任工作的你发工资呢？

第二点：任职资格是镜子、尺子、梯子和驾照。

第三点：任职资格并不是胜任力的全部，而仅仅是其中的一部分，请参考冰山模型。

任职资格

对于新人来说，可能没听说过任职资格，可是各大招聘网站上各种岗位的“招聘要求”“任职条件”等，大家应该很熟悉。请看下面招聘广告中的“招聘要求”。

一条要求是“负责过大型软硬件集成建设项目（单个项目 500 万元以上），并担任过项目经理，负责项目需求调研、项目实施等工作”。另一条要求是“熟练运用 HDFS、Kafka、Zookeeper、Spark 等开源大数据组件，并了解其原理，熟练使用 Docker，并有 985 大学、211 大学或海外学校学习的背景”。某公司招聘文员，招聘要求是“处女座、天蝎座不要，摩羯座、天秤座、双鱼座优先”。2018 年 4 月某电脑公司招聘，对男性求职者的要求是“声音洪亮、双眼有神、握手有力”“不乱借钱”“常洗袜子”。说实话，最后这则招聘广告虽然幽默，是年轻人的风格，但是提出的任职要求有点儿过分，有哗众取宠之嫌。无论怎样，任何公司的任职要求，不得违反国家法律法规和公序良俗。招聘广告中的“招聘要求”“特别要求”“任职条件”等，就是任职资格。

任职资格是履行岗位职责所必需的知识、技能、经验和品德等要求。在公司，不同的岗位有不同的任职资格。大家看到的招聘广告中的“招聘要求”等是任职资格的通俗版。完整的、官方的任职资格在哪里呢？当然是在岗位说明书中。岗位说明书中关于任职资格的表述，是任职资格的专业版。

那么，任职资格的专业版都包括哪些项目呢？一份专业、完整的任职资格有以下项目。

1. 年龄。某些岗位，有特定的年龄要求。

2. 学历。不同的岗位，对学历要求不同；不同的公司，对学历要求也不同。

3. 资历、经验。这一般是指本行业和本岗位的工作经验或者特定经历，比如有的公司要求有 BAT 工作经历或者外企工作经历，有的公司有业绩要求或者绩效考核成绩要求。

4. 知识、体力。岗位相关的知识和体力。

5. 技能。专业技能是第一位的，此外，还要求有沟通能力、协调能力、表达能力、写作能力、管理能力等，不同的公司和岗位，对能力要求不同。有的公司有特殊能力要求，比如会喝酒。

6. 培训。有的岗位要求入职员工接受该岗位相关培训并取得证书或者资格。当下社会，各种证书“满天飞”，保姆也要持证上岗。在公司的出纳岗位任职，必须有会计证；在员工关系专员岗任职，必须取得人力资源师资格。各行各业基本上都有相应的专业培训和证书。

7. 个人素质。不同的公司，对个人素质、品德要求不同。大公司要求把公司价值观纳入任职资格，小公司会提出“做人诚实正直，主动热情”“富有团队精神”等要求。

任职资格不是随意定的，而是必须与岗位职责相匹配，不能低也不能高。任职资格要求过低，则难以胜任；要求过高，则造成人才浪费。上述案例中，“负责过大型软硬件集成建设项目”不是随便写上去的，而是行业的从业人员或者公司的管理人员，总结经验教训和积累得出的。

任职资格是履行岗位职责所需的最低标准，是任职的必要条件，但不是充分条件。既然是任职资格，就表明它是招聘的依据。达到这个任职资格，可以录用，达不到则不得录用。但是在现实中，往往出现以下两种现象。

第一种现象，“人才高消费”。一听“人才高消费”，你可能会猜想是大公司发生的事情。所谓“人才高消费”，是公司制定的任职资格高于岗位任职的要求，“用大炮打蚊子”。

一些大企业，或者刚刚获得风险投资的大公司，在用人上不切实际。本来某岗位要求有一年工作经验就可以，企业会要求“3 年以上本岗位工作经验”。某岗位本科学历就可以，企业要求“硕士研究生以上学历”。某大公司的前台岗位，要求必须是 985 大学、211 大学或“双一流”大学的毕业生。

有的公司会为了保证录用特定人物而“量身定制”任职资格，这种现象被称为“萝卜招聘”。如为了保证录取某一个人，企业就专门把任职要求降到符合某人的能力。在某企业 2018 年录用境内院校应届毕业生情况的公告中，有人发现毕业生多是北大、清华、人大的，有一个岗位的任职人却来自某学院，他的学历居然符合任职要求。有人怀疑，这个岗位的任职资格是专门为了这名毕业生而量身定制的。

第二种现象，“先上车，后买票”。什么是“先上车，后买票”？任职人达不到岗位职责最低要求，却入职了。这种先任职后达标、先干后学、边干边学的现象，在我国的企业中十分普遍。这其中又有两种情况，一种是任职资格低于岗位的胜任要求，另一种是任职人能力低于任职资格要求。有新人问，怎么会出现这种情况呢？达不到录用要求，不得录用，这应该是基本常识和原则吧？可惜，理想与现实是有差距的。以下原因导致了“先上车，后买票”现象的出现。

- 公司没有实力。工作条件和薪酬福利没有竞争力，招人难，招聘要求一降再降。
- 亲戚朋友进公司。虽然能力不合格，却不得不让亲戚朋友进公司。
- 把关不严。为了上项目，赶进度，匆忙招人，为了赶时间，把关不严。

许多创业公司只关注业务和技术，制度、管理、任职标准都不完善，招聘也是临时决定，急着用人，便匆匆招聘，招来的人常常不符合任职要求，不能胜任岗位工作。某公司的《保安岗位说明书》中规定的任职资格是：身高 1.7 米以上，年龄 30 岁左右，退伍军人，3 年以上保安工作经验。该岗位招聘广告是：保安，男性，20～30 岁，身高 1.7 米，有保安经验者优先。最后录用的任职人是：男性，50 多岁，身高不足 1.65 米，某工厂内退人员，无保安工作经验。

从以上情况看，对普通保安的招聘，在实际操作中变了样。从公司规定的任职资格，到招聘广告中的任职要求，再到录取人的实际情况，要求越来越低，任职人的实际情况与公司规定的任职资格相去甚远。在许多人印象中，保安应该是容易招聘的。实际上，除非是大企业，许多缺乏薪酬竞争力的企业，对任何岗位人员的招聘都不容易。

据调查，在我国企业招聘中，超过 80% 的录用人员，不能完全达到任职资格。既然不合格，企业为什么会录用？企业招聘一名完全达到任职资格、完全胜任岗位工作，来到公司就能“即插即用”的员工，是很不容易的。20 多年来，许许多多的老板和经理人跟我说，招聘是“矮子里拔将军”，大多数新人实际上不达标，只能在工作中磨合、提升。然而，许多新人却以为，既然被公司录用，就说明自己符合招聘条件，达到任职资格，不然公司为什么录用自己呢？自己不能“即插即用”，是因为不适应，并不是自己不合格。自己刚入职，经验不足，能力不够，是正常现象，新人的成长本来就是一个长期的过程，谁也不可能一步到位，入职第一天就能无缝对接，完全胜任工作。

这种想法对吗？没错，无缝对接、完美入职是不存在的。不要说刚步入职场的新人，就是招聘的资深员工，甚至是中高层管理人员，企业也都要安排一定的试用期，做入职培训、岗位培训等。这些都表明，企业并不认为，凡是录用的员工，就一定是符合任职资格的员工，就一定是能够胜任岗位工作的员工。

胜任

新人从不胜任到胜任有一个过程，公司对此是有心理准备的。那么，这种想法又错在哪里呢？错在新人没有意识到，完美入职、无缝对接，本来应该是员工的责任和义务。试想，如果你买东西，愿意买一个半成品吗？

你自己主动投简历，公司给你录取通知书，你唯一的理由是“我能胜任”，如果你自认为不能胜任，敢去上班吗？在劳动关系中，员工的核心价值就是“我胜任”！如果你胜任，工资福利、奖金期权、提拔重用，都是时间问题；如果你不能胜任，职位提升、工资福利、职业发展，都变得难上加难。

在公司里取得报酬，不是因为你形象好，也不是因为你心地善良、孝敬父母，唯一的理由是你胜任工作。你也并不需要公司同情你、可怜你而给你发工资，你可以理直气壮地索取报酬，理由是你胜任。胜任，是公司需要你，你也需要公司的唯一理由。鉴于此，在任职资格方面，新人应该形成以下判断。

第一，不能胜任是令人羞耻的。试用期内，在你不能胜任工作的情况下，公司给你发了80%的工资，并给你安排入职培训（有的公司入职培训长达几个月甚至一年），还安排岗上教练面对面、手把手地传授工作经验和技能。你的工作没有达到要求，公司却为你付费让你学习，而你未尽自己最大的努力，在最短的时间里胜任工作，达成绩效，是不是会感到内疚？

第二，任职资格是镜子、尺子、梯子和驾照。任职资格从简单通俗的招聘要求，到专业、正式的任职资格，再到要求更高的胜任模型，作用一样，具体如下。

- 镜子。看看自己哪里有问题。
- 尺子。对照检查自己与任职资格之间的差距。
- 梯子。对照任职资格，一步步努力，实现职业发展。
- 驾照。达到任职资格，才可以上岗，不能无证驾驶。

第三，最深层的胜任力是职业操守和价值观。如果把一个人胜任岗位工作所需的全部才能看作一座冰山，浮在水面的部分看作员工的显性才能，仅为冰山的1/8，而藏在水面之下的7/8部分就是隐性才能。大家容易看到的，是海平面以上的外在知识、技能要求，比如学历、专业、行业工作经验等，而隐藏在海平面下面的部分，是人的内在自我概念和社会角色，再往下，是人的动机、价值观等。

冰山模型

根据冰山模型，胜任不仅关于外在的知识、能力、经验等，更核心的是内在的职业态度、职业操守和价值观。在本书中，关于职业操守和价值观的内容分别在第 13、第 14、第 15、第 16 课，请大家特别关注。

本讲知识点

1. 什么是任职资格？

任职资格是履行岗位职责所必需的知识、技能、经验和品德等要求。

2. 上班第一天，是不是应该胜任工作？

是的。上班不是上学，上学是你付费，上班是公司付费给你，而公司给你付费的唯一理由是你胜任工作。完美入职、无缝对接，应该是员工的责任和义务。

3. 对任职资格的态度应该是什么？

不能胜任工作是令人羞耻的，任职资格是镜子、尺子、梯子和驾照，最深层的胜任力是职业操守和价值观。

3.5

“不拉马的士兵”

职场痛点

新人入职后，逐渐会发现这些现象：人浮于事，有很多混日子的人；苦乐不均，忙人很忙，闲人很闲；干活的人受气，不干活的人却左右逢源；多干多错，少干少错，什么也不干的人反而不会犯错误。许多新人被这些不好的现象所困扰。

本讲提要

莫让浮云遮望眼，不要被“乱象”所惑，无论看到什么“乱象”，你不能照做，要勇于主动担责。

“不拉马的士兵”

理想与现实差距很大。先给大家讲一个流传甚广的故事——《不拉马的士兵》。二战的时候，一位将军到下面一个炮兵部队视察。从填料、瞄准到射击，炮兵班的每一个炮兵都合作得天衣无缝。不过，将军发现一个奇怪的现象，在每个炮兵班里，总有这样一个兵，笔直地站在大炮旁，自始至终都一动不动。将军觉得非常奇怪，就问炮兵团长那个兵究竟是干什么的，他的职责是什么，他为什么要站在那里。团长回答：“报告将军，我们是按照上级的要求设置每一个岗位的。”将军问炮兵班长，班长回答：“报告将军，每一个士兵都严格按照上级指示和文件精神进行操练。”将军问这个兵，兵回答：“报告将军，我是完全按照职责和动作来做的。”将军对这些回答都不满意，他又问了很多人，终于明白了：在汽车发明前，大炮是用马来拉的。每个炮兵班都需要设置一个专门负责拉马的炮兵岗位，因为震天的炮声总会惊到马。虽然在二战以前，汽车已经代替了战马拉炮，根本不用士兵专门负责拉马，且汽车是不会受惊的，但拉马的炮兵岗位在无意中被保留下来。于是，在每一门大炮旁边，总有一名没有任何用处的“不拉马的士兵”。

你不要觉得这个故事离奇，像一个笑话。其实，当你入职一家公司，即使是一家世界上了不起的企业，不久你也会发现，公司里居然也有这种“不拉马的士兵”——只领工资不干活的员工，甚至还有以下现象。

1. 人浮于事。公司有不少部门和岗位上的人无事可干，游手好闲，工资、奖金却一分不少拿。

2. 苦乐不均。忙的人很忙，闲的人又太闲。

3. 鞭打快牛。能干的人工作越来越多，不能干的人工作越来越少。

4. 不公平。不干活的人总给忙的人提意见，当裁判。

5. 尸位素餐。有些人占着岗位，却不思进取。

看到这么多的问题，有的新人感到惊奇：既然有的岗位没有用处，既然有人忙有人闲，公司为什么不解决？难道老板看不见吗？问题问得好。公司为什么存在“不拉马的士兵”呢？原因很多，如企业转型、员工结构老化、人情关系等。苏州某企业通过自主创新和借鉴国际前沿技术，持续推动转型升级，“靓颜”“提智”转型忙。企业转型升级，相当于马车改汽车，让过去拉马的士兵下岗，而转型过程可能需要几个月甚至几年，老岗位的工作慢慢减少，新岗位的工作越来越多，不能马上辞退的人就成为“不拉马的士兵”。在有的公司里，一些老员工慢慢跟不上公司的发展，或者慢慢懈怠、干不动，或者不想努力工作，但是他们与公司签订的是无固定期限的劳动合同，加上公司感念他们与公司同舟共济许多年，没有功劳也有苦劳，且他们又没有重大过失，所以公司一般不会辞退他们。有的亲戚或者关系户想进公司，老板碍于面子或者利益，因人设岗。如某公司有一个监事长的岗位，该岗位并无事可做，完全是为了安排人而设置的。有的人已经进入公司上班，但没有岗位，不知道该干什么工作。

成长型企业有成长的烦恼：组织设计、部门划分、岗位说明书、岗位职责、任职资格、胜任模型都没有。公司没有这些，只能由老板“拍脑袋”，招你进公司，让你干什么工作，你就要干。能干的员工，往往一个人身兼数职。行政、人事、财务一人兼，市场、销售、客服也由一个人干。岗位名称随时换，职务随意定，哪怕公司只有几个人，也可以叫首席执行官、全球副总裁等。在业务不明确的情况下，公司的部门、岗位、职责经常变动。遇到这种情况，新人千万不要着急，也不要抱怨，这就是实际中的企业。无论哪家企业，在发展初期，在规模小的情况下，都有这样那样的问题，即使那些今天已是成功的企业，在创业时期也曾有不少问题。

美国苹果公司创立于1976年，在1985年以前，公司的部门、岗位、任职要求等也是持续变动的。在公司小、业务不稳定的情况下，部门、岗位、职责难以规范。因为职能和成本问题，公司没办法招聘更多人，只能每个人身兼数职，一个人做几个岗位的工作。一旦市场有变化或者有新的业务思路，公司就马上调整组织架构，调整岗位、职责和人员，这就是创业型公司的实际状况。

即使是管理较规范的大中型企业，也可能存在“两张皮”的现象。什么是“两张皮”？即规定的是一套，而做的却是另一套。在有些公司里，组织架构、部门、岗位、岗位说明书、岗位职责、胜任模型等都有相应的规定。但实际上，公司从上到下都不把规定当回事，招聘时不依据岗位描述，分配工作时不依据岗位职责，上岗员工不符合任职资格，却照样上岗。公司说一套，做一套，名不副实，即说的和做的是“两张皮”。

“两张皮”现象在企业中普遍存在。为什么会出现这种现象呢?

一是岗位说明书本身有问题。一些公司看起来管理规范，岗位说明书看起来标准、完整，其实不然，说明书的内容可能是东抄西抄、拼凑的，只是做做样子。仍以保安岗位职责为例。从专业角度可以看出，某公司《保安岗位说明书》中有编造和抄袭的地方。例如，岗位职责中第一条“工作对保安队长负责”属于工作关系，就不应该出现在岗位职责项目中；第五、第六条属于汇报和学习事项，不属于职责事项。在任职资格的“经验”一项，有一条是“3 年以上保安队长的相关工作经验”，显然是抄袭时一并抄下来的。因为这份岗位说明书是保安的，不是保安队长的，对一个保安不可能要求 3 年以上保安队长的工作经验。

二是变化。有的岗位说明书没有问题，但情况发生了变化，比如公司对组织架构进行了调整，公司的产品和服务发生了变化，公司的人员流失等导致某一岗位上所描述和规定的职责、任职资格、工作关系发生变化。

三是随意。老板和管理人员很随意，他们不认为每一位员工要按照规范、约定的岗位职责做工作，而认为工作只要有人做，问题及时解决就可以。为了不耽误工作，老板和管理人员常常把工作交给那些值得信任的人或者有能力完成的人去做，而不是有相应职责的人。当然，还有更加复杂的情况。某家民营企业，董事长的内弟是总经理，董事长的妻子是财务副总。在这种情况下，即使公司有岗位说明书也难以起作用。

如何面对职场“乱象”

面对以上“乱象”，新人应该如何处理呢？

第一个建议，莫让浮云遮望眼。这句话直白地说，就是不要被这些“乱象”所惑。正面的、负面的东西，都是企业的一部分。负面问题，在你看到之前，老板、领导、职场前辈早发现了。任何一家公司，只要想在市场竞争中取胜，想发展壮大，想基业长青，如“不拉马的士兵”等现象一定会得到解决，这只是时间问题。某公司老板在微博上表示，公司要定期清理“新人兔”。所谓“新人兔”，是指公司里为人不错，但不出活、无绩效的新人。360 公司、阿里巴巴、腾讯、华为等公司每隔一段时间，都要清理一批“新人兔”。这样看来，连职场“新人兔”都要被定期清理，好的公司会允许游手好闲者长期存在吗？

第二个建议，别人可以，但你不可以。如果看到公司里有人不工作，游手好闲，你就不服气，跟着学，做消极怠工者，那是对自己不负责任。如果你有“洁癖”，不能忍受公司里的“乱象”，不愿意与上班混日子的人为伍，你可以离开这样的公司，这是你的权利。但是，一旦入职，你就不要抱怨，而要尽职尽责，积极主动，遇到问题就努力去解决。因为新人入职公司，不是分享公司的成功，而是和公司一起，克服困难，解决问题，创造佳绩。

第三个建议，主动承担工作。入职后，如果你发现公司职责不清、任务不明，也没有岗位描述文件，你该怎么办？刚入职时，上级让你做什么，你就做什么，没有让你做的，你就不用做。慢慢地，你会发现，有的工作，虽然上级没有安排你做，但是你觉得做了对公司有利、对部门有益，且不会与同事发生冲突，做比不做好，你可以主动做。慢慢地，上级让你做的和你想做的工作，就会作为你的职责沉淀下来、固定下来。如果入职后，你发现公司对岗位职责说一套，做一套，说的和做的是“两张皮”，你该怎么办？你要注意观察，结合岗位说明书，一项一项与上级确认。岗位说明书上没有规定的，上级让你做，你就作为职责，将它记下来、固定下来。岗位说明书上规定的，但是上级说不必做，你可以把它删除。经过半年到一年时间的磨合，你就能准确把握岗位职责。

对新人来说，职责就像你自己的领地，你主动承担、确认，领地就会越来越多，你在公司里就会越来越重要，千万不要被动地等着别人给你安排工作。主动，是会让你受益的。

本讲知识点

如何应对职场“乱象”？

一是不要被“乱象”所迷惑。

二是无论看到什么“乱象”，你都不能学着做。

三是主动承担工作。

4

规章制度

职场新人常见的窘态：

对规章制度缺乏了解，经常无意中违规。

在制度面前心存侥幸，缺乏敬畏之心。

对违规行为不以为然，甚至质疑、抗拒。

对公司个别老员工的钻空子行为，缺乏抵抗力，盲目模仿，不以为耻，反以为荣。

本课目标

1. 尊重制度，遵守制度，维护制度，是员工的基本义务。
2. 了解公司的各项规章制度。
3. 学会阅读公司的员工手册。
4. 别被“潜规则”所吓倒。
5. 学会面对不合理的规章制度。

本课提要

4.1　什么是规章制度

指令性制度 禁令性制度 正式制度 非正式制度 制度的三个特征

4.2　公司的规章制度

政府法律法规 公司治理制度 企业经营管理制度 业务和工作办法、流程 非正式制度

4.3　员工手册

员工手册是一本汇集公司概况、公司历史、基本规章制度、人力资源政策、职业行为规范和操守、企业文化和价值观的文件汇编，员工手册中的内容，是公司制度和政策的公示，具有法律含义

4.4　潜规则

潜规则与正式制度有什么不同　公司有哪些潜规则　如何面对潜规则

4.5　规章制度不合理怎么办

对于不合理的制度，只有修改后才可以不遵守，除非是不合法的制度，否则必须严格遵守

4.1

什么是规章制度

职场痛点

员工不了解规章制度，就像不了解交规的新手开车上路。

遗憾的是，一些新人恰恰是这样的——对制度不清楚，却已经入职。

本讲提要

1. 什么是规章制度？指令性制度、禁令性制度。

2. 规章制度的三个特征。

3. 在规章制度面前怎么办？

了解规章制度，遵守规章制度。不挑战，不抗拒，不侥幸，不要等到被处罚才长记性，更不要学钻制度空子的行为，那种人总有一天会成为自己职业生涯“车祸”的肇事者。

2018 年，网络媒体报道了中国人在国外的两件事。一件事是一名中国留学生在美国喝酒被抓。因为美国规定 21 周岁以下不得酗酒，这名留学生未满 21 周岁，而他根本不知道美国有这样的法律规定。另一件事是中国的一对夫妻在美国的大街上打架，男子被警察抓走，女子很后悔，她不知道在美国夫妻打架是严重犯罪行为。在一个陌生环境，如果不了解当地的法律制度，就可能违法还不自知。新人进入一家公司，就是到了一个陌生环境，要避免惹麻烦，就应先了解制度，遵守制度。

什么是制度？制度也叫规章制度，是用于公司内的、众所周知的规则。公司通过这些规则，约束和引导员工的行为。

没有规矩不成方圆。一个没有游戏规则的社会，一个不遵守游戏规则的社会，只会一片混乱。一个没有红绿灯，也没有交通警察的十字路口，交通繁忙时会拥堵不堪，充斥抢、挤、吵、闹等现象。这仅因为十字路口没有“红灯停绿灯行”的规则及其规则的维护者。

在现代，国家或社会文明的重要标志之一是法治——社会中的任何人，都被置于法律法规的约束之下，无人例外。社会各个层面、各个领域的法律和法规，织就了一张制度之网，保障和维护整个社会的秩序。企业也一样，我们无法想象一家企业，在没有规章制度的情况下，还能有序经营。如果公司没有考勤制度，员工想几点上班就几点上班，想几点下班就几点下班，公司恐怕连会议都很难召开。如果公司没有财务制度，大家想怎么花钱就怎么花钱，想买什么东西就买什么东西，公司恐怖没几天就要破产关门。如果公司没有保密制度和知识产权管理制度，负责开发新技术的员工随时可以把资料发到网上，下班后可以把代码随便发给别人，公司的商业机密和重要信息可以随意被泄露，在今天这个互联网时代，公司马上会垮掉。

公司的规章制度是通过两种方式约束和引导员工行为的，一种是指令性制度，另一种是禁令性制度。指令性制度主动指示和命令员工干什么，它是由公司强加的行动规则。例如，本公司上下班时间为早九点晚六点，中午十二点到下午一点休息一个小时，周六周日休息。员工在一天以内请假必须事先填写请假条，经主管批准后，方可按事假计算。低值易耗品领用，必须由部门提出申请，报行政部批准后，由部门派人按程序领取。每周一上午十点召开公司例会。禁令性制度是禁止员工做某些行为的制度。例如，上班不得打私人电话，单独一个人不得坐电梯回办公室，物品未经复核不得入库。

指令性制度与禁令性制度，从两个方面引导和约束员工的行为。前者告知什么可以做、应该做；后者告知什么不可以做、不应该做。前者是引导，后者是禁止。通过一引一禁，保障和维护公司的经营管理秩序。

公司制度分为正式制度和非正式制度。正式制度是以文件形式正式颁布和公示的规章制度。非正式制度是以习俗、惯例、道德、价值观，甚至以潜规则等引导和约束人们的行为，如果违反也会受到惩罚，如领导和同事的冷眼、负面评价、孤立等。所以，新人一定要明白，非正式制度也是制度，也必须遵守。

公司的规章制度有三个特征。

必须符合国家法律法规

任何公司的规章制度，都不得与国家法律法规和地方性法规相抵触。比如，企业不得限制或取消宪法赋予公民的任何基本权利。有的公司规定对员工实行体罚，完不成任务不让回家等，就侵犯了公民生命健康权和人身自由权，是恶劣的违法事件。再比如，按照我国有关法律法规规定，企业的薪酬方案，无论是国有企业、外资企业还是民营企业，都需要与职工代表协商，经职工代表大会讨论通过，方可实行，没有走该程序的薪酬制度是无效的。

2019 年 9 月 3 日，标题为“海尔 4 名员工午休被开除”的视频登上微博热搜。9 月 6 日，海尔公司公开回应：“这 4 名员工并不是在休息时间午睡，而是在工作时间于公共接待场所睡觉，违反了海尔员工的行为规范准则，属于一级违规，按规定应解除劳动合同……”海尔公司在向公众解释时，还特别强调“公司的规章制度和员工行为规范符合国家的法律法规，经过海尔集团及各法人公司职代会讨论通过”。这说明公司的规章制度是符合国家法律法规和相关程序的，是有效的。

应事先公示和告知

我国《劳动合同法》第四条第四款规定，用人单位应当将直接涉及劳动者切身利益的规章制度和重大事项决定公示，或者告知劳动者。没有公示的规章制度，是无效的。

入职时，公司为什么要给每位员工发员工手册，并且一定要让员工本人签字呢？为什么要组织员工学习员工手册？在公司里，入职培训时，学习公司的规章制度都是其中重要一课。有的公司安排新员工学习公司的规章制度汇编，有的公司安排新员工学习员工手册，有的公司安排新员工学习员工行为规范。虽然叫法不一样，但内容大同小异，都是与员工密切相关的公司规章制度。通过签字，有了这次学习，公司等于把规章制度向员工做了公示，如果员工违反制度，错就在员工，否则，即使员工犯错，公司也会因未尽告知义务而承担一定责任。

违规必须受到惩罚

凡是制度，一定有处罚条款，会列举出如果违反制度，员工将会受到相应的处罚。没有惩罚的制度，不能叫制度，只能叫君子之约。

人天然有一种倾向——违反制度。为什么？用经济学的语言说，是为了节省成本。人总想让自己省事、轻松，给自己减少麻烦，获取好处，比如插队、开车闯红灯、抄近路、上班迟到早退、开会玩手机、报表不按时交等。违规，为什么必须要受到处罚？道理很简单，就是让你承担更大的损失。有人违规，是想取得额外的好处，或者为自己省事，如果处罚使违规之人的损失远远大于违规收益，他就不会再违规，将开始遵守规章制度。处罚是防止投机取巧、钻空子等机会主义行为。如果没有惩罚措施，整个公司、整个社会就乱套了。所以，凡是违反规章制度可以被原谅，可以不被惩罚的公司，管理上常是混乱不堪的。只有严格执行规章制度，违规必罚，而且惩罚使违规者承担的损失大于违规给当事人带来的好处，制度才会被遵守。著名经济学家张五常有一篇论文是《卖桔子者言》。张五常在论文中分析了一个现象："为什么在火车站里买到的桔子不好吃还常常短斤少两，而小区小卖部的桔子好吃还足斤足两？"答案是："惩罚。"在火车站买了桔子后，乘客马上上火车，即使上当受骗，也无法惩罚卖者。如果在小区里买到短斤少两的桔子，买者可以马上回去对店主实施惩罚。

无论中外，好企业一定是规章制度严格的企业。只有差公司，才不把规章制度当回事。

刚入职的新人，如何面对规章制度？

1. 主动了解。

尽快主动了解与工作密切相关的规章制度，不要等违规处罚后才开始长记性。

2. 别挑战。

不要和公司制度过不去，不要抱侥幸心理，必须遵守公司规章制度。作为员工，遵守公司的规章制度是本分和义务，不应犹豫、怀疑和质疑。

3. 不要效仿钻制度空子的行为。

不要投机取巧，钻制度的空子，几乎任何公司的制度都有空子，但新人不能钻空子，更不能看到公司的老员工违规没有受到处罚，就跟着学，因为那种人没有未来。

本讲知识点

1. 什么是规章制度？

规章制度是用于公司内的、众所周知的规则。公司通过这些规则，约束和引导员工的行为。

2. 规章制度的三个特征是什么？

一是必须符合国家法律法规，二是事先公示和告知，三是违规必须受到惩罚。

3. 面对规章制度，新员工应该怎么办？

主动了解制度，不要等被处罚才长记性。不挑战，不抗拒，不侥幸，老老实实遵守规章制度。不学钻制度空子的行为，因为有那种行为的人没有未来。

4.2

公司的规章制度

职场痛点

公司规章制度很多，新人很茫然。

本讲提要

任何一家公司都有规章制度，大公司有几百种甚至几千种，小公司也有几十种。这些规章制度包括五个层面。

1. 国家和地方法律法规。

2. 公司治理制度和章程。

3. 经营管理制度。

4. 具体业务和工作流程。

5. 非正式制度。如职业操守、企业文化和价值观。

深圳的一位职场新人，到公司上班的第一天，就收到八九张公司罚单。早上刚进公司门，就收到 3 张罚单。一张是没有带工号牌，一张是着装不合格，一张是化妆不合格，3 张罚单每张罚 50 元。她刚在自己的工位坐定，又收到 2 张罚单。一张是桌面摆设不符合要求，一张是没有在工作群签到。下班前，她又收到 4 张罚单。一张是坐电梯违规，一张是上厕所违规，一张是走路违规，一张是吃午饭时没有关电脑。试用期工资 5 000 多，平均一个工作日 200 多，第一天上班被罚款 400 多元，上一天班，不仅没赚到钱，还欠公司 200 元左右。

刚刚入职就违规被罚，在职场中很常见。

没有规矩，不成方圆；没有规章，不成企业。

任何一家公司，哪怕再小，都有一大堆规章制度。有的大公司，各种规章制度摞在一起，有几米那么高。进入一家公司工作，就进入规章制度的天罗地网。从员工宿舍，到上班路上，再到厂区或者办公室，再到公司食堂，最后到回家路上，再到出差路上，都有规章制度管着你。即使一个几十人的小公司，规章制度也少不了。

那么，公司到底有哪些规章制度？

一般来说，有五个层面的规章制度。

第一层面：国家和地方法律法规

公司里，有相当一部分规章制度，并不是自己定的，而是国家定的，颁布后企业和员工必须遵守，包括《公司法》《劳动法》《劳动合同法》《职业教育法》《劳动保障监察条例》《职业病防治法》《妇女权益保障法》《国务院关于职工工作时间的规定》《关于工资总额组成的规定》等与劳动者有关的法律法规。

另有各省市制定的相关地方性法规，《广东省劳动合同法实施细则》《上海市企业工资支付办法》《北京市企业劳动者工伤报告和工伤认定办法》等。

国家有关部门颁布的各行业的劳动安全行业标准、劳动定额标准、劳动技能鉴定标准、职业资格标准等，都属于企业必须遵守的规章制度。如国家劳动安全行业标准——有毒作业分级检测规程。

有毒作业分级检测规程

标准号	LD81-1995		
标准名称	有毒作业分级检测规程		
标准状态		替代标准号（新）	
被替代标准号（旧）		标准页数	7
发布日期		实施日期	1996-6-1
采用标准		中文标准分类号	

第二层面：公司治理制度和章程

所谓公司治理制度和章程，是根据《公司法》等相关法律，投资人或代理人签订的设立公司及公司的治理机构形成的章程和文件，如下。

- 公司章程。
- 董事会管理制度，包括董事会议事规则、工作程序、董事守则、会议纪律和制度、文件阅办规则、提案制度等。

第三层面：经营管理制度

经营管理涉及公司经营管理的规章制度，包括公司的商业行为准则、证券买卖指引、投资管理制度、资产管理制度、财务管理制度、薪酬管理制度、绩效管理制度、人力资源管理制度、合同管理制度、行政管理制度、项目管理制度、采购管理制度、生产与作业管理制度等。某公司投资管理制度的部分内容如下。

第二条　本制度规定了公司的投资原则、投资管理范围及组织机构、审批权限、投资运作程序、投资后评价等内容。

第三条　本制度所称投资包括对外投资和对内投资。

一、对外投资指将公司的货币资金和经资产评估的房屋、机器、设备、存货等实物以及专利权、商标权和土地使用权等无形资产作价出资，进行各种形式的投资活动，包括短期投资和长期投资。

（一）短期投资指购买股票、企业债券、金融债券或国库券以及特种国债等。

（二）长期投资指出资与其他公司、经济组织成立的有限责任公司、股份有限公司及其他经济实体。

如果说国家的法律法规是一家公司的制度环境，那么公司的治理制度是公司的地基，经营管理层面的规章制度是公司的四梁八柱。整个公司是依靠这个层面的规章制度支撑起来的。虽然新员工平时与这个层面的规章制度的交集并不多，但是新员工要明白，自己日常所接触的规章、办法、流程等都是以这些规章制度为依据的。

第四层面：具体业务和工作流程

这一层面包括着装规定、考勤办法、差旅制度、会议制度、办公用品购置管理办法、文印制度、档案管理制度、电话管理办法、OA 管理制度、保密办法、保安制度、门卫制度、接待管理办法、用车规定、卫生管理办法、食堂管理制度等。公司各个部门和各个业务领域都有规章制度，比如采购、入库、仓储、出库、生产、车间管理、现场管理、物料堆放、排班、客户、促销、经销商、终端、广告等。需要说明的是，公司规定的各项业务和工作流程，是公司规章制度的一部分。

以下是某公司货物入库操作流程。

某公司货物入库操作流程

名称	货物入库操作流程								
程序	任务	执行时间	执行部门执行人	采购部门	发货方供应商	仓库	ERP系统	流程说明	附件
1	来货送货通知	送货前2天（每月、每周）	公司采购供应商					供应商应提前2天发出送货通知 公司采购应每月提供下月及下周的预来货通报	送货通知（下周来货通报，下月来货通报）
2	收货准备	收货前	仓库收货人员	来货通知	送货通知	收货准备		在收货前应准备好收货的工具、设备等 了解货品基本情况及验货标准	
3	查看货物状况	收货当时	仓库收货人员			检查货物状况		检查货物名称、规格、包装是否符合公司要求	
4	检查质量	收货当时	仓库收货人员					检查是否有《货品质量检验报告》	货品质量检验报告
5	现场开箱清点	收货当时	仓库收货人员			检查货物质量		现场开箱清点，检查货物是否存在残、空、多、少等现象	
6	核对货物数量	收货当时	仓库收货人员			现场开箱清点		核对货物数量是否与货运单或送货单上数量一致	货运单、送货单

在公司里，入库、出库、请假、报销、公出、用印、签合同等几乎各个方面都有具体的流程。业务或工作流程也有制度，也起规范和引导员工行为的作用，如果违反流程，会给公司带来不必要的麻烦甚至重大损失，当事人也会受到处罚。

有的新员工忽视流程的重要性，不把流程当回事，随意跳过流程或者违反流程规定，这是职场大忌。因为工作流程是规章制度的一部分。

第五层面：非正式制度

公司里的非正式制度有职业道德、企业文化和价值观、潜规则。非正式制度，是通过惯例、职业道德、企业文化、价值观等潜移默化的方式产生影响的。根据“冰山模型”，正式制度像海平面上可见的那部分冰山，而非正式制度像海平面下平时看不见的那部分冰山。

理解和接受公司制度的最高境界是理解、接受公司的企业文化和价值观，同时，与公司的惯例、职业道德要求、核心价值观等互相影响，最终融为一体。

对于以上五个层面的制度中的前两个，新员工了解不多。第三个和第四个层面的制度中与新员工密切相关的部分，公司会以员工手册的方式公示，第三讲会给大家介绍。

当然，员工要以自己公司的规章制度为准。

本讲知识点

公司有哪些规章制度？

公司有五个层面的规章制度，分别是国家和地方法律法规、公司治理制度和章程、经营管理制度、具体业务和工作流程、非正式制度。

4.3

员工手册

职场痛点

许多新人不懂，员工手册不是简单的培训教材，而是公司的规章制度、政策、企业文化汇编，里面的内容具有法律效力，和员工密切相关。

本讲提要

1. 员工手册，是一本汇集公司概况、公司历史、基本规章制度、人力资源政策、职业行为规范和操守、企业文化和价值观的文件汇编。员工手册中的内容，是公司制度和政策的公示，具有法律效力。

2. 签收了员工手册，等于公司已经向你履行了关于公司规章制度、行为规范、人事政策等的告知义务，规章制度等开始生效。这不是小事!

3. 入职后，一定要认真仔细地阅读、理解公司的员工手册。首先了解考勤，保证上班时间；其次了解职业行为规范和职业操守；最后了解公司人力资源政策。当然，员工手册的其他规章制度，也需要了解和掌握。

入职时，公司就会发一本员工手册，新人收到后必须在确认书或者收据上签字。从你签名的那一刻开始，你就同意了公司员工手册中的全部内容，你就必须遵守员工手册中的各项规章制度和要求。而你的签名，是具有法律效力的。

什么是员工手册？员工手册是一本汇集公司概况、公司历史、基本规章制度、人力资源政策、职业行为规范和操守、企业文化和价值观的文件汇编。

员工手册中的内容，是公司制度和政策的公示，具有法律效力。让员工签名，意味着公司履行了告知义务，其中的规章制度和要求开始生效，员工必须遵守。

《富士康员工手册》包括前言、经营宗旨、鸿海-富士康企业文化、集团简介、历史、人力政策、技委会与教育训练、行为规范、安全健康、社会与环境责任等部分。

《通用电气中国有限公司员工手册》包括通用电气的价值观、公司目标、公司概述、诚信——GE公司的方针、聘用与离职、工作时间、报酬、休假、员工福利、员工培训与发展、奖惩制度及其他、办公室规章等。

《万达集团员工手册》包括认识万达、简介、公司发展史、创始人小传、企业文化、万达荣誉、入职引导、职业素养、薪酬福利、休假及考勤、劳动合同、绩效管理、员工培训与发展、员工健康与安全、报销制度、员工沟通和申诉。

有的公司员工手册详尽，我调研时看到最厚的员工手册达105页，而有的小公司的员工手册仅十几页。虽然不同的公司员工手册各有侧重，但一般来说都有以下几个部分。

- 第一部分，前言。
- 第二部分，公司简介和历史。
- 第三部分，企业文化。
- 第四部分，工作时间和考勤。
- 第五部分，人力资源政策，包括招聘录用、劳动合同、考核奖惩、培训发展、薪酬福利、劳动保护、人事异动。
- 第六部分，行为规范。
- 第七部分，其他，比如办公室规章、沟通制度、报销制度等。

公司员工手册的内容这么多，怎么理解呢？

考勤制度

员工首先应了解考勤制度。考勤制度是所有规章制度中最基本、每天都要面对的。入职就要上班，上班就要先把上下班的规定弄清楚。其他规章制度可以慢慢了解，但如果新人考勤出状况，试用期都可能无法通过。

了解考勤制度，是了解与工作时间相关的所有事项，包括上下班时间、打卡、迟到早退、公出、差旅、休假、加班等方面的规定。一家公司在这些方面都有很细致的规定，需要员工准确了解。例如，打卡包括日常打卡、公出打卡、中途外出打卡、忘记打卡、休假打卡、代打卡等方面的规定。

2017 年的一项调查表明，在试用期有超过 70% 的新人会在考勤方面出现至少一次错误，有的新人甚至因打卡问题被直接辞退。

员工行为准则

接下来，新人要熟悉员工行为准则。在一些大公司的员工手册上，员工行为准则细致、全面；而小公司的员工手册上，员工行为准则比较简单，甚至没有。其实，无论大公司还是小公司，中国公司还是外国公司，员工行为准则都大同小异，只要在职场，员工都必须遵守如下行为准则。

- 诚实守信。
- 经营活动不得超越本职业务和职权范围。
- 不能以公司名义对外发表意见、代表公司出席活动等。
- 不准索取或收取业务关联单位的好处。
- 反对以贿赂或其他不道德的手段获得利益。
- 不得利用个人掌握的公司信息谋取个人私利。
- 不得挪用公款。

- 保护公司财产。
- 禁止吸烟、赌博、性骚扰。

有的新人认为这些员工行为准则比较虚，离自己比较远，往往会忽略。请注意，与考勤制度不同，在员工行为准则方面，一旦违规就是大事。以麦当劳公司的员工手册为例。在公司某版员工手册中列举了25项会被公司立刻解雇的错误。

而列举的会导致被立刻解雇的错误，在许多员工身上都可能发生，比如虚报资料、伪造申请表或者提供不真实的资料、欺骗性请求休息或假称生病欺骗性缺席，工作时间睡觉或表现懒散。这些错误，很容易被新人忽视。为什么忽视？因为许多新人认为这些错误微不足道，从来没有当回事。

新人千万不要擅自用生活经验替代职场规则和标准，入职后，必须用公司规定的员工行为规范要求自己，不能想当然。在20年前，犯这些错误的员工只有在外企才会被严肃处理，在大多数中国公司，最多被领导责骂，警告下不为例。今天，中国企业进步很快，越来越多的企业把遵守职业准则、行为规范作为高压线，如果员工违反，就会被立刻解雇。海尔开除4名员工的案例，就是很好的证明。

正因为如此，如果你所在公司的员工手册中有这些行为准则，你要认真学习，严格遵守。如果你所在公司的员工手册没有这些行为准则，并不等于公司对员工没有职业准则方面的要求。无论哪一家公司，对员工的职业操守和基本行为规范都有要求，只不过由于篇幅或者公司条件，没有一一列出或明示。本书后面会专门介绍职业操守、行为规范和价值观。

人力资源政策

人力资源政策与员工的切身利益密切相关，新人要好好了解。

无论哪一家企业的员工手册，人力资源政策部分都是篇幅最多的内容之一，其中包括招聘、甄选、录用、劳动关系、薪酬、保险、福利、劳动保护、奖惩、绩效考核、培训、晋升、离职等。由于受我国有关法律，主要是《劳动法》和《劳动合同法》的约束，无论大公司还是小公司，在人力资源政策上，特别是在劳动关系、保险、奖惩等方面的规定都基本相同。劳动合同条款必须符合我国《劳动法》和《劳动合同法》的要求。任何公司都必须为员工办理并缴纳“五险一金”，没有例外。区别只是，由于工资基数不同，有的公司标准高，有的公司标准低。在人力资源政策上，公司之间差异比较大的，集中在非法定福利、薪酬、绩效、职业发展方面。在福利方面，不同的公司差异很大。许多大公司有员工宿舍、免费班车、茶歇、托儿费、生育180天带薪假、交通补贴、住房补贴、学习补贴等福利。

而小公司无力提供这些福利。我知道的一家几十人的小家族企业，连午餐补贴、通信补贴都没有，逢年过节也没有福利。

对于新人来说，公司的薪酬制度和绩效考核制度最难理解。因为薪酬制度和考核制度的专业性强，有许多专业名词、概念、理论、模型、方法、法律条文。另外，不同行业、不同性质、不同规模、不同发展阶段、不同战略的企业，在薪酬和绩效考核方面有非常大的差异。不要说职场新人，就是许多职场前辈，也不清楚。还有，由于薪酬、绩效考核涉及利益分配，敏感点多，一些公司在员工手册中对薪酬制度和绩效管理办法的介绍也不深入。

有人会困惑：如此一来，员工手册对于了解薪酬、绩效等最敏感的制度，岂不是价值不大？这样说也不对，对于薪酬、绩效，员工手册还是有价值的。这个价值就是，通过公司的员工手册，可以对公司在薪酬、绩效方面的基本规章和流程有所了解。比如，员工可以了解到公司的薪酬结构（由哪几部分组成）、等级（你的薪酬水平在公司的位置）、发放方式等。至于深入的了解，新人入职后可以慢慢来。

员工手册是最具有公司特色的文件，虽然有通识部分，但是更有独特的部分。请新人入职后，根据公司的安排，认真学习和研读员工手册，以所在公司的要求为准。

本讲知识点

1. 什么是员工手册？

员工手册是一本汇集公司概况、公司历史、基本规章制度、人力资源政策、职业行为规范和操守、企业文化和价值观的文件汇编。员工手册中的内容，是公司制度和政策的公示，具有法律效力。

2. 如何解读员工手册？

首先了解考勤制度，保证上班时间；其次了解职业行为规范和职业操守；最后理解公司人力资源政策。一切以所在公司的要求为准。

4.4

潜规则

职场痛点

新人觉得职场潜规则很神秘，对潜规则不知所措，在潜规则上花心思太多。

本讲提要

1. 什么叫潜规则？
2. 潜规则与正式制度有什么不同？
3. 如何面对潜规则？

职场有潜规则吗？有。几乎所有公司都有潜规则。不过，职场中的潜规则，并非网上一些人所理解的那样。确实，个别公司有令人不快，甚至恶劣的潜规则。但是，绝大多数公司的潜规则是制度不完善，或者制度未被遵守而形成的一种现象。

什么是潜规则呢？

我们先看招聘时的一个考试题。如果你做了柜员，在信贷部上班，负责发放贷款。有一天，行长领朋友到你的办公室来贷款，但他朋友不符合贷款条件，你能给行长朋友贷款吗？这道题应怎么回答呢？应聘者想来想去，觉得怎么都不合适。那么，答案是什么呢？考官说，答案是不能贷款。

现在各类银行管理越来越严格，应该不存在这种现象了。但是，很多年前确实有过这样的现象：当行长带着朋友，主动找到你，让你给他朋友贷款时，其实他是不想让你贷给他朋友。这就是潜规则。

不是正式规定的、未公示的、私下形成并在一定范围得到执行的规则，就是潜规则。正式的规章制度是严肃的。所谓严肃，是指制度的制定和执行是有程序的、经过公示的。如果有人违反制度，对其的处罚也要按照一定的程序进行，任何人不得公器私用，不得随意处罚。潜规则也是规则，也起到约束人行为的作用，违反潜规则也会受到惩罚，遵守潜规则也会得到奖励。这和正式的规章制度没有区别，但是潜规则与公司正式的规章制度有三点不同。

1. 没有制定者，没有制定程序。

潜规则不是按照正式程序制定的，而是约定俗成的，在人们的交往中慢慢形成的。所以，公司的规章制度叫正式制度，潜规则叫非正式制度。

2. 不公开。

潜规则之所以叫潜规则，是因为它不是公开的，而是心照不宣的。

3. 私自处罚。

在公司里，如果员工违反公司正式的规章制度，会受到处罚，这种处罚是公司行为，是有一定程序的，是公开的，是可以申诉的。

而如果违反潜规则，公司不会处罚你，而是个人，比如你得罪的人，会以某种方式处罚你。

虽然潜规则是不公开的，但是职场前辈似乎没有不知道的。不同的公司有不同的潜规则。

某公司的潜规则是晚上九点下班算正常下班。

公司员工手册中规定六点下班，而公司的潜规则是九点下班，你如果六点下班，你的领导和同事会对你有看法。

某公司的潜规则是不能主动提出休年休假。

年休假是国家规定的，公司也有制度，员工有权利休年休假。但是，在许多公司，年休假只能在你工作有成绩的时候，老板奖赏、关怀和照顾你，主动提出让你休，你才可以休年休假，你自己不能提。一家公司的潜规则是大老板参加的会议，大家可以抽烟，大老板不参加的会议，严禁吸烟。至于这条规则，公司制度上当然没有。有一家公司，按照公司的正式制度，费用报销的流程是个人填写报销单—部门经理签字—主管副总签字—财务部经理签字—出纳报销。这家公司的潜规则是要报销，先找财务部经理问能不能报销，财务部经理说能报，你才能开始走报销流程。如果你不懂规矩，没有去找财务部经理询问，就直接走流程，财务部经理会不予办理，直到你懂了这个规矩。

不同的公司有不同的潜规则。比如，有的公司必须 24 小时开机，有的公司业绩优异的员工可以迟到早退，等等。因为潜规则是非公开的，所以你进入职场，没有一家公司的规章制度会把潜规则写出来。

作为职场新人，如何面对潜规则？企业之间的竞争，不仅是产品和服务的竞争，也是人才的竞争，制度的竞争。好公司潜规则少，差公司潜规则多。在好公司、风气正的公司，一定会严格执行正式的规章制度，而潜规则为人所唾弃。所以，新人不应该把太多心思花在琢磨潜规则上，而要放在提高自己能力、提升工作绩效、积累工作经验上。新人可以将潜规则分为三种情况，区别处理，不要一刀切。第一种潜规则，是公司创业时期形成的，通行于全公司，不是针对某个人的，公司的老员工都知道，只不过没有形成正式的规章制度。比如，某公司规定下午一点上班，潜规则是一点半上班。某公司的潜规则是中午在食堂就餐，必须以部门为单位围坐在一起。某民营企业的潜规则是，费用支出必须由老板夫人签批，虽然老板夫人在公司没有担任职务。这些潜规则通常也被称为企业文化。

第二种潜规则，是公司的规章制度执行不力形成的结果，即规定一套，做的是另一套。比如，因公用车的流程是，填派车单—部门经理签字—行政部经理签字—车队派车。有的公司里，领导可以不遵守这个规定，直接给司机打电话说用车，手续以后再补，甚至不补。如果哪位领导走流程，按制度办事，在公司里会被自己的手下和其他领导瞧不起，认为他在公司没有地位，连司机都不听他的话。许多公司规定，每周一上午开例会。潜规则是老板想几点开会就几点开会。这种潜规则不是针对个人的。

第三种潜规则值得警惕——恶意的、针对个人的。

这种潜规则是在很小范围内形成的，甚至是一对一形成的，对当事人有恶意、有损害，甚至挑战职业操守和做人的原则。比如，针对女性的潜规则，给领导送礼才能晋职晋级，吃回扣才能签单等。应该说，这种潜规则在职场上是很少的，只是个别现象。如果真的不巧被你碰上，怎么办？

第一，向上级或上级的上级或者有关部门报告。潜规则是非组织行为，你最好的办法是用组织行为破解，通过向上级或者公司职能部门报告，寻求公司出面解决。

第二，向周围人公开。潜规则往往见不得人，破解的办法是让它暴露在大庭广众之下。

作为人，无论如何，都不能向这种潜规则低头、妥协。

本讲知识点

1. 什么是潜规则？

潜规则是非正式规定的、未公示的、私下形成并在一定范围得到执行的规则。

2. 潜规则与正式制度有什么不同？

一是没有制定人和制定程序，二是不公开，三是私自处罚，无法申诉。

3. 新人对待潜规则应该持什么态度？

当公司的规章制度与潜规则发生冲突，员工应当遵守规章制度而不是潜规则。在规范的公司里，潜规则不是主流，上不了台面，新人不用怕，不用花过多心思。新人应该把注意力放在提高自己能力，熟悉规章制度和工作流程，达成工作绩效上。

4.5

规章制度不合理怎么办

职场痛点

1. 自认为规定不合理，就质疑、抗拒甚至拒不服从。
2. 以制度不近人情为由，为自己和他人的违规行为寻找托词。
3. 对规章制度藐视，缺乏敬畏之心。

本讲提要

1. 敬畏公司的规章制度。

2. 制度不合理怎么办?

3. 对于不合理的制度，只有修改后才可以不遵守。

“第二十二条军规”是指疯子才能获准免于飞行，但必须由本人提出申请；同时又规定，凡能意识到飞行有危险而提出免飞申请的，属头脑清醒者，应继续执行飞行任务。“第二十二条军规”还规定，飞行员飞满上级规定的次数就能回国，但又规定，你必须绝对服从命令，要不就不准回国。所以，“第二十二条军规”形容任何自相矛盾、不合逻辑的规定或条件所造成的无法摆脱的困境、难以逾越的障碍，表示人们处于左右为难的境地，或者是一件事陷入了死循环，或者跌进逻辑陷阱，用矛盾的规定来约束人。

所以，有一句话是：好制度使坏人变好，坏制度使好人变坏!

作为员工，必须遵守公司的规章制度。但是有人说，如果规章制度本身就不合理，还必须遵守吗？首先应清楚什么是不合理的规章制度。

合理，指的是合法、合情。合法，是指公司规章制度必须符合国家法律法规，特别是劳动者权利方面的法律法规，如《劳动法》《劳动合同法》，还有工作时间、报酬、劳动保护和健康等方面的法律法规，任何公司制度都不得违反国家法律法规。合情，是指公司的规章制度要符合公序良俗，符合人之常情，要有人情味，符合风俗习惯。北京的一家公司规定，每周可以有一次 10 分钟内的迟到，不计入迟到，算正常上班，这是考虑到北京早高峰交通情况而定的。

明白了什么是合法、合情，再看规章制度合不合理，就容易了。规章制度分为四种情况。

第一种，合法又合情

有一家公司规定，如果无法提前请病假，须在当天上班 10 分钟前通知部门经理及人事，并于病愈上班后一个工作日内补齐请假单及相关看病证明资料给人力资源部。一天（含）以内的病假，可不带病假证明。超过 2 天的病假，需要带医院开具的病假证明或正规发票。大多数公司都会规定，填写加班审批表，部门经理签字后即可，或者报公司分管领导批准。未经批准，公司一律不予承认加班。公出，是因公务而外出拜访、开会、参加培训、出差等。一家公司规定，公出视为出勤状态，如因公出无法准时到达公司，须告知部门负责人，使用相应软件异地打卡并备注外出事项。这些规章制度，是我们常说的合情合理的规章制度。

第二种，合法不合情

有一家公司规定，员工每天必须写工作日志，交了日志才能下班。而且要求，日志要精确到每分钟，以邮件形式发给老板。公司这样规定，倒是合法。不过，这样合情吗？有银行规定，大堂服务人员或者理财经理，在工作时间必须站立，不许坐着。客户不坐，理财经理不能坐，客户坐下，理财经理才能坐，并通过摄像头进行监控。我们常常看见有的银行大堂服务人员或理财经理，站着用电脑，也不坐下，就是因为按照规定不能坐。这种规定，不是为难员工，是为了为客户提供优质周到的服务，是合法的。不过，一站就是几个小时，而且在没有客户时也必须站立，不够人性化，不合情。

第三种，合情不合法

某私企规定，每位员工的父母、妻子和儿女过生日时，员工必须请假一天陪家人过生日。如果是父母过生日，就必须为父母做一天饭，满足父母一个愿望，为父母洗一次脚。如果是妻子过生日，就必须陪妻子逛一次街，买一件衣服，看一场电影。如果是儿女过生日，就必须要带孩子去一次公园，吃一次生日蛋糕，陪孩子做一次游戏。为了防止有些员工不按规定做，经理还特意把每位员工家人的生日和联系电话都记了下来，以便查访。但凡违反这个规定，一经发现，第一次扣除季度奖金，第二次扣除全年奖金，第三次则无条件解聘。某公司下发通知，凡公司员工严禁购买和使用苹果手机，一经发现违规者，直接到公司办理辞职手续。某家公司规定，员工必须每月把20%的工资交给父母，否则就处罚。这些规章制度反映出公司老板提倡尊老爱幼、爱家爱国的情怀，合乎情理。但是，公司根本无权干涉员工工作时间以外的行为，更无权侵犯公民的人身自由权和财产权。这些规定明显违反我国相关法律法规。

第四种，不合法不合情

有的公司制定了既不合法又不合情的规章制度。比如，有公司规定，经过批准的加班，公司按月进行统计结算，但加班时间首先抵冲病假、事假，有一天抵冲一天，剩余部分由公司发加班工资，不做调休处理。某纺织印染有限公司发出通知，工人春节前后请假将扣三倍工资。

通过以上分析，对制度不合理应怎么办这个问题，新人应该有答案了。

第一，合法又合情的制度，要严格遵守。任何公司都有规章制度，无论谁，在制度面前，都必须无条件遵守、服从，不得以任何理由和借口违反和逃避。

第二，合法不合情的制度，也必须严格遵守。对于职场新人，不合情的规章制度非常多。初入职场，新人对公司的规章制度会不习惯，觉得公司不近人情，在相当长一段时间内，对规章制度有抵触情绪，或者虽然不公开反对，却私下违反。这种想法、做法是错误的。

以“上班收手机”为例。国内外的IT行业、AI行业、通信行业的企业，都规定不开通外网或者某些部门不开通外网，办公电脑必须用台式电脑并且将外接插孔封住，屏蔽工作区域网络信号，上班时收手机，这些规章制度都是这些行业防止商业和技术机密外泄的基本操作。为什么是基本操作？为什么要处处提防？因为有些员工常有机会主义倾向，有意无意地倾向于违反制度。所以，仅仅依靠个人自律是不够的。不近人情的规章制度，既能维护公司的秩序，又能保护每位员工。

另外，有的公司制度确实是不近人情，员工常常抱怨。怎么办？依然要严格遵守。无论是自己，还是其他人认为的不合情理的制度，在公司没有修改之前，都必须严格遵守，决不能以自己私下的评判挑战规章制度的严肃性和正当性。

第三，对于合情不合法的制度，要警惕。新人要警惕那些看似出于美好愿望和良好初衷的违法制度，爱国爱家、尊老爱幼是大家认同的，如果公司以这些名义，制定违反国家法律法规的规章制度，那就要警惕甚至抵制。这样的企业，今天会利用人们的美好愿望违法，明天就可能以其他说辞侵犯员工的权益。

第四，遇到不合法又不合情的规章制度，怎么办？作为员工，一定要明白，正像运动员只能在规则内比赛，而不能质疑比赛规则一样，你不是制度的法官，制度是你的法官。所以，对于不合理的制度，只有一个态度，那就是遵守和服从。也就是说，对于不合理的制度，除非有不合法的内容，否则无论合不合理，都必须遵守。

本讲知识点

如何对待不合理的制度？

无论制度合不合理，员工都必须坚决遵守和执行。对于不合理的制度，除非有不合法的内容，否则必须严格遵守。

5

职业发展

本课内容都是涉及员工基本权益和未来发展的重要事项，新员工不能一知半解，更不能一无所知，而要及早、准确地掌握。

否则，你就可能输在职场的起跑线上。

本课目标

1. 掌握试用期、转正、上岗、调岗、晋职晋级、降职降级、辞职、辞退等基本概念。

2. 了解公司的职级体系，规划自己的职业发展路径。

3. 了解如何成为训练有素的员工。

4. 了解公司中晋升的条件和程序。

本课提要

5.1 聘用

试用期　转正　调岗　晋职晋级　降职降级　离职　辞职　自动离职　除名　过失性辞退　无过失性辞退　经济性裁员

5.2 职业的阶梯

什么叫职级体系　公司的职级体系如何

5.3 如何成为训练有素的员工

企业的培训体系　企业培训与学校教育的区别　企业培训的三种方式：脱产培训、在职辅导、自主学习

5.4 晋升

晋升资格　晋升程序

5.1

聘用

职场痛点

公司聘用一位员工，就是与员工建立一种劳动关系，聘用期间任何劳动关系的变动，都会对员工的基本权益产生重大影响。然而，许多员工入职很长时间后，居然对其中的一些基本概念、原则、方式一无所知。

本讲提要

这些概念是职场的基础知识，员工必须清楚：试用期、转正、离职、辞职、辞退、自动离职、除名、开除、晋职晋级、降职降级、借调/抽调、调岗/调职。

人在职场，从入职到离职，是以与公司建立劳动关系开始，以解除劳动关系终止，在此期间，对于一些与自身合法权益密切相关的常识，员工必须了解。如何签订劳动合同在这里就不做介绍了，按照国家有关法律法规执行即可。我们从签订劳动合同后的试用期开始介绍。

试用期

试用期是指在劳动合同期限内，用人单位与劳动者约定的“试婚期”。通过试用期，双方满意则“结婚”，确立正式劳动关系；如有任何一方不满意，则可以提出解除劳动关系。

按理说，试用期是双方的一种约定，而不是企业单边的规定，但是对职场新人来说，初入职场，缺乏市场竞争力，处在相对弱势的地位，相当于公司是财大气粗的“高富帅”，新人是心惊胆战的“灰姑娘”，试用期一旦出现问题，往往对新人的影响很大，所以一定要事先了解相关事项。

1. 试用期期限。

我国《劳动合同法》规定：“劳动合同期限三个月以上不满一年的，试用期不得超过一个月；劳动合同期限一年以上不满三年的，试用期不得超过二个月；三年以上固定期限和无固定期限的劳动合同，试用期不得超过六个月。同一用人单位与同一劳动者只能约定一次试用期。”

除了试用期这个说法外，其他如试岗、适应期、实习期等，都是变相的试用期，应当按照试用期对待。试用期包含在劳动合同期限内。

2. 试用期工资。

试用期工资不得低于公司相同岗位最低档工资，或者劳动合同约定工资的 80%，并不得低于公司所在地的最低工资标准。

3. 试用期内解除劳动合同的情形。

新人试用合格，办理转正手续，成为正式员工。不合格，按照《劳动合同法》及劳动合同约定条款解除劳动关系。

新人对公司不满意，想主动解除劳动关系，提前三天提出即可。

新人要清楚，一般来说，公司在法律允许的范围内，对试用期涉及的问题做了周到的考虑和安排。如果你的确是人才，公司巴不得早点结束试用期，然而，试用期结束，总有一定比例的新人不能达标。

所以，公司在员工手册中，会规定试用期内由于新人不符合录用条件，而解除劳动合同的情形（不需要支付补偿金）。当你入职时，在劳动合同和员工手册确认书上签了字，就等于你已经同意了这些规定。

某公司在试用期解除劳动合同的条件如下。

- 应聘时提供虚假证明及虚假陈述（包括但不限于姓名、身份证资料、学历学位证明、专业资格证明、工作经历、专业、专长、教育背景及技能培训经历、所获殊荣等，有犯罪记录、竞业限制等），经查证属实者。

- 入职时，未如实填写健康状况者，如有癫痫、精神病病史或家族遗传病病史，或具有传染性疾病等。
- 在试用期内患病或非因公负伤，且医疗期超过试用期者，不符合录用条件，法定医疗期期满后合同终止。
- 不能按时按质完成主管交办的工作任务或推迟懈怠，查证属实者。
- 不能按规定完成试用期培训内容或培训考核（考试）未达标者。
- 其他不符合录用条件者。

公司把能想到的都列出了，最后一条“其他不符合录用条件者”，是一种兜底条款，方便公司解约。

4. 转正。

公司采取校招、社招的方式或通过猎头公司、广告等进行招聘，费时费力，就是为了发现人才，所以新人不用担心公司的诚意，只要达到公司条件，公司都会让新人转正。对于转正，公司会有转正考核，新人考核通过后，便可以办理转正手续。

岗位异动

对员工来说，岗位异动是大事。新人入职时，和公司签订的劳动合同中，约定了具体的岗位，比如财务经理、产品经理、报关员等。如果因为某种原因，原来约定的岗位发生变化，就是岗位异动或称人事异动。当一名员工岗位发生变动，薪酬、考核、奖惩、职业路径等都可能发生变化，会对员工利益有重大影响，不得不慎重。财务经理改任分公司经理，产品经理改任销售经理，报关员改任统计员，这些都是岗位异动或人事异动。

岗位异动有许多情形，包括转正、晋职晋级、降职降级、借调、离职、岗位轮换、调岗 / 调职等。

1. 转正。转正有两种情况，对于第一种情况，新人很熟悉，是入职转正，即试用合格后被聘用为正式员工。

对于另一种转正，新人不大熟悉。在公司内部，从一个岗位调到另一个岗位，从较低职务晋升到较高职务，会有几个月的见习期，见习期满后，正式上岗或任命，也叫转正。

2. 晋职晋级。员工从较低职务上升到较高职务，从较低职级上升到较高职级。

3. 降职降级。相反，员工从较高职务下降到较低职务，从较高职级下降到较低职级。

4. 借调。借调也叫抽调，短期到其他岗位工作，不办理岗位、人事归属和工资福利的变动手续，到期仍然回原部门原岗位工作，借调期薪资不变，由原单位发放。

5. 离职。离职包括辞职和辞退两种，后面会进行介绍。

6. 岗位轮换。公司有计划地让员工轮换不同的岗位，是使员工的工作丰富化并锻炼员工的一种方式。我国所有的大型国有企业，华为、联想、海尔等部分民营企业，西门子等部分外资企业有岗位轮换制度。企业每年有 3%～5% 的岗位用以供岗位轮换。岗位轮换的方法是岗位公示，员工自愿报名，审核后在企业内部的岗位上轮换。一般来说，工作 3 年以上才能参加岗位轮换，所以与新人关系不大。

7. 调岗 / 调职。

调岗，也叫转岗，是将员工从劳动合同中约定的岗位，调入其他岗位工作的一种行为。调职，通常是将管理人员从一个管理岗位调整到另一个管理岗位任职的一种行为。在有的公司，调岗和调职是一个意思。有的公司则把普通员工的岗位异动称为调岗，把管理人员的岗位异动称为调职。

新人要特别关注调岗。一是，入职时，新人和公司签订的劳动合同对岗位和工作内容已经做了约定，如果调岗，要变更劳动合同，不是小事。二是，为什么要调岗？如果是员工主动提出，公司也同意的调岗，则皆大欢喜。有的调岗，是在新人不情愿的情况下，强行办理的。三是，在公司里，一岗一薪，一个岗位对应一个薪酬标准。易岗易薪，岗位调整后薪酬就必须调整。如果员工是从薪酬低的岗位，调任到薪酬高的岗位，相当于加薪和晋级，没有问题。如果员工是调任到薪酬更低的岗位，或者员工根本不想去的岗位，或者根本胜任不了的岗位，就相当于“发配”或者变相赶你走，逼你辞职。

实际上，在公司里，调岗确实有两种用途：一种是给员工新的机会，另一种是逼人辞职。

如果遇到调岗，新人该怎么办？首先新人要想一想，公司为什么要给你调岗。

公司给的公开理由一般是“工作需要”或者“不能胜任现岗位”，如果有其他不可描述的理由，比如你与上级或同事的关系都搞僵了等，一般不会明说。按照《劳动合同法》，调岗需要你和公司双方协商一致并书面同意。实际上，公司有 100 个办法让你在极不情愿的情况下，在调岗通知和劳动合同变更书上签字。你签字，就等于同意，同意就等于双方协商一致，法律上就成立了。如果不想调岗，不想签字，怎么办？

情况一：人贵有自知之明。如果自己确实不能胜任现岗位，本次调整的新岗位，包括工作内容、薪酬标准和工作地点又是自己能够接受的，应该愉快接受新的安排，并且感谢领导，感谢公司。新人想一想，当你不能胜任本岗位时，公司本来是可以辞退你的，现在不辞退，还在公司内部给你想办法，这种调岗显然是公司和领导在帮你，给你机会，是对你的爱护和关怀，你应该领情。

情况二：如果自己完全能够胜任现岗位，由于不可描述的原因，公司准备给你调岗，且调任的新岗位的工作内容、薪酬标准和工作地点，是可接受的，甚至更好，那么你应该赶快接受。这种情况下，到底是其他部门的领导赏识你，还是你被“挤走”，都不重要，换个环境也许更好，只要你能接受新岗位。

情况三：不管出于什么理由，如果公司给你调任的新岗位的工作内容、薪酬标准和工作地点，都带有明显的“发配”性质，或者变相赶你走，怎么办？如果你也想离开，请公司按照《劳动合同法》第三十八条处理，给你支付经济补偿金，一拍两散。如果你不想走，可以和公司协商，希望公司给你调任的新岗位，在工作内容、薪酬标准、工作地点上，让你能够接受。否则，不接受，不签字，不去新岗位，你还可以有如下做法。

- 要求公司出具调职的相关文件，以及调职原因。
- 如果理由是不能胜任现岗位，则请求公司出具工作标准和不能胜任的证据。谁主张谁举证，既然公司主张，就应该由公司举证。
- 如果将你调岗到工作内容相差比较大的岗位，根据《劳动法》，公司应该给你安排相关的培训，若没有相关岗位技能培训，你可以不去。
- 如果公司在你拒绝调岗，不到新岗位后，拒不安排你的岗位、停发薪水的话，你可以根据《劳动合同法》第三十八条规定，以公司“未按照劳动合同约定提供劳动保护或者劳动条件”“未及时足额支付劳动报酬”为由解除劳动合同。这种情况下辞职，公司应当按照 n+1 支付经济补偿。
- 还可以申请劳动争议仲裁，要求恢复原岗位、原工资。

辞职

员工个人主动提出解除劳动合同，叫辞职。

辞职，对一名员工来说，是一件大事，有以下几个事项，应当早知道。

1. 为什么辞职？

“我就是不想干了”“世界很精彩，我想去看看”等都是理由。其实，大多数辞职的人，就是单纯想换工作。只不过，有的人是主动换工作，而有的人是被动换工作。

2. 需要提前多少天提出？

我国《劳动合同法》规定，辞职分两种。一种是提前30天提出书面报告，30天时间一到，无论公司同不同意，员工都可单方面解除劳动合同。另一种是随时解除劳动合同。

辞职时，有几个事项必须注意。

- 辞职一定要提前写书面报告，口头申请无效。书面报告的标题是“解除劳动合同通知书”，不是“辞职申请”。
- 提交了辞职报告，如果在30天内公司不批准辞职，必须老实上班，干满30天。否则，属于自动离职。
- 保存你已递交“解除劳动合同通知书”的证据，可采取邮寄的方式递交辞职通知书，也可以在公司递交书面辞职报告时，获取签字或者视频、语音等证据。

3. 什么叫自动离职？

以下几种情况，均属于自动离职。

- 未经申请擅自离职。
- 在书面申请辞职后，未经批准30日内离岗。
- 连续旷工3日或3个月内非连续旷工达4日。
- 未依离职规定办妥离职交接手续而自动离岗。

自动离职，属于员工强行与公司解除劳动合同。强行是违约，是你以违约的方式解除与公司的劳动合同，是一种不诚信的行为。自动离职不仅得不到应有的薪酬福利，比如绩效工资、年终奖等，还会给公司造成经济损失或造成工作影响，公司保留追究法律责任的权利。

还有一种解除劳动合同的方式，叫除名。当员工自动离职的行为发生后，公司也自动解除与员工之间的劳动合同，这叫除名。除名是公司对于旷工等行为达到解除劳动合同条件的员工采取的处理措施。

4. 随时解除劳动关系。

我国《劳动合同法》规定，在一定情形下，辞职不需要等30天，而是递交辞职报告后，可以立刻解除劳动关系，离开公司。这些情形如下。

- 公司不签劳动合同。
- 以暴力、威胁或者非法限制人身自由的手段强迫加班。
- 不按时足额支付劳动报酬。
- 恶意克扣员工工资。
- 滥罚款。
- 加班不给加班工资。
- 收取劳动者的押金。
- 不按时为员工缴纳社会保险金等。

请注意，员工认定的以上情形，可能与公司的认定不一致，存在一定法律风险。

5. 办好离职手续。

辞职经公司同意后，按公司的离职程序办手续，好聚好散，站好最后一班岗，即使在离职的最后一天，也应该恪尽职守，这是基本的职业道德。

有的新人，一提出辞职，就开始心不在焉，甚至为了迫使公司尽快批准辞职，闹情绪，传闲话，这种做法是错误的，也会给自己的职业生涯留下不良记录。

辞退

公司主动提出解除劳动合同，是辞退，也叫解雇。我国《劳动合同法》规定了三种辞退的情况。第一种是过失性辞退。这种情况下，公司可以单方面解除劳动合同，不用提前通知，可以立刻辞退，也不用支付经济补偿金。

以下情形均属于我国《劳动合同法》所列举的。此外，不同的公司还在自己的规章制度中添加了一些其他情形。

- 在试用期间被证明不符合录用条件的。
- 严重违反用人单位的规章制度的。
- 提供虚假个人资料。
- 严重失职，营私舞弊，给用人单位造成重大损害的。
- 隐瞒个人病史。
- 同时与其他公司建立劳动关系的。
- 被依法追究刑事责任的。

在公司里，人们经常听说开除员工的说法。开除是过失性辞退，是公司对严重违反劳动纪律和企业规章制度，造成重大经济损失或存在违法乱纪行为且屡教不改的员工，单方面解除劳动合同的一种操作，是公司对严重违纪行为的一种惩戒和处理方式。我国《劳动合同法》并没有开除这个说法，所以开除要按照过失性辞退处理。

第二种是无过失辞退。这种情况下，公司不得单方面解除劳动合同，必须提前 30 日以书面形式通知劳动者本人并支付经济补偿金，才可以解除劳动合同。

无过失辞退包括员工患病或非因工负伤，不能胜任工作，或者订立劳动合同所依据的情况发生重大变化。其中，不能胜任工作是最常见的情形，包括绩效考核不合格、连续不合格、不能完成工作任务，或者经常出现工作失误。有的公司有末位淘汰制度，其实就是无过失辞退。某公司规定，辞退适用于“岗位职责内工作任务三次不能按要求完成，经综合考评后，被直属主管认定不能胜任工作，且经分管领导和人力资源部确认，经培训或重新调整工作岗位仍不能胜任者”。

这家公司的这条辞退规定很规范。

无过失辞退，公司要支付经济补偿金。按照国家规定，补偿金标准一般是 n+1。n 是司龄，1 是一个月工资。n+1 就是司龄是几年，辞退时就给员工发几个月再加一个月月工资的经济补偿金。工作 5 年，发 6 个月工资。工作 10 年，发 11 个月工资。也有公司发 n+2、n+3，甚至 2n+1 的经济补偿金。

第三种是经济性裁员。所谓经济性裁员，就是公司经营困难、破产，或者遇到经济危机，需要辞退一些员工渡过难关。这种辞退会随着经济周期或者行业周期经常发生。2020 年新冠肺炎疫情引发的世界范围内的企业裁员潮，就是经济性裁员。需要说明的是，无过失辞退和经济性裁员，都有预告期。在预告期内，必须尊重公司制度，并且办理好离职交接手续，中间稍有差池，会被视为自动离职，会被公司按照过失性辞退处理，公司不但可以不支付经济补偿金，还可以通过诉讼追究当事人自动离职给公司造成的经济损失。

对于新员工来说，刚入职就提及岗位异动、辞职、辞退等概念，让人不适。但是要知道，每个人在职场几十年，平均下来，一个人在职业生涯中要换近 4 次工作，岗位变动超过 10 次。所以，要理性地面对这些问题，遵纪守法，维护权益。

本讲知识点

1. 什么是自动离职？

这些情况均为自动离职：未经申请擅自离职；在书面申请辞职后，未经批准 30 日内离岗；连续旷工 3 日或 3 个月内非连续旷工达 4 日；未依离职规定办妥离职交接手续而离岗。自动离职属于劳动者强行解除劳动合同，需要承担违约责任，要避免。

2. 辞退有几种？

有 3 种，分别是过失性辞退、无过失辞退和经济性辞退。

5.2

职业的阶梯

职场痛点

问：“你入职后，在公司如何发展，你想清楚了吗？”

答：“不清楚。”“没想过。”“刚入职就想这个问题，是不是早了点？”

本讲提要

公司为员工设置了职业发展的梯子——职级体系。新人谁先了解公司的职业阶梯，并根据职业阶梯规划自己的职业发展路径，谁就会在职业发展中占得先机。入职后，连公司职级体系都不清楚的新员工，已经输在了起跑线上。

职场有职业阶梯。什么是职业阶梯？先给大家介绍大学里的职业阶梯。在我国，高等学校教师岗位分为 4 个职等 13 个职级。4 个职等分别是初级岗位、中级岗位（讲师）、副教授岗位、教授岗位。每一个职等又划分为若干职级，初级分 3 级：13、12、11。中级分 3 级：10、9、8。副教授（副高）分 3 级：7、6、5。教授（正高）分 4 级：4、3、2、1。其中，一级教授最高，是高校教师职业之塔的塔尖、顶端，一般的高校一个 1 级教授都没有。13 级则是教师中的新人，教师生涯才刚刚开始。从 13 级的新人教师，到一级教授，一共有 13 个阶梯，这是高校教师的职业阶梯，也叫高等院校职等职级体系、职称体系。国家给高校教师搭建、规定了职业发展的 13 级台阶，一旦选择做高校教师，可以沿着这个台阶一步步地走上去。

企业也有职业阶梯，这是企业中的职级体系，也叫职等职级制度。什么叫职级体系？公司把所有的岗位，按照难易程度、责任大小等从低到高排列，形成一个或者几个职位序列，这就是公司的职级体系。这就相当于在公司里，给员工的职业发展，安装了一个或者几个梯子，供大家“爬”。

作为职场新人，进入一家企业，要尽快搞清楚公司的职业阶梯——什么是梯子，有几个梯子，怎么爬梯子。

那么，企业中的职级体系是怎样设置的？

阿里巴巴准备了两个职业梯子。第一个梯子是 M 序列或者叫管理序列，供大家顺管理岗往上爬。M 序列这个梯子共有九个职级，最低一级是 M1 主管级，最高一级是 M9 即公司首席执行官。具体序列如下。

M1 主管级—M2 经理级—M3 资深经理级—M4 总监级—M5 资深总监级—M6 副总裁级—M7 资深副总裁级—M8 子公司首席执行官或集团其他执行官—M9 公司首席执行官。

第二个梯子是 P 序列或者叫技术系列，供技术人员顺技术岗往上爬。P 序列这个梯子，共划分为 14 个职级，最低是 P1，最高是 P14。具体序列如下。

P3 以下为助理。校园招聘的大学生入职后，一般定为 P4，也叫专员。P5 为资深专员，P6 为高级专员，P7 为专家，P8 为资深专家，也叫架构师。P9 为高级专家，也叫资深架构师。P10 为研究员；P11 为高级研究员、P12 为科学家。P13 为首席科学家。P14 是马云本人，他自己退了。这两个梯子，一个是管理类，一个是技术类。但是这两个梯子并不是相互隔离、孤立的，而是相通的，在职级上是对等的。比如 M1=P6，M2=P7，M3=P8，M4=P9，以此类推，M9=P14。也就是说，管理序列的 M1 与技术序列的 P6 职等相同，M9 与 P14 职等相同。可以看出，阿里巴巴的管理序列不对基层员工开放，只有到 P6 以后，才能进入管理岗。这意味着，虽然公司里有两个梯子，但是对于职场新人来说，最初几年只能先走 P 序列，顺着 P4—P5—P6 晋升，等到 P6 以后，可以选择继续走技术路线，也可以选择走管理路线，这也是新人在绝大多数公司的职业路径。

腾讯准备了4个职业梯子。腾讯把这4个梯子叫4个族，也叫4个通道。

T族，也叫技术通道，是为技术人员设计的，包括软件开发类、技术研究类、设计类、游戏美术类、质量管理类、技术运营类、安全技术类岗位。

P族，也叫产品/项目通道，是为产品和项目人员设计的，包括游戏策划类、产品类、项目类岗位。

M族，也叫市场通道，是为市场人员设计的，包括战略类、销售类、营销类、客服类、内容类。

S族，也叫职能通道，是为专业人员设计的，包括企管类、财务类、人力资源类、法律类、公共关系类、行政类、采购类、建筑工程类、秘书类岗位。

每个通道或者每一族又从低到高划分为6个职级，每一职级中划分三个子等：基础等、普通等、专业等。员工在晋升时，先在一个职级内逐步积累，从基础等晋升到专业等后，再晋升到更高职级。这样，腾讯的一个职级系列或者晋升通道，共有18个晋升台阶，供员工成长。

我国互联网公司，大都在国外上市，公司的组织架构都比较国际化，职级体系与跨国公司比较接近。过去，我国的国有企业，一般分为三个系列：干部系列、技术系列、工人系列。干部系列，比照公务员职级体系，序列是办事员—副主任科员—主任科员—副处—正处—副厅—正厅等。技术系列执行我国专业技术人员职称体系，序列是技术员—助理工程师—工程师—副高—正高等。工人系列分八级，从一级工到最高八级工。当下，仍然有少部分国企参照这种职业系列。随着现代企业制度的建立，我国大多数大中型国企，逐步形成了与其他市场化企业相近的职级体系。中国移动在省一级公司设立19个职级，中国工商银行设立25个职级，招商银行一共划分了42个职级。

公司设立职级级数达几十个，意味着员工入职后，一步一个台阶，一年一个职级地升迁的话，当晋升到最高一级，需要几十年。这并不需要担心，实际上，职级之间有交叉，有的人会被破格晋升，有的人空降到公司直接入职高职级，而且，许多公司的职级并不是一年调整一次，麦当劳职级每三个月可以升迁一次，理论上一年可以升迁四级。我国的中小企业，特别是刚创业的企业，员工人数几十人到几百人不等，大多数没有形成自己稳定的职级体系。即便如此，几十人规模的小企业，也有职位序列。

某小公司的职位序列是员工—主管—经理—总监—副总裁—总裁—董事长，一共划分了七个级别。

小公司的职位序列有两个特点。一个特点是只有管理岗位的序列，没有非管理岗位的序列，没有为非管理岗位人员的职业发展搭建梯子，等于迫使员工都挤在管理序列一个梯子上。管理岗职数有限，无法随意增加，造成晋升堵塞，晋升无望，这也是一些小企业人才流失的一个原因。

第二个特点是随意性。在小企业或者一些家族企业，职业阶梯的设立很随意，老板想设立就随时设立，想取消就随时取消，想破格就随意破格，造成职业梯子形同虚设，公司职业阶梯的导向性被破坏。

对于职业的阶梯，新人需要关注的如下。

1. 尽快搞清楚公司的职级体系。

在许多公司，职级体系常常名不副实——公司规定的职业路径与公司实际的升迁路径不一致，也就是公司说的与实际做的并不一致。职级体系涉及晋职晋级，与许多人的切身利益密切相关，制度和规则容易扭曲、走样。所以，新员工入职后，要听其言观其行，不能仅仅听公司宣传，看公司写在纸上的东西，而要认真了解公司的职级体系是如何实行的。

2. 不要输在起跑线上。

入职的第一天，等于发令枪已经打响，新人就应该在自己职业道路上开跑。

动车跑得快，首先要有高铁线路，没有高铁线路，再快的动车也跑不起来。但是，如果建了高铁线路，没有动车的话，线路就浪费了。公司职级体系就像高铁线路，员工个人就像动车。公司如果没有给大家修建职业发展的线路，员工这辆动车就无法开。但是，公司给员工建好了职业发展的线路，员工自己不想跑、不会跑、跑得慢，则是自己的问题。

本讲知识点

什么是职级体系？

公司所有的岗位，按照难易程度、责任大小等，从低到高进行排列，形成一个或者几个职位序列，这就是公司的职级体系。

5.3

如何成为训练有素的员工

职场痛点

刚入职时，新人不仅缺乏能力和经验，难以胜任工作，更麻烦的是，新人习惯了学校教育，对企业如何培训员工一无所知。实际上，企业培训与学校教育区别极大，新员工要尽快适应这一转变。

本讲提要

了解企业培训的理念、方式和责任划分，尽快适应和融入企业培训。

2019 年国庆档电影《中国机长》票房火爆，评论中说火爆的原因主要有三个，一是故事真实，二是演得好，三是训练有素。看过《中国机长》，许多人都注意到了包括张涵予扮演的机长、袁泉扮演的乘务长在内的整个空乘团队的表现是训练有素的。训练有素是对一位员工、一个团队、一家公司的褒奖、认可和信赖。什么是训练有素？是员工得到了很好的培训，并通过培训掌握了岗位技能，恪守了职业操守，可以圆满地履行职责。对新人来说，只有经过公司的各种培训，才能成长为训练有素的员工。

许多新人可能不知道，在10多年前，大学毕业生最向往的企业是外企。当时的调查显示，除了工资高、福利好之外，外企最大的吸引力是公司培训体系完善、员工成长快。今天，优厚的工资、福利，完善、严格的培训体系，开放、公平的成长环境，仍然是吸引求职者的重要因素。正因为如此，无论国内还是国外，领袖级企业都以拥有完善的、严格的培训体系著称。公司的培训体系包括以下部分。

1. 培训课程。

这是包括从入职培训课程、岗位技能课程、通用课程、职级培训课程、晋升培训课程到素质培训课程、团队课程、领导力课程在内的对员工和管理人员全覆盖的培训课程。

2. 培训机构、人员。

公司有专门的培训机构、管理人员、行政人员和培训师。中小企业有人力资源部或培训部，大企业则有培训中心、企业商学院、企业大学等。比如，海尔有海尔大学，中国移动有多个培训中心，阿里巴巴有自己的商学院等。

3. 经费。

公司有专门的培训预算和经费。企业教育培训费用应当按照员工工资总额的1.5%～2.5%提取。假如一位员工的工资总额是一年10万元，培训费一年可提取1 500～2 500元。

4. 培训制度。

公司的培训制度不仅包括培训需求、培训课程、培训管理等，还将培训与员工的薪酬、任用、晋升相联系。

万科的一版《员工手册》第6章第15条规定，培训累计积分是职员晋级和晋升的参考标准之一，不同类别的职员积分要求有所不同，为此，公司专门制定了《万科集团培训积分管理制度》。

富士康的一版《员工手册》第 2 章第 8 条规定，新进员工，首先参加岗前企业文化、安全知识、人事规章、社会与环境责任等培训，成绩列入人事档案，不合格者须补课补考，否则以不符合任用条件处理。第 9 条规定，新进师级干部进行 2 至 3 个月工作现场实务历练，经考核合格才能转正；新干部入职报到后，先由事业群委托 IE 学院统一进行为期 6 个月的专项培训。第 24 条规定，员工参加培训，积累的学分列入考核项目之中，作为晋升、晋职晋级的依据之一。

某通信运营商要求所有员工每年均须参加一定时长或次数的培训，各职级员工均须达到一定的积分标准。培训积分计算以天为单位，原则上积分标准为 1 分 / 半天，4 天以内的培训按实际累计积分，4 ~ 9 天的培训积分全部为 8 分，10 ~ 20 天的培训积分全部为 15 分。

今天，不仅是大公司，许多普普通通的中小企业也开始重视对员工的培训。下面一些做法几乎成为"标配"。

1. 培训积分制。培训积分与任职、晋职晋级、加薪等挂钩。员工没有达到一定培训积分，会下岗、转岗、冻结加薪、冻结晋职晋级等。

2. 入职培训考核。新人入职后必须接受入职培训，并且入职培训成绩占转正考核的 10% ~ 40%。

3. 岗位技能培训。

4. 后备干部培训和晋升培训。员工必须参加专门的培训，才能作为晋升候选人或者接受任命。

正因为如此，培训对员工职业发展意义重大。

但是，对于新人来说，企业培训是一个新鲜事物，有几个概念要搞清楚。

第一，企业培训和学校上课不同

新人习惯了学校的上课，以为公司的培训就是上课，这是不对的。企业培训与学校上课是不一样的。

新人入职后，不要一提起培训，就像学生时代的条件反射似的，等着去教室上课。

上课与培训的不同

上课	培训
为了学知识	为了履职
一门一门学，系统	缺什么补什么，不系统
时间充裕	抽空，甚至没时间在培训室而是在工作中进行
上课好不好，考试见分晓	培训好不好，工作见分晓

第二，企业培训有 3 种方式——脱产培训、在职辅导和自主学习

1. 脱产培训。

脱产培训，就是离开工作现场、工作岗位，去参加公司组织的专门培训。脱产培训有教室，有老师，有上下课时间，所以和新人原来在学校上课相似。实际上，脱产培训与学校上课不一样。不一样之处，前面已经从 4 个方面做了比较，请新人以后慢慢体会。一般来说，公司的入职培训、员工素质培训、通用技能培训、专业培训等，需要员工脱产，也就是离开工作岗位，专门安排时间参加。

2. 在职辅导。

在职辅导也叫工作教导、OJT，是由自己的上级，或者公司指定的经验丰富的老员工担任指导者，在工作岗位或工作现场对新人进行培训。许多公司在新人入职时就安排了导师，在工作中辅导新人。在职辅导，往往不被新人当回事。其实，这才是企业培训的主要形式。

公司不是学校，员工不能经常停工停产去学习。而且，你工作中遇到什么问题，哪里能力不足，上级或同事最清楚，他们可以在工作现场随时随地培训你：开会的时候，拜访客户的时候，做指示的时候，请示的时候，吃午饭的时候，起草文件的时候……这样的培训及时、效率高、针对性强。所以，新人要想尽快成为训练有素的员工，就必须在工

作中主动、及时向上级或同事请教，这一点非常重要。

3. 自主学习。

这是企业培训中的“721”。所谓“721”，指的是员工的能力，10%是在教室学习的，20%是上级或同事指导得来的，还有70%是在工作实践中自己自学和探索出来的。这就意味着，除了脱产培训和在职辅导以外，员工自己的自主学习，除了外出参加培训、参加在线培训外，还要学会在工作中分析、总结、积累，自我成长。

第三，责任人

你上学的时候，学习是谁的责任？是你自己、学校、家长的责任。

企业培训是谁的责任？是公司、上级、你自己的责任。

1. 公司有责任。

公司有哪些责任？公司要出钱、出人、出时间、出制度。

- 出钱，自不必说，企业培训的课程、师资、版权、教室都需要经费，没有钱做不了培训。
- 出人。公司要有专门的培训部门，以及专职的培训经理、培训专员、培训师、内训师。
- 出时间。公司安排培训时间，是一件需要思考的事情。如果安排在工作日培训，则影响正常工作；如果安排在周六、周日培训，则影响员工休息。

目前，我国企业培训的时间是：外资企业一般在工作日培训，民营企业一般在非工作日（周六日）培训，国有企业一般在周五、周六培训。管理比较规范的企业，每年会安排5～12个工作日，作为员工培训时间。安排这么多时间，对企业来说是非常不容易的。按照员工月工资1万元计算，12个工作日的工资支出超过5 000元，还不算其他支出，以及耽误工作付出的机会成本。有的公司把员工派到外地、国外参加长期培训，培训费用和机会成本非常高。

在培训方面，企业有几个“怕”。一怕花钱花时间。外资企业在培训上花钱最慷慨、大方，每年安排在工作日的培训时间大都在5~12天；一些大的民营企业也不怕花钱，而怕花时间。小的民营企业预算十分紧张，怕花钱又怕花时间。二怕没效果。培训了很久，员工上岗后还是什么也不会。三怕人离职。公司出钱、出时间、出人做培训，帮助员工掌握技能，可没几天员工被别的公司挖走了。可以说，有比较完善的培训体系的公司，都是对员工负责任的公司。

2. 领导有责任。

这里的领导，指的是员工的直接上级。直接上级对员工的成长负有责任。领导学中有一句名言：员工的能力低，不一定是领导的责任。员工的能力得不到提高，一定是领导的责任。在工作中，谁离员工最近？谁给员工下达命令？谁对员工的工作进行监督检查？谁对员工的工作进行考核？员工向谁请教和向谁汇报？答案都是上级。由于工作是由上级和下级一起努力完成的，上下级之间形成了最为密切的绩效伙伴关系。员工在工作中有什么缺点和不足、需要做哪些改进、如何改进等，他的上级是最了解的，上级也是能够给员工提供迅速、直接、有效帮助的人。正因为如此，上级对下属的成长，起着十分重要的作用。

许多人在职场上都有一个体验：如果碰到了一位好领导——既有能力，又愿意培养下属，那么下属就成长得非常快。如果碰到一位糟糕的领导——自己能力低下，又嫉贤妒能，只让干活不培养，那么员工成长会非常慢。

3. 自己有责任。

在公司里，领导有责任帮助你成长，并不是说你自己就没责任，恰恰相反，员工是自己成长的主宰和最大责任人。一个人自己不想成长，对自己不负责任，公司花再多的费用，提供再完善的培训体系和课程，直接上级再用心培养，这个人也很难成长。

这么多年来，我见到有的员工，对自己非常负责。当企业搞培训的时候，他们会克服一切困难去参加培训。我在福州上课时，从厦门来了一位企业学员，星期天上完课当天晚上要赶回厦门，因为第二天还要上班。当时交通还不方便，他克服一切困难参加培训。

对于一些高费用的培训，有的公司里没有人报名，有的公司的一些员工在签到后外出逛街聚会，或者在培训时心不在焉，处理私事。公司为你花钱，领导和同事替你把工作干了，给你创造机会去学习，你却溜出去逛街，不珍惜培训的机会。

本讲知识点

1. 企业培训有哪三种方式?

脱产培训、在职辅导和自主学习。其中，在职辅导是新人成长的关键。

2. 培训的责任人是谁?

有公司、直接上级和本人。

5.4

晋升

职场痛点

如何才能晋升？一些新人看了很多网络小说、宫斗戏和升职记，脑子里充斥着溜须拍马、尔虞我诈、飞黄腾达的桥段，但千万别被这些戏剧化的演绎所误导，企业是务实的地方，不是做白日梦的地方。

本讲提要

作为新人，要清楚晋升的两个关键点。

一是资格要求。在任何公司，晋升都需要满足一定的资历、绩效成绩、能力和品德等要求。要想晋升，要先达到资格要求。

二是晋升程序。老板--高兴就提拔你的事，只可能发生在小企业、小公司中。在管理规范的公司，晋升是规范的、有程序的，所以新人应了解晋升程序，为未来的晋升做准备。

一名公司员工，被直接上级辞退，沮丧地离开公司，下电梯的时候，与公司老板偶然相遇。交谈之下，他甚得老板赏识，当即被任命为总裁助理，破格得到了升职，职务比原来的上司还高。现实中，这样的情况几乎是不可能的，发生的概率比中彩票还要低。作为新人，最好不要做这种黄粱美梦，应老老实实地了解什么是晋升，晋升需要什么条件和资格，走什么程序。

晋升是指公司里的员工从较低职级升到较高职级。晋升很重要。公司是科层制组织，所有的岗位都会按照一定的职等职级从低到高排列。更高的职级职务，意味着获得更多的组织资源，得到更多人的尊重和更好的工作福利。一般来说，相邻职级之间，工资相差 7% 以上，公司里普通员工的收入与公司的高管相差数倍甚至数十倍。职务上升带来的收入增长，远远超过单纯的加薪所带来的收入增长。员工要想大幅度提高自己的收入水平，就需要尽快升职。大多数企业有晋升的严格规范和需切实执行的制度。作为新人，对于晋升，不要道听途说，不能心存幻想，而要一步一个脚印地努力争取。怎么争取呢？要抓住晋升的两个关键点——晋升资格和晋升程序。

第一个关键点：晋升资格

在任何公司，晋升都是有资格要求的，员工达到一定的资格标准，才会被考虑晋升，达不到这个资格，一般不予考虑。在腾讯，获得晋升先要满足两个要求：一是基本资格要求，二是能力要求。下面这张表是腾讯官方公布的，可以看出腾讯要求的基本资格包括资历条件和绩效条件两个部分。

腾讯职级晋升的基本资格

<table>
<tr><th rowspan="2">申报类型 / 目标</th><th rowspan="2">资历条件
（本职级、子等最低工作年限）</th><th colspan="2">绩效条件</th></tr>
<tr><th>上次</th><th>本次</th></tr>
<tr><td>1 级内晋等</td><td>0.5 年</td><td>—</td><td>符合预期及以上</td></tr>
<tr><td>1 晋 2
2 级内晋等
2 晋 3
3 级基础等晋 3 级普通等</td><td>0.5 年</td><td colspan="2" rowspan="3">最近两次绩效同时满足以下两个条件：
1. 至少有一次“超出预期”。
2. 本次绩效不是“低于预期”。</td></tr>
<tr><td>3 级普通等晋 3 级职业等
3 晋 4</td><td>1 年</td></tr>
<tr><td>4 级内晋等</td><td>2 年</td></tr>
</table>

注：1. 员工只能逐等申报，且应满足基本资格条件。
2. 部门可以向符合相关条件的员工提供快速发展通道或特殊申报机会。
3. 特殊申报适用于有特殊贡献、潜力大、发展迅速，或当前职级严重滞后于实际能力的员工。

所谓资历条件，是员工在现在职级工作的年限，也就是工作了多长时间。腾讯的职级体系分为 4 族，每族 6 个职级，每一个职级又分为 3 个子等：基础等、普通等和专业等。比如刚入职时，公司给你定的职级是 1 级基础等，那么你必须工作满半年才有资格升到 1 级普通等。从 3 级普通等向专业等晋升，要求在本级干满 1 年，才有资格晋升。从 4 级开始，需要在本级干满 2 年，才有资格晋升。

仅有资历条件还不够，还必须有成绩，这个成绩就是绩效考核的成绩。腾讯的绩效条件是，在最近两次绩效考核中，同时满足两个条件，至少有一次是“超出预期”，本次绩效不是“低于预期”。这种绩效条件是比较苛刻的。

这种对资历、绩效的要求，并不是腾讯一家独有的。在资历条件上，麦当劳要求，员工—训练员—计时组长—见习经理—第二副理—第一副理—餐厅经理晋升的资历要求为 3 个月。也就是说，任职 3 个月才有资格申请晋升下一级职级。

中国移动的 3 级经理（区县级公司经理）向 2 级经理（地市级公司经理）晋升的资历要求一般为 3 年。也就是，原则上在本职级或职务上，必须干满 3 年，才有晋升的资格。在绩效条件上，阿里巴巴要求上年度关键绩效指标得分达 3.75，才能获得晋升提名。

除了资历和绩效两个条件，腾讯的晋升还有能力标准的要求。那么，怎么判断你达没达到能力要求呢？许多大企业建立了各个岗位的能力素质模型，也叫胜任模型。这种模型细致地描述了各个职级的能力标准，比如，担任领班需要什么能力，担任部门经理需要什么能力，担任总经理需要什么能力等。晋升时，按照胜任模型的能力标准一项一项对照即可。

建立胜任模型和能力标准，费时费力，中小企业做不到，那应该怎么办呢？一些企业会在员工晋升前，确定几条专门的要求，比如，要求候选人具有创新能力、领导能力、团队建设能力等。除了能力标准外，几乎所有企业在员工晋升上还有一个重要标准，那就是品德或者价值观标准，一般是廉洁奉公、公平公正、诚信、任劳任怨等。所以，要想晋升，就要先通过自己的努力，满足晋升的资历条件、绩效条件、能力条件和品德条件。

第二个关键点：晋升程序

员工在达到以上晋升条件后，是不是就能晋升了？当然不是。公司不会自动给你晋升，要主动申请晋升。不开始走晋升程序，你的晋升就遥遥无期。一旦开始走程序，纳入公司议事日程，你的晋升就有实现的可能。对于管理职的晋升，阿里巴巴的程序如下。

- 主管提名。关键绩效指标得分达 3.75 以上。
- 晋升委员会面试。
- 晋升委员会投票。

不同的公司、不同的层级，晋升程序不同，但也有共同点。

1. 主管提名。

所有公司的晋升程序中，都有主管提名这一条。主管提名，就是由主管向上级或人力资源部提出晋升候选人。没有主管提名，你的晋升就还没有走程序，没有开始。主管一般指的是你所在部门的负责人。没有主管提名，或者主管坚决反对，员工一般很难得到晋升。所以，如何赢得主管的认可和赏识，或者说，在晋升的竞争者中，如何让主管更赏识你，是你面临的主要问题。

在不同的企业中，得到主管赏识的方式也不一样。有的公司是绩效导向，主管主要考虑你的业绩和能力。有的公司，主管则是从德、能、勤、绩几个方面综合考虑是否推荐。有的公司，谁和领导关系好，领导才会推荐谁。

2. 审核。

审核是在提名后，公司有关部门，对候选人的情况进行查证、确认。审核非常有必要，以防个别候选人隐瞒、伪造资历条件、绩效条件、能力条件、品德等。审核后，要报请决策机构或者公司决策人批准。

3. 批准。

在大多数公司，初级职位的晋升，一般报请事业部、人力资源部或分管副总批准即可。对于中级以上的职位，管理比较规范的公司，会在总裁办公会、晋升委员会或考核委员会研究通过后，总裁或者董事长签字批准，晋升生效。在阿里巴巴，主管提名后，由晋升委员会面试并审核批准。

在国有企业，管理职的晋升程序比较复杂，一般是主管推荐（民主推荐）—组织考察—上会研究—公示—任命。由于国企实行的是党管干部的原则，管理职晋升需要报请党委会研究通过，最后由党委任命或总裁办公会、董事会任命。

一些公司针对晋升，同时运用内部竞聘程序。这个程序一般是职位公示—个人报名—组织审核—任职。我国各大银行，比如中国工商银行、中国银行、中国建设银行、中国农业银行等，对于出缺的职位，向本行所有员工开放，采用内部竞聘程序。

还有的公司规定，自己可以提名，毛遂自荐。腾讯规定，可以自我提名。自我提名后，进入考察期，主管设定考察期目标，考察通过顺利晋升，考察不通过维持原层级不变。在一些公司，技术职的晋升，一般是自己提出申请—公司考察—审批—任职的程序。

需要说明一下，管理职与技术职晋升有所不同。管理职在公司里的职数是有限的、固定的，一个部门只有一个部门经理，顶多配一两个部门副经理，所以只有前任升迁、离职，职位空出来，下级人员才有晋升的机会。而技术职职数比较多，一个部门可以有几个、几十个同一职级的技术职，一次可以晋升多名人员。正因为如此，晋级要熬年头、攒业绩，资历够了，绩效成绩达到，能力符合了，晋级才会是自然而然的。当然，个别公司的晋级也有比例的限制。

对中小企业来说，比如百十来人的创业型企业、家族企业，晋升程序就没这么严格，一般是由老板一个人决定。老板觉得谁不错，对公司发展有利，或者谁在某方面得到老板的赏识，就会在开会的时候宣布，甚至连书面通知也没有，晋升就完成了。

对于多长时间能晋升，不同的企业，情况不一样。除个人自身表现外，公司的文化、发展状况、所在行业等都对晋升的周期影响很大。一般来说，低阶职位晋升会比较快，一年、半年，甚至三个月就可以晋升。而中高级职位的晋升会比较慢，甚至有的人一辈子只在某一个职位上。在百度，应届毕业生到公司入职转正后的职级是T3，通常入职1

年左右能升到 T4，入职 3 年升到 T5。核心工程师集中在 T5/T6，但是，从 T5/T6 到 T7 是非常难的。在阿里巴巴，P5 升 P6 相对容易，再往上会越来越难。其中，从 P6 到 P7 是一道坎，一般到 P7，就是团队技术负责人了。P 是技术职，M 是管理职，由 P 晋升到 M 更加困难。

晋职，是晋升管理职务，要和其他同事竞争，这就意味着，你不仅要条件达标，还要比其他竞争者更加优秀。

由于每家公司在晋升方面都有自己的特定情况和制度安排，所以，你要了解熟悉你所任职公司的晋升资格和程序。

本讲知识点

晋升的两个关键点是什么？

一个是资格要求，晋升必须先满足一定的资历、绩效成绩、能力和品德等要求。另一个是晋升程序，包括主管推荐、审查和批准。

6

绩效

如果选职场关键词，“绩效”肯定排在前三位。

入职后，你会听到领导、主管、同事在开会时、工作中强调绩效、绩效导向、KPI、绩效考核、绩效管理、绩效工资、绩效改进等。

可是，对新员工来说，理解绩效很不容易。

本课目标

1. 了解绩效是什么。
2. 理解绩效考核的重要性。
3. 清楚绩效考核中四个当事人的角色。
4. 了解绩效考核的程序和方法。

本课提要

6.1 绩效是什么

绩效是什么　绩效不是什么

6.2 绩效制导——如何给猎狗分骨头

为什么要进行绩效考核

6.3 绩效考核，由谁来做

绩效考核的四个当事人：公司 / 老板、职能部门、主管和员工本人

6.4 绩效考核，怎么做

绩效管理制度　绩效指标　KPI　绩效循环　绩效面谈

6.1

绩效是什么

职场痛点

绩效，是职场中，与员工切身利益最为密切，又经常引起争论的概念。对于新员工来说，绩效完全是新概念，或者对其根本没有概念，入职后容易对绩效产生不解、误解，难以适应公司的绩效计划、执行、评估、改进等方面的要求，给自己和公司带来麻烦。

本讲提要

绩效是什么？
抓住两个关键词——公司目标和工作产出。
绩效不是什么？
绩效不是能力，不是态度，不是人品。

绩效，是职场最重要、使用最频繁的概念。

绩效是什么

简单地说，绩效是公司期望的工作产出。

或者说，绩效是与公司目标相一致的工作产出 / 工作表现。这种表述，对于新员工来说，理解起来很困难。没关系，要理解绩效，可以先抓住两个关键词：公司目标和工作产出。

这两个关键词中，公司目标是公司想要什么，工作产出是你能给什么，加在一起就是绩效的概念。公司想要的你给了，就有绩效，就是你完成了绩效。公司想要的你没有给，就没有绩效，就是你的绩效不达标，就没有绩效工资。或者你给的不是公司想要的，做了无用功，你也没有绩效。这样解释，大家是不是觉得理解起来也并不困难？

接下来，我们仔细看看绩效涉及的两个关键词，从而准确理解绩效。

第一个关键词：公司目标

什么是公司目标？公司期望达到的成果就是公司目标。

无论什么餐馆，都要聘请厨师，厨师的绩效是什么呢？一家餐馆期望厨师有什么工作产出呢？一般来说，餐馆希望厨师的菜品色香味俱佳，出菜快，用料省，有招牌菜。当然，有的餐馆对厨师的期望，可能不止这几项。餐馆不会面面俱到，把每一项产出都列出来，而是将该岗位核心、关键的几项绩效列出来，这就是关键绩效指标，简称KPI。

某餐馆大厨的绩效指标如下。

- 菜品色香味俱佳。顾客表扬，加分；顾客投诉，减分。
- 出菜快。除炖锅出菜时间在 20 分钟内以外，其他菜品上菜时间不超过 5 分钟。
- 用料省。用料超过核定的标准，减分。省食材，不加分。
- 招牌菜的点菜率。

这家餐馆的大厨月工资为 1.5 万元，大厨的工作产出，也就是绩效，具体体现在以上四个指标上。关键绩效指标被确定后，餐馆怎么确定大厨每个月有没有达成呢？餐馆需要定期评估，这个评估就是绩效评估，也叫绩效考核。为了保证大厨达成绩效，餐馆对从大厨的招聘、培训、上岗，到选购食材、审定菜谱、配菜、出菜、上菜等环节进行管理，叫绩效管理。然后，餐馆将大厨绩效指标的达成情况与收入挂钩，超额完成工资高，未达成工资低，这就是绩效工资。

为了准确理解第一个关键词，我们再看。

如果这家餐馆是全国连锁，连锁店的店长是公司聘请的经理人，那么，店长的绩效是什么呢？有人会说，公司的目标是赚钱，那么，公司期望店长的工作产出应该是营业额、毛利率、利润等。这样理解是不对的。

许多新人一提起公司目标，就会想到两个字——“赚钱”。没错，公司最终是要赚钱的，所以，营业额、利润、利润率、资产回报率等都是公司的重要和最终目标。但是，对公司来说，市场占有率、客户满意度、周转次数、获客成本、核心产品增长率、客户黏性、翻台率、单客消费额等，也是十分重要的。进入公司后，新员工会慢慢发现：不同的公司有不同的目标，同一家公司在不同时期有不同的目标。员工要紧紧盯住公司的期望，不得走偏，不得自行其是。公司聘请店长，不是让店长按照自己的想法赚钱，而是按照公司的期望赚钱。或者说，公司让你赚钱，你就努力赚钱，公司让你赔钱，你就努力赔钱。有人会问，公司怎么会让人努力赔钱呢？办公司不都是赚钱吗？其实，大家只要看亚马逊、阿里巴巴、京东等公司的成长历程，就会发现，这些公司在创办初期，为了抢占市场，拼命砸钱，长期处于亏损状态。所以，要理解绩效，首先必须理解和把握公司的期望、公司的目标。

公司的期望不同，目标不同，意味着即使同样是店长，工作产出也是不同的。同样的工作产出，在一家公司会被评估为高绩效，会涨工资，晋职晋级。在另一家公司，会被评估为低绩效，还可能被解雇。比如，A 餐饮公司连锁店店长的绩效指标为营业额、利润率、核心菜品营业额等。同样是餐饮连锁企业，B 餐饮公司连锁店店长的绩效指标有三个，分别是顾客满意度、员工积极性、干部培训。

假如 B 餐饮公司连锁店的店长去 A 餐饮公司连锁店当店长，他习惯性地按照 B 餐饮公司的绩效指标努力工作，在顾客满意度、员工积极性、干部培训 3 个方面做得非常出色，但是如果营业额和利润率没有达标，他在 A 餐饮公司就会被评为绩效不达标、不称职。反过来，A 餐饮公司连锁店的店长到 B 餐饮公司连锁店当店长，在营业额和利润率上非常出色，而顾客满意度、员工积极性和干部培训 3 项不达标的话，同样会被认为不称职。为什么同样是餐饮连锁公司，对店长的工作产出要求会不同呢？答案很简单，因为公司的目标不同。A 餐饮公司的目标是短期目标，B 餐饮公司的目标是长期目标。在 B 餐饮公司看来，干部素质高了，员工积极性高了，顾客满意度高了，顾客自然会越来越多，营业额、利润率的提高，是自然而然的事情。

所以，你的绩效是什么，千万不能想当然，一定要紧盯公司目标，偏离公司目标的工作，是无效劳动。

第二个关键词：工作产出

绩效是公司期望的工作产出。工作产出指的是一种成果，一种可以看得见、摸得着的结果性的东西，即这个成果是可观察、可评价、可衡量的。比如，工人的工作产出是按时、按质、按量地生产产品；厨师的工作产出是快速做出色香味俱佳的菜肴；店长的工作产出是营业额、利润率、顾客满意度等。

在职场，有的岗位的工作产出，是结果性的，能看得出来，容易衡量。

比如，车间工人的产出是产品，销售人员的产出是销售额，司机的产出是里程，店长的产出是营业额、顾客满意度，总裁的产出是市场占有率、销售额、利润率、投资回报率等。另外，一些岗位的工作产出不容易衡量。比如，餐馆服务员、公司文秘，还有公司行政、总务、人力资源、财务等岗位的工作产出都不易衡量。

新人一定要明白，在职场，不同的岗位，有不同的产出、不同的成果。

这些产出、成果可以分成两种。

一种相当于产品，是有形的。另一种相当于服务，是无形的。

大家想一想，你在市场中买东西，无外乎两种：一种是产品，比如你买的衣服、化妆品、手机等，实实在在，看得见摸得着，是有形的。另一种是服务。比如住酒店，花了钱，得到住宿服务，是无形的。在公司里，所有的岗位，无外乎产出两种东西。一种是结果性的成果。比如产量、销售额、利润率，有实物或者有数据。某些岗位的产出，是结果性的。比如店长的工作产出，就必须是营业额、利润、客户满意度等，店长必须对一个店的最终产出负责。另一种是过程性的成果，是一种服务。比如，文秘为大家预订车票、查询资料、起草文件、报销发票等。餐厅服务员产出的是服务，让顾客感受得到的服务。比如，服务员热情、周到，点菜、结账准确无误。餐馆之所以设服务员岗位，就是要这个岗位给顾客带来热情、周到的服务。某小餐馆只有一名服务员，原来生意不错。后来换了一名新服务员，她整天不高兴，拉着一张脸。因为这个服务员老拉着一张脸，老顾客慢慢都不去了，小餐馆很快倒闭了。一名服务员，无法对餐馆有多少顾客负责，也无法对饭菜是否可口负责，无法对营业额和利润负责。但是，无论餐馆今天有100位客人，还是只有一位客人，服务员都要热情、周到。

综上，在公司里，层级、岗位性质不同，工作产出也不同，绩效指标就不同。

绩效不是什么

正因为绩效是一种工作产出，一种可感受、可观察、可评估、可衡量的成果，所以要明确以下几点。

1. 绩效不是能力。

绩效是一种产出，是表现出来的，是让内外部客户感受到的成果。而能力是一种潜在的东西，是一种可能性。就像足球比赛一样，绩效指的是最后的成果——有没有赢得比赛，而不是球员的能力。在公司里，不会因为某位员工的能力强，就认为他绩效高。绩效是做出来的、表现出来的，不是潜在的、可能的。同样，绩效不是学历，也不是职称。有高学历、高职称，并不代表就能够有很高的工作产出。

2. 绩效不是态度。

工作态度不好，绩效一定不好；工作态度好，绩效不一定好。比如，在足球场上，许多球员兢兢业业地踢球，但是屡屡输球。绩效指的是比赛结果，而不是态度。

3. 绩效不是人品。

在职场，有的人受到这样的赞誉——为人谦虚、低调、乐于助人、有爱心等。绩效关注的是产出，是工作成果，而不是这个人是不是好人。这并不是说，公司不关注人品，不欢迎好人，而是说，人品不是绩效。

为什么要专门强调，绩效不是能力，不是态度，不是人品呢？因为许多新人入职后，常常有以下误解。

- 认为学历高、资历深、能力强的员工的绩效评分就不应该低。
- 认为只要自己勤勤恳恳、任劳任怨，加班加点地工作，即使考核指标没有完成，绩效考核的评分就不应该低。
- 认为只要人品好，为人友善，乐于助人，一心为公，舍小家为大家，对公司和老板忠心耿耿，绩效就不应该差。

在职场，能力很重要，但不是绩效；态度很重要，也不是绩效；人品也很重要，但也不是绩效。

综上，关于绩效，抓住两个关键词——公司目标与工作产出，理解起来就不会出现偏差。

首先，不要以为工作出色，绩效就会高。无论你有什么产出、什么成果，都必须与公司目标相一致，任何与公司目标不一致的工作成果都不是绩效。只有与公司期望的方向一致，做得好，绩效才会高。如果方向反了，做得好，绩效反而低。

其次，不要以为只要学历高、能力强、爱岗敬业，绩效就高。公司请你来，要的是实实在在的工作成果。

本讲知识点

1. 什么是绩效？

绩效是与公司目标一致的工作产出 / 工作成果。

2. 绩效的两个关键词是什么？

公司目标和工作产出。

3. 绩效是什么？不是什么？

绩效是一种产出、一种成果、一种表现。

绩效不是能力，不是态度，不是人品。

6.2

绩效制导——如何给猎狗分骨头

职场痛点

绩效考核与学校里的考试不一样，新员工容易搞错。

许多新员工关注工资、奖金会发多少，却很少关注为什么发，其实搞清楚为什么发才有用。为什么发呢？因为绩效制导。

本讲提要

20 多年前，通用电气原董事长兼首席执行官杰克 · 韦尔奇来到中国，在与数十名中国企业家座谈时，特别强调一条管理理念："人们不会做你所希望的事情，只会做受到奖赏的事情。"今天，几乎所有的企业，都秉承这个理念，把绩效管理放在核心地位。公司里就是这样，考核什么，奖赏什么，员工就做什么，不考核、不奖赏的工作，很少有人去做。个中道理，与管理学大师彼得·德鲁克（Peter Drucker）的寓言小说《如何给猎狗分骨头》所蕴含的道理一模一样。

一枚导弹，如果要击中目标，依靠什么？依靠制导，依靠精准制导。一家企业，几百人、几千人甚至几万人，如何为了一个目标而工作？也是依靠制导，依靠绩效制导。导弹的制导系统很重要，企业的绩效制导同样很重要。

什么是绩效制导

绩效制导也叫绩效导向，是通过绩效管理，将公司所有人的努力，都聚焦在公司目标的达成上。如何做到绩效制导？我们先看一个故事。一个猎人，带了几条猎狗去抓野兔。抓野兔之前，猎人给猎狗们制定了一条规定，按数量论功行赏，哪条狗抓的野兔多，分到的骨头就多，抓不到就饿肚子，数量决定结果。猎狗们知道偷懒就要饿肚子，于是你追我赶，拼命抓野兔，效益节节攀升，猎人很高兴。

没多久，出问题了，由于按照抓野兔的数量给猎狗分骨头，猎狗们就什么野兔容易抓就抓什么，于是，大兔子变小兔子，小兔子变残兔子，残兔子变死兔子，这些兔子都卖不了好价钱。

猎人想了一个晚上，决定完善他的游戏规则，他告诉猎狗："从今往后，一定要兔子的数量、质量、重量'三量'齐发，都要达到一定标准，一个都不能少，去努力吧。"果然，情况改变了，兔子的产量效益节节攀升，猎人高兴坏了。

过两天，猎人发现，邻居家的猎狗抓兔子的效益比他的高多了。邻居告诉他，除了对猎狗要求数量、质量、重量外，还把猎狗组成小组，分工协作，老猎狗负责找兔子窝，跑得快的猎狗负责追捕。另外，邻居还为猎狗设计了一个培训机制，让老狗带新狗，新狗出发前先接受培训。

猎人觉得邻居的办法不错，马上引入。引入后猎人发现，效益不仅没有上升，还下滑了。猎人问老猎狗怎么回事，老猎狗说，以前按数量和质量、重量分兔子，明明白白，是谁的功劳，都可以明确计算，现在团队抓兔子，分工协作，谁的功劳大呢？彼此推卸责任，培训也耽误抓兔子时间，效益当然下降了。

旧的问题解决了，新的麻烦又产生了。

这个故事其实是管理大师德鲁克写的寓言小说《如何给猎狗分骨头》。它给了我们三个启示。

- 第一个启示：公司考核什么，员工就做什么，考核引导工作产出。
- 第二个启示：一定要根据考核“分骨头”。
- 第三个启示：“分骨头”是为了更好地“抓兔子”。

我们分别来看这三个启示。

1. 公司考核什么，员工就做什么。

学生都知道，学校考什么，自己就学什么。如果有两门课，难易程度差不多，第一门课是 10 个学分，第二门课是 1 个学分。当然，绝大多数学生都会去学第一门课。如果第二年，学校把第一门课改为 1 个学分，把第二门课改为 10 个学分，绝大多数学生就会去学第二门课。对于大多数学生来说，学校考哪门课，学生就学哪门课，不考就不学。猎人考核抓兔子的数量，猎狗就追求数量，不管猎人能不能卖钱。为了数量，什么兔子好抓就抓什么兔子。在公司中，这种情况很常见。如果考核销量，销售人员就为了冲销量，使出各种招数。很多年前，国内某工程机械公司，为了提高市场占有率，冲销量，甚至采用零首付的方法——客户不出一分钱，将挖掘机开走先用，再分期付款。一时间，该公司销量大增。没过多久，该公司应收账款、呆坏账剧增，流动资金枯竭，公司濒临倒闭的边缘。每到年末，一些公司就开始想办法提高销量。有的公司采用的办法是先把产品压到渠道，也就是压到经销商那里，因为可计入销量，这叫压货。过完年，以退货的方式退回，这是销量作假。大卖场的一些销售人员为了提高销量，将未过期食品计入过期食品，未损坏商品计入损坏商品，加上促销打折，卖场销量大增，销售额提升，但是，利润被严重侵蚀甚至造成亏损。如果仅仅考核数量，销售人员就仅关注销量，对其他重要指标漠不关心，销量大增却可能损害公司利益。

如何解决这个问题呢？既然公司考核什么，员工就会做什么，那么，公司采取的方式自然就是——期望什么，就考核什么，通过考核引导员工朝着公司希望的方向努力。

在德鲁克的故事中，猎人发现问题后，把原来考核一个指标——数量，改为考核三个指标——数量、质量、重量，"三量齐发"，猎狗抓兔子时，既要考虑兔子的数量，又要考虑兔子的质量和重量。考核指标调整了，原来仅仅追求数量的问题得到改善。今天，企业一般不会仅仅考核某个单一的绩效指标，比如，仅仅考核销售额、利润率或市场占有率，而是考核多个指标。企业常用的一个工具叫平衡计分卡——不是考核单一指标，而是考核财务、客户、内部运营、学习与发展四个方面，每一个方面再确定若干指标。通过考核四个方面的指标，引导公司平衡内部和外部、近期和长期的发展。

公司想得到什么，就考核什么，或者说通过考核引导什么。绩效考核就像方向盘，就像轮船的舵，起导向性的作用。

2. 一定要根据考核"分骨头"。

假如猎狗忙了半天，抓到了兔子，猎人不给猎狗分骨头，或者不管抓到的兔子有多少，给所有的猎狗分一样多的骨头，即干好干坏一个样，考核的导向性，是不是就消失了？猎狗是不是就不会好好抓兔子了？当然是。所以，考核一定要和"分骨头"紧密挂钩，才能起引导作用。

公司期望什么，就考核什么；考核什么，就激励什么。不能是期望的不考核，考核的不激励，这样，绩效导向就失效了。为什么公司考核什么，员工就努力做什么呢？人是趋利避害的，对自己有利的事情，会抢着做，对自己不利的事情，会不做或者躲避。绩效考核之所以能够引导员工的行为，是因为公司把绩效考核的结果和收入，比如绩效工资、奖金、分红，还有职级晋升、惩戒等挂钩。所以，管理学上有一句话：

“人们不会做你所希望的事情，只会做受到奖赏的事情。”

遗憾的是，一些公司里存在考核与“分骨头”不挂钩的现象。入职后，新人会发现，有的公司对绩效考核并不重视，绩效考核走过场，流于形式。有的公司搞平均主义，干好干坏一个样，“分骨头”与“抓兔子的多少”无关或者关联度不高。有的公司朝令夕改，有时“分骨头”与“抓兔子”有关，有时又无关，全凭老板的心情。还有的公司搞“两张皮”——“抓兔子”时用一个办法，“分骨头”时用另一个办法，“分骨头”与“抓兔子”不挂钩。某公司对财务部经理的考核指标是费用节约率、无差错率、财务规章执行度等，但是在“分骨头”时，老板却表示，对财务部经理的考核，关键看忠诚不忠诚、听话不听话。

讲述德鲁克的《如何给猎狗分骨头》的故事，是为了便于理解，用专业术语表述是，绩效考核是人事决策的依据。人事决策，是公司在员工加薪、奖金、绩效工资、晋职晋级等激励方面，需要做出的决定。在一家绩效导向的公司里，只能依据绩效考核结果而不能依据其他结果来决定员工的加薪、奖金、绩效工资、晋职晋级等激励机制的安排。能不能以绩效考核作为人事决策的依据，是实现绩效制导的关键。

3.“分骨头”是为了更好地“抓兔子”。

在德鲁克的故事里，猎人对猎狗进行考核并分骨头，是为了使猎狗更好地替自己抓兔子。所以，抓兔子是目的，分骨头是手段。为了使猎狗更好地抓兔子，猎人想了各种方法：“数量”改“三量”—小组分工协作—给予老猎狗保障—给新猎狗培训等。

在公司里，绩效考核的目的是提高和改进绩效。绩效考核是手段，改进绩效并更好地达成绩效才是目的。既然绩效考核的目的，是更好地达成公司目标，这样在整个绩效考核过程中，所有的当事人，就不能仅仅盯着考核评分和“分骨头”，重要的是要制定合理的目标，及时了解和评估绩效状况，及时提供反馈，辅导、帮助员工提高能力，以便更好地达成绩效，上级与员工共同寻求改进绩效的方法和途径。

将以上三个启示概括一下，就是考核，是为了给人事决策提供依据，促进员工和公司绩效发展。只有把考核与人事决策挂钩，才能实现绩效制导——引导员工为了实现公司目标而共同努力。

本讲知识点

1. 什么是绩效制导？

绩效制导也叫绩效导向，是指通过绩效管理，将公司所有人的努力，都聚焦在达成绩效目标上。

2. 为什么绩效制导很重要？

“人们不会做你所希望的事情，只会做受到奖赏的事情。”考核什么，奖赏什么，员工就做什么。不考核，不奖赏的工作，是没有人做的。

3. 公司为什么进行绩效考核？

一是通过考核为人事决策提供依据，二是通过考核促进绩效发展。

6.3

绩效考核，由谁来做

职场痛点

提起绩效考核，许多新人觉得这是领导的事，是职能部门的事，与自己无关，自己只能被动地等待考核结果。这种观点是错误的。

本讲提要

公司的绩效考核有四个当事人，分别是公司 / 老板、职能部门、直接上级和员工本人。公司老板负责搭平台、定规则。职能部门是绩效考核的组织、协调机构。直接上级，就相当于球队的主教练，给下属下达指令，布置战术，给予指导，帮助下属达成目标。员工就像球队的队员，是在球场上冲锋陷阵取得成绩的。四个当事人都很重要，新员工在绩效考核中的作用也很重要。

公司的绩效考核，谁来做呢？绩效考核有四个当事人：公司 / 老板，职能部门、主管和本人。

接下来，我们依次来看。

第一个：公司 / 老板

公司 / 老板指的是谁？在大公司里，指的是公司绩效管理制度的决策人，这个决策人在不同的公司是不同的。在有的公司，决策人是董事长，有的公司是总裁办公会，有的公司是绩效委员会。在小公司里，就是老板本人。

对于第一个当事人，大多数新人并不关注。因为新人接触到的，都是绩效考核中具体的人和事，比如谁给自己发考核通知，谁发考核表，谁给自己打分，谁汇总，谁公布等。新人感受不到公司 / 老板在绩效考核中的存在和作用。其实，在绩效考核方面，老板的作用最大，他是公司绩效制度的创建者、维护者、改革者和倡导者。一句话，关于绩效管理，老板想做好，不一定能做好，老板不想做好，谁也没办法。

小米公司成立之初，按照扁平化管理的理念，不追求关键绩效指标，强调责任。老板不要求关键绩效指标，下面想做也做不了。到 2019 年，雷军开始重视关键绩效指标，公司也开始推行绩效考核。许多公司都是这样。大老板不想做绩效考核，下面的人想做也无能为力。我国许多中小企业没有绩效制度，或者绩效制度形同虚设，就是因为老板不想做。可见，老板在绩效管理中的重要性。

第二个：职能部门

职能部门是公司里负责绩效考核事务的部门。不同的企业情况不同，具体部门如下。

- 考核领导小组。公司成立专门的考核领导小组，负责整个公司的绩效考核事项。
- 人力资源部。负责全公司的人员考核。
- 企管部、市场经营部、总办、党委办公室等，负责考核公司二级单位绩效。

具体由哪个部门负责，取决于企业的安排。

职能部门在绩效考核中起什么作用呢？相当于办公室、秘书处，具体职能如下。

- 起草绩效管理制度、流程、要求等方面的文件、通知，报请老板签发。
- 下发绩效考核办法、绩效考核表。
- 监督各部门执行。
- 公司各部门绩效考核结果汇总、统计、分析。
- 根据绩效结果计算各部门绩效工资额、奖金额、下年度加薪人员名单。
- 处理绩效考核投诉，相当于信访部门。

在几乎所有公司里，负责员工考核的部门是人力资源部，所以平时在公司里，提起哪个部门负责考核，大家都说是人力资源部。正因为如此，一些新人容易陷入一个误区，认为绩效考核是由人力资源部负责的，是人力资源部的事情。其实不然。人力资源部不过是替老板办事，是替各个部门协调，进行统计汇总。绩效考核上的大事，人力资源部做不了主，做主的是老板。

第三个：主管

主管是员工的直接上级，在绩效考核中起什么作用呢？主管的作用很大，扮演的角色很多，如下达指令者、评委、教练、绩效伙伴等。

1. 下达指令者。

员工的绩效目标、绩效指标、考核要素、考核要求等，还有岗位职责、工作范围、绩效指标、项目权重等，都是直接上级分解和下达的。

2. 评委。

员工工作成果有没有达到标准和要求，谁来评判？就是由上级主管评判。

3. 教练。

发现员工的不足之处时，主管要给予指导，想方设法地帮助员工提升工作能力，掌握工作方法。

4. 绩效伙伴。

主管与下属是一个团队的，主管的业绩，不是自己干出来的，而是主管所带团队干出来的。下属干不好，没有业绩，主管就没有业绩。反过来，下属没有主管的支持和帮助，也不会有好的绩效。所以，主管与下属之间是绩效伙伴关系，谁也离不开谁。主管给你定指标、评分、辅导、支持和帮助，是为了帮你达成绩效。

遗憾的是，在有的公司里，主管的作用却被削弱、被忽视。

第四个：员工

在一些人眼里，新人作为被考核者，处在绩效考核的最底层，老板、职能部门和主管高高在上，掌握“生杀大权”，员工像学生，怯生生地等待上面给自己打分。如果做得好，员工就静静地坐成一排，等着主管或老板“分果果”。如果没做好，绩效不佳，员工就被动地等待主管或老板训斥。新人是被动的棋子，主管、老板、职能部门才是主动的操盘手。这种观点是错误的。新人并不是被动的，而是主动的；并不是处在绩效管理的边缘，而是处于核心位置。为什么？道理很简单。在篮球场，将球投进篮筐，帮助球队一分一分赢下比赛的是谁？是球员。所有观众的眼光在谁身上？在球员身上。同样，在公司里，在一线冲锋陷阵，为达成绩效打拼的人是谁，是员工。

当主管给员工分解绩效指标时，如果仅把员工看作被动的接受者，员工就会想——领导想定多高就定多高，谁让人家是领导呢？能完成就完成，完不成就拉倒。那么，即使主管把绩效指标压下来，也没有意义。反过来，如果员工主动积极地与领导进行目标对话，共同分析所处优势、劣势、机会点和威胁等，努力实现一个自己认同的好目标。未来，员工的表现和成果一定大为不同。

当主管给员工评估、打分时，员工如果是被动的——领导爱打多少分就打多少分，打分的意义就会大打折扣。反过来，如果员工把主管对自己的评估、打分看作一个机会——自己看不清自己的不足，而主管却一目了然，评估和打分能使自己了解和明白自己的不足之处，从而积极需求改进的机会，那么，在未来绩效一定会得到提高。

当主管给员工进行辅导，员工的态度如果是被动的，就会认为主管天天说自己这不好，那也不对，永远干不好事情；或者认为主管整天只知道啰唆。这样，下属很难接受主管的辅导和帮助。反过来，如果员工是积极主动的，就会从主管的辅导中，体会和把握适合自己的工作方法。如果还没有好办法，就与主管一起，积极寻求新的解决办法，甚至会跳出主管的经验、公司内的经验，寻找更好的解决方法。

所以，作为一名员工，在绩效管理中有主动积极的态度是很重要的。

这里举一个例子来形容四个当事人在绩效考核中的角色。大家应该知道 CBA（中国男子篮球职业联赛），CBA 是如何运转的呢？中国篮球协会负责建立赛事制度，各个俱乐部负责日常运营，教练负责训练球员和布置战术，球员负责上场打球。四个当事人——足协、俱乐部、教练、球员各司其职。在绩效管理中，第一个当事人——公司 / 老板，就相当于中国篮球协会，给大家建制度、搭舞台。第二个当事人——职能部门，就相当于各个俱乐部，负责绩效考核的日常事务。第三个当事人——主管，就像篮球队的教练，要布置战术，培育下属，带领团队，赢得好的业绩。第四个当事人——员工，就像球场上的运动员，要冲锋陷阵，顽强拼搏，最后能否取得好成绩，全看员工。

介绍到这里，新人应该明白了：公司里的绩效考核，不应该仅由老板操心，仅由人力资源部负责，或者由主管唱独角戏，而是四个当事人一起做。而最终决定绩效成果的，是员工自己。

本讲知识点

1. 绩效考核的四个当事人是谁？

一是公司 / 老板，二是职能部门，三是直接上级，四是员工本人。

2. 四个当事人各自扮演什么角色？

公司 / 老板负责搭平台、定规则；职能部门负责组织、协调；主管负责下达指令、提供方法，帮助下属达成目标；员工负责冲锋陷阵，达成公司目标。

6.4

绩效考核，怎么做

职场痛点

许多新员工觉得公司的绩效考核神秘、复杂，更多新员工对绩效毫不关心，这是不对的。

本讲提要

绩效考核并不神秘，它分为两个层面。一个是公司层面，指公司绩效管理制度和操作办法的相关规定，包括考核周期、考核时间、考核者、考核指标、考核内容和考核流程等。另一个是个人层面，即 PDCA 循环。

许多公司把自己的组织和流程分为前台和后台。前台，和客户打交道，客户可以接触和感受到。而后台，不与客户打交道，客户感受不到，是为前台提供支持和维护的部分。

绩效考核，怎么做

绩效考核怎么做分为两个层次，一个是公司层面怎么做，另一个是个人层面怎么做。公司层面，相当于绩效管理的后台，新人平时感受不到。个人层面，相当于绩效管理的前台，新人能够实实在在地感受到。

公司层面

大中型企业一般都有比较规范的绩效管理制度和流程，就以下事项做出规定。

1. 考核周期，即多长时间考核一次。

不同的公司考核周期不同，一般有以下三种。

- 年度考核。一年一次。
- 季度考核。一季度一次，第四季度考核与年度考核合并。
- 月度考核。每月一次，最后一个月考核与年度考核合并。

对于不同的考核对象，考核周期不同。

2. 考核对象，即考核谁。

公司一般有三种考核对象。

- 公司。以公司作为考核对象，考核公司经营状况。
- 部门（项目）。考核部门或二级机构或项目的绩效。
- 个人。对员工个人的工作绩效进行考核，通常将管理人员与普通员工分开考核。

3. 考核内容，即考核什么。

考核内容因考核对象的不同而不同。

- 考核对象是公司。考核内容一般是利润额、利润率或者经济增加值等董事会或者投资人确定的财务指标或战略目标。
- 考核对象是部门。一般考核部门的关键绩效指标。
- 考核对象是个人。对个人的考核内容五花八门，不同的公司、不同岗位差异非常大。

4. 考核流程。

在我国，外资企业、国有企业、民营企业分别有不同的考核流程。另外，对部门的考核、对管理人员的考核、对普通员工的考核的流程也不同。

这是某国有企业对管理人员的考核流程：下发年度绩效考核通知——被考核者述职——民主测评——考核小组进行汇总并写出评价意见——董事会或党委会讨论通过——总裁或董事长签批——与本人谈话——与奖金、任用、晋升等挂钩。

不同的公司，对普通员工的考核流程也不同，通常流程是：下发绩效考核表——员工对照考核项目自评——主管打分——主管与员工就绩效进行面谈——人力资源部归档——奖惩兑现。

个人层面

个人层面的流程比较简单，就是 PDCA。第九课将介绍 PDCA 循环，绩效管理的流程就是 PDCA 循环，也叫绩效循环。

具体来说，分为四步。

1. 第一步：绩效计划。

绩效计划是给员工制定绩效目标、指标、标准、任务，确定考核内容和要素，相当于 PDCA 循环中的 P 环节。怎么做绩效计划呢？一般是先由公司制定发展战略、年度目标和计划，然后将公司目标和计划分解到二级公司和公司各部门，再往下分解到每一个岗位。

外资企业强调通过绩效会议制订绩效计划。绩效会议就是开会，最好两个人参加——你的直接上级和你。两个人就你本人的绩效计划进行沟通和交流，让你了解公司目标，了解公司和主管对你的期望，了解你的想法，沟通制定某一周期，比如年度、季度或月度的绩效计划。

在民营企业和国有企业，通常是公司确定经营目标后，下达给部门，部门再下达到各个岗位，下达时，公司或部门通过会议传达、动员，简称宣贯，一般不会安排一对一的绩效会议。

2. 第二步：绩效执行。

绩效计划确定后，就必须执行，这相当于PDCA循环中的D环节。这个环节对主管和下属都有要求。

对主管的要求。及时评估下属的状况，及时发现问题和困难，及时沟通和反馈，及时辅导和帮助，及时纠正和激励。

对员工的要求。本书讲的内容，都是对员工在执行时的要求。

3. 第三步：绩效评估。

绩效评估有两种含义。一种含义是评估员工的绩效是否达成，差多少，差在哪里。绩效管理规范的公司特别强调这种含义。第二种含义是考核打分。在几乎所有的公司里，考核打分这个环节都被看作最重要的环节，虽然从绩效管理的角度这样理解并不准确，但是考核打分直接和员工的个人利益挂钩，少一分或者低一个等级，对工资奖金、晋职晋级影响很大，大家看重这个环节是可以理解的。

一般来说，考核打分的流程是：下发绩效考核表——员工自评——主管打分。由于在绩效考核中，这三个环节与员工关系最密切，下面将逐一分析。

● 绩效考核表。

绩效考核表是考核的基本工具。大多数公司都会在月度、季度、年度考核时，给员工发一份事先设计好的绩效考核表，岗位不同，绩效考核表就不同。少部分企业没有考核表，但是有其他类似工具，比如工作核查单、工作计划表，或者目标责任书等。一般来说，绩效考核表分为三个部分：表头、考核内容、评估结果及签字。考核表中的重点是考核内容，其中有考核指标、指标值、权重等几个项目。

首先是考核指标。不同的公司、不同的岗位，考核指标不同。某公司从三个方面考核客户中心某专责（岗位名称）的绩效。第一个是关键绩效指标，包括客户满意度、新增用户率和客户流失率。第二个是工作目标。对每月制定的若干工作目标进行考核，比如对客户信息的收集和处理客户投诉。第三个是能力发展计划完成度。

其次是指标值。关于关键绩效指标或者目标，都会设定相应的指标值或目标值，而且一般设置两档，一档是目标值，一档是挑战值。

在客户中心专责的考核表中，客户满意度的目标值是 90%，挑战值是 95%。新增用户率的目标值是 30%，挑战值是 45%。客户流失率的目标值是 5%，挑战值是 1%。

最后是权重。权重是某一个考核要素在考核中所占的比重。公司重视什么要素，什么要素在考核中的权重就大。

● 自评。

大多数公司的绩效考核表都会留出自评栏——让被考核者，也就是员工本人给自己打分。许多新人对自评有点不知所措，所以往往随意进行自评。因为新人觉得，如果给自己打低了，等于没有信心。如果给自己打高了，又怕主管有看法，而且打高也没有用，最后考核的分数或者等级，还是以主管的评定为准。这样的担心是不必要的，绝大多数主管会实事求是，新人只要实事求是地评价自己即可。如果有不同意见，可以通过绩效面谈沟通解决，或者通过申诉程序解决。

● 打分。

主管是如何给下属打分的？许多新人很关心这个环节。

不同的大学给学生考试分级的方法不同，有的学校按照百分制分若干等级，有的按照 ABCD 分若干等级，有的按照绩点分若干等级。公司里的绩效考核与学校的考试分级，在原理上差不多，但在具体方法上不一样。公司里的绩效考核没有百分制，常见的有三种。第一种考核有三档，分优秀、合格、待改进。第二种考核有五档，有的公司用优、良、中、劣、差表示，有的公司用5、4、3、2、1分来表示，有的公司用S、A、B、C、D表示。第三种考核分得更细，有7个等级。有了分级，是不是就可以打分了？不是，公司还要做一个规定，叫强制性分布，或者叫强制性分配，即强行规定优秀、合格、待改进三档的员工比例，或者S、A、B、C、D五档所占比例。这个比例在我国企业界用得最多的是2:7:1。

活力曲线，由美国通用电气原董事长兼首席执行官杰克·韦尔奇提出并最先用于考核。基本方法是按照2:7:1的比例挑选优秀、合格、不合格的员工。考核时强行规定优秀员工占20%。比如，某部门有100人，公司强行规定，优秀的员工再多，只能有20%，也就是给20个人打优秀。处于合格的员工占70%，不合格的员工占10%。杰克·韦尔奇认为，优秀的重重奖赏，合格的不奖不罚，不合格的要淘汰，这样，企业才能有活力，所以把这个比例叫“活力曲线”。

还有一些公司，考核不是按照2:7:1分配，但是，也会对各等级比例有其他强制性要求。华为的考评分为A、B+、B、C、D。其中A占5%～10%，B+占5%～10%，C和D占5%～10%，大部分人都是B。一般不会被评为D，因为被评为C就表示已经很差，有的员工考核得C后会立马提出离职。

有的新员工入职后，觉得考核打分很神秘、很奇怪——部门里的人表现都不错，没有特别差的，结果考核时，却一定有一两位员工得低分，懂得了强制性分配，就不会再误解公司或者主管了。

4. 第四步：结果应用。

结果应用包括两部分。一部分是绩效面谈，另一部分是绩效成绩与绩效工资、奖金、加薪、晋职晋级等挂钩。

绩效面谈，也叫绩效反馈，是你和主管坐下来，面对面地就你的绩效做专门的沟通。许多大公司很重视绩效面谈。因为绩效面谈，是在一个考核周期结束时，上级对下属在该周期的表现做评价，这相当于在学校的期末考试后，老师拿着你的成绩单和你进行一次认真的谈话。你作为被考核者，有什么想法、什么委屈，对考核结果满不满意，需要上级在哪些方面帮助你，怎么帮助你等，可以在这样专门的机会讲出来。不管有没有用，讲出来总是好的。你的上级也有机会听一听你的想法，评价你的表现，表达对你的期望，给你一些反馈。

绩效管理的核心是提高绩效，促使员工做得更好。而绩效面谈，是围绕如何提高绩效而展开的，很有价值。那么，怎样做这个绩效面谈呢？坦率地说，据我所知，目前我国企业在绩效面谈上，水平参差不齐。有的公司做得很好，有的公司流于形式，有的公司干脆不做。

如果你所在的公司很重视绩效面谈，你就按照公司要求做。在此提醒一点，绩效面谈不是辩解的机会，也不是说服的机会，不要心里不服气，就借此机会辩解或说服上级。绩效面谈是倾听的机会，是寻求改进的机会。

如果公司不重视或者没有绩效面谈，不要抱怨，也不用着急。其实，在许多公司，都有与绩效面谈相似的做法，只不过不叫绩效面谈罢了。而且，你完全可以主动找自己的上级，和他沟通你的绩效问题。至于绩效成绩与激励机制怎么挂钩，分多少奖金，明年加不加薪，能不能给你晋职晋级等，一般来说，你的上级说了不算，决定不了，这已经超出个人层面，需要公司层面进行安排和决定。

本讲知识点

什么是绩效循环？

绩效循环指的是，个人绩效管理按照绩效计划—绩效执行—绩效评估—绩效改进四个步骤展开的循环。

7

奖惩

本课目标

1. 了解公司的奖励 / 激励制度、原则和方法。
2. 明白如何面对奖励 / 激励。
3. 理解公司的惩戒制度和方法。
4. 学会处理批评、罚款等处罚。

本课提要

7.1 奖励 / 激励

什么叫奖励　什么叫激励　奖励等级　奖励方式　如何赢得奖励

7.2 遭遇不开心

在职场中赚的钱，有一半是不开心换来的　学会面对不开心

7.3 表扬 / 认可

新人先不要奢望硬核激励——加薪、奖金、晋升，先盯住日常看得见、摸得着的激励——表扬和认可，循序渐进

7.4 惩戒

惩戒制度　惩戒分级　惩戒方式　惩戒的四个原则——合法合规、证据确凿、合乎程序、错罚相当

7.5 如何面对批评

批评与惩戒的区别　如何面对当众批评　如何面对一对一的批评　如何面对“三明治”式批评

7.6 罚款问题

面对公司罚款，一看依据，二看有没有给公司造成损失，三看扣除额是否符合规定，四看程序是否合法

7.1

奖励 / 激励

职场痛点

大多数新员工对公司的奖励 / 激励制度不了解，或者误以为奖励 / 激励就是发钱。

本讲提要

1. 公司奖励的等级。
2. 公司奖励 / 激励的方式。
3. 面对奖励 / 激励的三个建议。

什么是奖励？员工表现优异时，公司以某种方式，比如发钱或给予称号等，对员工的表现加以认可。什么是激励？公司以某种方式，比如发奖金、表扬等激发和鼓励员工的积极性和工作热情。所有的公司都有自己的奖励制度。中小企业会把奖励 / 激励和惩戒制度放在一起，统称为奖惩制度，新员工可以在公司的员工手册中找到它。大企业会把奖励和惩戒分开，分别形成单独的奖励制度和惩戒制度。有些公司的奖励制度和激励制度是合在一起的，而有的公司则会在奖励制度之外，再制定专门的激励制度。

奖励与激励有区别，不过新人可以先把奖励和激励放在一起了解。下面，我将奖励和激励一起介绍。

公司的奖励制度，一般会规定奖励的对象、方式、等级、条件、程序等。对于新人来说，要先了解两个方面，一个是奖励等级，另一个是奖励方式。

奖励等级

公司的奖励等级，一般分为五级或者五类，由低到高分别是嘉奖、记功、记大功、调薪、晋升。

1. 嘉奖。

嘉奖是最低一级的奖励。不同的公司叫法不一样，有的公司叫嘉奖，有的公司叫通报表扬、公开表扬。嘉奖的特征是通过公司文件公开表扬某员工，没有公司文件，不算嘉奖。

2. 记功。

记功是第二级奖励。记功一般不会直接给予物质上的奖励，而是把你的贡献记下来，到一定的时候（通常是晋升的时候）给予兑现。记功也是通过公司文件确认的。比如，某公司规定，记功三次，年底直接晋级。

3. 记大功。

记大功是第三级奖励。记大功也是对贡献的记录，分量高于记功，到 定时候兑现。

4. 调薪。

调薪是第四级奖励。调薪，是在正常加薪之外调薪。比如，某公司2021年员工薪酬普涨10%，某员工获得奖励调薪10%，2021年累积调薪20%。

5. 晋升。

晋升是第五级奖励。晋升一般是公司最高级别的奖励。有的公司奖励制度不分级别，而是分为两大类：精神奖励和物质奖励。精神奖励包括口头表扬、通报表扬、通令嘉奖、记功、授予荣誉称号。物质奖励包括奖金和奖品、晋级和晋职。

奖励方式

公司规定了奖励等级，又有哪些奖励方式呢？美国的管理学家鲍勃·纳尔逊（Bob Nelson），他在《1001 种奖励员工的方法》（1001 *Ways to Reward Employees*）中列举了 1 001 种奖励方式，让人眼花缭乱。某公司仅季度奖，就设置了如下奖项：最佳员工奖（季度）、最快进步奖（季度）、最佳业绩奖（季度）、优秀创意奖（季度）、优质服务奖（季度）、优秀管理奖（季度）、突出贡献奖（季度）、特别奖（季度）、最佳团队奖（季度）。而年度奖更多、奖励力度更大。

其实，把上面的方法叫奖励并不准确，应该叫激励。在公司里，最重要的并不是给员工奖励什么东西，而是如何激发员工的工作积极性和热情。从激励的角度看，方式方法就更多了，常见的有以下几种。

1. 奖金或绩效工资。

有的公司叫奖金，有的公司叫绩效工资，有的公司叫绩效工资 + 奖金，都是指在固定的薪酬之外，公司根据个人绩效、表现而发放的货币性报酬，也叫活工资。在企业中，奖金或者绩效工资，被公认为是最常用、最普遍、效果最直接的激励方法。

为什么激励效果好？一是直接。实实在在的钞票，是一种兑现，更直观，激励的效果最为直接。有的公司发奖金时，甚至不把钱打到卡里，而是发现金。2019 年 1 月 20 日，某家钢铁企业为员工发奖金，现场摆放了 3.2 亿元的现金，当场发放，很有激励效果。二是与绩效挂钩。奖金或绩效工资与员工的工作表现、工作成果，或者和公司的经营业绩相挂钩，干得好有奖，干不好没奖，从而激发员工的积极性。

2. 加薪。

如果某员工表现突出，达到加薪的条件，公司一般会在次年提高员工的工资等级。被加薪者每个月可以多赚好几百元或好几千元，甚至更多。加薪与奖金或绩效工资不同，奖金是活的，可能有可能无，而加薪是固定的、刚性的，只能加不能减，加上的部分，以后就成为员工固定收入的一部分。加薪与奖金或绩效工资，是公司用钱激励员工的两大办法。

3. 晋升。

晋升包括晋职和晋级。晋职是职务的升迁。许多公司都有职务阶梯或者序列，比如销售员—销售主管—销售经理—销售总监—销售副总—销售总经理。从较低职务升迁到较高职务，就是晋职。晋级，是职级的升迁。一些公司设置了职级序列，由较低职级向较高职级升迁叫晋级。比如在中国移动省公司分为 19 个职级，由 16 级升迁到 15 级，就是晋级。

大多数公司都会把晋升列为奖励 / 激励制度中的最高一级，为什么呢？根据马斯洛的需求层次理论，人的需求分为五个层次，从低到高分别是生理、安全、社会交往、尊重和自我实现。晋升，是少有的能够同时满足多层次需求的方式。晋升就会加薪，可以更好地满足人对基本生活的需求，在公司里员工之间的薪酬差距主要是职务的差距；晋升可以使员工的工作更加稳定，满足对就业安全的需求；在公司里，职位的升迁意味着更多的社会交往，可以增加你在公司和社会中的地位和话语权，获得人们更多的尊重；晋升也是个人自我实现的重要标志之一。正因为如此，许多员工勤奋工作几年甚至几十年，就是为了获得晋升。晋升是激励员工最重要的办法之一。

4. 福利。

福利，是非货币形式的报酬，是以不发钱的方式给员工好处。五险一金、带薪休假、补充医疗保险、意外伤害险、团体健康险、企业年金、退休计划、员工餐厅、购房贷款、员工互助基金、职业生涯规划、员工进修、职称或证书计划、图书补助、员工培训计划、交通津贴、通信津贴、住房津贴、餐费补助、困难补助、团建、旅游、聚餐、体育比赛、文艺活动、购物卡、代金券、日用品、电影票、充值卡，这仅是一小部分福利。不同的企业，福利差别很大。

为什么公司不把为了提供福利所花的钱，直接以现金的形式发给员工呢？事实表明，非货币形式的福利，对于员工身心健康和忠诚度的提升，比货币更有效。比如团建，其实就是一起出去玩，一起听音乐会，一起郊游，一起办小型比赛等，谁不喜欢呢？如果发现金，人均几百元，大家没有什么感觉，而一起外出就不同了，可以放松、增进了解、有利于团结互助，上班后“士气”会更高。

5. 股份。

如果公司给股份，就是在激励上“放大招”了。如果你有了公司股份，成为公司的股东之一，当然更有积极性。给股份有多种方式，最常见的是给期权。所谓期权，就是公司现在把股份以约定的价格卖给你。比如和你约定一股一元钱，你现在不用买，三年之后再买。三年以后，公司股份可能就不是一股一元钱，可能涨到十元钱了。到时候，你用一元钱，就可以把值十元钱的股份买下来，是现在的十倍。你为了得到十倍于现在的收益，就会努力工作，使公司尽快发展起来，股票尽快升值。

阿里巴巴的股权报酬，就包括了三种：受限制股份单位计划、购股权计划和股份奖励计划。入职一定年限的员工会有股票期权，份额不等。当然，并不是所有公司的股票期权计划都能产生激励作用。对于成长性很高的公司，给股权，员工能看得见，感受得到，激励作用就很大。有些公司正在走下坡路，给员工股权就没有激励作用，甚至是累赘。

6. 排行榜。

排行榜包括年度排行榜、季度排行榜、月度排行榜，有的公司会办打榜比赛。类似的还有销售额比赛、利润比赛、质量比赛。还有的公司按照月度、季度、年度评选优秀员工，被称为“评先进”。

7. 显示身份。

显示身份的方式有许多，如配专车、配秘书、有宽敞的办公室、有令人尊敬的名号、有弹性的工作时间、有会员卡或贵宾卡等。

那么，新员工应该如何面对奖励或激励呢？

第一，努力工作，力争得奖。好东西谁不想要呢？只不过，只有你表现得足够优异，才可以得到它。对于新员工来说，得到公司的奖励，不仅仅是多领了一些钱，得到了表彰，更意味着你在职业发展上，走在了同龄人的前面，赢在了职场的起跑线上。一步在先，步步在先，一步落后，步步被动。所谓力争得奖，就是力争达到公司规定的获奖条件和标准。管理规范的公司，都会规定奖励条件。某公司奖励制度第二条规定，奖励的条件是“提出合理化建议者、对公司经营业绩有重大贡献者、任务完成成绩显著者、检举揭发违规行为和损害公司利益者、挽救公司重大损害者、见义勇为者”。

第二，做力所能及的事。新人要认清，公司里许多重大的激励办法，与新人关系不大。什么意思呢？请想象，太阳照耀着一片森林，森林中谁会得到宝贵的阳光呢？当然，首先是参天大树得到阳光，其次是下面的小树得到阳光，最后是地上的小草拼命地迎接漏下来的一缕缕阳光。在公司，高管、高级工程技术人员、市场人员、管理人员、业务骨干等，就是参天大树，公司激励的阳光当然要首先照耀在他们身上。任何一家公司，如果不能很好地激励核心人员，就无法生存和发展。新员工就像森林里的小树、小草，没有核心员工对公司那么重要，激励的阳光照耀不到你的身上，是一件再正常不过的事情。比如，许多奖励性质的福利就没有你的份，显示身份的奖励也没有你的份，晋升一时半会也没有你的份，股票期权更没有你的份。这很正常，也很公平。这时候，新人最好的选择是，争取那些小草可以得到的阳光，好好表现，争取被评为先进或者优秀员工；绩效考核得较高等级；领到奖金；被记功和表彰，比如获得合理化建议奖、优秀服务奖、突出贡献奖、见义勇为奖等；得到公开表扬。新员工不要好高骛远，要争取自己能争取到的。

第三，不要仅仅盯着钱。

员工到公司上班，最重要的是赚钱。钱是那个“1”，其他激励机制是1后面的一个个“0”，没有这个“1”，其他的“0”再多，也没有意义。

任何公司的激励机制中，钱都是重中之重。但是，职场新人一定要清楚一个事实：公司的激励机制是老板定的，而你根本见不到老板的面，老板也不知道你是谁。公司的激励机制是对所有人的，而新人面对的是谁呢？是直接上级。而你的直接上级，是小经理，几乎所有谈钱的激励，他都无权决定。

你的直接上级是一名经理，在公司里级别不高，不能直接给你加薪、晋升等，但是他可以推荐、争取、提名。在几乎所有的公司，没有直接上级的推荐，什么奖励你都得不到，这是程序，也是规矩。某公司奖惩制度规定，公司的奖励程序是主管提名、人力资源部审核、总裁批准。大小公司的奖励程序大同小异。这样，你就明白，要想得到奖励，首先要在直接上级面前好好表现，争取得到上级的推荐、提名。

更为重要的是，作为新人，虽然非常需要钱，但是也需要在挫折时、不顺心时、工作压力大时，得到别人，特别是直接上级的鼓励、表扬、认可、肯定、关心、帮助、支持，这些甚至比金钱更重要。

你有了一点点成绩，上级公开表扬你。

你没有客户，上级把自己的客户交给你，帮助你积累经验，建立信心。

你事情办砸了，上级说没关系，再试试，或者说，没关系，出了事算他的。

你与其他同事关系紧张，上级把你们叫到一起喝酒，化解矛盾。

你有客户拿不下来，上级说，“走，今天我们一起去拿下”。

你父母从老家来看病，公司动用关系帮你挂号，帮你找名医。

上级在大老板面前提起你的成绩，让你主持一些工作，有好事想着你。

每天走进办公室，上级永远是面带笑容地鼓励你、帮助你，而不是皱眉头，拉着脸，指责你、批评你。这些都不是钱的事，也不是钱能买来的。对于初入职场、手足无措的新员工，这些是不是比金子还珍贵？

本讲知识点

1. 什么是奖励？什么是激励？

奖励，是员工表现优异时，公司以给员工发东西的方式，对员工的表现加以认可。

激励，是公司以某种方式激发员工的积极性和工作热情。

2. 公司的奖励等级一般分为几级？

一般分为五级或者五类，由低到高分别是嘉奖、记功、记大功、调薪、晋升。

3. 职场中，最常见的激励方式有哪些？

有奖金 / 绩效工资、加薪、晋升、福利、股份、排行榜、显示身份等。

4. 新人如何面对奖励 / 激励？

一是努力工作，力争得奖；二是做力所能及事；三是不要仅仅盯着钱。公司和上级的鼓励和帮助，比金子还珍贵。

7.2

遭遇不开心

职场痛点

职场有很多不开心的事，新人一般更脆弱，职场上赚的钱，一半都是用不开心换来的。

本讲提要

中国有句谚语："人生不如意，十之八九。"职场上赚的钱，一半都是用不开心换来的。怎么办？员工要皮实一些，也就是抗打击能力、承受力强一些，面对挫折、压力、困难、委屈，坦然一些。走出不开心，关键在自己，不能等公司天天激励你，领导天天哄你高兴，因为你是一个成年人，应该有自己的担当。

人生不如意，十之八九。人在职场，和生活中一样，愉快幸福的时光其实很少，更多的时候处在忙忙碌碌，甚至不开心的状态。任何公司、老板都希望让员工开开心心地工作，但是常常事与愿违，人在职场，总有许多不开心的时候——受委屈、有挫折感、有压力、感到无助、受训斥、不被理解、背锅、失败……

- 不公。有的公司里，一些人什么工作也不干，游手好闲，居然待遇不差。而你天天加班加点，工作业绩突出，赚的钱既比别人少，还经常挨批评。
- 挨骂。有的上级对下属指责多，骂的多，批评的多，天天板着脸，无论你怎么干，永远对你不满意。
- 没有前途。你努力工作，想要晋升，但是老板夸你，表扬你、奖励你，就是不给你升职，你干了很多年，仍然是一个普通员工。
- 没有钱。你希望加薪，你和老板谈，他和你谈理想、谈愿景、谈项目，就是不谈加薪。
- 鞭打快牛。有的公司，你干好了，反而有麻烦。你越能干，老板会交给你更多的工作，不能干的人，反而越来越清闲，工资也不少领，忙的人很忙，闲的人很闲。而且很可能干得多错得多，而不干的人却不会犯错。

面对职场“不开心”，新人该怎么办呢？

第一，皮实一些

当下，许多公司招聘时，都加了一条新的招聘条件——皮实。什么是皮实？皮实就是抗打击能力强，抗压能力强，对失败、挫折、误解、困难、委屈等，有较强的承受力。在任何企业，都有不开心的事。即使在世界上最伟大的企业上班，也有不少员工会不开心。公司是工作的地方，而不是世外桃源。

任正非在创业初期，遭遇“心腹爱将”叛变、亲人离世，他自己也身患多种疾病，一时抑郁难解。但他也透露，自己“有半年时间每晚都做噩梦，半夜常常哭醒”。公司没有浪漫曲，职场没有浪漫曲，员工需要皮实一些。优秀的员工，往往是那些胜不骄败不馁、宠辱不惊的员工。“不开心”是工作和生活给每个人的礼物，你只能收下它，接受它，不能逃避它，拒绝它。

有一个相声段子：“从出生就挨打，一天八个巴掌，到25岁就会像铁罗汉和金刚一样，遇到什么难处都不在乎。吃亏要趁早，一帆风顺不是好事儿。”据我所知，无论老板、经理人，还是同事，都不喜欢和有玻璃心、公主病的员工在一起。因为大事小事，大家都要照顾他的情绪，看他的脸色，一不留神，他就不高兴，掉眼泪。有一位经理跟我说，现在的员工很多像没长大的孩子，他上班就像进了幼儿园，天天要“哄孩子”。

市场竞争激烈，工作压力巨大，谁有工夫天天哄孩子？遇到一点困难就退缩，吃一点亏就闹情绪的员工，如何能够承担重任？如果想在职场上走得更高更远，你要先做一个能抗挫折和打击的皮实员工。

第二，想清楚你想要什么

在经济学里，一个人的投资偏好被分为五类，分别是保守型、轻度保守型、中立型、轻度进取型、进取型。你的偏好是什么？你是偏好是保守、中立，还是进取呢？用职场上的话，你是最希望赚更多的钱，最希望得到别人的认可，还是最希望工作稳定呢？什么都想要，可能会什么都没有。国内的企业，无论是民营企业，外资企业还是国有企业，无论是大企业，还是中小企业，在激励方面总是会有所侧重，你必须做出取舍。

一般来说，国有企业的工作相对稳定，福利待遇好，管理规范，父母比较放心。如果你是偏好保守型，选国企比较好。但是，有的国企论资排辈，晋升和收入增长都比较慢，对这方面不能期望太高。

创业型公司里，都是年轻人，收入比较高，有股票期权，一旦公司创业成功，马上身家百万千万，当然，也可能是空欢喜一场。这些公司管理较混乱，福利差，员工跳槽频繁。进取型偏好的员工可以选创业型公司。

外资企业适合中立型偏好的员工。外企管理规范，收入较高，福利完善，朝九晚五，很少加班，年轻人多，基层晋升的机会也比较多。但是，外企对于进取型的员工来说，显得四平八稳；对于保守型员工来说，稳定性又差了许多。

对于新人来说，入职就是选择。没有一家企业在激励方面，能够做到面面俱到，让所有员工都称心如意。一家企业的激励制度，只能勉强维持其核心竞争力，难以兼顾其他。那么，作为新员工，面对不开心时，想一想自己最想要的公司有没有提供。

我认识一位公司财务主管，供职的公司老板脾气非常不好，动不动就当众骂他，甚至羞辱他，骂后又用小恩小惠拉拢他。他很不开心，但没有离开这家公司。为什么？因为他的孩子还小，还有房贷，作为财务人员，去其他公司很难得到信任和重要的职位，他需要这份工作，只好忍气吞声。有时候，不是开不开心的问题，而是你为开心付出了多少，用不开心收获了多少。因为新人赚的钱里，有一半都是不开心换来的。

第三，要走出不开心，自己应主动

走出不开心，关键在自己要有主动、积极的心态，而不是等待公司和上级的关注。虽然大多数公司都有激励制度，老板或者领导也会把激励员工的口号喊得震天响。但是，公司从上到下都忙于达成 KPI，对于发生在你身上的不开心，没有几个人会注意到。

所以，不能被动地等待公司或者上级关注你，给你激励。公司里的各种激励办法和措施，都是为了调动员工的积极性和工作热情，是给那些努力工作，并且为公司做出贡献的人准备的，而不是给那些什么任务都完不成，天天只会发牢骚的人准备的。

对于工作中的挫折、困难、委屈、不公，新人要面对它，主动解决它，而不是逃避它，更不能唉声叹气、垂头丧气、束手无策。

一家互联网公司中的一位员工发现上级特别喜欢给自己派活，一有活就想起自己，甚至把其他人手头上的工作都交给自己做，他出力不讨好，还得罪人，报酬也没多拿。他很苦闷，不开心。后来，他找了一个下班后的时间，主动和上级沟通了一次，说出了自己的苦闷和不满。上级向他表示歉意，说出发点是给能干的下属压担子，有利于成长。上级让该员工表态，是愿意工作减负，还是愿意多承担以便尽快获得升迁。该员工明白上级的苦心后，豁然开朗并做出了自己的选择。

你和公司、你的上级之间，应该形成一个正面的、正向的、正能量的互动。你努力，上级给你激励；上级给你激励，你要更加努力。形成良性互动，你才能够走出不开心。

本讲知识点

如何面对不开心?

1. 皮实一些。
2. 想清楚自己的偏好。
3. 要走出不开心，自己应主动。

7.3

表扬 / 认可

职场痛点

表扬 / 认可，被大多数新员工忽视。

新员工不懂得如何面对表扬 / 认可，更不懂得表扬 / 认可他人。

本讲提要

新人看得见、摸得着的激励，往往被忽视，这就是——表扬 / 认可。

许多新员工，从小到大，一直像月亮，总是在接受来自太阳的光芒——父母的关爱、老师的教导、长辈的鼓励，但是自己几乎不发光——不知道主动对父母表达爱，不知道赞美和认可他人。在职场上，表现为：永远等着别人来鼓励、爱护、认可、欣赏自己，自己却不知道鼓励、爱护、认可、欣赏他人，包括自己的上级和同事。

是改变的时候了。

表扬 / 认可，也是一种激励，而且是新人看得见、摸得着的激励。可惜，许多新人，提起激励，就认为是加薪、奖金、晋升、股份等。这些激励当然是好东西，但是一年能得到一次吗？奖金还可能一年有一两次，加薪就不一定能一年一次了，晋升、股份等更是几年才一次，甚至遥遥无期。那么，新人能看得见、摸得着的激励是什么呢？当然是表扬 / 认可。

上级或者同事，对你表示认可、肯定、感谢、赞美、表扬，是给你正能量。在你刚刚有一点进步时，上级说："小李，不错，进步这么快！"

部门开会，领导在会上说：“我想特别表扬一下，小李在这次推广活动中表现得非常优秀，不仅圆满完成自己分内工作，还帮助新媒体部门及时发现和处置了一个舆情。”同事过来对你说：“谢谢，昨天要不是你发现舆情，及时提醒我，我和公司就麻烦大了！”晚上加班时，领导发来微信：“小李，辛苦哈！”领导外出时，给部门的人说：“我今天外出，大家有什么急事，可以找小李处理，他代理我一天。”其实，新人入职后，每一次小小的成长和进步，就发生在不经意的、日常的激励中。在上下班的路上，在吃午饭的闲暇，在一起公出的时候，在讨论项目的时候，来自上级和同事的一次次小的表扬、认可，都会给新人带来自信，带来勇气，带来方法，带来成长。表扬 / 认可，是很宝贵的。

遗憾的是，许多新人拿表扬 / 认可不当回事，表现为：不懂得表扬和认可别人，不懂得如何面对表扬和认可。

不懂得表扬和认可他人

在一家公司，某位员工由于自身的问题，眼看着要拖后腿，该员工的经理二话不说，下班后留下来，牺牲自己休息的时间，为该员工找资料、当助手，直到深夜才帮助员工把这项工作做完。刚做完，经理回到自己的办公室，转个身再出来，员工已经走了，连个招呼都没打，一句感谢的话都没说。这位经理看着空荡荡的公司，感到十分心寒。

有一个报道说，有人落水，一位大叔见义勇为，跳入水中将落水者救起。当大叔筋疲力尽，被别人拉上岸时，那个先上岸的落水者早就不见了踪影。请设身处地想一想，如果你帮别人忙了半天，别人一句话没有就走了，你是什么感受？以后你还愿意帮助他吗？反过来，如果这位员工，当时对经理给予他的帮助表示感谢，说一声“谢谢经理，给经理添麻烦了！”或者“经理帮我大忙了，改天请您吃烤串！”经理的心情一定会好很多。

许多新人，从小到大，一直像月亮，总是在接受来自太阳的光芒——父母的关爱、老师的教导、长辈的鼓励，但是自己几乎不发光——不知道主动对父母表达爱，不知道赞美和认可他人。在职场上，表现为：永远等着别人来鼓励、爱护、认可、欣赏自己，自己却不知道鼓励、爱护、认可、欣赏他人，包括自己的上级和同事。

其实，每个人，包括你的上级、同事，都有自己工作和生活中的烦恼、挫折、困难和压力，也特别需要他人，包括下属的鼓励、认可和欣赏。通过这些，我们可以建立自信和拥有勇气。某部门的一个项目没做成，部门里的一些员工却幸灾乐祸，一脸喜气洋洋，在下面嘀嘀咕咕："哎，听说没有，领导的项目没做成，我们领导总算把项目做砸了。"

你遇到挫折、苦恼的时候，希望别人理解你、帮助你、鼓励你，你的上级也一样，他每天遭遇的烦恼、委屈、挫折，不比你少。那么，新人想过去鼓励他，欣赏他，认可他，帮助他吗？

激励是互相的。

新人要学会表扬、鼓励、认可、欣赏自己的上级和同事，相互激励。

当然，对于新人来说，这样做有许多困难。

- 张不开嘴。现在许多新员工在网上评论时是高手，到线下张嘴表扬或认可他人，总觉得不好意思。
- 发现不了别人的好。有新人说，让我表扬他人，他人得有优点啊，可是上级和同事身上都是缺点和毛病，没什么优点，没办法表扬。善于发现别人的闪光点，善于发现别人好的地方，也是新人入职后要尽快学习和掌握的。
- 反感吹捧。许多新人把欣赏、赞美、鼓励、认可他人，特别是上级，看作巴结、阿谀奉承，因而十分反感，不愿意做。

其实，无原则地吹捧、阿谀奉承是任何一个有良知的人都会反对和拒绝的。但是，欣赏与巴结有两点不同。

第一点，欣赏是基于事实，而巴结则夸大其词。许多年前，我去一家制药企业调研，由公司的老板和两位下属接待，座谈时，其中一位下属奉承自己的老板，说老板锐意进取，在全国制药行业第一个进行了 GMP

（良好生产规范）认证，公司新药被美国食品药品监督管理局（FDA）认可，全国领先。其实这家药企才刚刚成立，资金不足，只能做仿制药，GMP 认证还没进行。下属这种不顾事实的吹捧，老板本人当时就受不了。

第二点，欣赏是基于工作，为了激励；而巴结则关注工作之外，为了讨好。某员工在公司里，被公认为阿谀奉承的“标杆”，他一看见领导，奉承话就脱口而出，“哎呀，领导今天真帅，瞧这衣服搭配的，都可以直接上 T 台了，当心公司的女生不会走路了。”“领导今天的讲话，既高屋建瓴，又见微知著；既有高度，又有厚度，还有长度。”这显然是巴结。新人要欣赏、赞美、鼓励、认可他人，不要阿谀奉承、溜须拍马。

不懂得如何面对表扬 / 认可

表扬和批评不同，毕竟是好事，表明公司和上级认可你的工作成绩或者表现。但是，好吃的山芋有时候也烫手，面对表扬，处理不好，也会出现麻烦。这里分三种情况来处理。

第一种：公司嘉奖。大多数公司的嘉奖，是以文件的形式，在 OA 系统或者公司公告栏上进行公布的，公开、正式。受到嘉奖，新人不能不知所措，默不作声，而是首先要感谢。在全公司进行嘉奖是一种公司行为、组织行为，是一件大事，对你今后的职业发展意义重大。公司层面的嘉奖或者表扬，是按照一定的组织程序决定的，一般是经过上级推荐，人力资源部门审核，专门委员会评选，主管领导或者公司领导批准。而这样的嘉奖，很可能是你的上级为你争取到的。所以，嘉奖后，你应该去找直接上级，感谢他对你的提携和帮助，同时让上级指出你的不足和问题，以便改进。当然，如果你要在表彰大会上发言，那你要感谢的人就很多了，可以看看公众人物的获奖感言，进行借鉴。其次要谦虚。新人受嘉奖后一定要谦虚，“夹起尾巴做人”。在公司，受嘉奖后，本部门的同事，关系好的同事，一定会起哄让你请客，让你发红包。有的新人一高兴，既在群里发红包，又请大家吃饭，这种行为影响不好。

第二种：当众口头表扬。当众口头表扬的方式在部门中很常见。上级在开部门会议的时候，或者在办公室，当着大家的面，对你进行口头表扬。这时候，你怎么应对呢？先分析上级的口头表扬，到底是什么意思？上级当着大家的面表扬你，可能有三种不同的意思。

- 第一种意思，你工作做得出色，确实值得表扬。
- 第二种意思，你在某个方面有了改进，上级想鼓励你。这时候你别高兴，这其实是上级对你不满意，或者你还没有达到上级的要求，所以你最需要做的是，考虑怎么做得更好，给上级的回馈是从尽快改进入手。
- 第三种意思，指东打西。上级对其他同事表现不满，通过表扬你的方式让其他人感到压力。这种方式不是为了表扬你，而是为了批评其他人。而且，这种方式把你放在“火上烤”，可能会引起其他人对你的不满。

第三种：私下表扬。如果上级和你在一对一的场合对你进行表扬的话，一般来说，这时候的表扬是真的表扬。你怎么应对呢？

- 感谢。感谢自己的上级对自己的栽培、帮助和指导，没有他的指导和帮助，你就没有今天的成就。
- 谦虚。你应多找找自己的问题，看还有什么地方需要改进。
- 试探着谈谈你的职业发展。如果上级愿意把话题从表扬转为具体的绩效、加薪、奖金、晋升，那当然更好。

本讲知识点

1. 新人也要学会认可和鼓励他人吗？

当然，激励是互相的。

2. 表扬有哪几种方式？

有嘉奖、当众口头表扬和私下表扬三种方式。

7.4

惩戒

职场痛点

新员工对公司的惩戒制度、办法和原则不甚了解。

面对惩戒，新员工手足无措或者错误应对。

本讲提要

惩戒，是让员工为自己的过错承担损失。入职时，新人必须了解以下常识：一是自己公司的惩戒制度是如何规定的。比如，辞退、降职降级、撤职、停职、待岗、记过、通报批评、降绩效、过失单、罚款等的规定。二是惩戒的四个原则是什么。明白了合法合规、证据确凿、合乎程序、错罚相当这四个原则，面对惩戒，就会理解而不是抗拒，如果惩戒有偏差，也知道如何维护自己的权益。

我们先看一个惩戒的案例。2019 年 1 月 3 日，华为公司在网上公开了一个处罚文件。起因是华为公司在海外网络上向客户发新年祝福，结果显示是用苹果手机发出的华为祝福。网络上一片哗然，华为的新年祝福不是用华为手机，而是用竞争对手苹果手机发的，让人不可思议。两天后，华为对两个责任人做出处罚，一个责任人被通报批评，职级降一级，月薪下调 5 000 元。另一个当事人，职级降一级，月薪降 5 000 元，年度考核不高于 b，冻结个人职级晋升，涨薪冻结期 12 个月。

什么叫惩戒？是让员工为自己的过错承担损失。惩戒是这样一种制度——谁违反规章制度，谁工作出现过错，公司会让他在经济上、地位上或者利益上有损失。

在第四课“规章制度”中，我曾经介绍过，世界上任何制度都有一个特征——惩罚，没有惩罚的制度，不能被称为制度。这是因为人们天然有一种倾向——违反制度以便得到额外的好处。如果违反制度的人得不到惩罚，制度就形同虚设。

员工在工作中犯错，必须受到处罚，任何公司，包括以人性化管理著称的公司，都是如此。那么，公司都有哪些惩戒制度和方式呢?

惩戒制度

任何公司的处罚都不是随意的，必须以惩戒制度为依据。华为的惩戒制度分为四个等级。最高一级处罚，包括四种措施，一级警告，解除劳动关系，追究法律责任和计入个人诚信档案数据库，信息安全信用等级清零，不得返聘。二级处罚也有四种措施，分别是二级警告，降职降薪，调离关键岗位，计入个人诚信数据库。三级处罚也有四种措施，分别是三级警告，考评的结果和相关纪律评价降等，两次三级违规升级为一次二级违规和计入个人诚信档案数据库。四级处罚也有四种措施，四级警告，作为关键事件计入考评，两次四级违规升级为一次三级违规，计入员工个人诚信数据库。

根据惩戒制度，华为对“元旦事件”的处理，分别是二级处罚和三级处罚。

在我国，不同企业的惩戒制度大相径庭。大企业的惩戒制度比较复杂、规范。中国工商银行的惩戒制度分为违规积分、批评教育、日常处理和行政处分。违规积分，包括一级积一分，二级积三分，三级积六分，四级积16分，由内控合规部门负责。批评教育，包括告诫和通报批评等，由各单位负责。日常处理，包括待岗管理，扣减绩效收入，责令辞职和引咎辞职，取消任职资格，解除劳动合同等，由人力资源部门负责。行政处分，包括警告、记过、记大过、撤职、开除，由监察部门负责。

中小企业的惩戒制度比较简单，惩戒一般分为三档或者五档。一家小企业的惩戒制度分为三档：普通违纪、严重违纪和恶性违纪。另一家小公司的惩戒分为警告、记小过、记大过、降职降级、辞退五个等级。

惩戒方式

企业的惩戒方式五花八门，远远不是公司的惩戒制度所能覆盖的。而且，有的惩戒方式能公开，而有的惩戒则是以隐蔽的方式实施的。

先看看公司惩戒制度中公布的惩戒方式。

1. 辞退。

辞退，是任何企业对员工能做的最严重处罚。员工犯了再大的错，公司最多只能与其解除劳动合同，即辞退。

2. 降职降级。

虽然降职和降级放在一起表述，对公司的管理人员来说，降职比降级严重多了。降级一般体现为降薪。降职不仅要降薪，还要降职务。某集团分公司总经理，因违反公司规定，被降职一级，调回总部担任部门助理。当事人容易接受降级，难以接受降职。此外，还有撤职、免职、停职、待岗。

撤职。有管理职务的，撤销其管理职务叫撤职。对管理人员来说，撤职比降职更严重。

免职。免去现任职务。

停职。暂停任职人行使职权。停职不是撤职，只是暂停职务，在公司惩戒制度中，一般没有这种惩戒类别。

待岗。待岗是从现岗位下来，等待下一步安排。普通员工没有职务，无法被撤职，处罚的方式为待岗。在有的公司里，待岗也被称为“交人力资源部等待分配工作”。许多公司规定，待岗期间，只能领取基本工资，这意味着待岗人员的收入要大幅度下降。对普通员工来说，待岗比降级严重。

3. 记过。

记过，是记下你的过失，并不是马上处理你，而是要你等着，等什么？等公司加薪、评优、晋升、表彰时，不会考虑你。记大过，是以上情况都不考虑你，今年不考虑，明年也不考虑。

4. 通报批评。

在大公司，通报批评是比记过更加严重的处罚。通报，很大程度上不是为了处罚你，而是为了警示公司的其他人，用你树典型，杀鸡儆猴。既然你成为坏典型，以后就很难在公司抬起头，这种严重性比记过、降级还大。

5. 降绩效。

降绩效是几乎所有公司惩戒的常规操作。在绩效考核分级的公司，每降低一个等级的绩效评分，却对当事人的收入和职业发展有直接影响。

6. 过失单。

过失单，就是填一张单子，记住你的过失。过失单与记过很像，但比记过处罚力度要轻很多。填过失单，通常是由你的直接上级填写，报人力资源部备案，也有的公司需要两级上级签批，累计过失单再处罚。

7. 罚款。

罚款是我国大多数企业的常规操作，应用广泛。后面“罚款问题”一讲会专门介绍。

以上仅仅介绍了几种常见的惩戒方式。在现实中，企业还有很多惩戒方式没有写入公司的惩戒制度，没有公开，但实际上在使用。惩戒是让员工受损失，让员工难受，而让人难受的办法很多。请看下面的一些惩戒方式。

1. 给你脸色看。

上级给你脸色看，不理你。这算不算惩罚？新人回想，家人给自己脸色看时，自己难受不难受，就明白了。

2. 孤立你。

上级不理你，还让同事都不理你，你一说话，周围的人扭头就走。

3. 边缘化。

上级让你成为部门里可有可无的人。

4. “连坐”。

你犯错，上级让你们小组的同事一起挨罚。用这种方式，上级让同事非议你、讨厌你。

5. 让你干你不喜欢的工作。

你喜欢外出，和人打交道，上级偏让你天天坐办公室，一天连句话都没机会说。

6. 体罚。

有的公司罚员工做 50 个俯卧撑，有的公司罚跑步，有的公司罚扫地一周，有的公司罚员工在广场上爬，有的公司罚员工喝辣椒水，等等。是不是招数很多？还有更多惩戒办法，大家以后会在职场上亲身经历。

看到这些惩戒办法，新人可能会想，惩戒力度这么大，谁受得了？公司就不怕员工辞职吗？惩戒，是一种让人受损，让人难受，从而避免再次犯错的办法，但是并不是都能让人做得更好。所以，管理规范的企业，都是以激励为主，惩戒为辅。惩戒不是目的，而是手段。

惩戒原则

惩戒是严肃的、制度化的，不是随意的、任性的。惩戒要遵循以下四个原则。

1. 第一个原则：合法合规。

惩戒，是一种对员工权益有影响的管理措施，任何公司的惩戒办法，都要遵守我国相关法律法规，任何违反国家法律法规的惩戒规定，都是无效的。

以下惩戒办法都是违法违规的。

- 侵犯公民基本权利。
- 取消国家法定福利。
- 危害公民人身自由和安全，如体罚。
- 动用私刑。

2. 第二个原则：证据确凿。

谁主张谁举证。公司或者领导处罚你，他就有举证责任，在处罚时必须出示充分的证据如相关记录、文件、知情者的证词，有逻辑关系的数据和事实结果，员工本人的检查书、申辩书、保证书和公司处罚通知书等。某员工在公司举办的会议上给客户发错资料，给公司造成损失，并且中途离岗，私自离开会议现场。他的上级以客户投诉记录和中途离岗人证为证据，对该员工进行处罚。

3. 第三个原则：合乎程序。

惩戒必须合乎程序。合乎程序包括三个方面：事先告诫、按程序办、允许申诉。

- 事先告诫。

俗话说，不知者不为过。惩戒时，公司必须事先履行告诫义务。一般来说，公司的惩戒制度在公司的员工手册中，写得明明白白，这等于公司履行了告诫义务。如果新人懒得看，懒得了解，到时候犯错被罚，就不能怪公司，只能怪自己。

当然，有管理不规范的公司，没有公示规章制度，没有履行告诫义务。这种情况下，责任在公司。

- 按程序办。

按照事先规定的惩戒程序，一步一步地办，不得乱来，老板也不得违反。严格地说，不按照程序办的惩戒，是无效的。某公司规定的惩戒程序是：直接上级提出—人力资源部或相关主管部门核实—公司主管领导签批—下达处罚决定（以书面形式或者电子文件形式将处罚决定送达被处罚人）—被处罚人签收。

比如，“被处罚人签收”程序往往被忽略。其实，如果被处罚人没有签收公司的处罚决定，万一产生纠纷，公司就存在问题，因为处罚程序有瑕疵。

- 允许申诉。

公司的惩戒制度，必须包括相应的申诉程序。惩戒毕竟是一种伤害，是由一个个人操作的，是人就有可能犯错误。甚至惩戒会被上级或者其他人用于打击报复，制造冤假错案。所以，公司必须给当事人一个救济的通道，这个通道就是公司的申诉程序，和法院的二审类似。

一般地，员工可以直接向上级的上级，或者公司的专门部门（人力资源部、考核小组、总办）申诉。

4. 第四个原则：错罚相当。

错罚相当也就是对员工所犯错误的处罚，不能超过其应当承担的过失。当下，一些公司的老板和员工以为处罚很简单，把处罚当儿戏。

如某电视剧中，老板检查工作时，发现员工正在看手机，当场决定辞退，并责令人力资源部经理立刻带这位员工办理辞退手续。这样的处罚方式，在规范的公司里是不可能出现的。或者说，老板这样处罚员工，几乎违反了处罚应该遵守的所有原则，是无效的。即使是公司老板，也要按照程序和原则行事。

员工如何面对惩戒

1. 如果处罚很严重，是辞退，解除劳动合同。

这涉及员工本人的重大利益，员工要从四个方面考虑。

- 一看处罚是否有法律法规和公司制度上的依据。
- 二看证据是不是充分。
- 三看程序是否合法。
- 四看错罚是否相当。

这四点如有瑕疵或者疑问，可以向公司申诉，可以向劳动争议仲裁部门和劳动监察部门申请仲裁或投诉，或者到法院起诉，要学会维护自己的权益。

2. 如果不是辞退，你对处罚有任何疑问，都可以申诉。

申诉，不是为自己的错误辩解，而是根据公司的规章制度，根据自己掌握的事实和依据，请有关部门根据申诉程序复核处罚决定。这就需要员工对公司规章制度比较熟悉，掌握有利于自己的证据，或者发现公司处罚程序有瑕疵等。申诉应有理有据，不应胡搅蛮缠。没有理由，没有充分证据，不要申诉，不要自讨没趣。

3. 做检查。

如果公司的处罚得当，只要你还在公司上班，被处罚后，必须做出规定行为——以口头或者书面形式（根据处罚的轻重）向主管领导或者公司做检查，承认错误，深刻反省，提出改进的方法。

本讲知识点

1. 什么是惩戒？

惩戒，是让员工为自己的过错承担损失。

2. 公司惩戒都有哪些方式？

辞退、降职降级、撤职、停职、待岗、记过、通报批评、降绩效、过失单、罚款等。

3. 惩戒的四个原则是什么？

第一个是合法合规，第二个是证据确凿，第三个是合乎程序，第四个是错罚相当。

7.5

如何面对批评

职场痛点

无论谁，受到批评都不痛快，问题是接下来怎么办，如何面对它、处理它。

本讲提要

1. 批评与惩戒的区别。
2. 如何面对当众批评。
3. 如何面对一对一的批评。
4. 如何面对上级的“三明治”式批评。

批评，大家应该很熟悉，从小到大，我们都受过老师、家长的批评。人在职场，被批评在所难免。那么，如何面对批评？批评，就是不满。谁不满？上级不满。不满谁？不满你。为什么不满？你没有做好。你应该怎么办？改正。这些是批评的情况：“小李本月三次迟到，特此提出批评。”“小王，你的销售汇总晚了两天，已经影响到整个部门的汇总和上报。”“小刘，请你告诉我，为什么上班时间外出办私事？”

批评的要点如下。

- 事实。你有犯错的事实——没做好工作，或未达到要求，或出现纰漏，或违规。
- 不满。上级陈述你犯错的事实，并表达不满。
- 认错。上级希望你意识到，或者承认自己的错误或者不足。
- 改进。你如何改进，保证以后不再出现此类问题。

批评与惩戒不同。批评，是让你承认不足或错误，寻求改进之道，不用你承担经济后果或者其他利益损失。批评的关注点，不是让你为自己的错误买单，而是让你改进。惩戒，是让你为你的错误买单，即承担某种后果——经济损失或者其他机会成本。惩戒的关注点，是让你利益受损，从而让你长记性。所以，批评与惩戒的出发点是不同的，批评不是公司惩戒制度的一部分，新人千万不要把批评看作惩戒。当然，某些受批评的当事人是要承担后果的。比如通报批评、公开批评，当事人要承担名誉损失。凡是当事人承担后果的批评，就是一种惩戒。

由于犯错性质的不同，领导方式的不同，上级批评方法会不一样。一般来讲，批评可以分为以下四类。

第一类：通报批评

通报批评，是公司将对员工的批评进行通报，一般是以公司或者部门的正式文件的方式在公司公告栏、OA 系统上公示。通报批评的特点是正式、公开。

由于通报批评的目的主要是震慑、警示公司其他人，所以通报批评不仅仅是表达公司对此事的批评，同时会伴随相应的处罚措施。前面列举的华为“元旦事件”中，通报批评的同时有降薪、降级的处罚。由于通报批评是在全公司或者全部门的范围内公告你所犯的错误，这势必会对你的个人评价影响极大，对你今后的晋职晋级、绩效考核和职业发展等会造成重大影响。所以，通报批评不是简单的批评，而是重大的惩戒方式。面对通报批评，请按照上一讲中介绍的要点处理。

第二类：当众口头批评

当众口头批评，是在部门会议或班前会议时，上级当众口头批评员工。当众口头批评不是处罚，目的是警示他人，提醒你尽快改正，通常不对你的绩效工资、奖金、晋职晋级产生影响。如何面对当众口头批评呢?

1. 要点一：不要当面顶撞或解释。

上级当众批评，有的新人觉得有隐情有委屈，或者上级有误解，想当着大家的面为自己辩解，说明原委。这样不好，即使上级批评不对，即使有天大的苦衷，也不要当面解释和顶撞，而是先接受。这一点，对新人来说很难，要慢慢学会。

2. 要点二：事后主动沟通。

事后，新人可以找个时间单独和上级沟通一下，如果认为上级批评得对，你应该表态认错，并提出今后改进的方法。如果你认为上级批评得不对，你可以进行说明。要注意，说明之前要先认错，即使你认为自己没错或者自己只有小错，也要表示出虚心接受意见的态度，再说明情况。至于上级收不收回对你的批评，由上级决定。你不要反驳上级，更不能闹情绪。找上级沟通，是为了让他了解你的想法，不是为了让他接受你的想法。

当众口头批评包括当众不点名批评，即在部门会议上或者晨会上，上级不点名地批评员工。上级批评的事件、地点、当事人，大家都能听出来是在批评某人，就是不点某人的名字。如果遇到这种批评，千万不要装傻，不要认为不点名，自己就不去认领。上级不点名，是给你留面子，给你改进的机会，较好的方法是主动找上级认错、沟通和改进。

第三类：一对一的批评

一对一的批评时，只有你和上级两个人。这种一对一的批评有两种方式，一种方式是三明治式批评，另一种是直接批评。

1. 三明治式批评。

三明治是夹心面包，有三层，三明治式批评也分三步。第一步，上级对你和颜悦色，肯定你做得好的地方，听起来像表扬你。第二步，指出你的问题或者他不满的地方，表明你没有达到要求。第三步，对你进行鼓励。这时候，上级和颜悦色，用鼓励、期许的眼光看着你，甚至拍着你的肩膀，送你出他的办公室，同时说鼓励的话。先肯定你，说你做得好的地方，会容易被新人误解为被夸、被表扬。这种三明治式批评，属于西方企业文化。在这种文化中，即使要否定你，反对你，也会这样表达："这是一个好主意，不过……""你做得不错，不过……"即先肯定，再否定。你要明白，上级先肯定你，赞赏你，是为了指出你的问题，毕竟人们都不愿意别人说自己不好。马云说过，刚创办阿里巴巴的时候，下属如果犯了错误，他会对下属进行这种三明治式批评——先肯定，再指出问题，最后给予鼓励。结果他发现，下属出了他的办公室，站在门口发愣，不知道到底是被批评了，还是被表扬了，想了半天没想明白。

马云之后把批评改为直截了当式。

2. 直接批评。

在中国企业中，更多的是直截了当式批评。直截了当式批评是上级在批评时，直奔主题，不绕弯子，直接指出你工作中的过失或不足，然后和你探讨改进的方法。

那么，新人如何面对一对一的批评呢？请关注两点。

1. 接受，不要抗拒。

批评是基于过错事实。上级批评你的时候，会先陈述事实。如果情况属实，新人肯定要接受，不能因没有充分的证据而不认账，也不能因有证据，觉得没什么，认为上级小题大做。

在球场上，裁判宣布你犯规了，你就是犯规，你不能和裁判争辩，更不能反驳裁判，你只能接受。在职场上，上级之所以是上级，是因为他是你工作对不对、好不好的裁判。不管上级的判断对不对，他指出了你的过错或者不足，你只能接受，不能反对、反抗。不认错是最糟糕、最被动的处理方式。不认错的新人，应该设想一下，在足球场上，裁判宣布你犯规，如果你不认错会怎样，裁判很可能直接亮红牌，把你罚下。所以，这个时候，你最好的态度是接受，千万不能抗拒。如果你确实认为上级的批评有失偏颇，与事实出入甚大，心里有委屈或不服气，急于辩解，怎么办？关注改进。

2. 关注改进。

其实，任何上级对下属批评，都关注下属怎么改进。你要表明自己下一步怎么改进，有什么好的方法，需要上级什么支持等。当然，在上级批评时，新人保持理性，不带情绪，仅仅关注改进，是一件很困难的事情。特别是初入职场，新人很不习惯，很难接受。此时，新人切忌找各种理由为自己辩解，更不能闹意见，耍脾气。和在球场上的道理一样，这样没有用，只能让自己更加被动。正确的做法是，关注自己如何改进。即使上级批评你的时候，你心里不舒服或者心乱如麻，不知改进，也要表态想改进。

第四类：责骂

如果上级用三明治式批评或者直接批评的方式批评你，你算是遇到了好领导。遗憾的是，职场中一些上级批评下属的方式是——带着情绪，恨铁不成钢，怒气冲天，拍桌子、瞪眼睛，甚至破口大骂、侮辱人格或者指桑骂槐。新人怎么应对责骂？

第一种情况是关系好，责骂不是真的责骂。上级和你关系融洽，亲密无间。责骂不是真责骂，而是显示你们关系亲密，或者为了爱护你。这时，你应该知道怎么办。

第二种情况是上级气急败坏。有的上级，面对工作压力，面对出错的下属，难免恨铁不成钢，气急败坏，容易带情绪，甚至口吐脏字，进行人身攻击。这时，沉默是金，等上级情绪平复了，你再沟通如何改进。

第三种情况是上级盛气凌人，以势压人。有的上级，缺乏对人的起码尊重，经常性侮辱人，揭老底，或者借下属犯错，趁机打击报复。如果遇到这种情况，你可以找机会和上级单独沟通，表明你不能接受他这种态度。如果无效，你可以申诉或者要求调换部门，甚至离开公司。

本讲知识点

1. 批评与惩戒的区别

批评，是让你承认不足或错误，寻求改进，不用承担利益损失。批评的关注点是改进。

惩戒，是让你为你的错误买单，承担某种后果——经济损失或者其他机会成本，从而使你不敢犯错。

2. 如何面对当众批评？

是不要当面顶撞或者辩解，二是事后主动沟通。

3. 如何面对一对一的批评？

一是接受，不要抗拒；二是关注改进。

7.6

罚款问题

职场痛点

罚款让人不舒服，你准备怎么面对？

本讲提要

新人不幸被公司罚款，怎么办？小额罚款，应该交。大额罚款或累计颇多，要看四个方面：一看依据，二看有没有给公司造成损失，三看扣除额是否符合规定，四看程序是否合法。

以罚款的方式惩戒员工，是我国许多企业的常见做法。先看一个罚款案例。

某环保技术有限公司于 2017 年 2 月发布了一份《关于销售部人员在办公区域吸烟处罚的通告》。通告表示，在公司 205 办公室发现烟蒂 64 根，处以 6 400 元的罚款，由两人承担，每人承担 3 200 元。在 208 办公室发现烟蒂 147 根，处以 14 700 元的罚款，由三人各承担 4 900 元。这家公司的罚款力度很大，一根烟头罚款 100 元，最多一人被罚 4 900 元，估计一个月的工资所剩不多。但是，这个罚款额比起华为的罚款额来说，并不算多。2018 年 1 月 17 日，任正非签发华为公司 15 号文件——《对经营管理不善领导责任人的问责通报》。通报表示，公司一直强调加强经营质量管理，杜绝做假。近年来，部分经营单位发生了经营质量事故和业务造假行为，公司管理层对此负有领导不力的管理责任，经董事会常务委员会讨论决定，对公司主要责任领导做出问责，并通报公司全体员工。任正非罚款100万元，郭平罚款50万元，徐直军罚款50万元，胡厚崑罚款50万元，李杰罚款50万元。

有意思的是，这份由任正非签发的文件，因“任正非罚任正非100万元”而引起热议。虽然华为高管都是有钱人，但一次性罚款100万元，还是震动了华为，也震动了企业界。在我国的企业中，罚款是较为普遍的一种处罚方法，许多公司都有罚款规定，而且五花八门。有一家公司的罚款规定有800多项，长达好几十页，罚款的项目也很多，比如，对公司的制度规定文件精神指示传达不到位，不及时，罚款100元。不服从上级领导工作分配、调动、指挥或无理取闹，罚款100元。对上级的指示，有期限的工作，无正当理由，不如期完成，罚款100元。上班时间打瞌睡、上网聊天、打游戏、听音乐或做与工作无关的事情，罚款100元。有欺骗公司、弄虚作假等行为的，罚款2 000元。某公司还将惩戒措施转换为罚款。如口头警告，扣除当月工资5%。书面警告，扣除当月工资10%。最后警告，扣除当月工资20%。立即辞退，并根据造成的损失进行经济处罚。

由于罚款十分普遍，新人很可能会遇到。那么，新人如何面对罚款呢？从法理上看，企业不能罚款。我国法律规定，公民财产权是公民的基本权利之一，工资收入是公民的财产，宪法规定了公民合法的私有财产不受侵犯。处置公民财产，须有合法的权力来源。也就是，只有经合法授权和法定程序的公权力，才可以处置公民的财产，或者说，只有有行政执法权的部门，才可以罚款。企业作为民事主体，没有行政执法权，所以企业是不能罚款的。

但我国没有法律明确规定单位无权对劳动者进行罚款。在地方性法规层面，只有广东省出台了相关规定，明确规定单位无权对员工进行罚款。根据《广东省劳动保障监察条例》第五十一条规定：“用人单位的规章制度规定了罚款内容，或者其扣减工资的规定没有法律、法规依据的，由人力资源和社会保障行政部门责令改正，给予警告。”在广东省，用人单位无权对劳动者进行罚款，是十分明确的。

有人会问，既然如此，为什么很多企业会有罚款规定呢？这不是明目张胆地违法吗？这里有一些微妙之处，道理如下。

一是法无禁止即可为。凡是法律没有明文禁止的事情，都是可以做的。目前，我国没有一部全国性法律明文禁止企业罚款。既然没有禁止，宪法中保护公民财产的条款没有落实，企业罚款也就有了操作空间。

二是过去有依据。1982 年国务院发布了《企业职工奖惩条例》，该条例第十一条规定："对于有下列行为之一的职工，经批评教育不改的，应当分情况给予行政处分或者经济处罚。"虽然该条例已经于 2008 年被废止，但是罚款这种做法在过去是有依据的。

三是经济损失赔偿。1994 年，当时的劳动部发布的《工资支付暂行规定》规定："因劳动者本人原因，给用人单位造成经济损失的，用人单位可以按照劳动合同的约定要求其赔偿经济损失，经济损失的赔偿可以从本人的工资中扣除"。这一规定现在并没有废除，所以经常被企业作为罚款的法律依据。这里有两点值得注意，第一点是，罚款的前提是给公司造成了经济损失，而目前一些公司的罚款，员工并没有造成直接经济损失。如答不出老板提的问题罚款 100 元，对上级指示传达不及时罚款 100 元等罚款，显然不符合上述规定。第二点是，1994 年发布的《工资支付暂行规定》还规定，如果给公司造成经济损失，需要从工资扣除进行赔偿的话，每月扣除的部分不得超过劳动者当月工资的 20%，若扣除后的剩余工资部分低于当地月最低工资标准，则按最低工资标准支付。

2017 年上海市最低工资标准是每月 2 300 元，北京市是 2 000 元，深圳市是 2 130 元。公司罚款后剩余工资，不得低于当地最低工资标准。从这个规定看，前面提到的江苏某环保公司的罚款是违法的。一是吸烟并没有给公司造成经济损失，二是罚款达到 4 900 元，除非这几个人月收入超 2 万元，否则罚款肯定超过了工资的 20%，也是违规的。

四是程序要合法。我国《劳动法》以及《劳动合同法》规定，用人单位在制定、修改或决定有关劳动报酬、劳动时间、福利保险、劳动纪律、劳动定额等内容时候，应当经过职工代表大会和全体职工或职工代表讨论，平等协商决定。严格地说，凡是没有走职代会程序的，老板一人定的处罚规章制度，都是有法律瑕疵的。公司虽然不能罚你的钱，但可以少给你钱，这是法律允许的。如果你的基本工资是一个月 5 000 元，绩效工资或者奖金是 3 000 元。公司罚款不能罚基本工资的 5 000 元，但是你表现不好，公司可以减少你的奖金或绩效工资，这是没有问题的。当然，法律规定的保险、福利是不能减少或扣除的。无论怎么罚款，五险一金的钱一分钱也不能少。不过，考虑到我国大多数企业，绩效工资或者奖金在薪酬总额中的占比达到 30% ~ 80%，企业在罚款上的操作空间还是很大的。

有人会有疑问，如果不罚款，对迟到、早退等违反公司规章制度的行为怎么处罚呢？办法很多，如下。

- 积积分。各大银行都有积分制度。
- 降低绩效评分。有的公司规定，累计三次迟到，算一次旷工，一次旷工，取消当月绩效工资。
- 扣奖金。
- 降低职等职级。
- 批评教育。
- 乐捐。所谓乐捐，是把罚款改为你自愿向公益基金捐款，如迟到一次，公司不对你罚款，你自愿捐款 100 元。为什么这么多的企业都有罚款规定？罚款的好处是操作简单，效果直接，对创业型公司或者管理水平低的公司比较适合。有人迟到，不论什么理由，罚款 100元，公司考勤人员就可以操作，被罚款人也会立刻改正。正因为如此，只要罚款不过分，许多员工还是可以接受的。但是，有的罚款明显违反国家法律法规，是不能接受的。

本讲知识点

如何面对罚款？

小额罚款，应交纳。大额罚款，要看四个方面：一看有没有依据，二看有没有给公司造成损失，三看扣除额是否符合规定，四看程序是否合法。

8

薪酬

大多数新人对薪酬福利一知半解。

职场上流传着关于薪酬福利的流言。

不了解薪酬的常识，容易误解和误判。

本课目标

1. 了解工资的基本概念。
2. 了解决定工资的几个因素。
3. 了解绩效工资 / 奖金是如何发放的。
4. 要对公司的法定福利、附加福利有认识。
5. 了解涨薪的道理。

本课提要

8.1 什么是工资

工资的定义　工资构成　标准工资　绩效工资　社平工资　最低工资

8.2 工资的依据

工资由六个因素决定

8.3 绩效工资 / 奖金

公司是如何发放绩效工资 / 奖金的

8.4 公司福利

福利　人工成本　法定福利　附加福利　法定福利是本分，附加福利是情分

8.5 如何涨薪

常见的几种办法

8.1

什么是工资

职场痛点

由于缺乏工资的基本常识，一些新员工听到有关工资的传言和议论，就心态失衡，失去判断能力，做出不当的事，追悔莫及。

本讲提要

1. 什么是工资？
2. 工资构成。
3. 标准工资。
4. 社平工资 / 最低工资。

什么是工资？我们先看一个事件。2017 年小杨参加了一档求职类电视节目，并成功被某科技公司录取，老板现场答应的工资是月薪 13 000 元。2018 年，小杨研究生毕业到公司办入职，结果公司的人力资源总监告诉她，每月 13 000 元的工资，底薪是 4 000 元，只要努力工作，最后月收入能达到 13 000 元。小杨认为当初答应的底薪是 13 000 元，而不是 4 000 元。后来，这个事被她发到网上，引起一片哗然。这家科技公司发表声明，说沟通不畅，正在优化制度，给予小杨经济上的补偿，希望取得谅解，等等。小杨坚决不同意，在自己的微博上说，当初给出的 13 000 元是每个月的底薪，并不是加上业绩提成的综合收入，这在节目上就谈论过了。同样是月工资，小杨理解的工资是 13 000 元，公司的理解是4 000元。谁的理解是正确的？从这个案例可以看出，作为职场新人，如果对什么是工资、工资的构成稀里糊涂，将会误解公司的薪酬制度，也不能维护自己的合法权益。工资不是小事，糊涂不得。怎么理解工资呢？请看下面几个概念。

第一个概念是薪酬。上班付出了劳动，公司要支付报酬，工作报酬也叫薪酬。所以，薪酬是公司给员工支付的工作报酬。薪酬分为两部分：一是货币形式的，即以现金方式发给员工的工作报酬。二是非货币形式的，即不以现金方式，而以其他方式发给员工的工作报酬。比如旅游、体检、班车、年假等福利。这两部分加起来，就是公司给你的全部工作报酬，即薪酬。而工资，只是薪酬中的一部分。

第二个概念是货币性报酬。非货币形式的报酬不是工资。那么，货币形式的报酬是不是工资呢？不全是。公司给你发的货币性报酬，一部分是工资，一部分不是工资。工资，有特定的含义，我国《劳动法》和1994年颁布的《工资支付暂行规定》等相关法律法规，对工资有专门的规定：工资，是在固定的劳动关系中，劳动者按照事先约定的，符合法律规定的，固定时间领取的，以货币形式发放的劳动报酬。

以下货币性报酬都属于工资。

1. 计件工资、计时工资。

这部分包括底薪、基本工资、基础工资、职务工资、岗位工资等。不管叫什么，只要按照固定时间发放的货币性报酬，都属于工资。

2. 奖金。

这部分包括奖金、绩效工资、提成、佣金等，不按照固定时间发放的，也属于工资，叫活工资。

3. 津贴、补贴。

这部分包括交通津贴、房租津贴、电话补贴、午餐补贴等，也属于工资。

4. 加班费。

属于以上项目就是工资，不属于就不是工资，这些是国家规定的，没有讨论的余地。根据国家规定，在公司发给你的钱里，以下项目不属于工资。

1. 社保费。公司为员工缴纳的社会保险费用等。

2. 福利费。家庭补助、过节费、丧葬抚恤救济金等。

3. 劳动保护费。防暑降温费、工装费、体检费等。

4. 其他。讲课费、稿费、提案奖等。

公司给你发的货币性报酬，大部分属于工资，小部分不属于工资。有的公司员工可以持股，拥有期权，年底分红也是发现金，这些是不是工资？当然不是。工资是劳动所得，而持股所得分红是股份所得，不属于工资。工资，一定是现金；现金，不一定是工资。

第三个概念是工资构成。工资构成是由公司的工资制度决定的。不同的公司，有不同的工资制度，比如岗位工资制、岗位技能工资制、薪点制、年薪制、计件工资制、宽带工资制等。目前，我国公司普遍实行的是岗位技能工资制。

员工实际到手的工资，是由几个部分构成的，不同的公司有不同的工资构成。工资构成一般会在工资条上体现出来。有的公司的工资构成较复杂，某公司的工资条上有近 20 个项目：基础工资、岗位工资、职务工资、司龄工资、职称补贴、学历补贴、交通补贴、餐补、房补、独生子女补贴、民族补贴、地区补贴、值班津贴、全勤奖、绩效工资、奖金……这么多项目，职场新人不要在意，不明白也没关系。其实工资的构成很简单，一般分为四个部分：第一部分是基础工资，包括基本工资和其他。第二部分是岗位工资，包括职务工资。第三部分是绩效工资 / 奖金。第四部分是津贴、补贴和加班费。所以，工资 = 基础工资 + 岗位工资 + 绩效工资 / 奖金 + 津贴 / 补贴 / 加班费，据公开资料，万达集团基础工资占 40%，岗位工资占 60%。工龄工资为 50 元 / 月，有餐补，医药费补贴为 800 元 / 年。

如果解除劳动合同，公司需要向你支付经济补偿金，经济补偿金 = 工龄 × 前 12 个月的月平均工资，月平均工资是以工资概念计算的，月

平均工资 =（全年取得的基本工资 + 岗位工资 + 绩效工资 / 奖金 + 补贴 / 津贴 / 加班费）÷ 12。

我们分别看看工资构成的四个部分。

1. 基础工资。

基础工资 = 基本工资 + 其他。基本工资相当于打车的起步价。公司的工资构成中都有起步价，比如每月基本工资 1 200 元，全公司所有岗位的工资中，都有这个基本工资，都从这个起步价开始。“其他”是指工龄工资、学历工资、职称工资等。工龄在公司里也叫司龄。某公司的司龄工资是每月 100 元，某人在公司任职 20 年，每月工龄工资为 2 000 元。不同的公司，用的概念不同，按照自己公司的习惯理解工资的构成即可。无论怎么用这些概念，道理是一样的。

2. 岗位工资。

公司里的不同岗位，比如行政专员岗、系统工程师岗、销售专员岗有不同的岗位工资。公司采用专业的方法，测算不同岗位的工作相对价值，制定出不同的岗位工资标准，做出岗位工资表，一个岗位有一个岗位的工资标准，这叫一岗一薪。在哪个岗位任职，获得哪个岗位的岗位工资，调整了岗位，就要调整工资，这叫易岗易薪。

属于管理职务的，岗位工资也叫职务工资。职务工资与岗位工资基本上是一个性质，只不过因担任管理职务，获得的是职务工资。不担任管理职务的，获得的是岗位工资。不同的职务，对应不同的职务工资。担任总裁，就拿总裁的职务工资；担任部门总监，就拿部门总监的职务工资。有的公司不区分岗位工资和职务工资，统叫岗位工资、职务工资或职位工资。有的公司则很在意，普通员工的岗位工资叫岗位工资，管理人员的岗位工资要叫职务工资，其实是一样的。

以上两个部分（基础工资 + 岗位工资）加起来是底薪，也叫固定工资、死工资、基本工资。劳动合同约定的工资，就是底薪，也叫标准工资。前面案例中，小杨认为某科技公司与她约定的 13 000 元月薪是底薪，她的理解是对的。

3. 绩效工资 / 奖金。

绩效工资，顾名思义是根据员工绩效表现发的工资，所以绩效工资是不确定的，可能多，也可能少，甚至可能一分钱都没有。奖金是根据公司经营状况和员工绩效表现发放，不是固定的，所以绩效工资 / 奖金也叫活工资、变动工资。

有的公司只有绩效工资，绩效工资也叫绩效奖金；有的公司只有奖金，没有绩效工资，奖金就是绩效工资；有的公司，既有绩效工资，又有奖金。这只是不同企业，薪酬制度不同，道理是一样的——都是根据公司经营状况和员工绩效表现发放的货币性报酬。有的公司、有的岗位实行佣金制、提成制，佣金和提成属于绩效工资。不同的公司、不同的岗位、不同的经营状况，绩效工资 / 奖金在总工资额中的占比也不同。

4. 津贴、补贴、加班费。

津贴、补贴一般是固定发放的。在招聘时，有的公司会把这部分算到底薪里，有的公司则不计入。加班费是变动的，属于活工资。不同的公司，工资构成差异很大，不能按照以上四部分一刀切。大企业的工资构成经过专业设计，工资制度严谨、构成明确。小公司的工资构成比较随意，经常变化。

第四个概念是标准工资。了解工资构成之后，新员工可以在头脑中形成一个概念——标准工资。标准工资是公司与员工签订劳动合同时双方约定的工资。标准工作时间是标准工时，是一天工作 8 小时，一周工作 5 天，每月计薪 21.75 天。公司与员工签订劳动合同时，劳动合同上的工资是按照标准工时约定的。所以，标准工资是员工在标准工时内工作所应该得到的工资。

如果在劳动合同上约定工资每月 13 000 元，只要员工工作达到标准工时，也就是只要天天上班，公司就必须按月支付 13 000 元。所以前面案例中，那家科技公司的辩解是错误的。如果是综合工时、不定工时，也要按照标准工时折算标准工资。

从工资构成看，标准工资是工资四个部分中第一部分加第二部分，

即标准工资 = 基础工资 + 岗位工资，也叫死工资、固定工资、底薪、基本工资。总之，标准工资是劳动合同中约定的工资。标准工资只与工作时间有关。只要你天天按时上下班，不管公司赢利还是亏损，不管领导对你满不满意，不管你的 KPI 如何，不管你任务完没完成，公司都必须把标准工资发给你。当然，员工违规违纪，迟到早退，请假缺勤等，应该按规定扣减。

绩效工资 / 奖金在标准工资之外，在我国一些企业中，绩效工资 / 奖金稳定地占工资的一定比例。近十几年，某通信公司的工资中，绩效工资占比一直稳定在 30% 左右，几乎是固定发放。假如标准工资是每月 10 000 元，其中 7 000 元左右是基础工资 + 岗位工资，另外 3 000 元左右是绩效工资。在该公司，由于所有岗位的绩效工资，在工资中占比常年稳定在 30% 左右，所以做招聘广告时，这家公司会说，本公司某岗位月薪 10 000 元。但是签劳动合同时，约定的标准工资只有每月 7 000 元。我国许多国有企业的绩效工资比较稳定，几乎算固定工资（标准工资）的一部分。在小杨的案例中，那家科技公司所说的 13 000 元中超过 4 000 元的部分，显然不属于劳动合同约定的标准工资。如果绩效工资 / 奖金根本无法预计，干得好，500% 都有可能，干得不好，一分钱都没有，员工只能拿底薪。这种情况，公司就不应该在招聘广告中把不确定的绩效工资 / 奖金加进来。还有个别企业会从标准工资（固定工资）中提出 20% ~ 30%，根据月度或季度绩效考核，甚至根据每月考勤情况发放。

不同公司的工资概念不同，新人应该以自己公司的规定和文件为准。比如，有的公司里基本工资就是固定工资，即基础工资 + 岗位工资。而另一些公司里基本工资是起步价，基础工资 = 基本工资 + 岗位工资。叫法不同，道理一样，都是标准工资，是固定发放的工资。

为什么要清楚标准工资这个概念呢？有个别企业为了避税，降低“五险一金”的缴纳额，降低加班费支出，强化绩效考核，在工资概念上做文章。像小杨遇到的情况，双方谈工资，约定的是标准工资，结果标准工资被公司拆成几个部分。

新人明白了标准工资的概念，就不会被忽悠，也不会误解公司。

第五个概念是社平工资 / 最低工资。

社平工资是社会职工平均工资的简称，一般指一个地区一年内全部职工工资的总额除以该时期内职工人数，所得的平均工资。这个数值各地不一样，由各地方政府确定，每年 4 月份发布一次。2018 年全国社平工资最高的城市是北京，每月 8 467 元，其次是上海为 7 132 元，最低的是湖北咸宁为 3 730 元。不要小看社平工资，它其实和大家的关系十分密切。劳动合同期未满，你被公司辞退，公司如何给你经济补偿金呢？你的工资每月 13 000 元，但公司不是按工资额给你支付经济补偿金，而是按照当地社平工资计算。比如你 2018 年在北京上班，就以 8 467 元为基准，而不是以 13 000 元为基准。企业给员工缴纳社会保险的时候，基数是怎么确定的？你该缴纳多少，公司该给你缴纳多少？基数是按照你上一年月平均工资来确定的。公司里有的员工工资高，比如工资一个月 10 万元，公司是不是按照 10 万元作为基数给他缴纳保险呢？当然不是，政府规定公司缴纳的上限是本市上年度社平工资的 300%。有的员工工资很低，企业缴纳的五险基数是不是就可以很低呢？也不行，政府规定企业给员工缴纳的五险的基数下限是上年度社平工资的 60%。所以社平工资很有用。另外，企业发生工伤事故、人身伤害事故等，赔偿数额都是以社平工资为基础计算的。

最低工资是指员工在法定工作时间提供正常劳动的前提下，用人单位应当支付的最低金额的工资。每年，各地都会公布当地最低工资标准。2018 年全国每月最低工资标准中，上海为 2 420 元，深圳为 2 200 元，北京为 2 020 元，湖南第四档最低工资为 1 130 元。最低工资对员工也是有用的。第一个用处是，公司给员工定的月薪标准，不得低于当地政府规定的最低工资标准。第二个用处是，无论出现何种情况，只要员工在法定时间正常工作，公司给员工发放的工资就不得低于最低工资。比如，你带公司价值 10 000 元的电脑外出，不慎损坏，按照公司规定要照价赔偿，折旧下来，你也要赔 5 000 元，而你的工资一个月才 5 000 元。

按照最低工资规定，公司发工资时，不能一次性把你 5 000 元月工资全部扣掉。如果在上海，最少要给你留下 2 420 元，剩下的下个月再扣。还有的公司会进行罚款，一个月的罚款再多，给员工发放的工资额也不得低于当地最低工资额。

本讲知识点

1. 什么是工资？

工资是在固定的劳动关系中，劳动者按照事先约定的，符合法律规定的，固定时间领取的，以货币形式发放的劳动报酬。

2. 工资构成包括哪些？

工资包括基础工资、岗位工资、绩效工资 / 奖金、津贴 / 补贴 / 加班费。

3. 什么是标准工资？

是指标准工时内工作应该取得的货币性报酬。

8.2

工资的依据

职场痛点

工资是老板说了算吗？当然不是。

本讲提要

工资是由六个因素决定的，这六个因素是岗位的相对价值、劳动力供求状况、企业的支付能力、绩效、政府的法令和工会。

千万不要以为，工资是老板定的。如果老板想定多少就定多少，老板可能一分钱都不想给你。但工资不是老板单方面说了算的。公司招聘时，给系统工程师岗位开出了每月 8 000 元的工资，这个 8 000 元只是公司发出的工资邀约，能不能招到人，还有待市场检验。那么，公司为什么给不同岗位开出不同的工资？依据是什么？某公司工资最低的岗位是保安，每月 3 500 元；工资最高的岗位是 AI 首席专家，年薪 500 万元。许多新人会说，工资是劳动力的价格，是由劳动力供求状况决定的。这种说法对吗？从市场总体来看，说工资是劳动力的价格没有错。但是，具体到各个企业，左右岗位工资水平的，不是劳动力供求状况这一个依据，而是包括其在内的六个依据：岗位的相对价值、劳动力供求状况、企业的支付能力、绩效、政府的法令和工会。

岗位的相对价值

新员工常常困惑，为什么有的岗位工资高，有的岗位工资低？在公司里，有的岗位相对价值高，对实现组织目标的贡献大。而有的岗位相对价值小，对实现组织目标的贡献小。相对价值高的岗位工资高，相对价值小的岗位工资低。这里所说的相对价值，不是指学历高低，而是实现公司目标的价值大小。在公司里，前台与系统工程师，谁的相对价值高呢？大家的印象中，是系统工程师相对价值高，工资高，其实不然。如果是研发型公司，对公司前台的要求比较低，系统工程师的相对价值要高于公司前台，工资也较高。但是，在投资公司、高端服务（医疗、美容、私人定制、私人银行）类公司，前台作为第一个接触客户的人员，就显得非常重要，任职条件也远远高于研发型公司的前台。在这类公司，前台的相对价值更大，工资比系统工程师高。比如，某私人定制公司前台的工资，是该公司负责网维的系统工程师工资的 3 倍。

有人问，公司怎么知道哪个岗位的价值高，哪个岗位的价值低？难道是老板个人决定的？对，小公司和家族企业是由老板个人决定。

不过，即使个人决定，也是有依据的。某报关代理公司有20多个人，核心人员只有4个，老板是总经理，老板的老婆负责报关，小舅子负责对接客户，另一个老员工负责审单。公司里人员流动性很大，除了这四个人以外，其他人的工作时间几乎没有超过一年的。老板除了给小舅子和负责审单的老员工高薪外，其他岗位的工资都低于市场平均工资。这位老板曾经跟我说，除了他们四个人，公司其他人谁离职都没关系。

这个老板很清楚谁对公司重要，谁不重要。当然，管理规范的企业，就不能由老板个人决定了，而是要用专业的方法，评估和比较不同岗位的相对价值。比如，我国许多大型企业采用海氏评估法。该评估法是由美国工资设计专家爱德华·海（Edward Hay）在1951年开发出来的，是合益咨询公司（Hay Group）在全世界推广的一种评估方法。该方法认为，比较岗位的三个要素，第一个是知识和能力，第二个是解决问题，第三个是应负担的责任。通过这三个要素的评估得分，公司很容易在总经理岗位、系统工程师岗位与前台岗位之间，分出相对价值的高低，确定工资孰高孰低。

劳动力供求状况

这个道理比较简单，我国实行市场经济，商品的价格是由市场中的供给方与需求方共同决定的，称为均衡价格。工资是劳动力的价格，是由劳动力的供给状况和需求状况所决定的。如果人才需求强烈，人才稀缺，供不应求，工资上升；如果人才需求不振，供大于求，工资降低。劳动力供求的均衡价格，就是其市场工资水平。

无论什么行业，普通工人的工资都是最低的。因为普工市场供应量较大。普工不需要什么技能，谁都能干，供大于求，工资当然上不去。2018年，一位程序员在婚恋网站征婚，简历写的是“码农”，没有人联系。后来，他把“码农”改成区块链工程师，结果收到300多封求爱信。

某些岗位，如区块链工程师的工资非常高，是市场竞争的结果。某一特定时期，市场中的区块链工程师就那么多，互联网公司抢着要人，就把工资抬上去了。那么，新人如何让自己成为市场中稀缺的那一个呢？

这个想法很简单，但操作很复杂。

首先是人力资本投入。这是指接受教育，最好能从本科读到硕士、博士，学历越高越好。其次是经验。工作经验非常重要，最好在一个行业几十年，独特的经验会成为你的稀缺资源。最后是专业技能。独特的专业技能是宝贵的稀缺资源。前几年，四川有一个能一边跳舞一边拉面的小伙子，成为许多面馆争夺的对象。据说餐馆给小伙子开到每月 20 000 元的高薪。

新员工的一个疑问是，既然市场竞争，就要了解其他公司开了多少工资，那么老板是如何知道其他公司给员工发多少工资的呢？小公司通过打听，看网上的信息。大公司通过专业的方法——薪酬调查进行了解。市场中许多专业的薪酬调查公司，每年调查某一地区、某一行业、某一专业、某一职级、某一岗位（职位）的薪酬水平，写成薪酬调查报告，这种调查报告一定程度上反映了劳动力供求状况、薪酬状况。企业购买这种报告，了解当地同行薪酬状况，为自己公司制定薪酬标准提供依据。

企业的支付能力

公司实力雄厚，工资一般给的高。有一个工资理论叫效率工资理论。该理论认为企业支付给员工的工资，如果比市场中竞争对手给得多的话，就能够更好地拥有员工，能提高员工的忠诚度和敬业度。公司给员工的工资，如果比市场上其他公司给的高，员工愿意为公司工作。这个道理很容易理解，公司给的工资高，没人愿意离职，离职再找这么高工资的工作不容易，不离职就会好好干。

可是，效率工资理论有一个问题：只有那些有实力，支付能力强的企业才能做到。那么，哪些企业的支付能力强呢？

首先是大公司，特别是在海外上市的大公司，支付能力强，最有可能给高薪。国内的华为、阿里、腾讯、奇虎 360 等支付能力都很强。

其次是有风险投资加持的创业公司。这类公司有风险投资支持，在一段时间内很有吸引力。

再次是外资企业。

最后是新国企。所谓新国企，指的是具有资本或其他资源优势，又采用市场化用人机制的国有企业。

所以，大家青睐大公司、创投公司、知名企业，是因为它们支付能力强，有吸引力。

绩效

公司经营绩效、部门绩效和个人绩效，对员工的工资收入有重大影响。我国几乎所有公司，都实行绩效考核，根据公司的经营绩效和员工绩效考核的成绩，决定员工的绩效工资或者奖金。绩效工资 / 奖金在员工工资额中，占据相当大的比重，30% ~ 50% 是很常见的。

此外，有的公司有股票、期权。在公司绩效好的情况下，分红或者期权兑现，是一笔可观的收入。在华为，员工的收入差距有三个主要影响因素：一是工资，二是绩效奖金，三是公司绩效所带来的分红。

政府的法令

任何一家公司的薪酬制度，都必须符合国家的法律法规，不得违反。

2018 年，上海市规定最低工资为每月 2 420 元。那么，上海市的任何一家企业，在员工生病、迟到、早退、被罚款等任何情况下，都不得使员工的工资低于每月 2 420 元。我国的《女职工劳动保护条例》第四条规定，不得在女职工怀孕期、生产期、哺乳期降低其基本工资。这样，女性的产假就是带薪休假。我国《劳动法》规定，工资分配应当遵循“按劳分配，同工同酬”的原则。我国一些企业存在男女同工不同酬现象，劳务派遣工与正式工之间同工不同酬现象，这些做法是法律所禁止的。法律法规对工资结构和水平有很大影响。不过，法律法规主要是保护职场中弱势群体的利益。另外，对国有企业员工的工资总额和高管的薪酬福利，有专门的法规进行限制。

工会

在西方，许多企业的工资福利，都是通过与工会进行谈判而确立的，老板不得单方面决定员工的薪酬和福利。

按照劳动经济学的基本原理，由于工会垄断了劳动力的供给，可以为员工争取更高的劳动报酬。所以在西方，有工会的地方，员工的收入水平就高，没有工会的地方，员工的收入水平就低。

美国的汽车工会叫汽车产业工人联合会（UAW），通过谈判，给汽车工人争取到很高的薪酬和福利，结果汽车制造成本太高，没有竞争力，美国好几家汽车公司都倒闭了。2019 年 10 月，美国汽车工会又组织罢工，导致美国通用汽车公司停产。在我国，工会与企业之间不是对抗关系，它们是可以沟通和协商的。这些年，我国一些地方政府也开始进行工会谈判的试点，取得了一些经验。工会通过集体谈判为员工取得更好的劳动报酬，这种方式是我国法律法规所允许的。

至此，员工清楚了工资的依据，对如何看待公司的薪酬制度，如何看待自己的工资，如何增加工资收入，思路就清晰了。

本讲知识点

工资的依据有哪些？

有六个。一是岗位的相对价值，二是劳动力供求状况，三是企业的支付能力，四是绩效，五是政府的法令，六是工会。

8.3

绩效工资 / 奖金

职场痛点

由于对公司的绩效工资 / 奖金的发放初衷和规则不了解，新人很容易被公司中有关绩效工资 / 奖金分配的议论所困扰。

绩效工资 / 奖金一定有高有低，不能搞平均主义和“大锅饭”。新人对此要有心理准备，不能心理不平衡，闹情绪。

本讲提要

新员工后记住两点常识：第一，绩效工资 / 奖金是与公司、部门、个人的绩效挂钩的；第二，公司发放给你的绩效工资 / 奖金，是逐级分出来的，都有明确的规定和方法，你不用羡慕“别人的年终奖”。

每年春节前，上班族热议的话题都集中在一个词——年终奖。

2019 年，美国电子烟生产企业 Juul Labs，将一笔 20 亿美元的股息作为年终奖，发放给旗下 1 500 名员工，每位员工 130 万美元，约合人民币近千万元。看到别人的年终奖，许多新人梦想自己的公司也能发让人欣喜若狂的年终奖。而发奖金是公司最大的难题。

奖金分为三类：专项奖金、绩效工资 / 奖金和年终奖。

1. 专项奖金。

企业中，专项奖金的名目最多。某工程机械企业设立了如下奖金：提案奖、节约奖、技术创新奖、无事故奖、6S 奖、降库存奖、资金周转奖、见义勇为奖、优秀员工奖、卓越团队奖等。希望什么，就奖励什么。希望员工多提合理化建议，群策群力，就设立提案奖；希望节约成本，就设立节约奖；希望降低库存，就设立降库存奖。据统计，不同的企业设立的各种名目的专项奖金，有几百项之多。

2. 绩效工资 / 奖金。

这部分的叫法较乱。有的公司就叫奖金，有的公司叫绩效工资，有的公司叫绩效奖金，有的公司既有绩效工资又有奖金。新人只要记住，工资分两部分即可——一部分是固定的，每月固定发，另一部分是活的，根据绩效发。绩效 / 奖金不管叫什么，指的是与绩效挂钩的那部分工资。业绩好，多发，业绩不好，少发或者不发。

目前，我国企业的员工工资构成中，绩效工资所占比例很高，普通占工资的 30%，占 50% 也不少，有的甚至占到 70% ~ 80%。由于劳动合同中只注明了基本工资，即固定发放的那部分，并未约定绩效工资这部分，在某些行业，绩效工资成为员工收入的重要部分，成为劳动关系出现矛盾的焦点。

3. 年终奖。

一些企业年底只发绩效工资，没有年终奖，即绩效工资就是年终奖。一些企业年终只发年终奖，没有绩效工资。还有一些企业年终既发绩效工资，又发年终奖。总之，不同的公司对如何发放奖金 / 绩效工资，有不同的考虑和规定。无论叫什么，只要是根据公司或个人绩效发放的，就属于绩效工资 / 奖金。

接下来，问题来了——奖金怎么发？小公司、小企业，是老板个人决定，员工“背靠背”。“背靠背”的意思是数目保密，员工彼此不得互相打听。小公司发奖金，无法采用专业、科学的方法，常常是今年赚钱了，老板高兴，觉得发奖金有利于调动大家积极性，于是决定发奖金。

当然，老板对发奖金会有考量，一般是两个因素：一是谁能为他赚钱；二是谁对他忠诚。赚钱的自然有奖金，不能赚钱的，只要对公司、老板足够忠诚，也有奖金。

大中型企业、管理规范的公司，发奖金不是老板个人决定的。有时候，发了奖金，员工反而抱怨。到底怎么发奖金呢？发奖金，至少要分三次。

第一次，分出奖金总额。

要先从公司总收入这个大蛋糕上，分一块出来，作为奖金总额。谁来分？谁来决定总额？大公司、上市公司、管理规范的公司，由董事会决定。国有企业由经营班子提方案，报国资委审核。民营企业一般是老板说了算。

如何确定奖金总额呢？

1. 从工资总额中按照一定比例确定。大中型企业，特别是国有企业，工资有总额限制，不得超过。公司从工资总额中，提取一定比例作为奖金，与绩效挂钩发放。在这类企业中，这部分通常叫绩效工资，有的公司叫奖金。

2. 以定额为基准。

企业按年度设定两个目标值，一个是完成值，另一个是挑战值，事先约定对超额的部分按照一定比率提取奖金。某汽车企业 2020 年乘用车销售目标完成值为 40 万辆，挑战值为 50 万辆。奖金总额 =（实际完成值 – 目标完成值）× 7%。超过挑战值的部分奖金总额 =（实际完成值 – 挑战值）× 10%。

3. 以产量、销售额为基准。

史肯隆计划是由美国史肯隆教授提出，方法是奖金总额 = 产量（销售额）× 标准人工成本 – 月工资总额。该方法提高了员工工作积极性，节约了人工成本，公司将节约出来的应支付的人工成本以奖金的方式发给员工。

4. 以利润为基准。

从公司毛利中提取一定比例作为奖金。这种方式直观，与员工积极性关联度高，所以被许多企业所采用。但是，某些行业受行业周期、宏观经济政策、国际贸易因素等影响较大，所以在确定基数和比例时，是要反复测算的。有的行业靠天吃饭，无法确定比例，只能临时开会决定。

以上仅仅举出几种确定总额的方法，实际采用的方法较多，各有优缺点，就不一一列举了。

当然，以上仅是理论上、原则上的方法。实际上，不同的公司在分奖金和绩效工资上，操作方式差异很大。有的公司有制度、有原则、有程序，并遵循和严格执行。有的公司则比较随意，变来变去。也有一些公司拖欠、克扣员工绩效奖金。真实的情况，总是比较复杂。

第二次，分出部门奖金。

公司有了奖金总额这块蛋糕，接下来，就该分第二块了——分到公司各个部门、各个分支机构。不同的公司有不同的分配方法。

谁来分？与分出总额不同，分到各个部门或二级机构，一般由公司管理层来分，不需要经过董事会，或者上报国资委。当然，民营企业还是老板说了算。

怎么分？分到部门之前，先对部门进行绩效考核。每个部门都有自己的 KPI。某制药企业销售部 2020 年的 KPI 为销售额 28 亿元，增长 25%；OTC 销售额增长 30%；新药销售额增长 100%；市场推广费用增长率同比不超过 20%；应收账款回收率 90%。公司对各部门考核，评估各部门绩效达成情况，进行排序，然后用部门系数调整。因为不同的部门，相对价值不同，部门的奖金系数也不同。有的部门奖金系数高，有的低。用部门绩效考核成绩 × 部门奖金系数，就可以算出部门奖金额。某公司将各部门分为三类：独立计算奖金部门、参照计算奖金部门、平均计算奖金部门。三类部门采取不同的奖金计算方法。某公司确定了公司 20 多个部门的奖金系数，最高 1.8，最低为 1。

需要说明，上面介绍的分部门绩效工资 / 奖金的做法，是理论上、原则上的，在真实的企业中，有的公司做法比较规范，事先依据制度、程序，事后可申诉。在一些公司，分部门奖金时，部门之间会有博弈，高层会反复讨论，各种考量，方案一改再改，甚至出现争吵和抱怨等。有的公司由老板个人决定，金额保密，部门之间不打听。

第三次，分到个人。

奖金最终要发到个人头上。第三次，就是从已经分到部门的蛋糕中，再给每位员工分。当然，大企业二级部门下面还有部门，那就继续分，最后要分给每个员工。

谁来分？部门负责人。那么，各部门是怎样把奖金分给个人的呢？先对个人进行绩效考核，然后用个人绩效成绩乘以岗位系数，得到个人奖金比例额。某部门有员工 19 人，员工的职级为 S 级（文员级）16 人，职级分别为 S1、S2、S3，奖金系数分别为 1.3、1.4、1.5；M 级（管理级）3 人，分别为 M1、M2，奖金系数分别为 1.8、2.5。绩效考核成绩分 3 档，优秀、合格、待改进，对应奖金等级 1.8、1.2、0.8。部门总奖金额 100 万元。大家可以很容易地计算出该部门各个岗位的奖金额。当然，这也是理论上、原则上的。实际上，不同企业在部门内分配绩效工资 / 奖金时，也有许多其他考虑。

对于中高层管理人员，一些公司实行年薪制。年薪制是以年度为单位，依据事先约定生产经营业绩达成情况，确定和核发经营者、管理者工资的一种制度。许多上市公司还实行股票期权计划。也就是，公司高管，除了工资、奖金或者年薪之外，还有股票期权。如果公司股票价格大涨，行权收益就可观。

由于公司经营业绩与高管收入之间的关系非常密切，所以，大部分上市公司，甚至一些上市的国有企业，都有股票期权计划。

在工资构成中，固定工资没有异议，而奖金 / 绩效工资是活的、变动的，最容易引发异议。绩效工资 / 奖金，是由人分配的，所以就可能在操作中出现偏差，还有可能出现纠纷。特别是由于奖金分配与公司经营业绩、部门绩效、个人绩效等挂钩，公司不同部门、不同岗位的差异又大，导致员工的奖金额差异很大。每当发奖金时，个别公司里的小道消息、议论、闲话不断，新员工很容易受影响，对公司的奖金分配产生误解或抱怨。

由于担心奖金分配差距过大，引起矛盾，一些公司，特别是国有企业，在奖金上搞平均主义，人人有份，干得好、干不好一个样，把奖金变成一种员工人人享有的福利，导致奖金与绩效无关，失去了激励作用，这种做法是错误的。

通过以上介绍，新员工应该明白：首先，在绝大多数企业中，奖金分配是一项十分严肃、专业的工作，涉及公司每个人的利益，不是闹着玩的。绝大多数公司的绩效工资 / 奖金发放，有制度、有程序、有考虑，值得信赖。

其次，不用羡慕“别人的年终奖”。虽然每年年底，网上讨论年终奖的消息很多，但是能发大额奖金的公司凤毛麟角。绝大多数公司，能够给员工发奖金，实属不易。

最后，在公司里，绩效工资 / 奖金一定要有区分度，拉开差距，要让有的员工奖金高，有的员工奖金低，甚至一分没有。一般来说，部门经理的奖金比新人高几倍，是普遍的现象。后台部门的奖金，往往居于平均水平。业务部门文秘的奖金，在业绩好的时候，往往超过公司行政部经理的奖金。这些都正常不过，也只有这样，才能发挥奖金的激励作用。

发奖金时，新人会发现一些奇怪的现象——有的公司会提前发奖金，12 月份的奖金，10 月份就发一部分，到 12 月份多退少补；有的公司则会迟发奖金，今年推迟到明年发；有的公司把年终奖分摊到各个月份。为什么呢?

推迟发，民营企业可能是账上确实没有钱，国有企业常常是与审计、干部考核、纪检巡视等有关，新员工不用大惊小怪。至于奖金提前发、分月发，都是好事，都是为了员工好，可能是出于让员工少交个人所得税的考虑。

本讲知识点

1. 公司发奖金要分几次?

分三次。第一次，从工资总额或毛利中分出奖金总额。第二次，根据部门绩效考核成绩和部门系数等因素，将奖金分给部门。第三次，根据个人绩效考核成绩和岗位系数等因素，将奖金分给个人。

2. 如何看待公司的奖金分配?

一是发奖金是严肃的事，绝大多数公司有制度、有程序，值得信赖。

二是不用羡慕“别人的年终奖”，绝大多数公司不可能发巨额奖金。

三是奖金有高有低，很正常，不用羡慕、嫉妒。

8.4

公司福利

职场痛点

许多公司为员工提供的福利开支超过了工资，而员工却不知道，不领情。关于公司福利，众口难调，常常受到抱怨。

本讲提要

1. 搞清法定福利与附加福利的概念和项目。
2. 福利很贵。
3. 法定福利是本分，附加福利是情分。

什么是公司福利？福利是公司给员工提供的非货币性的工作报酬。福利往往容易被新人忽视。其实，福利很重要。2019 年 11 月，北京的地铁里，一位带着行李到北京找工作的农民工与某工地包工头通电话，对方说工钱一天 200 元，其他不管，他很高兴，忙不迭地答应下来。有人说，这位农民工一天 200 元，一个月挣 6 000，不算少。这种算法不对。我国法定工作日是每月 20.83 天，如果农民工按照法定工作日上班，一天 200 元，相当于一个月工资 4 166 元。另外，按天结工钱的用工方式，农民工在一年中有 1/3 的时间是无工可做，没有工钱的。还有，即使这位农民工一个月满负荷工作 30 天，挣 6 000 元，实际上，这 6 000 元中有一部分是公司福利，只不过以货币方式发给农民工了。如果把 6 000 元内的法定福利，比如五险一金、年休假、劳动保护等折算一下，这位农民工的工资，实际上只有 3 000 多元，甚至不到 3 000 元。

那么，什么是公司福利呢？公司福利分两部分：一部分是法定福利，另一部分是附加福利。

法定福利

法定福利，就是国家规定的，企业必须提供的，员工享受的福利待遇。法定福利有三种：五险、法定节假日、带薪休假。

1. 五险。

五险分别是养老、医疗、失业、生育、工伤保险。企业必须按照国家规定的缴费基数和比例，为员工缴纳这五种保险。以北京市为例，养老保险为单位 20%、个人 8%，失业保险为单位 1.5%、个人 0.5%，生育保险全由单位负担（0.5%），工伤保险全由单位负担（0.5%），医疗保险为单位 10%、个人 2%+3 元。

职场通常把这部分叫“五险一金”，除了这五种保险外，“一金”指的是住房公积金。住房公积金，并非国家法定福利，企业可以酌情提供。目前，一些企业为员工缴纳了住房公积金，比例为个人与企业各缴 7% ~ 10%。“五险一金”应该是这些年执行得较好的公司福利。由于“五险一金”给企业带来较大的成本，2018 年，各地下调了部分缴费比例。2020 年，由于疫情的影响，各地下调和暂停了部分福利项目。

2. 法定节假日。

我国法律规定，不计薪双休日 104 天，不上班也计薪的节假日 11 天。一年有 11 天不上班还发工资，这属于福利项目。也就是说，我国法律规定，员工一年可以有 115 天时间不上班。由于市场竞争激烈，一些企业加班加点现象严重，动辄“996”，所以，在职场上，普遍把公司不加班，严格执行 8 小时工作制和节假日休息规定，看作公司最重要的福利。

3. 带薪休假。

带薪休假是好福利，获得工资不用上班，还能外出休假，谁都喜欢。国家规定：连续工作 1 年以上的，可以享受带薪休假（简称年休假）。职工累计工作已满 1 年不满 10 年的，年休假 5 天；已满 10 年不满 20 年的，年休假 10 天；已满 20 年的，年休假 15 天。职工在年休假期间享受与正常工作期间相同的工资收入。如果不能安排年休假，公司应该按照日工资的 300% 支付年休假报酬。

女员工的产假，也属于法定带薪休假。国家法定的产假天数为 98 天。“全面二孩”政策落地至今，全国有 25 省份陆续将产假延长至 128 天到 158 天，广东、甘肃、黑龙江、海南及河南产假接近半年，西藏甚至可休 1 年。产假期间，员工拿上年度职工平均工资或上月度基本工资。

带薪休假作为一种福利，在我国企业中处于两极分化的状况。绝大部分外资企业、大部分国有企业和小部分民营企业，执行了带薪休假制度。有的企业不仅严格落实国家规定的年休假天数和给薪标准，而且额外增加带薪休假日，比如外资企业额外增加圣诞节等西方节日作为带薪休假日，有的国有企业将低于 10 年工龄的年休假天数从 5 天增加到 10 天等。

一些企业，包括一些国有企业、外资企业和民营企业，带薪休假制度执行得很不理想。

附加福利

附加福利不是国家强制要求的，而是由公司自行安排的福利项目，属于公司自愿给员工在国家法定福利之外附加的福利。法定福利是无论公司大小，无论公司经营状况如何，都必须提供给员工的福利。而附加福利，各公司就不同了。有实力的企业，提供的福利项目多，员工待遇佳。小企业几乎没有附加福利。

附加福利五花八门，有几百种，可以分为以下几类。

1. 保险类。

公司在国家法定社会保险之外，为员工增加其他保险项目，比如意外伤害险、补充医疗保险、团体健康险、企业年金、退休计划等。

新人可能没有听说过企业年金。所谓企业年金，是公司在国家法定养老保险之外，给员工上的一份养老保险，所以也叫补充养老保险。我国许多大中型国有企业、外资企业和少数有实力的民营企业，建立了企业年金制度。2018 年，我国企业年金总规模为 14 770 亿元，规模不小。

2. 增加收入类。

按理说，福利不应该是给钱，但有的公司以货币形式给员工提供福利，变相增加员工收入，比如过节费、生日礼金、公司利润分享计划、劳动保护费、家庭补助等。通用电气（中国）公司，为员工提供了一个储蓄福利计划。员工可以将每月基本工资的 5%、10% 或 15% 作为出资额（税后，有上限）储蓄起来。员工储蓄多少，公司为员工配套出资多少，公司出资额等同于员工的出资额，每月划入员工名下。此外，公司每年将个人和公司存储总额所得的利息全额计入员工名下。公司出资部分在满两年保留期后，扣减应纳个人所得税，余额将于隔年 2 月份划入员工工资账户。要说明的是，公司发放的津贴、补贴，如交通补贴、住房补贴、通信补贴、差旅津贴等，虽然在公司里被称为福利，但是在国家法定口径中，这些属于工资，不属于福利。只有过节费、家庭补助、劳动保护费等才属于福利。

3. 生活保障类。

这类项目很多，如下。

- 员工餐厅。一家公司定期有美食周活动，邀请厨师掌厨。
- 点心、水果。一些公司设有咖啡室、茶室、水果间等，这种福利几乎成为互联网公司的标配。
- 班车。公司提供免费班车，这成为大公司的福利标配。
- 宿舍、睡眠室。有公司提供免费的宿舍或低租金宿舍。新浪、腾讯在办公室设有睡眠室。
- 购房贷款。这是实实在在的福利。阿里巴巴、腾讯为员工购房提供免息贷款，公司贴息。

4. 个人发展类。

公司为员工提供培训、进修、读书计划等。

根据规定，企业必须提取不低于员工工资总额的1.5%，作为员工培训费用。大多数企业为员工提供职业发展培训，有的公司还提供考证、学历教育等方面的补助和方便。某公司规定，员工周五外出参加自费课程，公司会按照公出给假。

5. 健康类。

这类项目也很多，如下。

- 体检。一年一次的体检，几乎是公司福利的标配。单位体检的市场规模很大，已经有专门做体检的医院成为上市公司。
- 体育中心。大企业有体育场、游泳池、健身房，比如腾讯。
- 运动项目。公司会组织运动会、羽毛球俱乐部、乒乓球俱乐部、桥牌俱乐部、比赛等。
- 健身房、医疗室。百度每栋大厦都配有健康空间，健康空间由具有医学背景的健康助理负责百度员工日常健康、体检、就医等方面的咨询工作。

- 浴室、理发室、健康顾问、牙医、心理咨询师等。

6. 娱乐类。

公司会组织生日聚会、团建、旅游、聚餐、K 歌、音乐会等。团建几乎是所有公司的福利标配，有的公司搞团建，是外出拓展训练，或者培训为主，放松为辅；有的公司搞团建，其实是出去旅游。在小公司，聚餐是常规福利。有一家公司的老板，每两周带员工去网红餐馆打卡一次。

7. 实物类。

有的公司发鸡蛋、食用油、大闸蟹、月饼、图书、洗发液等实物；有的公司改发购物券、油票、美容卡等。

员工对公司福利应该抱什么态度呢？新人可以考虑以下几点。

第一，福利很贵。

企业支付的人工成本，远远高于员工的现金所得。有网友计算，以北京举例，公司聘请一名月薪 10 000 元的产品经理，每月需要承担的五险一金费用是 4 310 元。也就是说，对于企业而言，每月除了需要支付 10 000 元的工资外，还需要为员工额外支出 4 310 元的五险一金费用。对员工而言，10 000 元工资到手之前会被扣除 2 223 元的五险一金费用，之后还会被扣除个人所得税，因此员工实际到手工资低于 7 500 元。在现实中，这个产品经理给家里人介绍情况的时候，多半会说，我一个月挣 7 500 元。可公司为你支付的，可不是 7 500 元，而是 14 310 元，7 500 元只是你自己到手的工资，但是公司为你花费的，远远不止这些。

人工成本是公司的全部花费。我国规定：人工成本 = 薪酬 + 社保 + 福利 + 培训费用 + 招聘费用 + 劳动保护费用 + 其他。在这些项目中，仅招聘费用就包括招聘广告费用、劳动争议仲裁诉讼费用、竞业禁止补偿、解除劳动合同或补偿费用、裁员遣散费用、离职损失、工会经费等。在国际上，通用的人工成本包括已完成工作的工资、带薪休假的工资、奖金与小费、食品饮料及此类支出、补充养老保险。按照国际标准，我国许多人工成本还没有计算在内。

那么，公司为一位员工花费的人工成本到底有多少呢？不同的公司，有不同的薪酬水平，人工成本也各不相同。我粗略计算了一下，按照我国规定的口径，我国企业人工成本平均是工资额的1.7倍，大企业的人工成本更高，超过2倍。这就是说，一位月薪10 000元的产品经理，每个月到手7 500元，他觉得一年到头，在公司里只挣了9万元。如果按照人工成本是工资的1.7倍计算，公司每年至少为他支付20.4万元。

2016年，国家发改委网站公布了社会发展研究所的研究报告，称我国企业职工五项社保总费率为企业职工工资总额的39.25%，在列入统计的173个国家和地区中列第13位，远超美国、日本等国水平。该报告称，同样的人工成本，在印度尼西亚可以雇3.5名员工，在我国只能雇到一名员工。不当家不知道柴米贵，不做企业不知道企业负担有多重。新员工希望公司的福利好，在少数实力强的企业可以实现，对于大多数企业来说，压力很大。因为企业福利很贵。

第二，法定福利是本分。

享有法定福利，是员工的权利。就我国企业的状况看，大多数企业能够为员工提供法定福利：缴纳“五险”、实行节假日制度、实行带薪休假制度。

作为新人，无论听到、看到其他企业有多少令人羡慕的福利，都要明白一点：法定福利是核心福利。经过一百多年来的探索，各国都制定了类似的法定福利项目，覆盖了员工在养老、医疗、失业、工伤、生育和休闲方面的需求，这些福利具有连续性和安全性，是员工最基本的生活保障。无论哪家公司，只要提供了法定福利，就是对员工履行了法定义务的公司，就是好公司。

第三，附加福利是情分。

公司已提供法定福利，而附加福利就属于情分了。提供附加福利，相当于公司或者老板自觉自愿拿自己的钱请客。某公司规定，员工每年可以有5天带薪病假。该公司员工发现，虽然说是5天，且制度上规定请病假要附病假单，但是员工只请半天病假的话，是不用提供病假单的。换句话说，员工相当于有10个半天的带薪休假。5天带薪病假，等于公司额外花费了员工年工资额2%的成本。公司完全可以不这样做，这个规定是公司的情分。国家规定产假为98天，某省2018年出台一个建议，建议产假为158天。产假工资有生育保险基金支付和企业支付两种。如果某公司按照女员工休假前一个月平均工资标准支付工资，则承担的成本从27%上升到43%。产假期间，企业不仅承担产假工资，还保留职位，对于劳动力密集型企业来说，成本和履职的压力很大。我国部分地区开始尝试实行由社保发放生育津贴制度，减轻企业负担。

这些上下班方式受到年轻人的追捧：某公司规定上下班时间的前后半小时上下班都可以，在对应时间打卡即可。

某外企，早9晚6，上下班不打卡，只要不太过分，迟到一小时没人管，有事打个招呼，可以迟到早退。

准时上下班，不加班，6点下班后公司锁门。年轻人追捧的这些方式，都是有成本的，都是法律没有规定的。换句话说，如果某公司实行这种方式，有人不自觉地钻空子，完全是老板在花钱给大家请客、提供福利。

公司增加5天带薪病假，增加60天产假，上班不打卡，还有班车、下午茶、聚餐、团建、年休假、健身房、住房补助、房贷等，都不是法定的，公司可提供，也可不提供。那么，有的企业为什么提供呢？当然，一是有一些实力，能支付花费。二是公司有情分——愿意为员工创造一种宽松、温馨、愉快的氛围。

职场上，不仅是工作，也是生活。然而，对于附加福利，也是众口难调的。

员工对公司福利多有抱怨，如公司办员工餐厅，有人就抱怨公司的饭不好吃，不如直接发钱。公司提供5天带薪病假，有人抱怨5天太少，根本不够用。公司组织3天的春游，有人就抱怨公司小气，别的公司都出国游了。公司发粮、油、蛋奶、洗发液，许多新人干脆说，公司真够老土的。

法定福利是本分，是雪中送炭；附加福利是情分，是锦上添花。附加福利不是应得的，而是情分，就相当于你拿自己的钱请朋友吃饭一样，公司自己的钱给大家搞福利，更是一种情分。这样的福利，公司哪怕只搞一点，比如给午餐补贴，报销加班打车费，搞一次团建，聚一次餐等，新人也要领这份情，记这份好。

本讲知识点

1. 什么是公司福利？

是公司给员工提供的非货币性报酬。

2. 公司福利有哪两种？

一种是法定福利，另一种是附加福利。

3. 什么是人工成本？

人工成本是公司为员工所花费的全部费用。

4. 如何看待公司福利？

第一，福利很贵，应该珍惜。第二，法定福利是本分，企业必须提供。第三，附加福利是情分，企业可以不提供，提供了，员工应该领这份情，念这份好。

8.5

如何涨薪

职场痛点

加薪不是找老板要来的，也不是跳槽跳出来的。对新员工来说，你还没有这个话语权。

本讲提要

涨薪无外乎几个办法：一是熬年头，二是升职，三是提高绩效，四是表现出色。涨薪的最佳办法是提高绩效。

怎样才能涨薪？大中型企业有自己的职级体系、绩效管理制度和薪酬制度。这些制度决定了员工想增加收入，必须按照公司的制度和程序进行。一般有四个办法或者说四个途径。第一个办法是加薪，第二个办法是绩效工资或者奖金，第三个办法是升职，第四个办法是年功。

加薪

几乎所有的公司，每年都会给员工加薪，即使有时候经济不景气，公司效益不好，也会加薪。而加薪，有两种情况。一种是普涨。也就是公司所有员工都涨薪，这种情况很常见。员工工资与通货膨胀或者物价指数挂钩。比如今年物价指数涨了3%，工资也会普涨3%，否则员工工资就缩水3%，实际工资下降了。有的公司效益高，或者投资人希望吸引人才，会给所有职位普涨工资。若干年前，新浪每年工资普涨14%，百度、阿里巴巴、腾讯每年普涨工资的幅度比较大。另一种是公司根据绩效表现，每年给一定比例的员工加薪。

这种加薪，一般是在同一职级内的加薪。某公司专员级的薪酬分为四个等级，分别是5 000元、5 500元、6 200元和7 000元。如果你的绩效考核得分比较高，属于20%表现优秀的员工，下年度你的薪酬标准会从每月5 000元基本工资，调整到每月6 200元，加薪幅度21%。显然，普涨对于员工来说，并没有挑战性，只要不离职即可。如果想超过其他同事，就要争取好的绩效表现，在绩效考核中有好成绩。

绩效工资 / 奖金

我国的企业薪酬结构中，绩效工资 / 奖金占薪酬总额比例很高，有的公司既有绩效工资，又有奖金。阿里巴巴薪酬结构是 12+1+3=16，也就是除了 12 个月的月薪之外，还有另外相当于 4 个月工资的收入，作为绩效工资。另外，年底的奖金为 0 ~ 6 个月的薪资，90% 的人可拿到 3 个月的。这样，绩效工资加奖金，几乎相当于基本工资的 80%。当然，表现不好的员工，拿不到绩效工资，也拿不到奖金。

有的公司，绩效工资分三档，20% 表现优秀的员工是第一档，绩效工资为工资的 50%；70% 的员工为第二档，绩效工资为工资的 25%；剩下 10% 的员工为第三档，没有绩效工资，只能拿固定工资。这样，大家的工资差距就拉开了。这种做法，就是著名的“2：7：1”，被我国许多企业所采用。

升职

在任何公司，升职都是涨薪最好的办法。升职后，涨薪幅度大，稳定。在阿里巴巴，职级在 P5，年收入有 15 万元 ~ 25 万元；P6 的年收入有 20 万元 ~ 35 万元；P7 的年收入有 30 万元 ~ 50 万元。在百度，职级在 T1，年收入最高 14 万元；T6 年收入最高 60 万元，另外有 35 万元 ~ 55 万元的股票期权收入；T8 年收入最高 100 万元，另外有近 100 万元的股票期权收入。

升职包括晋职晋级。晋级后，涨薪幅度很大。在许多公司，职务工资比职级工资的级差大。某快速消费品公司，部门副经理月薪为 1.8 万元，部门经理月薪为 2.5 万元，从副经理升为经理，工资涨幅近 40%。

年功

年功，就是熬年头，熬资历。大多数公司根据员工在公司入职时间的长短进行加薪，这就是年功工资，在国有企业叫工龄工资，在外资企业叫年功工资。还有的公司，为了留住人才，降低人员离职率，采取效率工资制，给员工高于市场平均水平的工资，特别会给工龄长的员工高于市场平均水平的工资。但是，这种通过熬年头、混资历提高收入的办法，在阿里巴巴、百度、华为这样的公司是行不通的。2019 年 3 月，百度宣布了高管退休计划，包括业内著名科技神童张亚勤，他也要为“80 后”和“90 后”年轻人让路。在这些公司，绩效差，能力低，年龄大，很快会被辞退或者退休。不过，在传统的国有企业，这种熬年头的方法效果还是不错的。

对以上四个办法进行排序，在涨薪上，升职排第一。因为晋升，对于涨薪帮助最大，最持久，综合效益最高。绩效工资 / 奖金排第二。加薪排第三。熬年头排第四。

有人提出，不涨薪可以跳槽啊。之所以没有把跳槽列入，是因为跳槽并不必然涨薪。在经济不景气、行业不景气的时候，跳槽涨薪可能性不大。当然，对于高成长行业、蓝海行业，跳槽涨薪的幅度还是比较大的。跳槽涨薪，取决于两个因素。

第一个因素，你在原公司里有没有做出成绩。你到另一家公司，凭什么从每月拿 5 000 元，到每月拿 1 万元？肯定是你有能力。怎么证明你有能力？你必须在原公司做出了业绩。新公司还可以通过第三方调查进行确认。

第二个因素，你在新公司能不能马上上手。如果你能力不够，试用期过不了，就会被辞退，月薪也拿不到。

员工要和老板谈薪水，在小公司可以，在大公司不一定管用。因为大公司是统一的薪酬制度，统一的职等职级，统一的绩效管理体系，除非特别情况，不可能为了你一个人，单独给你加薪。

总而言之，涨薪的核心是绩效。有出色的工作表现，不错的工作成果，高超的工作才能，公司会给你先加薪，给你高的绩效工资、高的奖金，先晋升你，公司为了把你留住，还会给你股票期权。有了优异的绩效成绩和好的能力，公司即使不加薪，你也可以通过跳槽加薪。

所以，员工要想涨薪，就得好好表现，提高绩效成绩。

本讲知识点

1. 涨薪有哪些办法?

一是争取加薪，二是提高绩效，三是升职，四是熬年头。

2. 涨薪最好的办法是什么?

好好表现，提高绩效成绩。

9

计划

新员工常见的不良表现为：

1. 工作无目标，无计划，无章法。

2. 缺乏时间观念。

3. 不分轻重缓急。

4. 不及时反馈工作进度。

本课目标

1. 了解 PDCA 循环。
2. 了解设定目标、制定计划的方法。
3. 学会接受上级指示。
4. 学会区分工作的轻重缓急。

本课提要

9.1 PDCA 循环

计划　执行　检查　处理

9.2 设定一个好目标

与上级一致　SMART 原则　书面化

9.3 接受指示

5W1H

9.4 日计划

日计划表　日清表　待办单

9.5 要事第一

什么是要事　四象限原理　第二象限工作法

9.1

PDCA 循环

职场痛点

工作时手忙脚乱，缺少基本方法。

本讲提要

PDCA 循环，即计划—执行—检查—处理，是工作的基本方法。

1. 计划。预则立，不预则废。

2. 执行。知易行难。

3. 检查。有一条职场名言是："人们不会做你所希望的事情，只会做受到检查的事情。"不检查，没人做，也做不好，也不可能发现问题出在哪里。

4. 处理。在处理环节，不仅要不断改进，还要"重复做能够达成目标的关键行为，将简单的事情不断重复就很不简单"。

一个常用的工作方法，是 PDCA 循环。这四个字母分别代表计划（plan）、执行（do）、检查（check）和处理（action）。

PDCA 循环是由沃尔特·休哈特（Walter Shewhart）博士提出，由质量管理大师戴明推广宣传，用于质量管理，被全世界的企业所采用，所以，PDCA 循环也叫戴明环，是不断推进和改善工作的有效方法。在职场中，只要是按照时间线展开的工作，都可以应用 PDCA 循环，按照四个步骤展开，这四个步骤不断循环的过程就是 PDCA 循环，如下图。

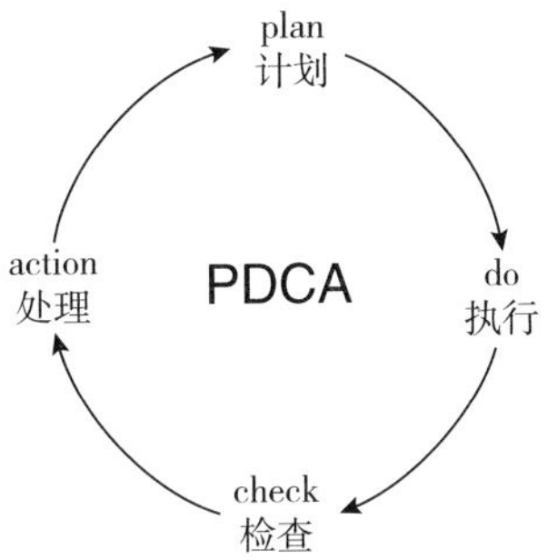

PDCA 循环

接下来，我们看看如何运用 PDCA 循环。

第一步：计划

工作的第一步，都是先制订一个计划。而制订计划前，要先提出一个目标。比如，即日起，在三个月内减肥 10 公斤。有了目标，就有了方向。为了实现目标，就要制订相应的工作计划或行动计划。比如，为了实现三个月内减肥 10 公斤的目标，计划每天走（跑）不少于 10 000 步，一周去健身房 4 次，严格按照减肥食谱就餐，等等。

需要说明的是：提出目标，制订计划，属于 PDCA 循环的第一个步骤，是解决想去哪儿、准备怎么去的问题。先有目标，后有计划。目标是方向，计划是路线图。没有方向地乱走是不行的，目标没定下来，无法制订计划。

比如，我的目标是在 2020 年 10 月 1 日前登上珠穆朗玛峰。有了这个目标，为了实现它，就需要制订计划。登珠峰有十几条线路，是走东南山脊路线，还是走东北山脊路线？大本营设在哪里？如何补给？要制订出详细的登山计划。

任何工作，大到公司长远的战略规划、年度计划，小到下周开会的行动计划，计划这个步骤，其实包括了制定目标和制订计划两个部分。对于新员工来说，由于公司目标已经锁定，并且分解到每个员工，所以要做的工作往往是制订计划。

第二步：执行

执行是按照计划去做，去实施。这第二个步骤，非常难。难在哪里？

1. 知易行难。

计划容易，落地难。做计划，可以展开想象的翅膀，进行美好的设想。但是，计划一旦开始实施，就会遇到各种各样的情况和困难，需要一个一个去解决和克服。比如，制订过减肥计划的人都知道，减肥最有可能虎头蛇尾。刮风下雨、家里有事、出差、身体不舒服、亲朋好友聚会等，都有可能成为不执行计划的借口。作为新人，在职场上成功的关键是坚决地、不折不扣地执行计划。

2. 计划有问题，还是执行有问题？

执行过程中，只要遇到困难，你就可能怀疑：计划制订得是不是不对？指标定高了？工期太短了？人手和资源不足？领导好高骛远？等等。怀疑之下，你可能踌躇不前，可能擅自做主，变更计划。当计划不能达成时，你就可能找出许许多多的理由和借口。

对于新员工来说，暂时不要怀疑上级的计划，即使你真的认为上级的计划有问题，在计划没有变更之前，你的任务也是坚决地执行，落实计划。

第三步：检查

检查就是察看、评估、分析。察看计划执行状况，评估实施结果与目标之间的差距，分析出现问题的原因。将计划或目标值与实际执行情况进行对比，评估是超额或提前完成计划还是拖后了，哪些计划执行了，哪些计划没执行，哪些措施有明确效果，哪些没有效果。一句话，检查就是找差距，找问题。

哪里脱离了计划？要跟踪与期望值的偏差。

为什么会脱离计划？要诊断进展中的根本障碍。

采取过哪些纠正行为？要修改不适当的方法。

1. 什么时候检查？

不同的工作，检查的时点不同。对年度工作计划实施情况的检查，一般在每月度、季度末进行，其中年中（7～8 月份）的半年检查最为重要。对按照项目为单位实施的计划，一般会根据专业的不同，在工作节点或者阶段性成果出来时检查。重复性的工作，在每次工作结束时检查。对可能出现的问题，随时检查。

2. 谁来检查？

你负责工作，就由你检查。你的上级，或者公司有关部门，对你负责的工作进展情况，进行检查。

3. 为什么要检查？

对于你来说，不检查，怎么知道所做的与要求的之间有没有偏差，有多大偏差？不检查，如何发现问题呢？对你的上级来说，检查更是必不可少的。每向下属布置一项任务，上级必须在任务里插一根“温度计”，过一段时间，上级就要看一下“温度计”，以便判断下一步怎么办。

检查，不仅仅是为了发现问题，以便改进，对上级来说，检查还有一个重要的作用——监督、督促，也就是通过检查，看下属究竟有没有按照计划和要求去做，这一点非常重要。管理学上有一句名言是：人们不会做你所希望的事情，只会做受到检查的事情。人就是这样，有极大的惰性，上级检查什么，下属就做什么，上级不检查的，下属就懒得做。大家在学校搞卫生时应该有体会，学校组织检查宿舍卫生，大家赶快打扫，学校如果不检查，大家就懒得打扫。所以，新员工在给客户、供应商或公司内部同事交代事务时，千万不能交代完就等着结果，这样等会误事，你一定要不厌其烦地检查，过几天就打电话过去问“事情怎么样了”，人家可能才想起有这件事，否则就可能拖更长时间。

第四步：处理

这个步骤是针对第三步检查出来的情况，进行处理。

怎么处理？

1. 反馈。

把检查的结果向当事人或者相关方反馈。结果有好的、坏的、不好不坏的，不管怎样都应当反馈。

比如，你给客户打电话，上级刚好路过，在旁边听你打电话，发现你和客户沟通得非常好，你也注意到上级就在旁边。这时，你的上级有两种不同的处理方法。一种是一言不发离开了。这时你会怎么想呢？你看到上级一言不发地离开，不知道在上级眼里，你刚才和客户沟通的方式到底好不好，也不知道以后要不要改进，怎么改进。

第二种是，你打完电话，上级过来对你竖起大拇指，反馈他的评价，说“处理得好，得体、有效，以后就这么干”，然后对你旁边的同伴说，“以后遇到客户挑毛病，大家都这样处理”。或者，上级指出你刚才处理中的不妥之处，提出改进要点。显然，第二种有反馈的处理能促使下属做得更好。

2. 成功的经验要推广，要标准化。

第三个步骤发现了成功的经验，一定要加以总结和提炼，然后向其他伙伴推广。其实，一个企业的成功，是企业中某一个员工、某一个部门、某一个产品或项目取得了成功，好的做法被迅速推广到全公司，激发了整个公司的能量而获得的。

所以，职场上有一句名言：重复做能够达成目标的关键行为，将简单的事情不断重复就不简单。

比赛场上也有一句话，什么打法得分就重复什么打法。标准化，是推广成功经验的一个好方法。当然，未解决的，会滚动到下一个循环进行解决。

这样，上一个 PDCA 循环中未解决的问题，会成为下一个 PDCA 循环的起点。下一个循环，是以前一个循环为基础的，所以 PDCA 循环不是指一次循环，而是一个不断循环、螺旋式上升的过程，一个循环接着一个循环。

本讲知识点

1. 什么叫 PDCA 循环?

按照计划—执行—检查—处理四个环节展开工作，并且不断循环，不断改善。

2. 在执行环节，最重要的是什么?

最重要的是执行。

3. 检查为什么重要?

人们不会做你所希望的事情，只会做受到检查的事情。

4. 在处理环节，最重要的是什么?

重复做能够达成目标的关键行为，将简单的事情不断重复就很不简单。

9.2

设定一个好目标

职场痛点

工作没有目标，或者目标错误，都是致命的错误。

工作中，新员工制定个人目标，是不对的，在职场上，没有也不能有脱离公司目标的个人目标。

本讲提要

什么叫好目标？符合三个特征的目标就是好目标：

与公司的目标、上级的目标相一致，符合 SMART 原则，书面化。

无论是在人生中，还是在职场上，人都要先定目标。没有目标，就没有方向，就没有目的地，就不知道该做什么，不该做什么。

没有方向，任何风都是逆风！那么，如何确定一个好目标呢？在职场，好目标有三个特征：与上级目标一致，符合 SMART 原则，书面化。下面我们分别看看这三个特征。

与上级的目标一致

每个员工都可以有两种目标，一种是个人目标，另一种是工作目标。

新员工是一个个体，可以为自己制定个人目标。个人目标是你的私事，所以，你制定什么目标、制定多大的目标，都没有问题，你自己定就好，别人无权置喙。

职场不同，公司请你入职，不是让你随心所欲地制定和实现自己的小目标，而是请你来履行岗位职责，实现公司目标，你在工作中的行为是公司行为，不是个人行为，你在工作中制定和实现的目标是公司大目标下的小目标，所以，你的小目标必须与上级的目标一致，不得冲突。

在职场上，公司先制定发展战略和年度经营目标，然后分解成公司各个部门和子公司的目标，再继续分解为基层单位的目标，最后分解成每位员工的个人目标。下一个层级的目标来自上一个层级，并与上一个层级的目标保持一致，所有员工的目标都来自一个源头——公司目标，从而保证公司所有人的目标都是为实现公司目标而设定。怎么确保这一点呢？一般来说，在公司的大目标下，员工要关注三个步骤。

第一步，目标分解。公司目标确定以后，向下分解到部门，由部门制定出与公司目标保持一致的部门目标，然后向下继续分解。比如，2020 年度，本部门实现网络销售 5 000 万元，达到公司总销售额的 20%。

第二步，你自己定出符合 SMART 原则的目标。比如，2020 年度，京东网销额 1 000 万元，达到总网销额的 20%。你的职责是负责京东网销，这个目标是你为了实现部门的目标而提出的自己目标。

第三步，检验是否与上级的目标一致。你自己拟定的工作目标，必须得到上级认可。在一些公司里，下级的目标不是自己拟定的，而是上级定好之后直接下达的，不存在与上级目标不一致的问题。有些公司则先让员工自己拟定工作目标，然后上、下级之间进行目标对话，最后确定下级的工作目标。

符合 SMART 原则

职场上，经常听到 SMART 这个词。所谓 SMART 原则，指的是明确具体的（specific）、可衡量评估的（measurable）、可达成的（attainable）、现实可行的（realistic）、有时间限制的（time-bound）。

设定一个目标，必须符合以上五个要求，这五个要求的英文字母的首字母，刚好组成英文单词——SMART，所以叫 SMART 原则。

明确具体的

目标必须明确、具体，不能含糊不清、模棱两可。大多数新员工在开始制定目标时，都会有目标假大空、含糊不清的问题。

比如，“增强售后服务意识”。“服务意识”是含糊的概念，各有各的理解。“避免出现财务错误”。什么叫“财务错误”？并不具体。根据明确具体原则，这两个例子可以这样修改：“增强售后服务意识”改为“将客户报修故障的一级响应时间缩短为 2 小时，二级响应为 6 小时，三级响应为 12 小时”；“避免出现财务错误”改为“避免出现凭证填写错误”。修改后，明确具体了，也不模糊了。

可衡量评估的

可衡量评估的是指事先确定一个可衡量的标准，上、下级和其他同事以此衡量目标是否实现。

比如，“我要赚钱”，仅仅说赚钱，没有说赚多少，将来无法评估是否达成。“避免出现凭证填写错误”，说了避免错误，但是没有说避免到什么程度，将来对目标是否达成也无法判断。

根据可衡量评估原则，将这两个例子这样修改：“我要赚钱”改为“三年内，月薪达到 15 000 元”；“避免出现凭证填写错误”改为“凭证填写错误一年不超过 4 次”。要说明一下，许多人以为可衡量，就是目标里一定有数字，比如利润提高 50%，客户满意度达到 95%，销售额达到 5 亿元，等等，其实不然。目标可衡量，能以数字表示固然好，但是可衡量并不等于量化，实际上，许多目标都无法以数字的形式表示出来，比如研发部门、行政部门、财务部门、人力资源部门、企管部门等部门的工作，销售部门、生产部门、质量管理部门相当一部分的工作，都不能以数字表示目标。对于这些目标的衡量，也有许多办法，比如关键事件法、标杆法、KPI 法等。不过，这些方法对新员工来说有难度，读这本入职通识是不可能掌握的，建议以后在工作中学习，慢慢掌握。

可达成的

可达成的是指当事人发自内心地愿意接受目标，认同目标。如果制定目标是上司一厢情愿，下属内心不认同，认为“反正你官大，压下来，接受也得接受，不接受也得接受，那就接受吧，不过对完成可没把握，能完成就完成，不能完成拉倒，工资你愿意扣就扣”，制定目标的意义也就大打折扣了。提出目标管理的管理大师彼得·德鲁克（Peter Drucker）认为，制定目标最重要的意义在于激励，能够给员工激励和向导的目标，一定是员工发自内心认可和接受的目标。

现实可行的

“三年内，先赚一个亿。”

对绝大多数人来说，这样的目标没有实现的可能性，没有意义。所以，在制定目标时，职场上有一句话叫“跳一跳脚，就能够得着”。“跳一跳脚”，说明目标要有挑战性，需要努力才能实现。“够得着”是目标在当下的资源和条件下一定能实现。提出一个目标，要做可行性分析和论证，才能把目标正式确定下来。目标既要有挑战性，又要有可行性，既给员工压力，又给动力，如何把握其中的“度”，是领导和员工重要的功课。

为了使目标具有现实可行性，职场上有许多方法。

- 将大目标分成若干小目标。先努力实现一个个小目标，最后实现大目标。
- 列出实现目标可能遇到的阻力和障碍，找出相应的解决办法。
- 列出实现目标所需要的知识和能力，并拟定改善方法。

有时间限定的

“我要登上珠穆朗玛峰。”

“我要成为企业家。”

“避免出现凭证填写错误。”

这三个例子中的目标，都没有限定时间，实际上不能叫目标，只能叫愿景，或者叫梦想。应该修改为：

“我要在 2021 年年底以前，登上珠穆朗玛峰。”

“我要在 5 年内，创办一家公司并成功经营，成为一位企业家。”

“在 2020 年，凭证填写错误不超过 4 次。”

时间的概念在职场上很重要，制定任何目标，都必须有起止时间。有了起止时间，公司才可以从企业经营的角度考虑和评估目标的成败，安排资源，做出预算。所以，要将目标有时间限定这一点做准确表述的话，前面的例子要进一步修改为：“从 2020 年 1 月起，到 2021 年年底以前，我要登上珠穆朗玛峰。”“从现在起（2021 年 1 月），我要在 5 年内（2025 年年底以前）创办一家公司并成功经营，成为一位企业家。”“在 2020 年度（2020 年 1 月初到 12 月底），全年凭证填写错误不超过4次。”

在公司里，制定目标一般是按照年度、季度、月度考量的，所以，目标的起始时间，年初指的是当年1月1日，月初指的是当月1日。目标的截止日期，年底指的是12月31日，月底指的是当月最后一天。正因为这些起止时间在职场中是约定俗成的、明确的，所以在目标的表述中，就会采用“2020年度”“第三季度”“本月”等日期表述方式。

书面化

目标必须书面化。如果你自己制定个人目标，书面化等于给自己做了一个承诺，到时候可以自我检查和评估。在职场，公司目标以及部门目标都要以文件的方式下达，以示正式。员工个人的工作目标，也必须写下来，自己一份，上级一份，甚至部门的同事也要有一份。这就相当于你向自己、上级、其他同事做了一个承诺——你一定要实现这个目标。只有这样，你才可能以一种严肃、严谨的态度对待制定的目标。另外，目标书面化，意味着目标的达成情况，最后都要与你的考核、奖励、惩戒、晋升、任用等相挂钩。书面化的目标，才是可执行的目标。所以，好目标有三个特征：与上级的目标一致，符合SMART原则，书面化。对于员工来说，设定一个好目标，要先从这三个特征入手。

本讲知识点

什么是SMART原则？

指的是制定目标必须符合明确具体的、可衡量评估的、可达成的、现实可行的、有时间限制的五个原则。

9.3

接受指示

职场痛点

据调查，上级超过 50% 的不满或者斥责，是新人不能正确接受指示而出现工作偏差和问题造成的。

本讲提要

一个完整的指示，由 5W1H 构成。

5 个 W：谁做？什么时候做？在什么地方做？做什么？为什么做？

1 个 H：怎么做。

接受指示，要抓住四个要点：记录，复述并确认理解，表态，发问、补充和完善。

由于未能正确接受上级指示，出现了工作偏差和问题，上级会有各种不满。比如："小李，跟你说这件事要找他们大王总，你怎么还是找他们小王总？""小赵，要求你在周一下班之前起草好方案，今天都星期几了？""小刘，看看你做的报告！不合格，耽误事。事先要求你做数据分析，数据呢？分析呢？"

接受指示的途径很多，比如当面会议、工作群、私信、办公系统、钉钉等。那么，如何正确接受指示呢？有一个方法是 5W1H 法，也叫六何分析法。

5W1H 方法是 1932 年由美国的政治学家哈罗德·拉斯韦尔（Harold

Lasswell）提出的。这个方法是指，一个完整的指示，应该由 5W1H 构成。5 个 W：谁做（who）、什么时候做（when）、在什么地方做（where）、做什么（what）、为什么做（why）。1 个 H：怎么做（how）。

既然一个完整的指示包括了 5W1H，那么，作为一名员工，作为接受指示的一方，应该通过确认上级指示的 5W1H，来准确地接受上级的指示，避免工作中的偏差。

谁做

在职场，责任是第一重要的。当上级给下级下达指示的时候，不仅仅是交给下属一项任务，而是交给下属一份责任。下达指示是确定责任人。当上级单独给你下达指示时，等于第一个 W 已经确认，就是你来做。

如果在开会或者工作群中布置一项工作，很可能没有确认责任人，或者不清楚。责任人不明确，工作容易出错。

比如上级说："小李、小王、小张，你们其中一个人到人力资源部，把加班汇总表送过去。"

上级在部门工作群发了一条微信："下午某公司的李副总来，和我约的是两点，现在有点堵车，估计我两点赶不回来，如果李副总先到公司，你们替我接待一下。"

这两个例子，谁做，责任人是谁，并不明确。上级点了三个人，结果三个人你看我，我看你，可能谁也没去。

遇到这种情况，最忌讳装不知道，认为反正没点我的名，出了问题，怎么也轮不到我这个新人。最好的办法是，主动和其他几个人确认，究竟谁做，以免在互相观望中耽误工作。或者主动与上级确认一下谁做。或者发现没人做时，自己主动去做。不要怕给自己添麻烦，主动并勇于承担责任的员工，才会被认可。

什么时候做

这包括什么时候开始，什么时候完成。特别是任务完成的日期，一定要确认清楚。在不同的公司，新人会遇到不同的上级。有的上级在下达指示时，很严谨，把任务的起止时间表述得很准确。有的上级则比较随意，如："小李，过两天抽空把广州港的方案做出来。"

过两天是几天？是两天，还是七天、八天？不清楚。有不少新人喜欢在这时候装不知道，既然上级说过两天，也没明确说到底是几天，那我就装不知道，到时候上级问起来再应付。其实，上级说"这几天""过两天"等，没有给出明确的任务截止日期，这对下属很不利。道理很简单，如果任务完成日期确定，要求周三完成，你周二完成，就比上级要求的提前了一天，说明你工作主动、积极。如果说"这两天"完成，那么你周二完成可以被认为是在这两天完成的，下周一完成也可以被认为是在这两天完成的，你无论早做晚做都不会超出上级期望，不会出彩，甚至还有挨训的可能。

建议新人不要耍小聪明，尽早养成好的职业习惯。上级的指示中，任务完成日期明确，则不存在问题。如果上级的指示中，任务完成日期模糊，你应该以发问的方式和上级确认完成日期。

比如："经理，您让我过两天把广州港的方案做出来，这两天正在做深赤湾的方案，您看我周三开始做广州港的方案，周五下班前交给您，可以吗？"如果你实在忙得不可开交，可以说："经理，我这几天实在抽不出时间，广州港的方案您最晚什么时候要？不行的话我加一加班，想办法赶出来。"

在什么地方做

通常在大家熟知的办公地或业务地做，所以上级在指示时，一般不会表述。如果另有安排，上级会在指示中说明。

做什么

大多数上级在给新人布置工作、下达指示时，是单项布置，不会一下子安排一大堆任务。而单项任务比较清楚，如外出拜访、与供应商协商、会议筹备、起草合同等。

有的上级下达指示时，不是单项布置，而是一次布置多项任务。

比如上级说："小李，发布会筹备工作已经有点拖拉了，你应该知道怎么做，赶紧的，下周一给我结果。"

发布会的筹备工作包括多项任务。

一种办法是，自己梳理一下，应该做些什么，然后以发问的方式请上级确认。如："经理，您看是不是要赶快做这几项？如……"

另一种办法是，当不知道该做什么的时候，回顾岗位职责，你的岗位职责规定的，就是你应该做的。

为什么做

这一项并非接受指示时必须确认的。在职场中，在绩效目标、岗位职责、公司制度明确的情况下，大多数工作不需要问为什么，因为大家都理解和明白。但是，真有疑问时，新员工应尽量问出来。比如，总监要求小李，必须在一周内与某电力公司续签合同。小李不明白为什么这么急，就问上级，离续签合同的日期还有两个月，为什么这么着急呢？原来，该电力公司负责此事的人员马上岗位变动，如果不能在一周内续签，新合同可能被拖延甚至泡汤。得知这一情况后，小李意识到了这一工作的紧迫性。

怎么做

老员工有丰富的经验和人脉，接受指示后，轻车熟路，直奔主题，所以不用关注怎么做的问题。新员工不同，上级下达的几乎每项指示，都可能不会做或者没有把握做好。而且，新员工在接受指示时，关于怎么做是问不出问题的。建议新人不要勉为其难，不要想当然，而是先花一点时间，梳理自己的思路，然后以请示的方式，向上级请教怎么做才能完成这项工作。

新员工明白了 5W1H，在接受指示时，应该如何处理呢？以下是四个要点。

要点一，记录

如果上级当面，或者开会时布置工作，你首先要做的是在笔记本上记录下来，千万不能只听不记录。为什么必须记录？一是不做书面记录，仅靠记忆是记不住的，好记性不如烂笔头，你连上级给你布置的任务都记不住，怎么执行？另外，记录也可以体现尊重，防止分神。当然，如果上级在工作群、私信、办公系统、钉钉上给你做指示，你就不用记录了。

要点二，以复述的方式确认

在上级做完指示后，切忌以下做法。

- 马上表示好、对。
- 马上提问。
- 反驳，找借口。
- 一言不发。

正确的处理方法是：在上级做完指示后，用上级的原话或者自己归纳的话，将上级的指示向上级重复（复述）一遍，以复述的方式确认你是否准确理解指示。比如："经理，您的要求是，必须想方设法在一周内与该公司续约，这是我在下周的第一要务，是吗？"其实，复述的道理很简单，你只有准确理解了指示，才能考虑其他问题。遗憾的是，复述的环节往往被新人忽略或者跳过。与上级面对面的情况下，复述是必需的。上级用语音或者文字下达指示，还用复述吗？如果上级用语音做指示，或者在工作群以文字方式做指示，或者用私信沟通事项时做指示，下属最好以文字的方式复述，请上级确认。当然，简单明了的指示，就不用多此一举了。

要点三，表态

在上级做完指示后，你要表一个态，表明你坚决执行指示的态度。许多新人往往忽视这一点，认为上级布置了工作，自己执行即可，不用对上级“点头哈腰”。事实上，上级给下属下达指示后，如果得不到下属的表态，心里是没有底的，不知道下属是想执行还是有抵触情绪。所以，新人在以复述确认上级指示后，要向上级表示“好，没问题”或者“收到，执行”，切忌给上级回复“嗯”、一个表情，或顾左右而言他，甚至一言不发。

要点四，发问、补充和完善

发问，就是提问，通过向上级提问，逐一澄清 5W1H。

比如经理说：“小李，过两天你把和该公司的续签合同做好发给我。”下属发问：“经理，您希望我在哪天之前做好？”补充和完善：“经理，您看要不要明天下午我就把续签合同起草出来，拿到法务部审核一下，周三下午送到您手里？”让上级给你排忧：“经理，如果与电力公司续签的合同与广州港合同两件工作时间冲突了，您看怎么处理？”当然，如果是通过办公系统、微信或钉钉以文字方式接受上级指示，第一个、第二个要点就可以免了。

本讲知识点

1. 什么是 5W1H？

一个完整的指示，由 5W1H 构成。5 个 W 是谁做、什么时候做、在什么地方做、做什么、为什么做，1 个 H 是怎么做。

2. 接受指示的四个要点是什么？

一是记录，二是复述并确认理解，三是表态坚决执行，四是发问、补充和完善。

9.4

日计划

职场痛点

许多新员工没有做日计划的习惯，认为每日重复工作，日计划是浪费时间。

不会做日计划。

本讲提要

对新人来说，应该养成一个小小的职业习惯：每天上班，先花 8～10 分钟做当日计划，下班时，检查当日计划完成情况，做到日事日毕。

如何做日计划？不同的公司有不同的要求，请按照自己公司的要求做。

计划，有年度计划、季度计划、月计划、周计划、日计划、项目计划等。可以说，在职场，领导和员工忙的事，用一句话概括是制订计划—落实计划—检查计划—执行情况—改进计划。

可以说，不会做计划，就不会工作。通过做计划和有效执行计划，可以避免眉毛胡子一把抓，能合理安排工作和有效利用时间。

对于大多数新人来说，最重要的计划是周计划和日计划，特别是日计划。

千里之行始于足下，新人要先学会做日计划。每天上班，先花 8～10 分钟做当日计划，下班时，检查当日计划完成情况，日事日毕。如果能够养成这样一个工作习惯，在职场上算入门了。做日计划的方法较多，如番茄工作法、GTD（把事情处理完）、时间管理法、日清表、待办单，不同的企业，不同的行业，不同的岗位，有不同的做日计划的方法。叫法也不同，有日计划表、日清表和待办单等。

日计划表

日计划表的特点是按照每个工作日的时间线，列出各个工作事项，完成后打钩，未完成打叉。日计划表简单明了，习惯了学校课表式日程安排的新人，很容易接受。

日计划表

时间	时间段	工作事项	是否完成
上午	09：00—10：00	列举今天所需工作	是
	10：00—11：00	查看工作邮件	是
	11：00—12：00	回复相关邮件	是
下午	14：00—15：00	整理下午开会所需材料	是
	15：00—16：00	公司领导人员开会	是
	16：00—17：00	整理开会后的报告	是
	17：00—18：00	整理明天工作计划	是
今日工作需要改进的地方			
明日工作计划汇总			

日清表

美国管理学家肯·布兰佳（Ken Blanchard）在《请记住：日事日清》（*The On-time*，*On-target Manager*）一书中提出了“日事日清”，这一方法在日本企业中得到了广泛应用。在我国，海尔集团提出“日事日毕，日清日高”的理念，并贯彻在日常工作中。日清表就是日计划表。

日清表

<table>
<tr><td colspan="2">姓名</td><td></td><td>部门</td><td></td></tr>
<tr><td colspan="2">日期</td><td></td><td>职务</td><td></td></tr>
<tr><td rowspan="7">本日计划
完成情况</td><td>序号</td><td></td><td>花费时间</td><td>完成情况</td></tr>
<tr><td>1</td><td></td><td></td><td></td></tr>
<tr><td>2</td><td></td><td></td><td></td></tr>
<tr><td>3</td><td></td><td></td><td></td></tr>
<tr><td>4</td><td></td><td></td><td></td></tr>
<tr><td>5</td><td></td><td></td><td></td></tr>
<tr><td>6</td><td></td><td></td><td></td></tr>
<tr><td rowspan="3">本日临时
事项</td><td>1</td><td colspan="3"></td></tr>
<tr><td>2</td><td colspan="3"></td></tr>
<tr><td>3</td><td colspan="3"></td></tr>
<tr><td colspan="2">感悟（工作 / 生活）</td><td colspan="3"></td></tr>
</table>

待办单

一些外资企业采用待办单的方法来处理每日工作，后逐步被国内一些企业采用。待办单可以用于日计划，也可以用于周计划、月计划等。每日待办单的作用与日计划表相同。

待办单

每日待办单				
			2020 年　月　日	
编号	待办事项	优先顺序	完成人	完成情况
1				
2				
3				
4				
5				
6				
7				
8				

怎么做日计划

日计划无论做成什么格式，都有以下四个步骤。

第一步，列出当日任务清单。清单包括按照月计划、周计划在当日办理的任务，新提出或遇到的工作任务，上级交办的任务和前一日未完成的工作任务。这些任务要一一列出。

比如销售部电力行业大客户主管小李在 2020 年 5 月 22 日（星期五）列出的当日任务清单如下。

- 根据经理意见修改电力公司合同并送交法务审核。
- 与经理商定拜访华电集团的时间和方式。
- 给集成部反馈雅砻江集团需求。
- 和小赵负责的一个客户发生重叠，请经理处理。
- 周五例会。

- 上周差旅报销。
- 处理客户邮件。
- 给西南片区客户打电话发通知，邀请参加公司在苏州举办的“电力行业数据处理与安全研讨会”。

第二步，估算各项任务所需时间。职场上流传着一句话：“一项工作所需的时间与你拥有的时间正好一样。”意思是，做一项工作，你有多少时间就用多少时间。你有8小时，这项工作就得用8小时才能完成。如果你只有一个小时，这项工作常常在一个小时之内就完成了。所以，必须事先估算工作所需时间，以便安排好工作。新员工没有经验，怎么办？

1. 请教领导或有经验的同事。

在请教和工作中，慢慢就有能力评估各项工作的用时。

2. 保留工作时间的弹性。

一些公司，按照80/20原则估算时间，保留20%的机动时间，以防不测。有的公司，按照60/40原则估算时间，保留40%的机动时间。对新员工来说，最好按照60%估算执行任务时间——一天工作8小时，按照4.8小时执行日计划，剩下的3.2小时作为机动时间。

工作时间是有限的，在有限的时间内，必须尽可能完成任务。许多工作一旦耽误了时间，即使完成也失去意义。

第三步，决定优先顺序。如果列出的当日任务很多，估算总用时超过4.8小时，那么就要对这些任务按照第二象限工作法，在时间分配上做取舍，有保有压。首先保证当日任务中紧急而重要的任务的完成，然后保证不紧急但是很重要的任务的执行。

建议日计划分成两个部分。第一部分是重要事项。在小李的任务清单中，排在最优先位置的任务是：根据经理意见修改电力公司合同并送交法务审核，9：30—11：00。给集成部反馈雅砻江集团需求，与集成部约好，14：00—15：00。给西南片区客户打电话发通知，邀请参加公司在苏州举办的“电力行业数据处理与安全研讨会”，32家客户，逐一打电话后发邮件，15：00—16：30。这三项任务当日必须完成。在完成后或者完成有保证的前提下，再处理其他任务。

第二部分是备忘事项。备忘事项是在当日工作中重要程度不高，用时不多，有空就做的事项。在保证重要任务完成的前提下，利用剩余的时间，见缝插针，努力完成。

在小李的任务清单中，重要程度不高的任务如下。

- 与经理商定拜访华电集团的时间和方式，拟穿插在9：30—11：00见经理时一并沟通。
- 和小赵负责的一个客户发生重叠，请经理处理，一并沟通。
- 周五例会是固定时间16：30—17：00，准时参加。
- 上周差旅报销，13：00—14：00。
- 处理客户邮件，9：10—9：30或其他时间。

第四步，事后检查。这一步是检查每项任务的完成情况。

每完成一项任务就在日计划上打钩，很难做到。但是下班时，在日计划表上对当日每项任务完成情况一一标记，是必需的，是每天下班前的规定动作。对完成的任务打钩，对没有完成的有两种处理方式。第一种是加班，日事日毕，不给明天留工作。第二种是滚动到次日的日计划中去做。

至于日计划的表格，在网络时代，操作起来很简单。有了以上步骤，可以在Excel中生成，可以用钉钉提醒，也可以用专门的日清App。有一家公司要求员工做日计划必须用手账，也不错。

本讲知识点

如何做日计划？

第一步，列出当日任务清单。第二步，估算任务所需时间。第三步，决定优先顺序。第四步，事后检查。

9.5

要事第一

职场痛点

工作不分轻重缓急，眉毛胡子一把抓。

帕金森定律：低效的工作总会占满所有的时间。

本讲提要

什么是要事？

如何保证要事第一？

如何避免被低效工作所迷惑并占满所有的时间。

人们常说，做事要分轻重缓急。那么，轻重缓急怎么分？著名的管理学家史蒂芬·柯维（Stephen R.Covey）写了《高效能人士的七个习惯》（*The 7 Habits of Highly Effective People*）这本书。几十年来，这本书风靡全球，是职场人士的必读书。他认为，成功人士有七个习惯，其中第三个习惯就是要事第一。

要事第一，从字面上看，就是把最重要的事情放在工作的第一顺位。有人会说，这不是废话吗？谁工作的时候，不把最重要的事情放在第一位呢？遗憾的是，在职场，许多员工常常没有把最重要的事情放在第一位。为什么会这样？我们看看柯维是怎么分析的。柯维提出了一个时间管理原理——四象限原理。四象限原理说的是，我们手头上的工作，可以从两个角度去看。第一个是重要程度。有些工作重要，有些工作不重要，工作总有不同的重要程度。第二个是紧急程度。有些工作紧急，有些工作不紧急，工作总有不同的紧急程度。把工作按重要程度和紧急程度两个维度排列组合，就会形成四个象限，如下图所示。

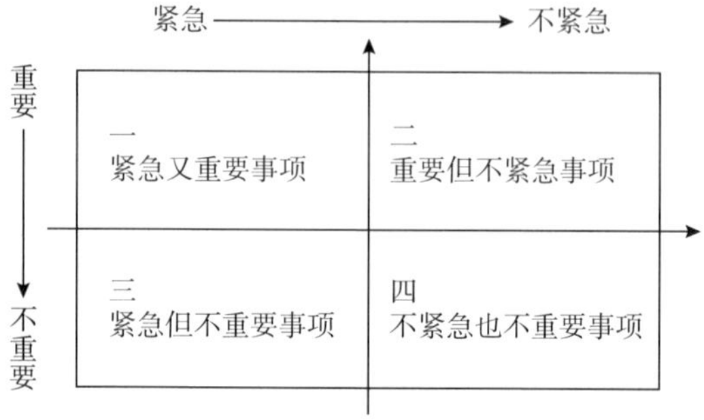

工作四象限

具体来说，这四个象限都是哪些事项呢？请看下表。

时间管理四象限

	紧急	不紧急
重要	限时完成的重要工作 影响深远的事情 A	做计划、中长期规划 工作沟通协调 思考工作方法和流程改进 向领导提建议等 B
不重要	有些电话、邮件、报告 大部分会议 许多迫在眉睫的小事 C	琐碎的小事 某些要出来的文件 交际应酬等 D

第一象限，紧急又重要事项。

如果突发安全事故，上级突然来检查，大客户投诉，生产线突然停产等。手头上的事情，无论大小，都要赶紧放下，马上全力以赴解决，因为这些事紧急又重要。

第二象限，不紧急但很重要事项。

比如健康。一个人的健康重要不重要？非常重要。紧急不紧急？不紧急。为了健康去跑步，可以今天跑步，也可以过几天再跑步。又如减肥，减肥很重要，不过今天去不了健身房，可以过几天再说，不着急。再如制订计划。在公司里，计划重要吗？当然重要。紧急吗？不紧急，晚几天再做计划也可以。再比如人才培养重要不重要？重要，但是不紧急，这是一个长期的任务。

还有，公司的制度建设、企业文化建设、品牌建设、新产品研发等，都很重要，但都不是紧急到今天非做不可的地步。正因为不紧急，所以，越重要的工作，越容易被拖延。

第三象限，紧急而不重要事项。

这类事情更多。比如骚扰电话。电话响了，你会马上接听，紧急，但显然不重要。你正在上班，你的老同学、老朋友突然来公司造访，紧急，马上要迎接一下，但相对于你正在上班来说，显然不重要。上班时，有同事来和你说一些办公室八卦。这些都是琐事，并不重要。可是，已经找上门，人已经在你面前，紧急不紧急？紧急。你不得不把手头上重要的事放下，处理这些不重要的事情。不知不觉中，你的时间就被浪费了。

第四象限，不紧急也不重要事项。

在有些公司，这类情况多一些。比如上班时，有人装饰自己的工位。有人正在处理公务，看到自己感兴趣的信息，就仔细阅读起来。有人上班玩游戏。

那么，如何处理这四个象限的工作呢？

第一象限最好处理。既然工作紧急又重要，火烧眉毛了，大家都知道要把手头上的事放下，先解决燃眉之急。比如 2019 年 3 月 3 日凌晨，某云突发故障，许多公司的 App 和网站瘫痪，某云的员工被叫醒去公司抢修。

第四象限不用处理。既然有些事情不紧急也不重要，就不用理会，不用去做。即使有时候公司业务差或者处于淡季，有人在公司做一些闲事，也无关紧要。

第二象限最容易被拖延。由于第二象限的工作虽然很重要，但并不紧急，并不是马上非做不可，这些工作最容易被拖延，没有被放在第一位，而是放在第 N 位，一拖再拖。所以，问题的关键是如何把第二象限的工作放在第一位，如何保证要事第一，这是时间管理的核心问题。

要事第一，就是保证第二象限的工作在第一位。怎么做呢？采用第二象限工作法。以下是第二象限工作法的要点。

- 首先安排和保证第二象限的工作时间。
- 许多第一象限的工作，是由于没有做到上面一条而产生的，注意纠正。
- 不要被第三象限中一些工作的假象所迷惑。
- 根据第二象限的工作制订计划。

以上四个要点对职场新人非常重要。

许多刚毕业到公司入职的新人，不知不觉地把在学校按课表上课的时间方式带到公司。在学校，按照固定的课表上课，几点到几点干什么十分清楚。新人入职后，习惯了几点到几点干什么，一件一件地，按部就班地做。在职场，不能这样，在职场，要事第一！

时间有限，在你的日计划、周计划、月计划中，你的实际工作必须优先保证那些重要但不紧急事项的时间。还有时间的话，做其他事情。

第三象限最容易迷惑人。要事第一的道理很简单，但是为什么许多员工做不到？答案是被第三象限的事迷惑了。

第三象限是一些紧急但不重要的事项。这些事项的重要程度低，按照要事第一的原则，在工作中应该排在后面，有时间就去做，没时间就推后。但是，由于这些事项显得很紧急，好像不处理不行。职场上有许多人，被第三象限的事项所迷惑，天天忙，乐此不疲，时间一长，会形成一种假象，好像每天挺忙的，挺充实的。其实，天天忙来忙去，忙了许多低价值，甚至没有用的工作。所以，管理学上有一个定律——帕金森定律，说的就是低效的工作会占满所有的时间。

而且，新人作为基层员工，每天最大的感受是身不由己，像一只牵线木偶一样，被别人牵着走。这个迷惑能不能解决？能。这里有三个建议。

建议一：在工作计划中，保证重要工作的优先性。比如，在工作计划中分两部分，第一部分是“重要事项”，时间上优先保证，下班时自我检查，没有完成，不得下班。

建议二：学会说“不”。会不会说“不”，婉拒别人的打扰，使自己聚焦重要事项，是新人在职场表现及不及格的标志之一。

比如你正在按计划做一件重要事项，有人要找你谈一件事，或者打电话给你。你怎么办？错误的方法是马上放下手头的工作，处理迎面而来的打扰。正确的方法是学会说“不”。先婉拒打扰，处理正事。可以这样说：“好的，请等一会，等我把手头上这点事儿处理完再回复你，好吗？”当然，如果是公司大领导走到你前面，或者重要客户给你打电话，你无法说“不”，这种情况比较少见，给你带来的打扰也有限。而来自工作伙伴、客户、供应商，甚至顶头上司的打扰，其中相当一部分是可以用委婉的方式说“不”的。

建议三：尊重别人的时间。职场与学校不同，学校中学生们可以各自为政，各学各的，不会影响到别人。在职场中，由于是团队合作，整个公司互相协作才能达成目标。所以，某一个员工打扰别人，影响别人的时间管理，就会引发连锁反应，影响到整个计划的实施。

比如某公司的一位经理找我诉苦，说他的下属一天能找他八趟。一会儿下属 A 推门进来说：“经理，苏州的客户说……您看？”刚处理完，一会儿下属 A 又返回来说：“哎呀，经理，刚才还有个事儿忘了……”除了下属 A，还有下属 B、下属 C 等。这位经理的时间几乎被同事和客户完全占据，根本没有时间做自己最重要的工作。我当时问这位经理：

“那么，你是不是也是这样？想找哪个下属，就随时让他来你办公室？”这位经理说是。

看看，下属随随便便推门就进，也不管这位经理忙不忙，不尊重经理的时间，是因为这位经理也没有尊重别人的时间。你不尊重别人的时间，别人也不会尊重你的时间。大家互相不尊重，都会随意打扰别人，给别人造成许多紧急但并不重要的事项，导致无法要事第一。设想一下，如果上级、别的同事不轻易打扰你，你不轻易打扰上级、别的同事，大家彼此尊重，来自第三象限的迷惑，是不是能减少很多呢？所以，要事第一不是一句口号，而是通过具体的方法和习惯加以保证。

本讲知识点

1. 如何保证要事第一？

采用第二象限工作法。1. 首先保证第二象限的工作时间。2. 许多第一象限的工作，是由于没有做到第一条而产生的，注意纠正。3. 不要被第三象限中一些工作的假象所迷惑。4. 根据第二象限的工作制订计划。

2. 什么叫帕金森定律？

低效的工作会占满所有的时间。

10

执行

请示、汇报、总结、日志等是执行的基本功。

本课目标

1. 在工作中，能够判断什么是正确的。
2. 树立请示意识，掌握请示方法。
3. 理解汇报的重要性，掌握汇报的方法。
4. 掌握工作总结的基本方法。
5. 养成写工作日志的好习惯。

本课提要

10.1 什么是正确的

工作中，正确不正确谁说了算　前后处理法——决策前，向上管理；决策后，坚决执行，保留意见，或者一边执行一边沟通，不得擅自更改指令

10.2 请示

树立请示意识，该请示的必须请示，未经请示不得擅自行动　掌握请示的基本方法，学会以封闭式问句请示，避免以请示的方式推卸责任

10.3 汇报

汇报的重要性　为什么需要汇报　哪些需要汇报　如何汇报

10.4 工作总结

常见的错误写法　工作总结的基本原理　学会撰写工作总结

10.5 工作日志

养成当日事当日清、写工作日志的好习惯

10.1

什么是正确的

职场痛点

上级什么都是正确的，下属唯唯诺诺，没有自己的主见和想法；上级什么都不正确，下属自作主张，擅自行动，这两种情况都是错误的。

本讲提要

新员工经常困惑于：如果上级的指令是不正确的，我执行还是不执行？

正确有两个标准——实践（市场）标准和上级标准。正确不正确，事先由上级说了算，事后由市场说了算。下属是执行者，不是正确与否的裁判，无权擅自更改上级的决策和要求。如果遇到正确与否的困惑，可以采用前后处理法——在上级决策前，向上管理；在决策后，坚决执行，有意见保留，或者一边执行一边沟通。

职场中的困惑，大多来自执行环节。其中一个困惑是什么是正确的。

新员工在刚入职时，老实听话，直接上级说什么是什么。随着能力的提高和经验的积累，很快成长起来，开始独立思考，会提意见和建议，甚至质疑上级的决定和安排。有员工就认为，上级做的决定，并不是 100% 都正确。如果正确，我执行，如果不正确，我就不执行。这种观点对吗？不对。什么是正确的？在学校与在职场，我们对正确的理解是不同的。在学校里，正确与否是通过归纳或演绎的逻辑方法论证出来的，要以理服人。职场则不同，除了以理服人以外，还有另外两个标准确认正确与否。

第一个标准是实践（市场）标准。实践是检验真理的标准。上级的决定正确不正确，由实践来检验，在企业中，最终由市场结果说了算，而不是谁职务高，谁说了算。如果上级的决定在市场中常常是错的，就没有人愿意听上级的。就像将军指挥打仗，如果打一仗败一仗，士兵就不会愿意听将军的，将军就指挥不动，领导力就瓦解了。实践（市场）的方式有一个特点：它是事后的，不是事先的。任何决策、计划、指令，事先谁也不知道它是对的还是错的，只有事后，经过实践检验，经过市场的洗礼，大家才知道正确与否。

第二个标准是上级判断。实践只能在事后发挥检验正确与否的作用，对决策、指令、要求等，事先怎么判断正确不正确呢？

某公司一直做本地市场，从未涉足外埠市场，该公司准备在 2021 年同时拓展北京、深圳等外埠市场。该公司 2021 年拓展外埠市场的决策正确不正确呢？从实践看，有的公司拓展外埠市场大获成功，有的公司则惨遭失败。在外埠拓展计划实施之前，市场没有检验它，谁也不知道未来的成败。这种情况下，市场检验的方式暂时用不上，而要用另一种方式——上级判断。所谓上级判断，是在实施前，决策、指令、要求等正确不正确，应不应该做，是由上级决定的。上级说正确就是正确，说不正确就是不正确，上级决定了，你就必须做，上级决定不做，你就坚决不能做。

在执行之前，决策、指令、要求等正确不正确，上级说了算。凭什么上级说了算？公司与学校不同，是按照权责对等原则分配组织资源的。在学校里，谁的知识渊博、逻辑严谨，让大家心服口服，就听谁的。公司也讲道理，以理服人，但是当遇到意见不一、众说纷纭的情况时，不是讨论、辩论，谁正确听谁的，而是谁是上级听谁的。在公司里，拥有更大权力的职位，就承担更大的责任。一名员工犯错，不仅员工承担责任，上级也要承担领导责任，也要受处分。严重时，老板和高管要承担下属工作失误造成的资产损失和刑事责任。几年前，上海、天津等地的化工厂发生爆炸事故。事故是由车间工人操作不慎，发生粉尘爆炸所致，结果公司董事长、总经理、副总经理等高管被刑事拘留，后来部分高管被判刑。上级承担着比你更大的责任，当然拥有比你更大的权力。反过来，上级做了决定，就必须承担更大的责任。

有人会说，我明白了，在公司，谁职务高，谁就正确。如果上级的指令是正确的，我坚决执行；如果上级的指令是错误的，我也要坚决执行，且要让它错得漂漂亮亮的，是不是？这种理解当然不对。

上级的指令并不是永远正确，但作为下属，不能自认为上级的指令正确就执行，不正确就不执行，无论上级的指令对还是错，下属都无权更改。

因为下级无权擅自更改上级的决策和要求。有的新员工会想，既然上级并非永远正确，那么，对于上级的指令，我难道不可以有自己的看法吗？难道我就不能向上级提出不同的意见吗？难道我发现上级指令明显错误，还眼睁睁地看着它错下去吗？

有一个方法可以处理这种两难，这个方法是“前后处理法”。所谓前后处理法，是以上级的决策点为界，在上级的决策之前和决策之后，下属应该分别采取不同的方式进行处理。

决策前的处理方法是向上管理。在上级做出决策之前，作为下级，可以提出与上级决策不同的方案，可以向上级提出你的分析、数据等，帮助上级做决策。

现在许多企业提倡“向上管理”，或者称“管理你的老板”。下属能管自己的上级吗？你管不了他，向上管理说的不是你管上级，而是要学会影响他、说服他，帮助他做决策。在学校里学到的以理服人，可以用在这里。聪明的员工，不是等上级做好决策下达指令后，发牢骚，议论上级的指令对不对，符不符合实际情况，而是学会在上级决策前、下达指令前，以提建议的方式向上级提出自己的想法、观点、意见、分析，从而影响上级的决策。由于此时上级还没有做出决策，下级提出任何意见和观点，都不是和上级唱反调，也不是与上级起冲突。聪明的上级也会集思广益，听取大家的意见，上下互动，以便做出正确的决策。当然，一些上级也会刚愎自用，谁的意见都不听。没关系，作为下属，你已经尽力了。

决策后的处理方法是坚决执行，保留意见。上级的决策一旦做出，下级就不得对上级已经做出的决策和指令提出挑战、否决和质疑，而应该 100%、不打折扣地坚决执行。有任何不同意见和观点，都要保留，且执行一定要坚决，不得私下发表否定性、对抗性的意见。许多人听说过这样的规则：第一条是老板永远是对的，第二条是老板不对的时候，参照第一条执行。

其实，这个规则并不严谨。企业并不只需要听话的人，上级并不只喜欢下属点头哈腰，并不是在任何情况下上级都是正确的。而是说，在公司里，一旦上级做出决策，下级就要坚决执行，绝不能想执行就执行，想不执行就不执行。员工的价值，就在于帮助公司或上级实现预定目标。然而，有的新员工刚到公司没几天，就觉得自己的上级不如自己，不服气，不按上级要求做，自己想怎么做就怎么做。有的员工自认为上级的决定和处理方式不对，也不给上级打招呼，就私自变更上级的要求，按照自己的想法做，做出来的不是上级想要的，好心办坏事。这些，在职场是不允许的。

公司聘请员工，是为了帮助公司实现目标，做公司想做的事情，而不是做员工自己想做的事情。道理就这么简单，但很多人居然还是弄不明白。

当然，如果上级的决定严重违反国家法律、公序良俗和公司规章制度，你可以而且必须拒绝和抵制。如果在执行中，你发现上级的决策脱离实际，错得离谱，怎么办？例如，2019 年汽车行业遭遇寒冬，整个行业销量下滑。但公司给上海的几个 5S 店下达的销售指标定高了。公司原定 3 个月开发一款业务 App，可是研发团队很快发现，预定开发周期过短，根本无法完成。这时候，你是停止执行还是一边执行一边和上级沟通呢？当然是一边执行一边沟通。即使你认为上级的决定是错的，你不想错下去，也不能以自己的判断，随意取代、变更上级已经做出的决定，不能你想变更就变更，而是应该和上级汇报和沟通，请上级纠正或者调整决策。在上级没有改变决策之前，你应该继续执行。

新员工应该明白，在工作中，方向正不正确，工作该不该做等问题，是上级该考虑和决定的。员工要做的，是尽力完成上级交给的任务，一句话，坚决执行决定。

本讲知识点

什么是前后处理法？

所谓前后处理法，是以上级的决策点为界，在上级决策之前和决策之后，下属应该分别采取不同的方式进行处理。决策前，向上管理；决策后，坚决执行，保留意见或者一边执行，一边沟通。

10.2

请示

职场痛点

缺乏请示意识，擅自行动，会给工作、自己带来严重后果。

不懂得如何请示，会形成事事请示、被动工作的尴尬状态。

本讲提要

树立请示意识——该请示的事项必须请示；未经请示，不得擅自行动。请示不是为了推卸责任，不能请示了之，要学会如何请示。

请示是职场中最常见的工作方式之一，一位员工每天需要数次甚至更多次的请示。

什么是请示

所谓请示，是请求上级指示或批准。如：“经理，我想明天上午去拜访客户，您看可以吗？”“赵总，财务部要求我们部门本周内办完报销手续，现在大家都在出差，您看要不要马上给大家再发一个通知，提醒一下？”在企业中，工作是有权限的。有的工作事项，你能自行决定，有的工作事项，你不能自行决定，必须在得到上级的指示或批准后，才能去做。请示是很严肃的，是企业防范风险，保证公司目标得以达成和制度得以实施的基本操作。一个不请示或者不会请示的员工，工作中出错的可能性，要比善于请示的员工多很多。

请示还意味着责任的分配和承担。一项工作，如果你请示以后再行动，与未经请示擅自行动，责任大相径庭。请示后行动，是职务行为，出了问题，上级要承担领导责任，公司要承担可能的损失，只要你执行中没有违法违纪，而且是严格按照上级要求去做的，工作出问题你不会受处分。相反，如果你未经请示，擅自行动，问题就大了，出了事，你要承担全部责任，包括经济赔偿，甚至刑事责任。所以，新员工一旦入职，要在第一时间树立请示意识。未经请示，不得擅自行动。要注意，请示与请教不同。请示是请求指示，某项工作你会做也能做，只是不知道应该不应该做，这时就需要请示。请教则是你不会做，做不了，不懂工作方法和技能，需要向上级或者有经验的同事请教或学习。如：“经理，我明天去拜访客户，您觉得我应该如何向人家介绍新的服务套餐？”这个例子与前面的例子就不同，是员工向上级请教工作方法，而不是向上级请示。

向谁请示

员工把请示对象弄错了，会出问题。

比如，某公司的一名员工有一位大客户，很兴奋，就越过直接上级，向公司老板请示折扣政策。后来，这个单子被上级交给别人做了。

这名员工请示错了对象。他应该向他的直接上级请示，而不能越过直接上级向老板请示。

请示的原则是什么呢？一要向直接上级请示，二要根据规定或者直接上级的指示，向其他部门或者其他非直接上级请示。

在管理不规范、不完善的公司，向谁请示可能是一个连老板都弄不清楚的问题。之所以如此，是因为这些公司，特别是创业型公司或者民营企业里，组织化和职业化程度低，组织架构和指挥链不完善，管理者的领导力不高。遇到这种情况，新人怎么办？按照请示的原则办，无论遇到什么复杂情况，都先请示自己的直接上级，然后慢慢了解和适应公司的规定。

请示什么

什么工作需要请示？不同的企业有不同的考虑和规定，新员工按照自己公司的规定处理即可。一般来说，以下情况，员工不得自作主张，必须向自己的直接上级请示，得到指示后再行动。第一种，需要根据权限审批的。超出本岗位权限的，必须在得到有该权限的上级批准后，方可行动。如合同、采购、销售政策、公出、低值易耗品领用、费用支出、与其他部门协同工作、下一步工作方向等，必须得到直接上级或者相关部门的批准。某公司规定，员工 3 天以内的公出，由直接上级批准；超过 3 天的公出，需得到直接上级和隔级上级两级的批准。第二种，超出预料的。工作中出现了一些没有料到的，现有规定没有涵盖的情况，员工需要请示。客户临时提出额外的要求，或者合作方工作中出现差错，有紧急情况出现等。第三种，需要上级把关的。有的工作，按照权限本来不需要请示，由于员工自己缺乏工作经验，或者事关重大，心里没底，对自己不放心，于是以请示的方式请求上级给自己把关，防止风险。

如何请示

请示有书面的请示，也有口头的请示。在规范的公司，书面请示都有规范的流程和固定的表格、单据，员工只要走程序即可。下面重点介绍如何口头请示。请先看两个例子。“经理，我想明天上午去客户那里做工作拜访，可以吗？”“经理，客户今天提出一个新需求，要求在程序中增加一个功能，又不想增加费用，您看怎么处理？”

大家可能注意到，请示是以发问方式表达出来的，凡是请示，都是问句。不过，以上两个例子中的问句形式不同。第一个是封闭式问句，第二个是开放式问句。这两种问句，恰好代表不同的请示方式。

在职场中，许多请示是与第一句相似，即用封闭式问句请示的。对这种封闭式问句，上级对下属的请示只要做选择，给出“是”或者“否”的回复，下属根据上级的意见执行即可。第二句采用开放式问句，在开放式请示中，上级无法做选择，无法给出“是”或者“否”的回复，那么上级如何回复这种请示呢？最有可能的是以下两种回复。

- 回复一：“客户要增加一个新功能，又不想加钱这个事，回头我考虑考虑，明后天给你一个答复。”
- 回复二：“对于客户这个要求，你有什么想法？你的处理办法是什么？如果你没有想好，先回去考虑考虑，明天下午拿出你的处理办法，到我办公室找我。”

大家注意到这两个回复的区别了吗？在“回复一”中，上级已经不知不觉接受了你布置的工作任务。为什么这么说呢？当你向上级请示，上级说“回头我考虑考虑，明后天给你一个答复”之后，上级成为处理这个问题的责任人，后面会由上级考虑解决的办法。本来是下属工作中遇到问题，下属应该想方设法地解决这个问题，可是在刚才的请示中，下属却以请示的方式，把这个“烫手山芋”扔给了上级，等于以请示的方式给上级布置了一项工作任务。这其实已经不是请示了，而是以请示的方式推卸责任。不要觉得这个分析耸人听闻，其实这种下属以请示的方式给上级布置工作的现象，在职场普遍存在，一些技术型、业务型的上级，特别容易碰到这种情况。许多新员工有误解，认为作为下属，我在工作中不会做，没办法了，当然要去请示，谁叫他是上级呢？大街上是“有困难，找民警”，在公司里就是“有困难，找上级”。我请示上级，是再正常不过的工作程序，怎么是给上级布置工作呢？问题出在哪里？出在请示的时候，下属采用了开放式问句。有人会觉得奇怪，下属采取开放式问句去请示，就会导致正常的请示成为布置工作任务吗？

下属采用开放式问句请示的时候，意味着自己没有想过用什么方法解决问题，而是以请示的方式，把解决问题的方法交给上级考虑。这就错了，这是本末倒置。工作中，本来应该是上级出题目，下属回答；或者客户或市场出题目，下属回答。现在，下属以请示的方式给上级出题目，是让上级给下属回答。

请示，应该是下属已经有解决办法，但是这个办法超越了自己权限，或自己拿不准，不放心，才以请示的方式征得上级批准，或者请上级把关，而不是把问题交给上级想办法。管理学里有一句名言，是上级说给下级听的：任何时候，我帮你解决你的问题，但是决不允许你的问题变成我的问题。问题怎么处理，是下属的职责，不是上级的职责。一个下属，在工作中遇到问题，总是束手无措，认为自己是下属、新人，不会做就理所当然，这是不对的。上级有责任帮助下属工作，但是没有义务替下属工作。

“回复二”则是正确的回复，也是让下属学会正确请示的好办法。

为什么说“回复二”是正确的回复？

就是在于，上级决不允许下属两手空空、脑袋空空，只带着问题来，以开放式问句来请示，实际上以请示的方式把问题交给了自己。

没想好解决办法，不要找上级请示。

在“回复二”中，上级反问“你的处理方法是什么？”如果下属脑袋空空，没有考虑好解决办法，上级正确的处理方法就是让下属先回去考虑考虑，想好解决办法再来。一开始，许多新人不习惯上级这样处理，他们会困惑，认为自己是新人，上级让自己回去考虑，想好解决办法再来请示，而自己不就是没办法才找上级请示的吗？这恰恰是新人在入职时，就应该明白的一个道理：无论自己经验多么不足，能力多么低，当在工作中遇到问题时，都应该尽可能地自己提出解决问题的办法，而且是两个以上的解决方案，再去请示上级，让上级在你提出的方案中取舍，或者在你的方案基础上完善。这样，你才能很快成长，渐渐独当一面。上级也能从琐事中抽身，专注自己的工作。所以，正确的请示方法应该是员工自己带着解决问题的方法，以封闭式问句，请示上级。

本讲知识点

1. 什么是请示意识？

在工作中，作为下属，该请示的事项必须向上级请示，未经请示，不得擅自行动。

2. 如何请示？

要点一：采用封闭式问句请示。

要点二：准备好两个以上的解决办法再去请示。

10.3

汇报

职场痛点

大多数新员工不屑于汇报，不懂得如何汇报。

会汇报的员工不一定是好员工，不会汇报的员工一定不是好员工。

本讲提要

为什么要汇报？让上级及时掌握你的工作进展信息，了解你的工作态度。

怎样汇报？首先，汇报结论或结果。其次，进行问题分析。最后，提出解决办法。

2019 年 1 月 4 日，在某教育集团的年会上，一曲改编的歌曲在网上火了，其中的一句改编歌词是“干活的……有成果那又怎样？到头来干不过写 PPT 的”。这一句“干不过写 PPT 的”一下子引发了很多职场人士的共鸣，还上了热搜。为什么写 PPT？给老板看，写 PPT 的人是给老板汇报工作的人。“干不过写 PPT 的”，就是干得好不如汇报得好。在一家公司里，如果员工不好好工作，仅仅靠写总结写得好，就获得青睐，那么这家公司一定出了问题。但是，如果员工只会埋头苦干，不会写 PPT，不会汇报，也不行。

为什么要汇报

对任何一位负责任的上级来说，工作布置下去之后，心里是没有底的，是提心吊胆的，甚至会焦虑得睡不着觉。担心的有两点，一是担心事，二是担心人。

担心事是怕下属把工作办砸了，或者担心下面有问题自己不知道，还担心万一上级检查或者追问工作进展情况，自己一无所知，这就是失职。担心人是担心下属不用心，没尽力或者偷懒。特别是对职场新人，由于工作能力没有得到证实，工作态度没有得到考验，这种担心一点不多余。试想，你寄出一个重要包裹，会时时刻刻盯着手机查询包裹到哪里了，有没有收到，因为你不放心。上级也一样，布置给你工作，就像交给你一个包裹，会关注你工作到哪一步，遇到什么困难，完成没有，这种不放心，再正常不过。

那么，上级如何解决工作布置后提心吊胆的问题呢？无外乎两个途径：一个是上级自己主动做——工作追踪和监督检查。但是，上级监督检查成本比较高，难以覆盖所有信息和问题。上级不能什么都不做，时时刻刻盯着你一个人。另一个是下属主动做——汇报。来自下属的汇报成本低，容易操作，是上级了解工作进展的主要途径。职场上有一种说法，即公司里的大小领导都认为，谁经常向我汇报工作，谁就在努力工作，相反，谁不经常汇报工作，谁就没有努力工作。这种说法是真的吗？有一半是真的，许多领导认为：经常汇报的人，并不代表他就努力工作；不汇报的人，一定不努力工作。不汇报，上级无法知道你在干什么。在职场，员工不会干活，只会汇报当然是不对的，是要不得的。但是，会干活不会汇报，也是错误的，更要不得。

哪些情况需要汇报

这些情况需要汇报：工作节点、意外出现时、工作出错时、上级关注点、任务完成后。有的公司规定了复命制，要求在规定的时间，下属必须汇报工作结果。作为员工，要了解上级的工作风格。有的上级事必躬亲，恨不得你时时汇报，事事汇报。而有的上级，则希望你在工作重要节点，将阶段性成果进行汇报，不管做完没做完，都要汇报。

在一些公司，上级会对下属说，不管怎么干，他只要结果。怎么理解？只要结果，不听汇报的上级确实存在。但是，这是有前提的：一是只有工作能力得到上级认可的下属，上级才会对他说只要结果。如果新人入职没几天，还不清楚工作情况，上级是不会只要结果的。二是公司的工作流程和制度健全，或者上级想让下属尝试一些创新工作。这些情况下，汇报的频率会大大降低。

怎样汇报

如何汇报工作是一门艺术，需要方法和经验。比如，以什么方式汇报？好消息坏消息都有，你先汇报哪一个？工作中遇到其他人配合不力，别人疏忽，给你带来麻烦，你如何汇报？这些都是你会遇到的。不同的公司，不同的上级，汇报的方式也不同。

一般来说，汇报应当注意以下三点。

首先，汇报结论或者结果。其次，进行问题分析。最后，提出解决办法。

比如，上级给你布置的工作是，本周末之前落实一家酒店，以便召开公司季度销售会议。对一个职场新人来说，这项工作会有很多问题，比如酒店的会议室是否合适，会议室设施是否完备，住宿标准、餐饮标准是过高还是过低，交通是否方便，酒店排期是否有保证，预算是否合适等。所以，要落实这项工作，需要经常汇报。汇报时应该首先介绍工作进展。比如，已经联系了四家酒店，但到目前为止，都不能达到要求。不能联系一家酒店就汇报一次，应联系数家酒店，比较各种情况，并与酒店初步沟通之后再汇报。其次分析原因。比如，根据公司的预算标准，会议室合乎要求的酒店，住宿标准都超标，住宿标准不超标的酒店，会议室又不达标。最后，提出解决办法。比如，为了解决这个问题，建议是把开会地点调整一下，调整到五环外，就可能找到达标的酒店；或者提高预算标准；或者本地参会人员第二天到达，减少一天的住宿费用。在建议中，员工要把需要上级、公司做什么，明确提出来。比如需要钱，有时还需要上级出面，需要资源是指需要人手、车辆、其他部门配合等。提出下一步工作的思路和解决办法，非常重要。在任何汇报中，上级都不需要一个只谈困难的人，而需要一个想方设法解决问题的人。所以，你一定要带着解决问题的办法找上级，而且最好带两个以上的办法。有人觉得自己是职场新人，什么也不懂，向上级谈解决问题的办法也不起作用。没关系，每个人都会逐渐成熟，而且，你提出解决方法，即使不被采用，上级也会认为你工作主动，会对这样的下属放心。

汇报时要注意有干货。什么是干货？干货是数据、证据、分析、明确的结论和具体可操作的解决办法。为什么干活的干不过写 PPT 的？一些 PPT 虽然只有几页，但干货满满，一下子就打动了上级。许多公司要求下属在汇报时，最多只能用三张 PPT，有的甚至要求一张，内容要简明扼要，坚决不能用大概、可能、也许等不明确的字眼，更不能长篇大论，废话连篇，而是要用数字说话，用证据说话，用具体可操作的办法说话。

汇报与请示是不同的。请示是请求指示或批准，工作权限在上级，上级必须给出指示。汇报是报告工作进展情况或者工作结果，上级表示知道，或者给予鼓励，不一定给出指示。当然，汇报和请示也可以一起进行，有的工作是边汇报边请示的，汇报中有请示，请示中有汇报。

本讲知识点

1. 为什么需要汇报？

一是让上级及时了解工作进展，二是让上级了解下属的工作态度。

2. 如何汇报？

首先，汇报结论或者结果。其次，进行问题分析。最后，提出解决办法。

10.4

工作总结

职场痛点

许多新人不重视工作总结，而是通过复制粘贴别人的文字来应付。

新员工容易把在学校写总结的方法用到工作总结上，这样是错误的。

本讲提要

工作总结很重要，有三点理由：第一点，梳理工作；第二点，写工作总结是自己给自己做广告的机会；第三点，总结后以便提高和改进。

如何写工作总结更重要，本讲介绍了职场中工作总结的原理与方法，与上学时期写总结完全不同，请注意区分。

工作总结也叫个人总结、述职报告。大多数企业是在半年、年度结束时，要求员工写一份工作总结，或者在一项工作结束时，要求员工写一份工作总结。少数公司要求员工在月度末、季度末写工作总结。在职场上，管理人员，特别是高管写的年度工作总结叫述职报告，普通员工写的工作总结叫个人总结。许多新人认为自己做的工作，上级和同事都看在眼里，都是了解的，写工作总结也就是形式，多此一举，没有实质意义。所以，每当公司要求写工作总结时，许多新人就应付，复制、粘贴、拼凑，不当回事。

工作总结很重要。原因有三点。第一点，半年或者一年的工作量大且琐碎，你如果不写总结，好好归纳，恐怕连自己都想不起、说不清做了哪些工作。既然你自己都想不起、说不清，你认为上级和同事还记得清楚吗？

第二点，写工作总结是自己给自己做广告的机会，要知道，工作总结不仅是自己看，上级也要看，同事们会交流。

第三点，工作结束，自己也该总结一下。按照 PDCA 循环，工作总结属于 C 环节，没有检查、总结、反省，就没有以后的改进和提高。

如何写工作总结

大家先看三种错误的写法。第一种，假大空。职场注重务实，新员工千万要远离“假大空”。第二种，优缺点法。这种方法的特点是工作总结有四段：第一段以空话套话开场；第二段写自己取得了哪些成绩，有哪些优点；第三段写自己有哪些缺点和不足；第四段表决心。这四段加起来，就是优缺点法：套话开场—罗列优点—罗列缺点—表决心。许多新人应该对这种写法很熟悉，以前写入团思想汇报时，就用了这种写法，入职后，又用在了工作总结上。但这种写法是错误的。第三种，流水账法。工作总结像流水账，罗列时间和大大小小的工作，这也是不对的。

为什么说以上三种写法都是错误的？一是，职场注重务实，不得有大话、空话和套话。二是，工作总结是总结工作，不是总结人，不用把个人的优点和缺点都分析一遍。三是，工作总结不是为了让你把所做的工作都罗列一遍，而是让你对照工作目标和要求，对你在本工作周期中工作的达成情况及得失做评估、分析和反省。所以工作总结，不是想怎么写就怎么写，而是有基本原理的，所有的工作总结都要遵循基本原理。

工作总结的基本原理是，期初设定一个标杆（目标和计划），期末用设定的标杆评估一下，达没达标，差距多少，如何改进。所以，工作总结的第一步，找到标杆，这个标杆是在年初、季度初或者某项工作开始时，上级给你分解的工作目标或其他指标、绩效标准等。第二步，描述自己的工作成果。第三步，评估和分析自己是否达成工作目标、指标。第四步，提出如何改进。所以，工作总结的正确写法是：第一段回顾绩效目标或工作任务。第二段对应绩效目标或者任务，描述工作成果、工作产出。第三段自我评价。第四段提出改进计划。下面，我们逐段解析。

第一段不需要客套话，直截了当地将上级给你下达的绩效目标或者任务写出来。不同的公司、不同的岗位，绩效目标或工作任务是不同的，有多种形式，如 KPI、绩效考核表、目标责任书、岗位职责、工作清单等，以上级随时下达的任务为准。

这些就是任务初期，上级给你设定的标杆，工作总结的时候，你要先把这些标杆立起来，有了标杆，才可以衡量成绩。

第二段是工作总结的核心部分，陈述工作成果的事实和数据，切忌罗列自己所做过的所有工作，而是要一一对应绩效目标或任务，描述自己做了什么，取得了哪些成果。所谓对应，是原定绩效目标或任务对应的成果，没涉及的，就不用说。这些工作成果，是客观事实，所以最好用数据、事实说话，不要添加个人主观评价或者推测。

第三段的自我评价，就是职场中常说的自评。不正确的自评是空话、套话，以及顾左右而言他。正确的自我评价应该是到目前为止，任务和目标完成了多少，哪些没有完成。

第四段的改进计划是针对未达标或不理想之处，提出简明、具体的改进计划。不正确的改进计划是假大空。总之，对新员工来说，工作总结的格式可以不同，段落可以三段或者四段，但是最核心的两点，一定要抓住。第一点：务实、具体，避免假大空。第二点：按照工作总结的基本原理写。

本讲知识点

如何正确地写工作总结？

第一段回顾绩效目标或工作任务。

第二段对应绩效目标或者任务，描述工作成果、工作产出。

第三段自我评价。

第四段提出改进计划。

10.5

工作日志

职场痛点

不写、少写、漏写工作日志，误人误己。

本讲提要

工作日志是工作提醒的工具，是沟通、汇报的工具，是信息分享和工作痕迹的载体。员工如果能够坚持写工作日志，对工作和成长有莫大帮助。

提起工作日志，先分享一个我自己的小故事。几年前，我申报一个重要的奖项，需要提供自己重要工作成果的证明文件。其中，我在 1995 年提出并向社会推出的人才报价系统，是一项公认的在全国范围内有重大影响的创新，当时国内几乎所有的重要媒体，如中央电视台、中央人民广播电台、经济日报、光明日报、北京电视台等都做了采访和报道。这些采访和报道，特别是中央电视台的报道，可以作为我的成果具有全国影响的重要证据。但是，当年还没有网络，要找到当年采访和报道的证据非常困难。困顿之中，我想到了我的工作日志，在我 1995 年的工作日志上，查到两条记录：1995 年 8 月 28 日中午，在办公室接受中央电视台《新闻 30 分》栏目采访。1995 年 8 月 30 日，中央电视台《12 演播室》栏目前来采访。根据这两条记录，我在中央电视台音像资料馆，顺利查到了当年这两个采访的音像资料，并复制了文本，这份文本成为我当年取得成果的有力证明文件。如果没有工作日志，这么重要的报道文本，在 20 多年之后根本无从查起，无法提供工作成果证明，是非常令人惋惜的事情。

工作日志，是对自己工作的日期、所花时间、内容、完成情况、遇到的问题、解决办法以及与工作相关的其他事项，比如请示、审批、协调、资源等的记录。工作日志对工作、员工、上级和公司，都有实实在在的好处。第一个好处是有工作提醒。在日常工作中，工作日志的提醒功能很不错。现在，工作日志都在电脑和手机上写，写好后，到了时间节点，办公平台或者手机就会自动提醒你，明天开会，后天出报告，周一做拜访等。这样，你就不会忙起来就把重要工作忘了。第二个好处是作为沟通、汇报的工具。20 多年前，工作日志仅是留个记录，给自己看。今天，有了网络，就可以将工作日志与上级，甚至工作的前后手进行分享。前面提到工作汇报，有了工作日志，日常的工作汇报，就不需要另外做了。只要你写了工作日志，你的上级就会了解你的工作进展情况，对你的工作心中有数，可以及时给你提供支持、指导和帮助。当然，有了工作日志，上级监督起来也方便了，这也是一些员工不愿意写工作日志的原因，毕竟被上级时时刻刻盯着，会有压力。第三个好处是留下工作痕迹和证据。写了工作日志，等于留下了工作的痕迹和证据，工作中发生的事情，你要负责，上级要负责，公司也要负责。比如某家公司辞退了一位员工，说员工不能胜任工作。这位员工把工作日志全部下载，在劳动仲裁时作为证据拿出来，证明上级交给的工作，自己都完成了，结果仲裁获胜。

对于工作日志，一些新人心里会抗拒。他们认为，每天都写工作日志，太烦琐，有许多内容，天天写，纯粹是为写而写，甚至为了日志看起来丰富，会绞尽脑汁地想今天做过了什么，甚至有时候会编一些内容进去。写工作日志，给人以形式主义的感觉，是一种负担。如何看待这种感受呢？对此，我介绍一位资深职场人士的体会，他说："随着时间的推移，写日志逐渐变成一种习惯。开始所抵触的东西，在现在看来也不过分。有时候会反思：我今天为什么连自己做了什么都想不起来？是不是因为做过的事情价值不大，所以不值一提？是不是自己对任务的管理不及时、不充分，导致工作目标模糊？对比今天和昨天的日志，怎么这么相似？真是惭愧，这项工作今天还是没做完，效率真的太低了。"从协作、执行的角度出发，日志是一种沟通、汇报的工具。从个人的角度看，日志是个人工作的总结和复盘。大部分员工的工作都需要其他部门或岗位配合，工作做完了，团队里的人都互相了解吗？领导知道我的工作进度吗？而把工作日志发给上级、同事甚至下属，才能让信息流通，相互及时了解和配合。工作日志的受益者，首先是自己。认识到工作日志的价值，具体怎么写工作日志，就简单了。在互联网时代，写工作日志，既简单又方便。一些公司的办公系统上，就有工作日志这一项，员工只要在上面操作就行了。

当然，也可以用 Excel、钉钉、“日事清”写工作日志。用这些工具写出来的都是通用模板的工作日志。

另外，现在工作日志模板上的项目很细，比如服装行业的门店工作日志，就有每天进店人数、客流量、试穿率等；IT 企业服务器维护日志就有了服务器的负荷、维护状态等，公司会给大家选择合适的工具。

总之，关于工作日志最关键的两点是：第一，认识到写工作日志的重要性。第二，养成习惯。工作时间漫长，写工作日志贵在坚持，贵在日积月累，贵在成为一种工作习惯。

本讲知识点

工作日志有哪些好处？

一是有工作提醒，二是作为沟通、汇报的工具，三是留下工作痕迹和证据。

11

组织沟通

职场中 70% 的问题，都与沟通有关。

不懂得沟通，在职场上寸步难行。

本课目标

1. 学会区分个人沟通与组织沟通。
2. 了解公司的沟通渠道。
3. 掌握公司的沟通规则。
4. 学会对事不对人。
5. 学会与上级沟通。

本课提要

11.1　什么是组织沟通

组织沟通的两个特征　组织沟通与个人沟通的区别　在职场中，沟通必须遵守一个原则：私事，嘴巴是自己的；公务，嘴巴是公司的

11.2　沟通有渠道

像交通有道路一样，沟通必须有渠道　公司有哪些官方沟通渠道　这些渠道是否畅通　公司的沟通文化如何

11.3　沟通有规则

像交通有交规一样，组织沟通有规则　组织沟通的规则是：第一顺序——与当事人沟通，第二顺序——按指挥链沟通，第三顺序——通过会议、工作群沟通

11.4　对事不对人

对事不对人的三个特征　动机论　指使论　阴谋论

11.5　如何与上级沟通

与上级沟通的关键点是主动　区分两种不同的沟通方式：指示 / 请示与分析 / 商讨

11.1

什么是组织沟通

职场痛点

在职场，私事归私事，公务归公务。私事，嘴巴是自己的，公务，嘴巴则是公司的。

新员工入职，要尽快明白这个道理，否则难免陷入沟通困境。

本讲提要

1. 什么是个人沟通？
2. 什么是组织沟通？
3. 学会区分组织沟通与个人沟通。

职场中的沟通，必须从区分个人沟通与组织沟通的概念开始。学会了区分这两种沟通，沟通就成功了一半。

什么是个人沟通？是以个人身份与他人进行私人话题的沟通。个人沟通有两个特点：第一个特点是个人身份。每个人在社会上，首先是一个独立的个体，是一个有独立民事能力的自然人。在个人沟通时，你是个人身份，代表的是你自己，你所说的任何话，都是你个人意思的表示，如果你说的话出了什么差错，你自己负全部责任。这时候，你所沟通的话题，都是私人话题，沟通是你个人的私事。比如有人在微博上，对他人进行人身攻击，被对方起诉，要求赔偿并公开道歉。在微博上发言是个人身份，仅代表本人，惹了麻烦，由本人承担全部责任。

比如小 A 在公司里对别人说销售总监私生活的闲话，销售总监知道后，在公司食堂当着大家的面，把小 A 狠狠教训了一顿，小 A 非常尴尬。

传闲话是个人行为，这种闲话仅代表传闲话本人，不代表哪个部门、哪个组织。

第二个特点是对象、沟通方式和内容，由个人自己决定。既然个人沟通是个人的私事，当然是由自己说了算，想怎么沟通就怎么沟通。包括以下几点。

1. 沟通对象。

你想理谁就理谁，不想理谁就不理谁。上学期间，你和有的同学关系非常好，形影不离，无话不谈。和有的同学关系疏远，很少交往。入职后，和公司里的同事有投缘的，也有不投缘的，投缘的同事，你就愿意和他经常沟通，不投缘的，可能就没什么交往。

2. 沟通方式。

个人沟通是自己的私事，你愿意用什么方式沟通，就可以用什么方式沟通。你用聚餐方式沟通、半夜打电话沟通、在微信上用语音沟通、轻声细语或者大声地沟通，都由自己决定。而且，私人关系越密切，沟通方式越随意。

3. 沟通内容。

既然是私事，当然想聊什么就聊什么，家长里短、国家大事、共同爱好，都可以。总之，个人沟通，自己决定，自己负责。

什么是组织沟通？是在职场上，员工以工作身份与他人就工作事项进行的沟通。

组织沟通也有两个特点：第一个特点是工作身份、职务身份。

在公务上，你是工作身份、职务身份。你发表的任何言论，都不是你个人的意思表示，不是代表个人，而是代表公司，代表部门，或者代表你这个岗位。比如销售主管小 A 给客户说，公司准备提价了。即使这是小 A 的个人看法或者私下吓唬客户，也可能被客户理解为小 A 代表公司发布了提价信息。又比公司会计小王给销售主管小 A 说，他们这个月的促销费用不能报销。这时，会计小王的意见不是代表她个人，而是代表公司财务部的意见。不是小王个人不想给小 A 报销，而是财务部根据规定不能给小 A 报销，小王只不过代表财务部把这个规定告知小 A 而已。由于是工作身份，沟通的话题都是工作话题、公务话题，沟通的不是个人的私事，而是公司的公事。当事人言论出了什么差错，最后要由组织（公司、部门）承担责任。

比如 2018 年，某客人在网上揭露国内一些五星级酒店脏乱差，服务员用擦马桶的毛巾擦玻璃杯等。某五星级酒店员工为了泄愤，私自在朋友圈泄露客人个人信息，严重违反酒店行业职业道德。虽然泄愤是个人行为，但是被认为是该酒店的公司行为。后来由该酒店发出公告向客人公开道歉。

第二个特点是沟通有规矩。在组织沟通中，你不是个人身份，而是工作身份、职务身份，你代表的不是你个人，而是代表你任职的这个岗位。沟通的不是你个人的私事，而是公司的公务。不是你个人，而是公司对沟通的后果负责。那么，组织沟通必然要按照公司规定进行，要有规矩，不得像个人沟通那样随心所欲。

沟通有规矩包括沟通对象有规矩，沟通渠道有规矩，以及沟通内容有规矩。

1. 沟通对象有规矩。

员工必须按照公司规定的沟通对象进行沟通。比如销售部小 A 与财务部小王不和，双方私人关系紧张。但是，根据小 A 和小王的职责要求，在销售回款情况方面，小 A 只能与小王沟通，不能找别人。又如销售部小 A 对账时发现，销售部某些销售人员的应收账款和返点数据有问题。根据指挥链，小 A 应该先向自己的直接上级——销售副总监汇报，不得私自向其他人透露，也不应该越过副总监直接找总监汇报。

与个人沟通完全不同，组织沟通中，你不能想找谁就找谁，想不找谁就不找谁，这是绝对不可以的。工作上的事务，可以和谁沟通，不可以和谁沟通，先与谁沟通，后与谁沟通，都有明确的组织沟通规则，职场中所有人都必须遵守。

2. 沟通渠道有规矩。

在沟通渠道上，个人沟通完全由个人决定，想通过什么渠道就通过什么渠道，别人无权过问。但是，在组织沟通中，通过什么渠道沟通，公司有严格要求。任何一家公司，都会为了组织沟通而建立专门的沟通渠道，比如会议、OA 系统、ERP 系统（企业资源计划系统）、面谈、钉钉、微信工作群、沟通日、意见箱、开放日等。公司为不同的工作事项、不同的级别、不同的岗位，确立了不同的沟通渠道。有的工作，只能与工作的当事人一对一沟通。有的工作，必须通过部门会议或者公司会议、专题会议进行沟通。而有的工作，只能通过公司的办公系统逐级呈报签批。管理规范的公司对沟通渠道的规定很严格，公司上下都必须严格遵守。

3. 沟通内容有规矩。

在组织沟通中，沟通的内容——事项或者议题，是有规矩的，或者说是有原则和纪律的。

比如人力资源部小任，刚参加了研究公司人事任免的会议，有经理见到小任问起本次会议情况，小任婉言拒绝。小任要严守工作机密，由于工作需要，知晓公司人事任免情况，但绝不能对其他人泄露。

又如公司现金流十分紧张，老板要求财务部马上与销售部逐笔核实并催收账款，以解公司燃眉之急。但是，财务部小王在与销售部沟通时，绝口不提公司财务状况。这是职责所在，不能说。

清楚了什么是个人沟通，什么是组织沟通，对新人来说，要想在职场上有良好的沟通，要抓住三个要点。

要点一：学会把个人沟通与组织沟通区分开来。

要点二：私事归私事，公务归公务。

要点三：尽快熟悉自己公司的组织沟通。

先看要点一。在入职以前，新人在学校里、在家庭中、在社会上与他人沟通时，都自然而然地用个人沟通的方式进行。也就是，沟通时随心所欲，根据自己的喜好，根据关系的远近亲疏进行沟通。而职场遵循的是新人过去不熟悉的沟通——组织沟通。组织沟通与个人沟通是不同的，有根本区别。那么，如何将个人沟通与组织沟通分开呢？只要抓住以下两个关键点。

一是代表谁？代表个人就是个人沟通，代表你所处的岗位就是组织沟通。二是为了谁？如果为了私事，就是个人沟通，为了公务，就是组织沟通。有了这两点，你就很容易把个人沟通与组织沟通区别开来。

比如下班后，和客户一起出去喝酒聚会，是个人沟通还是组织沟通？是组织沟通。因为聚会餐费由公司报销，这说明你是代表公司出面招待客户。而招待客户也是为了公司以后的订单。

又如上班时打私人电话，是个人沟通还是组织沟通？是个人沟通。私人电话当然代表你自己，不代表公司。二是你为自己的事，不是为工作上的事。

再看要点二。私事，你的嘴巴是你的。一旦你代表公司，代表岗位，涉及公务，你的嘴巴就不是你自己的，是公司的，是部门的，是你这个岗位的。比如销售部小A与财务部小王经常因为工作上的事发生矛盾，两人私人关系不好。那么，小A或者小王能不能在公司里找关系好的同事诉说两人在工作中的矛盾呢？不能。首先，工作中的矛盾，只有通过组织沟通才能解决。其次，把工作上的矛盾扯进个人恩怨，等于在工作的清水中引入了人际的浑水，把整个水都搅浑了。把个人沟通与组织沟通混为一谈，甚至以个人沟通取代组织沟通，会导致拉帮结派、人际关系复杂等问题。

最后看要点三。每一家公司，都有自己特定的组织沟通渠道和规则。大公司有专门的规章制度，规定组织沟通的渠道和规则。小公司可能没有组织沟通这个概念，也可能没有专门的制度，沟通渠道和规则往往分散在公司的规章制度、工作流程、企业文化等之中。有的公司有单独的会议制度、汇报制度、绩效面谈流程、办公系统规定等，这些加起来就是公司组织沟通的原则和规定。而在有的公司里，组织沟通的渠道、规则和方式，是作为一种企业文化而存在的。

明白了什么是组织沟通，新员工会发现一个过去从来没有涉及的沟通领域。别看每个人都天天和人说话、沟通，但是对组织沟通，新员工真的不熟悉，所以应尽快了解熟悉。

本讲知识点

1. 什么是组织沟通？

是员工以工作身份与他人就工作事项进行的沟通。组织沟通有两个特点：第一个特点是工作身份，第二个特点是沟通有根据。

2. 职场上，如何实现良好的沟通？

要点一：学会把个人沟通与组织沟通区分开来。

要点二：私事，嘴巴是自己的；公务，嘴巴是公司的。

要点三：熟悉自己公司组织沟通的渠道和规则。

11.2

沟通有渠道

职场痛点

对公司的沟通渠道不了解、不熟悉，遇到工作问题和苦恼，不知所措，不知道通过什么渠道解决。

遇到困惑，一些新员工不走公司官方沟通渠道，而是走私人沟通渠道，造成许多不必要的人际矛盾和沟通障碍。

本讲提要

1. 像交通需要道路一样，公司的组织沟通有渠道。

2. 每家公司都有自己独特的组织沟通渠道。

3. 到一个陌生城市，应该尽快熟悉路况。新员工入职，就要尽快熟悉公司的沟通渠道。

两个城市之间有普通公路，有高速公路，有高铁，有飞机，当然也可能有羊肠小道。没有道路，两个城市之间无法往来。在公司，沟通也需要道路，这就是沟通渠道。在上下级之间、同事之间、部门之间、客户供应商之间都需要明确的、通畅的、多种沟通渠道。那么，沟通渠道究竟是什么？我们先看一个案例。

万科地产曾在员工手册中明确告知员工，本公司有 12 条沟通渠道，有任何问题，可以通过这 12 条渠道解决。这 12 条渠道如下。

一是上级门户开放，欢迎员工直接提出想法和疑问。二是吹风会，高层面向基层介绍情况。三是员工关系专员，承诺在工作日 36 小时内答复员工提出的意见和建议并保密。四是“我与总经理有约”。五是职工委员会。六是工作面谈。七是工作讨论和会议。八是 e-mail。九是网上论坛。十是员工申诉通道。十一是员工满意度调查。十二是公司的信息发布渠道，如网站、周刊、业务简报、公告板等。

在互联网时代，沟通的渠道越来越多，沟通越来越便捷。在许多公司，除了万科列举的沟通渠道之外，还有办公系统、微信工作群、钉钉、报告报表系统、通知通告系统、沟通日制度、沟通员制度，国企还有民主生活会、中心组会议，外企还有多种主题活动等。不同的公司，沟通渠道不同。目前，企业最常用的几种沟通渠道如下。

OA 系统

OA 系统是大多数企业最基础、最主要的沟通平台。它把企业、部门、个人的工作信息都纳入了，公司的新闻、通知、公告、数据等企业员工需要获知的信息，以及汇报、请示、签批、审查、汇总、分析等，都集成到系统当中，成为公司内部沟通的官方平台。

此外，大企业有自己的 ERP 系统。有的公司有自己的 KMS 系统，也就是知识管理系统，作为公司基础沟通渠道。小公司可能没有独立的OA系统，而用钉钉、QQ群或者微信群沟通。

面谈

面谈是基层人员，尤其是新员工最重要、最频繁的沟通方式。因为新人刚入职，没有独立的工作能力，需要随时向上级或其他同事请教。而且，一般来说，新人和自己的直接上级、同事都在一个大办公室或者车间、卖场内，是在一个肩并肩、面对面的工作空间，大家朝夕相处，在办公室、车间、走廊、食堂，以及饭桌上、下班的车上等都可以面谈沟通，非常方便和频繁。

比如上级给你布置工作，是面谈；给你做辅导，教你怎么做，是面谈；给你工作上的建议、意见，对你表扬或批评，都是面谈。你向上级汇报工作，是面谈；你请示工作，是面谈；你和同事之间协商工作问题，也是面谈。

会议

在任何企业中，开会都是最重要的沟通渠道之一。开会是把公司相关人员集中到同一个时间和地点，或者同一个时间不同地点，进行沟通的活动。公司的会议有多种类型。

- 例会。定期例行召开的会议。最频繁、固定的是周例会，每周一次，在周一上午或下午或者其他时间召开。此外，还有月度分析会、季度总结会等，都是例会。许多行业每天都召开的班前会、晨会，也是例会。
- 办公会。有的公司叫总裁办公会，有的叫经理办公会，这类会议一般是公司的高层或者中高层参加的会议。
- 计划会。有周计划会、月计划会、季度计划会、年度计划会等。
- 部门会议。公司各部门、分公司、子公司都有自己的部门会议。

- 专题会议。比如研发、质量、促销、采购、成本管理、绩效、预算、企业文化、党建等专题会议。

开会是多位相关人员同时在场的一种沟通形式，新员工可以同时与多位重要人员沟通，这样的机会非常难得。所以，如何开好会，充分利用开会进行沟通，而不是被动地，甚至稀里糊涂地参加会议，是新员工需要尽快了解的。

书面沟通

书面沟通也是一条重要渠道。在纸质时代，书面沟通是一条专门的、独立的渠道。今天，网络发达，书面沟通的许多内容都在网上进行了。但是，无论是放在网上，还是以书面的形式，书面沟通都是一种重要的沟通渠道和方式，而且越是重要的事项，越要以书面的方式沟通。

书面沟通有的很正式，比如工作计划书、工作总结、项目进展通报、专项工作汇报等。有的则比较随意，比如在微信工作群中的发言、办公系统中的情况反映、QQ 群中的工作建议，以及给领导或者同事、客户的私信等。

书面沟通有两个特点。一个特点是有文字、有记录，可查证、可追溯。这很重要，新员工一定要注意，有的工作事项，比如某些工作安排、关系协调等，最好用文字的方式进行沟通，以便将来查证。另一个特点是正式。特别是某些规范的文书，如项目策划书、计划书、工作进度汇报等，使信息得以正式、严谨、完整地表述。当然，OA 系统中的沟通都是以文字方式表述的。不同的是，OA 系统中一般是格式化的签批、请示、数据、分析等。

以上沟通渠道，主要用于解决工作问题。此外，一些公司为了维护员工关系，专门设立了其他渠道。比如前面万科的 12 条沟通渠道中，上级门户开放、吹风会、员工关系专员、“我与总经理有约”、职工委员会、e-mail、网上论坛、员工申诉通道、员工满意度调查，都是处理员工关系的。其他公司有沟通日、沟通员、开放日、意见箱、对话会等。

入职后，新员工要尽快明白以下几点。

第一，公司有哪些官方沟通渠道。

大多数企业，不会以专门的文件逐一公布公司的官方沟通渠道，对新员工来说，需要自己去了解。其实，虽然不同企业的官方沟通渠道不同，但是最主要的渠道大同小异，无外乎 OA 系统、会议、面谈等，新员工应该一一熟悉和掌握。

第二，这些沟通渠道是否畅通。

大家可能有过这样的体会，开车外出时，根据导航开了半天，才发现此路不通，是条断头路。地图上标注的，导航导出来的，和道路的实际通行状况并不符。公司里的沟通也是如此。公司的文件里规定的，开会宣布的官方沟通渠道，可能畅通无阻，也可能并不畅通。比如开会在任何公司，都是官方的、正式的、重要的沟通渠道。但是，在一些公司里，重要的事情不开会，开会的事情不重要。开会不是研究、讨论工作事项的，而是走过场，把已经私下沟通好的决定，走个程序，或者宣布一下。在这种公司，想通过开会这条沟通渠道讨论或解决问题，是行不通的。又如许多公司都有员工申诉制度，即员工觉得委屈或者不公时，可以通过申诉解决。有的公司规定可以向隔级上级申诉，有的公司则规定向申诉委员会、人力资源部、工会、纪委等申诉。有的公司申诉渠道畅通、管用，可以解决问题。而在个别公司，申诉渠道不通，申诉时无人理睬，甚至遭到打击报复。所以，入职以后，新员工要长一个心眼——仔细了解公司官方沟通渠道哪条畅通，哪条不畅通，千万不要以为公司公布的官方沟通渠道都是畅通无阻的。

第三，公司的沟通文化是什么。

公司里的沟通渠道，既然有的畅通，有的不畅通，那么新员工入职后，走哪条渠道呢？老司机经常走的路，一定是最安全、畅通的路。不同的公司，会形成不同的沟通文化。作为职场新人，按照公司既有的沟通文化沟通，会比较安全、畅通。大体来说，我国企业有两种不同的沟通文化。第一种，官方沟通平台是主渠道。在这种公司里，官方沟通渠道发挥着主渠道的作用，而且公开、透明，任何与工作相关的沟通，走公司规定的沟通渠道即可，不需要花心思私下找人托关系想办法。比如休年假。在 OA 系统中提交申请，主管领导签批，按类别由人力资源部核准，当事人即可在核准的日期休年假，不需要另外与主管领导、职能部门沟通。凡是官方沟通渠道能够发挥主渠道作用的公司，沟通相对简单、透明、直接。

第二种，人际关系是主渠道。在这种公司里，公司官方沟通渠道不畅通，没有发挥主渠道作用，主渠道如开会、办公系统等流于形式，沟通主要靠人际关系。

比如休年假。在一些公司里，员工想休年假必须先私下与主管领导、人力资源部沟通，甚至动用私人关系说情，在主管领导、相关部门同意后，再在办公系统中上走程序。在这类公司里，不能先在 OA 系统上提出申请，也就是不能先走组织沟通渠道。一是先在 OA 系统上提出，是对自己的主管领导不尊重；二是这样大家都没有回旋余地。在一些公司，休年假不是申请来的，是被奖赏的。让你休年假，是领导奖励你或者照顾你。凡是官方沟通渠道不能够发挥主渠道作用的公司，沟通比较复杂、不透明、不直接，需要绕来绕去。如果新人进入这类公司，千万不要抱怨和沮丧，这就是职场。另外，这类公司能发展到今天，取得一定成就，也说明这种沟通文化有其合理性，新人要尽快了解和适应。

本讲知识点

公司沟通文化有哪两种？

一种是主渠道沟通文化，即官方沟通渠道发挥主渠道作用。第二种是人际关系沟通文化，即通过人际关系沟通，官方沟通渠道只是起辅助作用。

11.3

沟通有规则

职场痛点

就像开车要遵守交规一样，职场沟通也要遵守规则。

不懂沟通规则，常常造成沟通障碍。

本讲提要

组织沟通是有规则的，最基本的规则有三条：

第一顺序——与当事人沟通。谁的问题找谁。

第二顺序——按指挥链沟通。有困难，找领导。

第三顺序——通过会议等渠道沟通。有问题，会上谈。

开车有交通规则，如“红灯停绿灯行”“右转让直行”等。没有交规，道路将一片混乱。违反交规，会造成堵车、车辆损坏、人身伤害等。组织沟通也一样，没有沟通规则，沟通无法进行；违反沟通规则，会造成工作混乱、人际关系复杂、人际恩怨等种种沟通障碍。那么，组织沟通有哪些规则呢？规则很多，不同的企业，沟通规则也不同。

这里介绍三条职场通用的沟通规则。实际上，沟通规则不止这三条。

这三条沟通规则不是并列的，而是逐一展开的，先有第一条，才有第二条，有了第二条，才有第三条。第一顺序是与当事人沟通。第二顺序是按指挥链沟通。第三顺序是通过会议、工作群等沟通。

我们一条一条来看。

第一顺序，与当事人沟通

这条是职场最基本的沟通规则，是新人在入职第一时间必须掌握和遵守的。这条规则指的是，如果在工作中遇到问题，员工应该第一时间与谁沟通。

答案是首先找责任人沟通。在职场，这条规则被表述为：谁的问题找谁。什么叫责任人？什么是谁的问题找谁？

在职场，责任人就是任职人。这项工作是谁负责，谁当班，谁的岗位职责，谁就是责任人。比如公司行政部小李，负责日常办公用品、低值易耗品领用发放，小李就是这项工作的责任人。责任人，是沟通的第一顺序人。这项工作出了任何问题，责任人是第一个沟通对象，这就是职场上常说的：谁的问题找谁。

比如行政部的小李，给你们部门把办公用品发错了。这时候，你应当和谁沟通呢？当然是马上和小李沟通。小李是当事人、责任人，小李发错办公用品，应该先找小李沟通。有人说，这还用说吗？小李发错了办公用品，当然找小李了，为什么要强调这是第一顺序呢？按理说，小李发错了办公用品，你直接找小李沟通，小李改正过来即可。然而，在一些公司，有人，特别是新入职的员工，甚至包括一些资深员工，常常会犯以下沟通中的低级错误。

- 情形一：不找小李，而是找自己的领导沟通，“经理，行政部给我们把办公用品发错了”。
- 情形二：找小李的领导沟通，“邢经理，你们部门的小李，把我们办公用品发错了”。
- 情形三：在办公室大声嚷嚷，“行政部给我们把办公用品发错了”。
- 情形四：在工作群直接说：“小李，你怎么搞的，把办公用品给我们发错了？”

- 情形五：逢人便说小李乱发办公物品。

这五种情形是不是很容易发生？可这五种情形显然是不对的。错在哪里？错在违反了组织沟通的第一条规则，没有首先与责任人沟通。这种不找责任人沟通，到处嚷嚷，不就相当于找领导告小李的状，在同事面前丢责任人的脸吗？这种沟通没有解决问题，反而制造了矛盾。

在职场，犯这种低级错误的员工，不在少数。有的新人，入职后不知不觉地得罪人，工作关系紧张，自己还稀里糊涂，不知怎么回事。其实，很多沟通障碍是由于不懂、不遵守沟通的基本规则导致的。有的新人会问："难道领导、同事不是责任人吗？这件事不可以和他们沟通吗？"责任人，指的是负责这件事的人。上例中，具体负责办公用品领用发放工作的是小李，小李就是责任人，而其他人不是。所以，新人请记住：工作上有任何问题需要沟通，请先走第一顺序——与责任人沟通，谁的问题找谁。

谁的问题找谁这条规则，在沟通的规则中是第一顺序。第一顺序的意思是：在没有与责任人沟通之前，或者没有争取与责任人的沟通之前，除非特殊情况或者必要，不得与其他人沟通，更不能与无关人员沟通。

第二顺序，按指挥链沟通

如果第一顺序——与责任人沟通解决不了问题，怎么办？答案是进入第二顺序——按指挥链沟通。所谓按指挥链沟通，对员工来说，是找直接上级沟通。

有困难，找上级。公司中的每一位员工，都有自己的直接上级，上级又有上级，这样，从董事长到最基层的员工，就形成了从上到下的指挥链。理论上，比你职位高的管理人员，都是你的上级，但是在公司里，一个员工只听命于指挥链上的直接上级。直接上级，负责将公司任务和指令下达给自己的直接下属，负责对直接下属的工作进行监督检查，也负责听取下属汇报，辅导和帮助下属解决问题。

下属在工作中惹出麻烦，直接上级要承担领导责任。当下属工作遇到困难时，直接上级是困难的最后解决者。下属工作中有疑难自己解决不了，找上级沟通理所当然。小李发错办公用品被你发现了，你先按照第一顺序，与责任人小李沟通，“小李，给我们部门的办公用品是不是发错了？”。如果小李也承认自己发错了，承诺马上改正，问题就解决了，你不用找别人沟通。如果你找小李沟通，小李不承认自己发错办公用品，还振振有词，说他没错，是你们部门乱拿弄错了，或者是你们部门申请单填错了，与他无关。这时候，你与责任人小李沟通解决不了这个问题，怎么办？可以进入第二顺序——按指挥链沟通，找自己的上级请示，看看怎么处理。

有人问，这时候，能不能直接找小李的上级——行政部经理沟通此事呢？不能。找行政部经理沟通，相当于告小李的状，也相当于找行政部经理兴师问罪，事情会越闹越大。这时，你先要确认自己部门有没有错误——申请是否单填错，自己人是否乱拿等，确认自己部门无误后，要先和自己的直接上级沟通，再找小李上级沟通比较好。

请新人注意，按指挥链沟通这条规则，包含两层意思。第一层意思，没有与责任人沟通之前，别找上级。第二层意思，与当事人沟通解决不了，只能找上级而不是找别人。这两层意思缺一不可。

对于职场新人来说，常见的沟通错误是：没走第一顺序，就走第二顺序。有的新人在工作中遇到一点沟通障碍，不首先和当事人沟通，或者没有与当事人充分沟通，就先找上级。

不要动不动就找上级，你要自己先试着解决。小李发错办公用品，你发现了。应该先与小李沟通，提醒小李发错了。如果小李不认账，不承认自己发错了。这时，你最好不要直接找上级，而是看看自己能不能解决此事。比如你自己去查一下申请单，看看是不是本部门的申请单填错。你也可以问一问，是不是本部门的人乱拿造成的。遇到问题，首先应该自己想方设法与责任人沟通解决，只有自己没有办法，实在解决不了，再去找上级。

第三顺序，通过会议或者工作群等沟通

会议或者工作群，实际上是一种多人同时沟通的方式，容易把问题公开化。一般来说，能与当事人沟通解决的，或者能按指挥链沟通解决的，就不要公开化，不要拿到会议上或者在工作群里沟通，不要与无关人员沟通。开会成本很高，沟通的第一顺序、第二顺序解决不了，确有必要而且确实与参会人员有关，再通过开会的方式沟通。职场上，有的问题不宜公开化。比如小李发错办公用品的案例，就不宜公开化。公开化既不能解决问题，又容易导致人与人之间的矛盾和误解。当然，有的问题必须通过会议等群体沟通的方式解决，必须公开化，公开化更好，更有利于问题的解决。

比如公司下一步的战略规划、项目策划、部门之间的协调、工作进展"通气"、工作制度和流程梳理等，这些需要所有当事人参与的事项，开会沟通效率更高。而且，公开化还可以避免背后的议论，避免产生复杂的人际矛盾。

有必要，上桌面。在职场，上桌面，就是拿到桌面上，拿到会议上或者其他群体沟通的场合沟通解决。当你听到"让我们拿到桌面上谈吧"，指的就是把问题拿到会议上，公开化。上桌面的前提是第一顺序与第二顺序的沟通不能解决问题，需要通过会议这种方式沟通解决。还以小李发错办公用品为例。你发现小李发错办公用品，没有走第一顺序——与小李本人沟通，也没有走第二顺序——找上级沟通，而是在公司开例会或者专题会议时，直接提出此事，或者直接在工作群里说。这样做非常糟糕。一是不能解决问题，因为小李发错办公用品的事情和其他人无关。二是既然与其他人无关，在会议上提出来，是在浪费其他人的时间。三是把小李的错误曝光，让小李下不来台，也让行政部整个部门下不来台。本来小李改过来就可以，结果把问题复杂化了。还有，如果真的是本部门申请单填错了，或者本部门有人乱拿，自己搞错了，你的经理和同事都下不来台。

新员工容易忽视这条沟通规则。工作中遇到一点点问题，就在工作群里说，开会时直接说，这样容易破坏工作关系，给以后的沟通增加难度。除非是可以广而告之的工作信息，除非走了第一顺序、第二顺序，还得不到解决，不得不在会议上讨论的事项，否则，不能也没必要拿到工作群或者会议上沟通。

重要的话再重复一下。沟通有规则，指的是：

第一顺序，与当事人沟通。谁的问题找谁。

第二顺序，按指挥链沟通。有困难，找上级。

第三顺序，通过会议等方式沟通。有必要，上桌面。

入职后，有的新人可能困惑，公司确实有沟通规则，但是公司里不少老同事，甚至领导并不遵守这些规则。比如有的老员工发现小李发错办公用品，不按照第一顺序首先与小李沟通，而是在部门其他同事面前议论，或者直接跑到上级那里告状。又如在开会时，两个部门之间争吵起来，涉及的事项与他人无关，两人在会议上说这件事，完全是浪费大家时间。再如某公司的指挥链是董事长—总裁—副总裁—总监—经理—主管—员工，实际上，作为一家家族企业，只有董事长、财务副总、销售副总三个人说了算。总裁是外请的职业经理人，是摆设。副总裁、总监、经理等都说了不算。员工的请假、公出等很常规的事项，都必须向三个当家人之一请示，否则无效。在这家公司里，按照指挥链沟通行不通。那么，新人应该怎样处理这种情况呢？还是一句话，请你遵守沟通规则。

有新人问，我们公司从上到下把这些沟通规则都不当回事，都不遵守，这些规则在我们公司根本没用，为什么还建议新人遵守这些沟通规则呢？

1. 新员工不能不守规则。

无论在什么公司，无论领导，还是老员工，有人不守规矩，并不等于你也可以不守规矩。作为新员工，还是遵守沟通规则为好。

2. 公司在成长。

公司都是从不规范到规范，从不懂规则不守规则到懂规则守规则。

作为职场新人，一开始就了解规则，遵守规则，对自己未来职业发展，好处多多。

沟通有规则，入职后，你要尽快明白自己公司的沟通规则。如果公司没有向你专门介绍和规定沟通规则，请先遵守以上三条。

本讲知识点

组织沟通的规则的通俗表述是：

第一顺序——谁的问题找谁。

第二顺序——有困难，找上级。

第三顺序——有必要，上桌面。

11.4

对事不对人

职场痛点

网络时代，有的新人形成网络沟通的习惯：不问事实，只问动机，只为发泄情绪。这是一种不好的沟通方式，如果带入职场，会造成许多沟通障碍。

本讲提要

1. 对事不对人是沟通的基本原则。
2. 对事不对人的三个特征。

对事不对人，是组织沟通的基本原则。

对事

对事是针对事实、事件、事项本身以及影响，进行描述、分析和评价。

比如再过一周，就要开公司的上半年工作会议，可是某部门上半年的业务数据还没有报上来，你给他们打电话："你们上半年的业务数据，还没有汇总出来，也没有做分析，也没有报上来，你们比公司要求上报的日期已经晚了三天。请务必在今天下班前报上来，否则将会影响上半年工作会议"。你在说一个事实——某部门业务数据未及时上报，并描述这个事实已经或者将给工作带来的影响。这是对事，针对事实本身。

对人

对人是针对当事人的人格或者动机进行评价，甚至进行人身攻击。

比如"你们部门怎么搞的？一个破数据到现在都报不上来？成独立王国了？公司的要求你们也当耳旁风了？你们经理是不是仗着自己是老板的红人，把谁都不放眼里了？是不是故意给我们出难题？"这种沟通，就是对人，冲着人去的，发泄不满情绪，评价或者攻击当事人的人格或者品德。

对事不对人

所谓对事不对人，是无论与谁沟通，无论与客户、供应商、同事、上级沟通，都要只针对发生的事件、工作事项的事实本身以及影响，进行描述、分析和评估，不要针对当事人本人发泄不满情绪，进行人身攻击或者人格评价。

在职场，如何辨别沟通中是不是对事不对人呢？对事不对人有三个特征。

第一个特征，关注事实本身，而不是关注人

关注事情本身，关注事实，关注工作事项，就是对事不对人。相反，关注当事人这个人如何，并且针对当事人的品德、动机等进行评价和攻

击，是对人不对事。关注事实本身，就是描述、分析这个事实。

比如经理与下属小李沟通："小李，你本月迟到了三次，根据公司制度，三次迟到算一次旷工，月度有一次旷工，本月绩效工资为0。对此，你有异议吗？"经理先向小李描述小李一个月迟到三次这个事实，如果小李认可这个事实，就继续往下沟通，如果不认可，经理可以拿出证据——打卡记录单，证明这个事实。无论与谁沟通，都需要双方认可事实后，才能进一步沟通。如果双方连基本事实都没有达成一致，比如经理认为小李一个月迟到了三次，小李认为自己没有迟到，沟通就无法进行。遗憾的是，许多新人，容易忽视事实本身。

虽然工作是由人做的，问题也是人造成的，但是当与当事人沟通时，如果动辄评价人、攻击人，会引起对方的反感，使对方把注意力集中在抗拒和反击上，于事无补。比如某人工作出了纰漏，你上来就说："你怎么回事？做人做事这么差，你爸你妈怎么教育你的？""你这个人可真笨，说了几次都听不明白，真是！"这样攻击人家，谁还愿意和你沟通呢？

无论何时何事，沟通要就事论事，不要动辄用话伤人。当下，有的新人搞反了。本来应该对事不对人，他却对人不对事。常见的有动机论、指使论、阴谋论。

1. 动机论——怀疑对方的动机不纯。

在网络时代，一些人有一种倾向——追问动机。工作中出现问题，有人习惯于追问和质疑对方的动机是什么。比如"你们部门的报表交得这么晚，是不是故意的？故意给我们出难题？"又如"他们部门就是不想好好工作，就是不把公司的规定放在眼里，所以什么工作都拖拉。"再如"你看他和我说话的态度，他看我是一个新来的，瞧不起我。"这些都属于怀疑动机，是对人不对事，是沟通的大忌。为什么呢？一是，动机属于人的心理活动，心理活动看不见摸不着，你怎么知道人家动机不纯？只能靠猜测。把沟通的基础建立在猜测上，而不是事实上，导致双方失去沟通的"公约数"。二是，质疑动机等于否定对方。如果猜测对方是故意的、不怀好意的，那还怎么沟通？

2. 指使论——认为对方言行受人指使。

比如“你们老不配合我们的工作，报表经常拖延，是你们领导教的？还是市场部那边挑拨的？”关注点不是事情本身，而是关注对方背后有没有人，受谁指使。

3. 阴谋论——对方为了出难题而故意设局。

更有甚者，有的新人居然相信阴谋论。把沟通中的障碍和工作中的冲突，看成是对方刻意制造的针对自己或自己部门的阴谋。

如果满脑子都是动机论、指使论、阴谋论，沟通自然是无法进行的。

第二个特征，理性的，而不是情绪化的

对事不对人，是一种理性的沟通。相反，对人不对事，是一种情绪化的沟通。

比如公司行政部为销售部派车去机场接客户，结果车去晚了，让客户久等了。情绪化的沟通是“你们行政部干吗吃的？我们在前方做市场，风里来雨里去给公司赚钱，你们天天坐在办公室享清福，连这点事都办不好，派车接人都迟到？”情绪化，就是带着情绪，带着不满和对方沟通。具体表现为：提高嗓门，面带怒色，眉头紧皱，不由分说，随意打断，不耐烦等。

理性的沟通是“我们查了一下前天给你们下的用车申请，客户的航班和到达时间都在上面写得清清楚楚，你们把接客户司机的信息也给了我们，说明你们已经下了派车单。到底是哪里出了差错，导致这个问题？”理性的，就是我们常说的心平气和，有一说一，始终讨论问题本身。不大吵大闹，不怒气冲冲，不使性子。理性，是沟通的基础。理性地沟通，一是能表达沟通的诚意，心平气和地说，耐心地倾听，能给对方一种积极的、善意的信号。二是能够使双方在沟通中聚焦事情本身。

情绪化是许多新人在沟通中常见的错误。表现如下。

- 眉头紧皱，一言不发。
- 一脸委屈，快哭了。

- 不理睬对方，玩着手机或者眼睛盯着电脑，就是不看对方。
- 不等对方把话说完，随意插话。
- 语气嘲讽。

在职场上，新员工能不能良好沟通，首先看他能不能在任何情况下，比如不满、委屈时，还能够心平气和地和对方沟通。无论何时何事，沟通的前提是保持理性，不闹情绪。

第三个特征，关注改进，而不是关注认不认错

对事，就会关注问题是怎么发生的，怎么解决，怎么补救，以后如何不再发生。对人，就会关注当事人认不认错，低不低头，认不认输。仍以销售部与行政部在接客户时发生的冲突为例。

关注改进时应说："我们销售部想与行政部沟通一下，这次接客户出现差错，到底是哪个环节出了问题？如何补救？以后我们两个部门配合时，如何避免这种事再发生？"关注认错时会说："你们行政部，给领导派车永远早到，给我们一线派车总是晚点，根本就不上心，你们承认不承认？"

有人说，对事不对人，是回避问题，总要搞清楚是谁的责任，总要有人承担责任，追究责任的时候，就要具体到人，就要对人，怎么看待这个质疑呢？很简单，对事不对人，是一种沟通的方法。

大家想一想，特别是在沟通遇到障碍的时候，如果按照对事不对人的原则，是不是别人容易接受你？相反，如果对人不对事，是不是别人更容易拒绝你？至于责任追究，不是谁的声音大，谁能言善辩，谁就没有责任。在公司里，追究责任，是由上一级或者公司职能部门，按照职责和权限进行的。你不是职能部门，不是上级，追责不是你的事情。你的任务，是与他人良好沟通。作为新人，你与别人沟通，是为了解决工作中的问题，而不是为了追责。当然，如果对方推卸责任，并以自己无责无错为由，拒绝配合和改进，怎么办？你要按照本课第三讲"沟通有规则"的内容，先尽力与作为当事人的对方"摆事实讲道理"，如果对方仍然拒绝改进，则

可进入第二顺序——找上级，如有必要，也可进入第三顺序沟通。

沟通，应对事不对人。

本讲知识点

对事不对人有哪三个特征？

第一个特征：关注事实，而不是关注人。

第二个特征：理性，而不是情绪化。

第三个特征：关注改进，而不是关注认不认错。

11.5

如何与上级沟通

职场痛点

许多新人不懂得如何与上级沟通，要么埋头工作，一声不吭，上级不找他，他从不找上级沟通；要么大事小事找上级。

这两种做法都是不对的。

本讲提要

1. 与上级沟通的难点在哪里？
2. 关键点 1：主动。
3. 关键点 2：区分两种不同的沟通方式。

上级是职场中员工最重要的沟通对象之一。

与上级的沟通，关乎工作，关乎利益，关乎职业发展。所以，无论你的上级脾气急躁、是个业务高手，还是木讷、是个外行，你都不得不与他好好地沟通。有人说，与上级沟通难。难在哪里？

第一难，角度不同

上级与下属对同一件事情的角度是不一样的。上级认为重要的事情，下属可能认为不重要。下属认为重要的，上级可能认为不重要。比如某部门经理认为周计划很重要，工作是否有计划性的关键在于周计划的制定和执行，所以他要求本部门的人员，每周五下班前必须把下周周计划报给他，周一例会时，部门每个人必须展示上周计划完成情况和本周计划情况。而部门的许多人员觉得本部门的工作大多属于周而复始的常规工作，没必要每周都重复写一份周计划，做周计划纯属形式主义，重复劳动。

第二难，信息不对称

对你的工作情况，你和上级相比，谁了解得多？当然是你。对于你的工作，你和上级了解到的信息是不对称的，你多他少。你是你所有工作的亲历者，各种你最清楚，而你的上级不可能天天跟着你，当然不像你自己那样了解你的工作情况。

而信息不对称会导致很多沟通障碍。

比如你认为自己已经十分努力了，跑了无数次，再差一点点，这家大客户就拿下了，最后却因客户方一个小小的内部原因，迟迟没有签单。而你的上级看不到你努力的过程，他只看到销售报表里，你的业绩很差，因而对你评价不高。

角度不同和信息不对称，是上下级之间沟通的天然屏障，并始终存在。在天然屏障下，怎样与上级很好地沟通呢？

有两个关键点，下面我们看看这两个关键点。

关键点一：主动

主动是什么意思？很简单，就是看沟通是谁先发起，谁先找谁。如果是你先找上级沟通，你就是主动。如果是上级找你沟通，你就是不主动，是被动。如果你能在你的职业生涯中，让上级一次都不先找你，永远是你先找他，都想在他前面，那你有前途和成就的可能性就大。为什么与上级沟通，主动如此重要？

第一，主动可以解决工作的态度问题。新人可能没有注意到，上级对下属的评价都基于两个角度。第一个角度，下属态度如何？积极不积极？想不想干好？第二个角度，下属能力如何？有没有能力？能不能干好？上级喜欢想干又能干的下属。上级最不喜欢既不想干也不能干的下属。

就态度和能力这两个角度来说，下属能力高不高，上级好判断。而下属工作努不努力，态度积不积极，还真不好判断，特别是下属工作不在上级的眼前时，更不容易判断。而且，能力的高低相对固定，而工作态度是可以变化的。一个员工如果工作态度积极，努力，尽心尽力，最后没有完成，通常会得到上级的理解。但是一个员工如果没有尽心尽力去做，即使任务圆满完成，超额完成，上级也不会认为是员工的功劳。比如今年市场形势好，容易赚钱，谁都能完成任务，业绩好是你走运。既然不是你干出来的，上级也不可能认可你。显然，只有工作态度得到上级认可，工作成绩才能被认可。业绩好时，上级会认为是你努力的结果。业绩不好时，上级会认为是客观因素造成的。可见，与上级沟通，首先要做的是让他认可你的工作态度。那么，如何让上级认可你的工作态度呢？答案是主动。只要你主动与上级沟通，就会使上级认可你的工作态度。

主动沟通＝态度积极，为什么呢？当上级问你的工作情况时，实际上已经对你的工作态度评价不高，你已经被动了。上级一般不会随便问下属，如果主动问，一定是考虑了很多，看到了很多，忍不住才主动问。一个态度积极、努力工作的员工，是推着上级走的，对自己的工作，往往是想在上级前面，是主动争取上级支持，争取资源的。如果你做到了，为什么不主动和上级沟通呢？如果你没做到，为什么不主动和上级沟通呢？新员工工作中的困难很多，既然有困难，为什么不主动找上级？所以，凡主动与上级沟通的员工，上级对其工作态度评价会高。如果工作圆满完成，上级就倾向于认为，是下属的积极努力，尽心尽力，克服许多困难完成的。如果没有完成，上级倾向于认为，下属已经尽力，只不过由于种种客观原因，实在难以完成。

第二，主动可以解决信息不对称的问题

你的工作信息，你掌握的多，上级掌握的少。如果你希望上级理解你，你应该怎么办？应该主动给上级信息。上级是普通人，在没有掌握你工作信息的情况下，他如何评估和判断你的工作？

某年，我去一家公司上课之前，该公司的老板专门跟我说："章老师，你能不能给我们公司的经理和员工讲一讲，让他们主动和我沟通？不要让我整天追他们，我现在整天晚上睡不着觉，老是提心吊胆，担心下面的人半夜打来电话。为什么？半夜打来电话，肯定是公司出事了，客户跑了，资金出问题了，工厂出麻烦了，重要骨干突然走了，反正没有好事。早干什么去了？为什么在问题出现苗头的时候，不早一点主动与我沟通呢？"所以，新人一定要记住上下级沟通中的一个重要原则：在上级面前，下属不应该是一个"柠檬"，让上级猜不透你，不知道你整天在干什么。著名的经济学家乔治·阿克尔洛夫（George Akerlof），因为"柠檬市场"研究而获得 2001 年诺贝尔经济学奖。柠檬在打开之前，我们不知道是酸的还是甜的。在没有掌握柠檬真实信息的情况下，消费者倾向于对任何柠檬压低价格。当你的上级不知道你整天在干什么的时候，你在上级面前，就像一只柠檬。那么，上级就倾向于对你的工作做较低的评价，表现为对你工作担心，不理解，不支持，评价低等。你的解决办法是：主动给上级信息。有了这些信息，他才可能理解你、支持你、帮助你。所以，主动沟通 = 主动给上级信息。

遗憾的是，许多新员工认为自己只要埋头苦干，踏踏实实工作，问心无愧，上级应该看得到，如果上级看不到，是上级的问题，没事不会打扰上级，有问题自己解决。问题是，如果上级根本不了解你在干什么，他如何理解你？支持你？帮助你？

著名职业经理人杜家浜，曾经担任微软中国公司第一任总裁、思科公司大中华区总裁等职务。他曾经在《经济观察报》上发表了一篇文章，题目是《沟通至上》，谈到职场沟通问题时，特别强调主动沟通的价值。他反省自己在担任微软中国公司总经理的时候，在沟通方面犯了一些错误，最重要的一个错误是不主动与上面沟通，导致上面对中国公司的情况不了解，不能理解中国市场不同于西方市场，不能给中国公司以有效的支持，造成经营上的许多困难。他去思科公司后，就吸取了教训，主动与上级沟通，使得总部很了解中国的情况，沟通很顺畅，业绩非常好。显然，主动与上级沟通，可以同时解决两个问题。第一，可以解决工作态度问题。因为，主动沟通 = 态度积极，态度得到认可，沟通就容易了。第二，可以解决信息不对称的问题。因为，主动沟通 = 给上级信息，信息对称了，上级充分掌握了你的情况，就容易理解你和支持你。

所以，请主动与上级沟通！

关键点二：区分两种不同的沟通方式

与上级沟通时，有两种不同的沟通方式。第一种是指示 / 请示。

上级给小李指示："小李，下周开季度销售分析会，你负责的会务工作必须按照以下几个要求尽快准备。"小李向上级请示："经理，季度销售分析会的会务有几个问题，您看怎么处理？一是原来订的酒店会议室 Wi-Fi 信号不好。二是酒店自助餐提价，餐饮标准超标。"这种沟通方式发生在上级给下属布置工作的时候、安排任务的时候、做指示的时候、评估下属工作的时候，下属向上级请示工作的时候、汇报工作的时候、请求上级帮助的时候。

这种沟通方式的特点如下。

1. 上下级处在一种不平等关系中。上级掌握决策权、决定权，他决定下属工作的范围和内容。并且，上级处在像法官、裁判一样的位置，下属工作好不好，上级说了算，下属自己说了不算。

2. 强制性的，权威性的。上级给下属下命令、做指示，下属必须坚决执行，不能拒不执行，不能打折扣。上级和你沟通，是让你接受指示和命令的，不是听取你意见，或者听你辩解的。下属向上级请示或者汇报，上级的任何评价或者进一步指示，都是结论性的，不容置疑。

第二种是分析 / 商讨。

上级说："小李，下周要开季度销售分析会，会务上有几个问题，我们先商量商量。"小李说："经理，对于下周的季度销售分析会，我有几个想法，能不能和您谈一谈？"这种沟通方式发生在上下级之间，以商量、探讨的语气，交换意见，探讨问题，寻求解决办法的时候。

这种沟通方式的特点如下。

1. 上下级处在一种平等的关系中。当上下级坐在一起商讨工作的时候，虽然双方职位不同，但是这时双方是作为平等的角色参加讨论的。既然是商讨问题，交换意见，当然双方是平等的，如果仅仅因为他是上级，他的想法和意见就永远是对的，那还用和下属一起商讨问题，共同探讨下一步的工作吗？既然要商量，双方就是一种平等关系，不是谁职务高听谁的，而是看谁更有道理。

2. 非强制性的，非权威性的。在商讨问题的过程中，无论上级还是下属提出方案、想法，都不是权威性的。这时候，双方一起头脑风暴，集思广益，通过互相交流和探讨，寻求好办法。既然如此，在商讨的过程中，下属可以不同意上级的看法，可以反驳上级，上级也不能强迫下属同意自己。

为什么区分这两种沟通方式很重要？因为在职场，许多新员工常常混淆了这两种沟通方式，使上级很生气，后果很严重。

如果是第一种沟通方式，也就是指示 / 请示，上级明显处在权威的、不容置疑的位置。这时候，上级做出的指示，无论你认为对不对，都不能反驳，而要坚决执行。遗憾的是，有的下属，把指示 / 请示误以为分析 / 商讨，以为上级是在征求他的意见，于是表示不同意上级的安排，甚至驳斥上级，同时还提出自己的方案。

如经理说："小李，关于季度销售分析会的会务，我有几个要求。"

注意："几个要求"，这明显是给小李做指示，小李作为下属，要服从上级，必须接受和坚决执行，不得抗拒。

小李不能说："经理，你这几个要求有问题啊……"

这时，经理不是和小李商量会务，不是征求小李的意见，小李不能反驳，而要坚决执行。

在职场，上级最讨厌这种自以为是的下属，好像自己很聪明，无论上级布置什么工作，他永远都质疑上级的安排。甚至，有的上级要花很多时间和精力，说服这位下属同意自己的安排。

如何避免这种误解、错误？很简单，不要把上级的指示误解为和你商讨。上级的指示，下属只能接受和执行，不得质疑和抗拒。如果有什么想法和意见，先保留，要服从命令听指挥。

把分析 / 商讨误解为指示 / 请示的情况更容易发生。当上级和你一起商讨工作时，大家可以各抒已意，集思广益，你就应该尽可能地提出自己的分析和想法，不怕要出丑，不要怕自己的想法幼稚，也可以反驳上级的意见，这实际上是一个非常好的学习和展示自己的机会。经理说："小李，找你过来，是想看看下周的季度销售分析会会务问题，你有什么建议？"很明显，上级摆出和小李商量问题的姿态，实际上是重视小李，想给小李展示自己的机会，这时，小李越能大胆提出自己的分析和想法，上级越高兴。这时候，一些新人的错误表现是不吭声，没反应，没主意，被动地等上级做指示、拿主意。出现这种情况，一是由于新人入职以后，不熟悉工作，处在上级让干什么就干什么，让怎么干就怎么干的状态，习惯听指示。二是有许多新人，真没主意，上级问他，他也想不出主意。这样的状态，应该尽快改变，否则无法沟通，前途堪忧。

与上级沟通的这两种方式，大多数新人很陌生，马上掌握其中的区别并处理好，可能比较困难，希望本讲能引起新人的关注，在工作中慢慢体会。

本讲知识点

与上级沟通有哪两个关键点？

第一，主动。第二，区分两种不同的沟通方式。

12

职场人际

一些新员工，热衷于职场人际——选边站队，爱聊八卦，甚至背后议论他人；不懂职场禁忌——打小报告，攀高枝，抢风头；不会处理麻烦——抱怨职场的不公和歧视现象等。

本课目标

1. 了解职场的“刺猬原则”。
2. 学会面对职场中的“圈子现象”。
3. 学会处理职场中抢风头的现象。
4. 学会处理越级问题。
5. 学会分析什么是公平，什么是不公。
6. 学会区分举报、告密和申诉，避免犯打小报告这种低级错误。
7. 学会分析什么是歧视，什么不是歧视。

本课提要

12.1 职业距离

职业距离　刺猬原则　回避制度　公私两条线　工作上按照组织原则，私交上按照人际原则

12.2 职场圈子

职场圈子　如何面对职场圈子？一是不用怕，邪不压正；二是不要混圈子；三是不站队，只站对　做人靠得住，能力靠得住，业绩靠得住，圈子靠不住

12.3 职场上的“抢风头”

什么是抢风头　3 种风头不能抢

12.4 越级问题

什么是越级　什么是不越级　不越级是常态，越级是例外　不要走捷径、攀高枝

12.5 职场不公

公平的形式原则　什么是公平　什么不是公平　如何面对不公

12.6 举报、告密与申诉

什么是举报　什么是告密　什么是申诉　3 种行为的区别

12.7 职场歧视

什么是职场歧视　什么不是歧视　统计歧视　歧视理论　不能神经过敏，把任何区别对待都误认为是歧视，也不能在真正的歧视面前无动于衷

12.1

职业距离

职场痛点

在处理与同事的人际关系时，一些新员工陷入两个极端：要么客客气气，对待同事像对待陌生人；要么过从甚密，亲如兄弟。这两个极端都要不得。

本讲提要

在职场，应该与同事保持一定的职业距离。什么是职业距离？就是在遵守组织原则的前提下，同事之间可以保持的距离，就像两只刺猬为了抱团取暖而能够保持的最近距离。

在职场，同事之间是疏远好还是亲近好呢？疏远、冷漠、自我封闭肯定不好，但同事之间也不是越亲密越好，而要保持一定的距离，这个距离被称为职业距离。

什么是职业距离？就是在遵守组织原则的前提下，同事之间的最近距离。职业距离就像刺猬为了抱团取暖而能够保持的最近距离。所以，职业距离也被称为“刺猬原则”。

如何把握职业距离？如何把握职场的人际关系？不同文化的公司情况不同，也没有统一的规定，但新人可以参考以下三点。

要点一：职场上尽可能不要发展亲密关系。上下级之间，同事之间，合作伙伴之间，一般不要发展亲密的朋友关系。无论是外部合作伙伴，还是公司的同事，都是利益关联人，与你在工作上有合作也有竞争，甚至有利益方面的冲突。在公司，应以工作身份处理工作事项，包括根据公司需要和各自工作表现，决定各自的发展机会和利益分配。

但是，如果从兄弟或闺密的关系出发处理工作事项，当然要相互照顾、共进共退，才够意思，但这样显然不符合企业的原则，假以时日，容易在公司里拉帮结派，形成小圈子。时间久了，总有一天会因为某件事情不够意思，或者利益冲突，或者与其他人发生矛盾，看起来很好的关系可能土崩瓦解，甚至恶言相向，反目成仇。

公司里同事之间的亲密关系，是上级和同事十分警惕甚至反感的一种关系，是一种不利于自己在公司长远发展的一种关系。在公司里，和同事不要你我不分，形成密切的私人关系。

要点二：公私两条线，私交不涉及公务。不管进入哪家企业，你和同事都会有两种关系——工作关系和私人关系。工作关系也叫同事关系。你和上级、工作的前后手、上下游之间需要合作，形成一种工作关系、同事关系。

另外，在一起相处久了，你会与合得来、投脾气的同事或合作伙伴之间建立私人关系。你们可能投缘，无话不谈，在一起的时间几乎比和家人在一起的时间还要长，交流的还要多。这时候，你要懂得在私人关系和工作关系之间建立一道防火墙。私事归私事，公务归公务，公私两条线互不相交。

工作上按照组织原则，私交上按照人际原则。张三和你关系密切，无话不谈，但是工作上的事情，与张三无关的，你绝不能告诉他。和张三私人关系好，你们可以聊聊电视剧、新闻和家事等，但不能谈论不应该和张三说的工作事项。经理告诉你，公司正准备做人员的岗位调整，让你准备待调整人员的相关资料，你的职场好友也在其中。

这时，你无论如何也不能将这个信息透露给职场好友，这是组织原则的要求，你必须遵守组织原则，而不能按照人际原则来处理。许多公司都发生过员工因私人关系密切，将公司的机密、人事安排、工作矛盾等透露出去，使公司出现了这样那样的问题。

为了保证不因个人之间的亲密关系影响公务，许多公司都建立了回避制度。

比较规范的企业都有员工亲属回避制度。什么叫回避制度？为了避免亲属关系对员工在任职和相关敏感工作中产生消极影响，而对有亲属关系的员工在相关工作中做出的限制性规定。比如“有亲属关系的员工，不得在同一家公司或者有利益关系的部门任职，在开展招录、选拔、调薪、任免、评优、考核、奖惩、审计、监察、招标等特定敏感工作时应当回避”。

许多公司将办公室恋情纳入回避制度。不少公司规定，同事之间不得谈恋爱，所以一旦确定关系或者结婚，一方必须离开公司。

要点三：不因私废公，组织原则面前不退让。什么是组织原则？在职场，公司的规定就是原则，公司的利益就是原则。在私人关系中，亲亲相隐是原则。你管公司的考勤，你的职场闺密迟到了，她偷偷请求你，帮她把考勤记录改一下。

你不能改考勤记录，这是组织原则。私人关系好归好，但是不能因私废公。你是公司行政部的库管，你的职场好哥们儿采购的办公用品质量不合格，他想让你通融入库。你要坚持原则，坚决不允许入库。作为一个员工，在原则面前，就要铁面无私，不能因为几句好话或者好的关系，就打折扣、走后门。其实，你越不因私废公，你与同事之间的良好关系才能长久保持。

本讲知识点

什么是职业距离？

职场人士在遵守组织原则的前提下，可以保持的距离，就像两只刺猬为了报团取暖而能保持的最近距离。

12.2

职场圈子

职场痛点

有的新员工初入职场，就被动或主动地混圈子，越陷越深，最后追悔莫及。

本讲提要

职场圈子的 4 个特征。

职场圈子并不是普遍现象，你不幸碰到了，怎么办？

第一，不用怕，邪不压正。第二，不要混圈子。第三，不站队，只站对。

什么是职场圈子？职场圈子也叫职场派系，指员工在公司里形成的小圈子、小帮派。

比如雷士照明是我国照明行业的著名企业，1998 年公司成立后，就发生了多次派系冲突。

职场圈子具有以下特征。

1. 以某种特殊关系联结成小团体、小圈子。

常见的是“三同圈”（同乡、同学、同事）、履历圈（比如都是海归或者战友）、亲友圈、部门圈、利益圈。

2. 每一派系都有一位领军人物。

以领军人物为核心，形成以数名甚至数十名骨干为主体，若干或者众多追随者为外围的非正式组织。某上市公司，董事长、总裁、副总裁是不同地方的人，公司形成了不同的圈子。

3. 有强烈的派系认同感，形成“自己人”和“外人”的意识。

同一个圈子的人被认为是“自己人”，会接纳、保护，甚至无原则地支持和任用。圈子外的人员或者其他派系成员，被认为是“外人”，会被排斥甚至敌对。

4. 派系利益高于公司利益，或把派系利益当作公司利益。

从雷士照明的案例可以看出，派系之间的斗争，对公司经营管理会产生负面影响甚至造成重大损失。主要表现如下。

● 拉帮结派，内耗不断。

公司上下把精力都放在派系之间的斗争上，严重影响公司的正常经营。雷士照明曾经是照明行业的翘楚，由于多次发生派系斗争，公司董事会、管理层、执行层、经销商队伍不断更迭，导致公司失去领先地位。

● 圈子利益。

工作上出现问题，不是先考虑问题本身，而是关心这是谁造成的，或者谁是谁的人。只要是一个圈子的，错的也是对的；只要是对手圈子的，对的也是错的。公司利益无人关心，圈子利益高于一切。某公司副总裁提出了一个与行业龙头公司进行业务置换的方案，私下里大家都认为这个设想非常有价值，如果是自己派系的人提出就好了。由于副总裁与总裁属于对立的派系，方案谱到总裁系成员的反对，最后不了了之。

● 混圈子。

派系复杂的公司，会形成圈子文化，公司从上到下都要混圈子。圈子文化的特点是，“一人得道，鸡犬升天”。如果派系内有人晋升为董事长或者总经理，派系的其他成员就可能平步青云，得到重用和提拔。相反，如果不是一个派系的，你干得再好，工作再努力，也得不到晋升和重用，这会逼得所有员工都找靠山、抱大腿、混圈子，公司里会乌烟瘴气。

如果新员工不幸进入有职场圈子的公司，入职后该怎么办？应抓住三个要点，如下。

1. 不用怕，邪不压正。“有人的地方就有江湖，人就是江湖。”其实，有人的地方就可能出现派系，出现圈子。但并不是所有的公司，都有派系、圈子，并不是所有的派系、圈子，都能在公司里兴风作浪。职场上的派系、圈子，属于非正轨组织，上不了台面，毕竟公司的法定组织发挥着核心作用。越是管理规范的公司，派系、圈子就越少。实际上，职场派系问题被夸大了。大多数公司里的圈子并非有意形成的，而是有历史原因。比如，有的家族企业，创业时期不得不重用家族成员。所以，新人不用过于担心公司的派系和圈子问题。

2. 不要混圈子。有的新人听说，职场上“背靠大树好乘凉”，只要选对圈子，跟对人，就有人撑腰，有人说话，就有前途，于是刚入职就开始找圈子。其实，这样做很不好。为什么？

因为职场上的派系冲突是“神仙打架，小鬼遭殃”。公司派系斗争，几乎都发生在高层，公司中层几乎都是打前站牺牲品，而基层就是利益牺牲品了。新员工刚入职，派系冲突的好处不一定轮到你，坏处却往往很明显。为什么？如果某一派系胜利，圈子分享战利品，你是新人，不够资格，多半不会考虑你。如果派系冲突胶着，你则可能被几个圈子拉扯，最后都是你的问题。所以，新人不要参与职场派系之间的斗争，不要参与公司里以权力斗争为主要目的的圈子。

3. 不站队，只站对。职场新人处于基层，很难触及高层派系斗争，最有可能把新人裹挟进圈子的，是部门之间的圈子冲突。在个别公司里，工程部与技术部，销售部与市场部，工厂与财务部，人力资源部与行政部，职能部门与业务部门等，容易出现圈子之争。

入职后，新人很可能不知不觉陷入以部门为圈子的派系冲突。作为新人，要知道什么是对的，什么是错的。新人要站在原则一边、道理一边，不站队，只站对。新人不能认为，只要是自己部门就是对的，错误都是其他部门的。在这一点上，新人一定要清醒。

在公司里，什么是对的？什么是错的？符合公司制度、章程、流程、核心价值观、公司战略、公司目标、公司决议的，能够为公司创造价值、获得利润的，就是对的。否则，就是错的。无论在哪家公司，从长远看，能证明你的，只有你的能力和业绩；能给你带来利益和前途的，也只有你的能力和业绩。混圈子、站山头的做法，实际上是把自己在公司的利益和前途，绑在和别人的私人关系上，把自己放在一个从属、依附的位置上。这样，既靠不住，也没有必要。

作为职场人士，一定要明白，公司之所以需要你，是因为你能够胜任，只要胜任工作，就不用看人脸色，就不用与他人“拉扯”。新人应明白，业绩靠得住，能力靠得住，人品靠得住，圈子靠不住。

本讲知识点

新人如何面对职场中的圈子问题?

1 不用怕，邪不压正。

2 不要混圈子。

3 不站队，只站对。

12.3

职场上的“抢风头”

职场痛点

有的新人畏首畏尾，不敢挺身而出，甚至不敢坚持原则。有的新人则乱抢风头，给自己和公司添麻烦。

本讲提要

职场上的抢风头，也叫抢镜头、占 C 位。

职场中有 3 种风头是不能抢的。

当然，如果确实是自己的风头，就应该理直气壮，当仁不让。

职场上的抢风头，就是抢占突出位置，成为焦点人物。有的公司也把抢风头叫抢镜头、占C位。C位的说法，最早出现在娱乐报道中，某明星在秀场站在C位，就是指其处在焦点位置、中心位置。职场C位，是指由于你的某种表现或者行为，成为公司的焦点人物、话题人物，受到公司上下的一致关注，相当于你上了公司的热搜或者头条。

抢风头，之所以前面有“抢”字，是因为这个风头，是你主动制造出来的，不是被动接受的。如果风头、C位是你被动接受的，不是主动“抢”过来的，就没有问题。比如公司遇到突发状况，你不得已挺身而出，帮助公司或者同事摆脱困难，避免重大损失，一时间你成为公司“英雄”，受到关注，领导也在会上表扬你，倡导向你学习等，这就不属于抢风头。

有的新人可能觉得职场C位离自己很远，自己是新人，人微言轻，尚不堪大任，职位尚处最低，怎么可能突然占据职场C位，成为大家关注的焦点呢？其实，对于一个在职场中要度过几十年的人来说，抢风头，成为焦点，是迟早要发生的。没有人甘于一辈子默默无闻，谁都想有受人关注的时候，哪怕一件事，一瞬间。更何况，进入职场，只要你努力，你就会越来越重要，就会自然而然地靠近职场C位。但是，职场中有的C位、有的风头是不能抢的，抢了就是找麻烦，找难堪。而有的C位、有的风头，一定要去抢。

哪些风头不能抢？以下三类风头不能抢。

不是自己的不能抢

如果成绩是别人做出来的，不是自己的，这个风头不能抢。某部门新入职员工小A，将月报体例进行了改进，重新设计了分析项目，改变了过去月报不够直观，缺乏数据分析和关联项目等问题。部门的小B把小A做好的月报传上OA，签名也是小B。老板看到月报的改进后，非常高兴，在开会时，特别表扬了小B，在老板的心里，这项工作一直是小B做的。小B表示自己做得还不够，以后要更加努力，只字不提小A

的贡献。如果小B只字不提小A的贡献，就感谢老板，实际上是贪功，抢了不该抢的风头。这已经不是抢风头的问题，而是个人的品德问题。

不合规矩的不能抢

什么叫不合规矩？就是不符合惯例、习俗、规则、规定。某公司的大老板到子公司检查工作，员工A陪子公司老总在门口迎接大老板。大老板刚下车，员工A一个箭步冲上去，越过自己的上级，第一个和大老板握手。这个场面被集团的工作人员拍下发到了公司内网上，成了笑话，被全公司笑了许多天。这也让我们理解了出风头为什么也被叫抢镜头。

国内装备行业某著名企业的集团副总，召集自己分管部门负责人开会，各部门负责人还带了一两个主管该项业务的下属参加会议。在会上，集团副总就某项工作谈了设想和初步计划。刚讲完，某部门负责人带来参加会议的一位主管小明，级别比部门负责人低两级，突然有非常好的想法，于是他当场发言，把自己对这项工作的几个想法都讲了一遍。听到小明的发言之后，集团副总觉得不错，当场表扬了小明，并要求小明根据这些想法拟订一个方案，直接报给他。小明这种做法，就是不合规矩地抢风头。有人会说，公司开会，无论是谁，有想法就在会上提出来，有什么不对吗？对此，我们分析一下。去集团开会，参会者不是代表个人去开会，而是代表自己的分公司、部门，是职务行为而不是个人行为。既然是职务行为，就必须按照组织规则开会。比如，公司的行政会、班子会或者经理办公会，按规则只有经理及经理以上级别的管理人员才能参加，才有发言权。不是经理级，不能参加会议，或者即使因为某种需要参加，只能列席会议，不能出席会议，列席者在会上是没有发言权的。在这个案例中，小明是由他的主管领导带去参加会议的，显然属于列席会议，小明是没有发言权的。那么，小明如果有好想法、好建议想提出来，应该怎么做呢？

第一种办法：让上级提。小明把想法悄悄汇报给直接上级，由直接上级在会上提出来，这是比较好的办法。

第二种办法：经上级同意后自己提出。如果在开会现场，小明没有足够的时间向直接上级汇报，或者直接上级一时半会对建议也无法理解，小明可以征求直接上级的意见："关于这个项目，我有几个想法，我能不能代表部门，把想法在会上提出来？"如果直接上级同意，小明就可以在会上发言。

但是，请注意，小明的发言应该是这样的："受我部门领导委托，就刚才集团领导的设想，我代表我们部门，对这项工作提几点建议"。或者"我们有几个不成熟的想法，部门领导委托我在会上谈一谈，以便抛砖引玉。"这里的关键是，小明的发言不是代表他自己，而是代表他的上级、他们部门，且得到了直接上级的同意和认可。

第三种办法：散会后找机会。直接上级不同意你现场发言，你不能强行发言。这样，既避免了不合规矩地抢风头，又能够对工作有自己的贡献。

没有把握的不能抢

抢风头是为了表现自己好的一面，表现自己的成绩和贡献，如果成绩并不好，好的一面并不突出，就不要抢风头，以免适得其反。有一家银行的支行，为了抢风头，对新的中间业务还不熟练，开展得还不顺利，就急忙把省行领导请来参观。结果业务员现场操作时，一个单子办理了很久都没成功。

反过来，有的风头是必须抢的。抢风头，其实也是站在潮头，敢为人先，做别人没做或者不敢做的事情。你先做，就会抢镜头、出风头，成为焦点。但是你必须努力工作，努力创新。在符合职场原则下，有些风头，该抢就得抢，没有抢风头之心，就会永远平庸。木秀于林，风必摧之。你抢了镜头，出了风头，占了C位，很可能会遭到别人的冷眼或者排挤，但是如果有机会，你还是应该试一试。

有家公司，开展了客户服务的"满意100"活动，要求员工做到让客户百分百满意。这要求员工花很多的努力和心血，改进工作态度、服务方式等，费时费力，很多人坚持不下来，慢慢懈怠。这时候，你继续坚持，按照原定标准服务，比如别人怕累坐着服务，而你标准站式服务；其他同事把服务的七个步骤简化为五个步骤，而你不厌其烦地坚持七个步骤。最后，你成绩突出，符合公司“满意100”的要求，把其他人都比下去了。公司令表扬、表彰你，甚至把你评为“先进”“标兵”“先锋”。你在公司出了风头，由于你的优秀，显得别人好像没有好好工作，有些同事开始冷落你，甚至排挤你。即使如此，这种风头，你也必须抢。

企业，是一个绩效导向的地方，不是一团和气的地方。为了公司利益，为了达成绩效，为了尽职尽责，为了创新而抢风头，应该理直气壮，当仁不让。

本讲知识点

在职场，哪些风头不能抢？

不是自己的风头不能抢，不合规矩的不能抢，没有把握的不能抢。

12.4

越级问题

职场痛点

越级常常把新人夹在中间，使新人左右为难。

旦越级问题处理不当，上下级之间产生职场矛盾，对新人今后的工作和职业发展将产生长期负面影响。

本讲提要

学会辨别什么是越级，什么不是越级。

掌握“不越级是常态，越级是例外”的原则。

越级

什么是越级？简单地说，是越过直接上级或直接下级的指挥行为。按照一个上级的原则，员工只接受自己直接上级的指挥，并只向直接上级请示和汇报工作。打破这个原则，就是越级。具体来说，又有两种情况。

1. 越级——隔级上级。

销售部的员工小李的直接上级是销售部经理，销售部经理的直接上级是销售总监。某大客户发来一个大单，小李直接将这个信息报告给了总监。小李越过直接上级，向上级的上级报告，这就是向上越级。某大客户打电话给销售总监，说他们公司有一个采购大单，销售总监直接把这个大单交给小李处理。这个例子中，销售总监越过自己的直接下级，指挥员工，叫向下越级。

2. 越级——上级的同级。

财务部核定加班费忙不过来，财务部经理让销售部小李过来帮忙，小李二话不说就去了。小李未请示自己的直接上级，私自接受其他部门的工作调派和安排，是越级，是职场大忌。

越级仅限于上下级之间的指挥关系，即下达指令、请示和汇报，也就是只有在指挥行为上违反了“一个上级的原则”，才被认为是越级，否则不是越级。

以下几种情况，不属于越级。

销售总监找小李谈心，了解员工最近的心态和想法。销售总监是小李的隔级上级。在企业里，更高层级的领导找基层员工了解情况、谈心等，不属于越级。隔级上级可以越级检查和调研，但是不可以越级指挥。

比如，公司大老板到销售部检查工作，发现小李做大客户单的方法有些问题，这时老板不应该直接给小李下达命令，而只能依据指挥链，将指令下达给销售部，由销售部再下达给小李本人。

小赵向隔壁部门的经理B通报某项目进展情况。一般来说，向兄弟部门或者职能部门通报工作，只要是例行行为，或者经小李上级安排的行为，则不属于越级。

财务部要求小李在本月底之前，将销售部所有需要报销的凭证进行上报。这也不是越级。财务部属于职能部门，职能部门行使自己的职能职权，向业务部门提出具体的工作要求，不是给小李本人下命令，只是因为小李负责与财务部的对接工作，才直接找小李的。

销售部经理让小李尽快把某大客户的需求整理出来直接报给公司总裁、副总裁、销售总监等领导。经过自己的直接上级授意的工作行为，不是越级。

如果遭遇越级，新人如何处理呢？

原则是不越级是常态，越级是例外。什么意思？下面分两个层面进行分析。

不越级是常态

在工作中，能不越级，最好不越级。作为一名新员工，应该老老实实走指挥链，有事就向自己的直接上级汇报，不要越过自己的领导，向更高级别的领导汇报；未经直接上级同意，也不接受任何级别人员的工作指令和要求。

如果你有两三个上级，第一个上级让你往东走，第二个上级命令你往西跑，第三个上级指挥你往南奔，你一定会不知所措。这种情况在公司里叫多头领导，是管理上的大忌。有不少公司，特别是创业型公司，在创业时管理比较混乱，经常出现多头领导，越级指挥的现象。对某大客户的大单，公司总裁直接给小李布置拿下这个单子的办法，销售总监也直接找小李面授方法，分管技术的副总也给小李提出一些要求，再加上自己的直接上级——销售部经理的要求，小李不知道自己该听谁的。这种情况在许多创业型公司、民营企业中，屡见不鲜。

越级不仅使下属不知所措，领导也累。

按照管理学的研究，一个领导的管理跨度为6，最多不超过8。什么意思？就是一个领导最多直接管理6~8人，再多就管不过来。如果一家小公司100多人，员工都越过部门经理，直接向副总甚至老总汇报，相当于一个高管管几十个下属，管不了，也管不好。更麻烦的是，越级会导致权力和责任不对称。如果副总越过部门经理，直接给你布置工作，那么这项工作出问题了，应该找谁？按理说，谁给你布置工作，谁承担领导责任，这样权力和责任是对等的。如果副总给你布置工作，出了问题却让部门经理负责，是不对的。

在越级比较普遍的公司，你可能会看到一种现象，就是推诿，特别是经理、领导的推诿。你去找你的部门经理汇报，部门经理会说，这事儿，你得去找副总，把你推到副总那儿。你去找副总，大概率是副总把这个事推到公司总裁那里，让你找总裁。所以，新员工应该遵守不越级的原则。即使你所在公司里有个别越级现象，你也尽量守规矩，能不越级，最好不越级。

越级是例外

什么时候是例外？

第一种情况是突发事件。出现突发事件，来不及一级一级汇报，怎么办？就近汇报，哪位领导离得近，就向哪位领导汇报。经理出差，一个大客户突然打电话说，他们公司遇到紧急情况，需要马上给他们提供一批货。这时候，你找经理来不及，就要第一时间找离你最近的领导，比如销售总监甚至老总，说明情况，请马上决策。紧急情况，谁近找谁，谁能马上处置就找谁。处理的间隙，你应边处理边告知你的直接上级。

第二种情况是申诉。申诉可以越级。申诉是你不认同上级对你的处理，需要通过其他组织程序纠正而采取的行为，这个组织程序包括向各级上级申诉。注意，这是针对上级对你本人的处理，比如在考核、奖惩、薪酬等方面，你有不认同的处理意见，进行越级申诉。申诉不是针对工作处理，如果对上级在工作处理上有不同意见，可以按照前面介绍的前后处理法解决，不能越级。

除以上两种情况外，如果是大领导向下越级呢？公司副总或者老总，越过部门经理，直接交给你一项工作，你怎么办？

首先，你不能拒绝。你不能向老总说按照组织原则，不能越级。按道理，大领导不应该越级，现在大领导越级向你指示，一定有他的苦衷，这是大领导对你的信任，你当然应该高兴地把工作接下来，努力完成。但是，这时候千万别忘了一件事——在第一时间向你的直接上级汇报此事，告知大领导给你布置了一项工作，并请教他如何办。一般来说，你的直接上级不会否决，而是会表明知晓，并要求你努力做好。这样，你就是按照直接上级的要求工作，就把越级变成了不越级。这样处理非常必要，大领导越级是大领导的问题，你不向直接上级汇报，就是你不懂程序。

此外，大领导越级给你布置工作，你完成后，应该向谁汇报？请注意，这时一不留神又会出现越级问题。正确的做法是，先向直接上级汇报，请直接上级定夺。直接上级有两种处理方式。一种是让你自己直接向大领导汇报，另一种是他向大领导汇报，或者他带着你去向大领导汇报。这样处理，你既对大领导布置的工作负责，又避免了越级。此时，要避免在直接上级不知情的情况下，自己直接向大领导汇报。你绕过直接上级，直接找大领导，在有的公司叫攀高枝。这种做法是职场大忌，除非你事先与直接上级打过招呼，否则不能这么做。

本讲知识点

如何面对越级问题？

心中要有一个原则：不越级是常态，越级是例外。

12.5

职场不公

职场痛点

职场中，不公的议论最容易蛊惑人心。一些新人听风就是雨，听到不公就心里不平衡，就义愤填膺，在议论中失去了自己的判断。因为自己并不了解什么是职场不公。

本讲提要

职场中，新人要学会辨别什么是公平，什么是不公。

如果确实遭遇不公，要分类处理，不要“一刀切”。

职场中，常常听到有人抱怨不公。

- 同样的业绩，别人奖金多，你的奖金少。
- 比你入职晚的，已得到晋升，而你还在原地踏步。
- 有背景有靠山的人，晋职晋级。无依无靠的人，干得再好也没用。
- 你开会迟到，挨批评又扣钱。有的人开会迟到，没有任何问题。

面对职场不公，新人怎么办？首先，你要清楚什么是公平。早在 2 000 多年前，古希腊的哲学家亚里士多德就给出了一个定义，这个定义也是公平的形式原则，公平是同样的情况同样对待，不同的情况不同对待。这是什么意思呢？

同样的情况同样对待

用一把尺子对所有人就是公平，也就是一视同仁，一碗水端平。不用同一个标准、同一把尺子对所有人，就是一碗水没有端平，就是不公平。公司规定迟到者罚款 100 元，那么公司任何人，无论是总裁还是新人，只要迟到就罚款 100 元，这就是公平。如果在迟到的人中，只罚普通员工，不罚领导或者与领导关系好的人，就是不公平。公司规定，绩效考核成绩为 A，下年度工资自动上浮一级。那么，无论谁，只要得到 A，就必须上浮一级工资，这是公平。如果同样得 A，有的人工资涨一级，有的人不涨，这就是不公平。

公司在许多方面都应该一视同仁，比如公司的规章制度，工作流程，目标和计划，薪酬福利。总之，凡是公司制定的规章制度，所有人都必须遵守，哪怕老板违规，也必须与员工“同罪”，得到同样的处罚，没有人可以例外。否则，就是不公平。

不同的情况不同对待

在某些情况下，不同的情况不同对待，区别对待才是公平，一视同仁反而是不公平。

有些对这一条不太理解。比如外出旅游时给大家发面包，仅仅根据第一条——同样的情况同样对待，每人一个面包就是公平。但旅游团里，有小孩有大人，小孩一个面包吃不了，发多了就浪费，大人一个面包不够吃。所以，如果按照人头发面包，反而对旅游中干活多饭量大的人是不公平的。大家都会承认，这时候，不同的情况不同对待——两个小孩一个面包，一个干活的大人两个面包，才是公平的。

在公司里，这种不同的情况不同对待，很常见。博士学位的员工进公司，起薪比硕士学位的员工高，硕士学位的又比本科毕业的员工起薪高。不同职务、不同岗位的任职人，薪酬标准不一样。总经理承担的责任大，薪酬就比中层、基层员工高。不同的情况不同对待，才是公平。

如果不同的情况，同样对待，把总经理的工资与员工的工资拉平，恰恰是不公平的。

那么，这种不同的情况不同对待，是如何划分的？把博士和硕士、总经理和员工，分成不同情况，分别拿不同的工资，大家能够接受。但是，如果把男员工和女员工，会巴结领导和不会巴结领导的员工分成不同情况，分别给予不同对待，拿不同的工资，大家肯定不能接受，会认为这是不公平。这是怎么回事呢？因为标准是胜任和绩效。

企业，与家庭、社区、公益组织等不一样，企业的核心是赢利。所以，企业在区别对待的时候，必须按照谁对企业盈利有贡献为标准，不能是其他标准。博士比硕士价值高，总经理比员工价值高，绩效成绩得A的员工比绩效得B、C的员工对公司的贡献大，当然给他们的报酬就应该多，否则就是不公平。所以，公司里区别对待的标准只能是谁更胜任，谁绩效更高。

明白了以上道理，如果遇到不公，新人如何面对和处理呢？有两个要点。

要点一：先判断是否真的遇到不公。有的新人很容易把工作中的烦恼或者别人（上级、同事、客户等）对自己的不满意，误认为是一种不公。经理要求小李必须在三天内把给某的大客户建议写好交给他。小李觉得经理处事不公，同样是给大客户写建议书，给小王一周时间，而只给他三天时间。小李的这种看法是错误的。根据前面的分析，判断上级公不公平，要看上级有没有同样的情况同样对待。在公司里，不同的大客户有不同的需求和签单路径，情况不一样，要个案处理，不能“一刀切”，这时，需要根据客户情况区别对待。所以，把经理给小王一周时间，只给自己三天时间这件事作为上级不公的依据，显然是错误的。

小李连续几周加班加点，非常辛苦。下周女朋友来看他，小李想请年休假。小李知道公司规定工作满一年才有资格申请年休假，自己离工作满一年还差几天。不过，小李希望经理能够考虑到他这段时间工作辛苦和女朋友探望等特殊情况，批准他的年休假申请。申请后，经理没有批准。小李认为经理对他有成见，处事不公。公司规定工作未满一年不得休年假，这是一项制度，不能搞特殊。所以，经理不批准小李的申请是对的、公平的，如果经理考虑特殊情况，给予照顾批准申请，恰恰是不对的，对其他同样情况的员工是不公平的。

需要特别提醒的是，一些新人，常常听信传言，比如经理和谁关系特殊，照顾谁，谁没满一年就成功休假等。如果相信了这些传言，就容易形成上级不公的印象。千万不要轻信传言。

在职场上，任何判断都不能以道听途说为依据，也不能以偶然事件为依据。只有出现确凿的、持续性的事实，才可以得出相应结论。

要点二：分类处理。职场不公可能有多种原因，如果经确认，确实遭遇职场不公，应该学会分情况处理，最忌“一刀切”。

第一种情况：偶尔遭遇不公。

这种情况，新人要忍或者沟通。

第二种情况：重大不公。

遇到这种情况，新人应申诉、投诉。如果可以确认是重大不公，比如上级或他人打击报复，或者公司工作疏漏造成你重大权益受损，则按照公司有关程序和规定进行申诉或投诉，维护自身权益。

第三种情况：制度性不公。

遇到这种情况，新人应离职或忍耐。新人遭遇制度性不公，可以选择离职。有的公司可能存在制度性不公，且有明文规定。一些地区的公司规定，在公司某些岗位任职，必须有本地户籍。有的公司的制度性不公，没有明文规定，而是以潜规则或者“企业文化”的形式存在。

国内一家著名的高科技企业，有一条潜规则是，公司内部晋升的高管，必须是某大学的毕业生。

作为新人，不可能也没有必要与不公平的制度相对抗。如果制度性不公确实成为自己职场的天花板，离职就成为必然选择。

本讲知识点

什么是公平？

同样的情况同样对待，不同的情况不同对待。

12.6

举报、告密与申诉

职场痛点

打小报告，到处告状，是职场中的不良行为。

但是，由于新人不了解举报、告密与申诉的不同，错将打小报告等行为当作义举。

本讲提要

举报、告密与申诉这三种行为是不同的，但是很容易使人混淆，混淆后会有问题。

什么是举报？什么是告密？什么是申诉？

在职场，有三种行为不易分得清。它们是举报、告密和申诉。这三种行为都很敏感，容易得罪同事，得罪上级，甚至在公司里引起轩然大波。如果不能很好地区分这三种行为，不能把握好分寸和原则，将会给自己、上级和公司带来麻烦，甚至是严重后果。

什么是举报？员工向有关部门报告公司或公司中某人的违法、违纪或违规行为。举报有以下特点。

第一点，有违法、违纪或者违规行为。这种行为可以是公司行为，可以是部门行为，也可以是领导的个人行为。某化工企业为了省钱，偷偷关闭污水处理系统，上传假的污水处理数据，这是公司行为。某部门私设“小金库”，这是部门行为。公司某领导收受贿赂，这是个人行为。这些都是违法、违纪、违规行为。

第二点，因为工作关系而知情。比如你是该化工企业污水处理部门工作人员。

第三点，有严格的报告程序和方式。无论是党政部门的举报，还是企业的举报，都有严格、明确的程序和方式，必须遵守。举报公司、上级或者同事，需要巨大的勇气，还需承担一定的压力，甚至可能遭到打击报复。一个有良知有担当的员工，当发现重大损害国家利益、公司利益、股东利益、消费者利益、员工利益的行为，或者重大的犯罪行为，应当挺身而出，积极举报。这既是一个员工的权利，也是责任。2020 年，大家都知道了一个名词——“吹哨人”，“吹哨人”就是举报人或揭露人。

但是，举报事关重大，一旦举报成功，被举报人将面临刑事处罚或者行政处罚。一旦举报失误或者失败，则会给公司和个人带来很大麻烦，你可能很难在公司再工作下去。所以，对于举报，要慎之又慎。

一是确认。确认行为确实违法、违纪或违规，这就需要你熟悉国家的法律法规和公司规章制度，并不容易。

二是证据确凿。掌握确凿的违法违规证据，是举报的基本前提。如果仅仅是道听途说，不能举报。

三是走规定程序。比如公司领导干部违纪，你应向董事会或纪委举报。本部门或者其他部门违规，你应向公司高层举报。违法行为，你应向检察机关或者政府执法部门举报。

什么是告密？因为私人恩怨而向有关部门或者领导告发自己的同事、领导、合作伙伴或者朋友的行为。

告密有以下几个特点。

第一，告密者与当事人有私交，过从甚密。比如亲人、同学、师生、战友，或者有密切私人关系的上级、同事，总之是一个圈子里的人。只有一个圈子里的人，才会是告密，否则不是告密。在学校里，有学生告发其他班级学生作弊，这不是告密，而是举报。因为被告发者与告发者之间没有私密或者亲近的关系。在公司里，有员工告发其他部门员工弄虚作假，也不是告密，道理相同。

第二，因为私密关系而知情。由于私密关系，告密者了解当事人的隐私性信息，比如私下的不当言论或者行为，或者不宜公开的言论或者行为。比如销售部经理十分信任小李，在私下聚会时，经理对小李表示出对销售总监的不满，甚至还说要带小李一起跳槽。

第三，因为私人恩怨，邀功请赏而向上报告。一般是，原来与当事人关系密切，后因故反目成仇，或者心生不满，于是采取告密打击当事人，或者因为告密可以取得公司或者领导的赏识和奖励，于是告密。

打小报告就是告密。职场有一种行为，叫打小报告，即下属私下向上级或者公司高层告发自己的同事或上级的行为。打小报告符合告密的基本特征，比如与被告发者关系密切，因关系密切而知情，因私人恩怨而告发。

与举报不同，举报是走组织渠道，是组织许可甚至鼓励的行为。而告密、打小报告，走的是私人渠道——私下向关系好的上级告发，或者直接找有矛盾的高层告发。

那么，一名员工应不应该告密 / 打小报告呢？不应该。告密者是叛徒、小人的代名词。在几乎所有的公司里，打小报告者常会名声扫地。

为什么不应该告密 / 打小报告呢？

第一，告密违反做人的良知。

告密者属于贬义词，因为告密违反了人的基本良知。在私人领域，比如夫妻、父母、兄弟姐妹、亲朋好友、师生、上下级之间，由于个人的私密关系，会了解他们不为人知的言行，这些言行如果被官方或者他人获悉，会对他们不利，怎么办？中国传统文化认为，应该“亲亲相隐”，也就是一个人应该为自己亲近的人保密。关系密切的人之间会有更多的信任，因为信任而了解对方更多的秘密，那么，为对方保守秘密就是基本义务，否则人与人之间基本的信任，将不复存在。因对方信任而告发对方，是一种背叛行为，为人所不齿。

在法庭上，亲朋好友的证词会被排除，不被采信，因为告发自己的亲朋好友是不可想象的。在公司里，上下级之间，同事之间，是不是私人领域？在“组织沟通”一课中，已给大家介绍过，上下级之间和同事之间是工作关系，显然不是私人领域，而是公务领域，必须按照组织沟通的渠道和原则来处理。但是，上下级之间和同事之间，也会出现密切的私人关系。比如某上级将某下属看作自己的亲信，部门的同事成为无话不谈的好朋友。这种私密关系下的言论或者行为，属于私人领域，要按照做人的原则来处理。

第二，公器私用。

告密是想通过组织力量，比如政府权力、公司权力或者某位领导的权力，来打击甚至清除与自己观点不同的人、与自己有恩怨的人，或者有利益之争的人。甚至有人想通过告密，作为获取领导青睐和信任的台阶。通过告密，利用公共资源达到个人目的，是一种典型的公器私用。

如果将举报与告密比较，举报是见义勇为，告密则为人所不齿。

那么，怎么区分举报和告密呢？

举报与告密的区别

	举报	告密
与当事人关系	工作关系	私密关系
知情	因工作而知情	因关系密切而知情
对个人的好处	为了公义，对个人没好处	为了私人恩怨，对个人有好处
类别	已经造成后果的行为	他人言论和未形成后果的行为

本部门报销会议支出时，里面混了不少假发票和违规项目，你向公司财务部做了反映。这不是告密，而是举报。销售部经理一直对销售总

监的领导方式不满，有一次经理和小李下班喝酒，半醉半醒之间，经理对小李说了不少总监的坏话。小李将此事报告给总监。这是告密，不是举报。

什么是申诉？申诉也叫申告，与举报和告密不同。申诉是员工对工作安排、考核奖惩、劳动条件、员工关系等方面的对待或处理不满时，根据公司规定的程序所做的自我救济行为。一句话，申诉是根据公司规定的程序和办法维权。

申诉的时候，程序很重要。

某公司的申诉、投诉程序如下。

先向直接经理口头提出，如果结果并不令人满意，员工可以如下做。

第一步，向其直接经理呈交一份书面投诉（说明时间、地点和其所面对的事件），直接经理应在三天内书面答复。

第二步，如员工对其直接经理的解释不满意，可向其高层主管经理投诉并送人力资源部备案。

第三步，人力资源部应积极协调员工的直接经理或其高层主管经理就员工提出的投诉在七个工作日内答复员工。

第四步，如问题还得不到解决，应提交公司总经理做出最终裁决。

公司里的申诉机制，是给员工一个说理的机会，也是一个矫正错误的方法。

关于申诉，新人应注意以下几点。

1. 不同的公司，不同的事项，申诉程序是不同的。如果新人申诉，一定要严格按照自己公司的申诉程序进行。有的小公司，没有规定申诉程序，新人怎么办？一找直接上级，二找人力资源部，三找老板申诉。不过，应了解有的公司不允许越级申诉，有的公司鼓励越级申诉。

2. 正式的申诉必须是书面的。

3. 申诉并不意味着员工自己一定就是对的，公司就一定有错。无理取闹的员工大有人在，受到不公对待的员工也不少，所以公司的申诉程序，是通过制度化、程序化的方式，既防止员工受到不公待遇，又防止员工无理取闹。绝大多数公司的申诉程序是严肃的，值得信任的。

作为职场新人，应该尽早清楚举报、告密、申诉的区别，避免不必要的麻烦。

本讲知识点

什么是打小报告?

因为私人恩怨而向有关部门或者领导告发自己同事、领导、合作伙伴或朋友的行为。

12.7

职场歧视

职场痛点

有的新员工，不想成为职场歧视的牺牲品，却成为职场歧视的帮凶。

本讲提要

新人应清楚什么是歧视，什么不是歧视。

2017 年 5 月 16 日，某网站在内部工作群发出招聘产品运营的广告。在岗位职责描述和任职要求后面，这次招聘的责任人田某又补充了“五不要”，一下子引起轩然大波。先是遭到公司内部群里上百员工的批评，消息被传到外网后，迅速成为网络上热门的公共事件。对这种明目张胆的歧视行为，批评之声铺天盖地。17 日下午，该网站宣布辞退田某并就此事道歉。这是发生在国内影响很大的一次职场歧视与反歧视事件。事件的起因是公司内部招聘跟帖中出现了歧视性的言论，就导致了一次重大公共事件的发生，使网站成为众矢之的，田某在事件发生仅 18 个小时后就被辞退。

那么，什么是歧视？什么不是歧视？我国有许多职场歧视事件，一个普遍现象是，当事人不认为自己是在歧视他人。在前述事件中，田某被辞退的第二天专门发了一篇微博，为自己的歧视行为辩护。当时他的辩解得到了不少人的点赞。这些点赞的人，包括田某都错误理解了歧视这个概念。

必须承认一个事实，人与人之间是有差别的，人与人总有年龄、性别、地域、出身、学历、能力、经验等的不同。所以，并不是区别对待就是歧视。在企业，区别对待的标准只能是一个，那就是胜任。职场歧视，是不能仅仅根据是否胜任工作而平等待人，而是根据其他非胜任因素决定就业、任用、升迁、发展机会、工资、福利和对一个人的看法和评价等。这里的其他因素包括宗教、性别、民族、地域、户籍、身份、社会出身等，在西方还有种族和肤色问题，在我国，则主要是地域、户籍、身份问题。一句话，不是“量能就业”就是歧视，不是根据一个人是否胜任工作而决定一个人的发展机会、利益和评价，就是歧视。

很多招聘企业依据户籍选人，违反了“量能就业”原则，是典型的歧视行为。职场中，如果要区别对待，只能根据其能不能胜任工作，而不能根据与胜任无关的户籍等因素。

前几年，某女大学毕业生投诉并在法院起诉某公司招聘时性别歧视，理由是这家公司的职位上注明只招“男性”。这就是性别歧视，因为公司不是根据岗位胜任的要求，而是根据性别选人。

在前述歧视事件中，田某认为不要某地方的人并不是歧视，只是偏好，但其实这就属于歧视。因为不是根据是否胜任，而是根据地域选人，是典型的地域歧视。

性别歧视、地域歧视、学校歧视（只要某几所大学的毕业生）等，都是统计歧视。什么是统计歧视？统计性歧视是将一个群体的典型特征看作该群体每个个体所具有的特征，并利用这个群体的典型特征作为雇佣标准而产生的歧视。

统计歧视理论的提出者美国经济学家菲尔普斯认为，统计歧视是错误的。这种歧视的原因是统计方法不科学或者信息不完全。在我国，这一点更加严重，因为人们常常说起的这些地域特征、学校特征、户籍特征，连统计都没有做过，更不要说统计方法科不科学。从国外对统计歧视的研究看，用所谓统计学上的群体特征来甄别和筛选，并不能提高所谓招聘效率，反而强化了人们的成见，将胜任岗位的人排除在外。

什么意思？所谓统计特征，只不过是一些人的印象或传言，并没有科学的研究依据。

什么不是歧视？与歧视相反，仅根据是否胜任工作而平等待人，决定就业、任用、升迁、发展机会、工资、福利和对一个人的看法和评价等，就不是歧视。根据工作能力选人用人，就不是歧视。某公司招聘保安，男性保安的录取率超过95%。这家公司招聘时，不能注明“仅招男性”，不能将女性排除在外，否则就是歧视。但是，在招聘中，根据岗位胜任要求，录取的男性远远多于女性，并非对女性歧视。一名清华的学生和一名二本大学的学生应聘，公司选择了清华大学的学生。这并不是歧视，而是出于工作能力的考虑。一家餐馆招服务员，招女性不招男性，或者招男性不招女性，是不是歧视呢？这很容易判断。餐馆区别对待员工性别，如果是满足来自顾客的不同偏好和消费要求，与其企业经营目标一致，就不是歧视，否则就是歧视。就是有的顾客倾向于女服务员的服务，因为女性服务细腻、周到，更愿意来吃饭或者支付更高价格，这意味着女性更胜任服务员，招聘女服务员就不是歧视。相反，有的高档餐厅专门找男服务员，是因为顾客认为男性服务员提供服务，更有面子，更愿意来这家餐厅吃饭，更愿意支付更高价格，这就不是歧视。

这种案例有很多，比如机场有贵宾候机厅和贵宾通道；银行有贵宾区和普通柜台等，都不属于歧视。因为这种区别对待，是来自顾客的偏好，而企业仅为了满足不同偏好的顾客，做了区别对待。这种区别对待显然与谁更能胜任工作有关，而不是用与工作无关的因素区别对待。

在美国，由于 NBA（美国职业篮球联赛）大多数队员是黑人，而观众大多数是白人，观众希望球队中能有白人球员上场并有上佳表现。于是，球队为了满足观众的这一偏好，引入白人球员，给比黑人队员更高的年薪。与这种做法相似的是 NBA、欧洲五大足球联赛，为了开拓我国市场，专门引入我国球员一样。这种情况，没有违法“量能就业”原则，不属于歧视。

另外，偏见不是歧视。所谓偏见，是对特定的人或者群体持有负面的评价，比如认为某人不讲卫生。偏见是一种观念，而歧视是一种行为。评价也不是歧视。不能说谁不好，就是歧视谁。反对也不是歧视。反对是不赞成他人的观点或者行为，这并不构成歧视，不能因为别人反对你，就认为别人在歧视你。

清楚了歧视的基本概念，上述歧视事件对职场人士的启示是要旗帜鲜明地反对和抵制各种歧视。道理很简单，那就是人人平等。平等是我国社会主义核心价值观之一，是人类为了消除冲突、混乱、压迫，建立文明、有序的社会所确立的基本原则。经过努力，这一原则被写进联合国宪章，也写进了我国宪法。不仅宪法，我国的《劳动法》《劳动合同法》《妇女权益保障法》《就业促进法》等均有反歧视条款。其中，《劳动法》第 12 条规定，“劳动者就业，不因民族、种族、性别、宗教信仰不同而受歧视”。

一个国家的基本制度、法律，应当平等地保护每一个人的尊严和基本权利，不因为其出身、民族、种族、性别、身份、政治面貌、财产、知识等而有所差别，反对特权和歧视。己所不欲，勿施于人，每一个人都应当平等待人，你不希望被他人歧视，也不能歧视他人。遗憾的是，某些职场人士对平等待人的价值观淡漠。在前面所举的歧视事件中，田某在跟帖中不经意地流露出对他人的歧视，并对此不以为然。在一些公司里，户籍歧视、地域歧视、性别歧视、身份歧视等随处可见。某大学做过一个大学生就业歧视状况的调查。54% 的大学生认为在应聘中受到了歧视。其中，69% 是性别歧视，59% 是户籍歧视，48% 是政治面貌要求，46% 是对相貌有明确要求，43% 是对年龄有要求，31% 是对体检方面有要求。

在职场，歧视不仅违背社会主义核心价值观，而且会在公司里造成团队分裂，人际隔阂，小圈子等现象。作为一名职场新人，既不应该成为职场歧视的牺牲品，更不能成为职场歧视的帮凶。

本讲知识点

什么是职场歧视？

不是“量能就业”，而是根据胜任以外的因素，比如地域、性别、民族、出身、种族、身份、户籍等，而决定一个人的任用、晋升和评价。

13

基本职业操守

职场上，基本职业操守是底线，必须遵守。
做事先做人。

本课目标

1. 掌握基本职业操守 1——勤勉
2. 掌握基本职业操守 2——保密
3. 掌握基本职业操守 3——廉洁
4. 掌握基本职业操守 4——依法合规
5. 掌握基本职业操守 5——层级意识

本课提要

13.1 基本职业操守 1——勤勉

树立勤勉意识　受人之托，忠人之事　上班时，把心思都用在工作上，勤勤恳恳，兢兢业业，不懈怠，不偷懒，不玩手机，不办私事

13.2 基本职业操守 2——保密

树立保密意识　保密范围　保密级别　保密办法

13.3 基本职业操守 3——廉洁

树立廉洁意识　廉洁的五层内涵

13.4 基本职业操守 4——依法合规

树立依法合规意识　依法合规是一条职场“高压线”，不能碰

13.5 基本职业操守 5——层级意识

树立层级意识　下级服从上级　一个上级　尊重上级

13.1

基本职业操守 1——勤勉

职场痛点

上班漫不经心，出现差错不以为然；上班时间偷懒，玩手机，办私事。更令人吃惊的是，有的新人居然对这种行为不以为然。

本讲提要

1. 不勤勉的场景。

2. 什么是勤勉？

3. 勤勉是履行自己对公司的一种承诺，一种义务。不勤勉履职的人，不配领工资。

什么是勤勉？勤勉这个词，许多新员工觉得很陌生，甚至第一次听到，很难理解。没关系，让我们反过来，先看看职场中不勤勉的行为有哪些，就容易理解勤勉是什么了。

行为 1：上班办私事。

某公司，严禁员工上班时间上网闲聊，一经发现，立即辞退。有一次，老板在上班时间在公司休闲群（不是工作群）发红包，结果红包被很快抢完，第一个抢到红包的员工，得 12 元。这时，老板出现了，以上班时间玩手机为由，将该员工辞退。

新员工容易出现：工作期间打私人电话，接待亲朋好友来访，处理私事，干私活，上网玩游戏，用微信等社交软件聊天等。

行为 2：摸鱼。

摸鱼，或称划水，就是上班时间偷懒的意思。偷懒，是职场新人常见的行为。

有的人工作一会儿就叫苦连天。一会儿困了，一会儿要喝水，一会儿要上厕所。有的人在公司就像在家一样，想吃就找零食吃，想睡就趴在桌上睡。有的人则找各种借口偷懒，要么电脑坏了，要么领导没说，要么身体不舒服。还有的人为了偷懒，经常借口家里有事，孩子病、老婆病、父母病、自己病。或者磨洋工，一件工作正常情况一天做完，被他拖延成两三天干完；一件工作本来可以一个人做，被他扯来扯去，变成了两三个人做。

行为 3：情绪化。

有的人情绪好的时候加班加点，情绪不好的时候耍脾气、闹情绪、撂挑子，工作三天打鱼两天晒网。有的人把生活中的情绪带到工作中，生活中遇到好事，在工作中也兴奋不已，逢人便讲；生活中遇到不顺心的事儿，工作就心不在焉、心神恍惚、有气无力。

行为 4：失职。

不履行，或没有正确履行，或没有尽心尽力履行自己的岗位职责而造成错误或损失，叫失职。失职在职场是十分严重的行为，是不勤勉履职所带来的直接后果。

某建设公司施工员邓某，在某项目的施工现场指挥挖掘机司机施工时，没有按照工作规范核对施工图纸，致使司机将地下电缆挖断，造成经济损失 11 万余元。

行为 5：佛系。

看淡一切，我行我素，油盐不进，无论工作好坏，无论表扬批评，好像对他来说都无所谓。

这么多不勤勉的行为，并非发生在一个人身上。但是，无论如何，任何公司都不应该为员工上班办私事支付报酬，对不对？都不应该为员工的偷懒行为支付报酬，对不对？都不应该为员工闹情绪支付报酬，对不对？都不应该为员工的失职支付报酬，对不对？都不会为对一切都无所谓的态度和行为支付报酬，对不对？

不勤勉的员工，不配领工资！更不要奢望与公司一起成长，一起分享成果。

反过来，什么是勤勉，就很清楚了。

勤勉是一种基本职业操守 / 职业伦理，指的是一位员工在工作岗位上，应该像一个审慎的人在处理自己的个人事务时那么认真和尽心尽力。勤勉就是员工在上班时间，除了必须处理的个人事务之外，年复一年，始终如一地把时间都用在工作上，把心思放在工作上，竭尽全力地履行职责。

勤勉，首先表现为全勤（每天出勤）上班。全勤，意味着上班风雨无阻，从不迟到、早退，几乎没有请假。

这很难。你能在一年里，实现全勤，从不迟到、早退、请假吗？

我走过几百家企业，在每家企业，都有许多经理和员工，几年甚至十几年，没有一次迟到、早退，也很少请病假、事假。无论刮风下雨，总是准时出现在公司，坚守在自己的岗位上，加班加点也是随叫随到。

难道这些人不累吗？家里没事吗？不生病吗？不送孩子上学吗？上班不堵车吗？当然不是。他们能够日复一日，年复一年地保证按时上班，当然是克服了许许多多的生活上的困难才实现的。

许多人将上班，将兢兢业业地工作当成习惯，当成信念，甚至当成信仰。这些早出晚归、年复一年出全勤的员工，保证了公司的正常运转，在任何公司，他们都是不可或缺和值得信赖的人。

其次，勤勉还体现在上班时间里，脑子里想的是工作，手头上做的也是工作，脚下跑的还是工作。甚至下班后，还在想着、做着、跑着没有做完的工作。

有的人会说，老板想多了。上班就上班，人不是机器，一刻不停地工作，谁也做不到。实际上，许多公司正式上班时间不足 8 小时。比如，万达集团《员工手册》规定的每天上班时间是 7.5 小时，富士康规定每工作 2 小时可以休息 10 ~ 15 分钟。这两家公司，都是以工作时间严谨著称，公司规定的正式上班时间，居然没有要求满 8 小时。我们简单算一下，在法定的每天工作 8 小时里，假如一位员工不勤勉的话，真正用于工作的时间有多少？

	实际工作时间
公司规定上班时间 7 小时 30 分钟	7 小时 30 分钟
如果有员工每天：	
午饭期间早 10 分钟去，晚 10 分钟回。	7 小时 10 分钟
上厕所、喝水、抽烟 30 分钟。	6 小时 40 分钟
看微信、打私人电话 30 分钟。	6 小时 10 分钟
和公司同事聊天 30 分钟。	5 小时 40 分钟
私事（查生活信息、约会）30 分钟。	5 小时 10 分钟
情绪不高、心不在焉 30 分钟。	4 小时 40 分钟

这意味着，公司是按照标准工时——每天工作 8 小时的标准向员工支付工资福利。实际上，有的员工实际工作时间可能只有 4 小时 40 分钟，仅仅相当于标准工时的 57.5%，甚至更少。

没错，人不是机器，不可能满负荷工作 8 小时。那么公司是不是也可以不按照每天 8 小时的工作标准支付工资呢？或者说，公司也按照标准工资的 57.5% 向你支付工资呢？你会同意吗？

其实，在绝大多数公司，对勤勉并没有奢望太多，勤勉并不是让你像机器一样满负荷工作，而是让你在上班时间，除了必须处理的个人事务外，自觉地、主动地、发自内心地将工作时间都用在工作上。

为什么？因为你与公司签订劳动合同，成为公司的员工之后，就等于与公司做了一个约定——你付出约定的工作时间内的劳动，公司给你支付相应的报酬和福利。公司和你签订劳动合同，是按照每天工作 8 小时支付工作报酬的。只要你上班，公司就必须履行劳动合同，给你支付全额的标准工资，少一分钱都不行。如果公司无故克扣工资，你一定会指责公司行为不端，甚至到劳动监察部门投诉。那么，你是不是也应该在上班时间，除了不得不处理个人事务的时间外，竭尽全力地工作？受人之托，忠人之事，尽职尽责，尽心尽力地工作，对得起这 8 小时的工资。

勤勉，不过是员工履行自己和公司签订的劳动合同，履行自己对公司的承诺，是一种契约精神，一种本分，一种最基本的义务。

所以上班时，不要心不在焉，不要打私人电话，不要干私活，不要磨磨蹭蹭，不要摸鱼。把上班时间用在工作上，把心思用在工作上。这些要求，不过分，是底线，是基本职业操守。如果做不到，我，或者你的老板会很遗憾地告诉你，作为员工，你不合格。

本讲知识点

什么是勤勉？就是在上班时间，除了必须处理的个人事务外，自觉地把上班时间都用在工作上，把心思都放在工作上，竭尽全力地履行职责。

13.2

基本职业操守 2——保密

职场痛点

商业机密是公司核心竞争力之所在，保密是一个员工的基本操守，然而大多数新员工对公司保密制度闻所未闻，保密意识严重缺乏。

本讲提要

1. 保密是一个员工的基本职业操守和应尽义务。
2. 了解公司的保密范围、保密级别和保密办法。
3. 养成保密意识和保密习惯，遵守保密制度。

个人有隐私，公司有机密。个人隐私应当被尊重，公司机密必须被保守。每一位员工，都必须树立保守公司机密的意识，履行保守公司机密的责任和义务。

为什么？我国《劳动法》和《劳动合同法》规定，一旦员工与公司签订劳动合同，成为公司的一员，就有遵守劳动合同和公司劳动纪律的义务，这个劳动纪律包括了保密纪律。

遵守保密纪律，保守公司机密，是员工的基本义务，基本职业操守。

每一家企业都有自己的商业机密，比如核心技术、知识产权、核心客户、成本和价格体系、人员资料、公司重大决定纪要等。这些机密一旦丢失或者扩散，将会给公司造成重大的、不可挽回的商誉损失和经济损失。

2018 年，韩国三星公司最新的 OLED 曲面屏显示技术被泄露给其他公司。三星预计，机密的泄露将令其在未来 3 年损失共计 58 亿美元的销售额，8 亿 ~ 9 亿美元的利润。

2018 年，某快递公司 10 亿条快递数据被一位 ID 为“f666666”的用户在暗网上兜售，数据信息包括寄（收）件人姓名、电话、地址等信息，都是被内部人士批量出售而来。

在某公司微信群，财务小王把公司的工资单不小心发了出来，而且怎么也无法撤回……一时间公司上下都知道了各岗位工资，而且很多平级之间工资居然也有很大悬殊。一大堆辞职信被放在了 HR 的桌上……这次工资泄密事件，使整个公司很长时间处于混乱状态，骨干流失，业务停滞。

泄露公司机密，不仅给公司带来损失，也会给员工本人带来很大问题，这些问题有三个级别：

最低，公司处罚。如果员工泄密，将根据公司相关规定进行处罚，处罚包括警告、记过、罚款、降职降级，直至辞退。某证券公司医药行业首席分析师张某在微信群中泄露某集团管理层限制性股票 + 期权方案，引起证券行业震动。张某本人受到辞退和罚款 20 万元的处罚。

中级，承担民事责任。有的员工以为发生泄密事件，给公司造成损失，公司进行处罚就可以了。实际上，许多泄密事件都是员工离职后发生的，比如违反竞业禁止协议，携带原公司商业机密加入新公司，或者将原公司商业机密转手出售。在这种情况下，原公司可以通过向法院提起民事诉讼的方式，要求泄密者停止侵权、赔偿损失。厦门某贸易公司原经理，离职后违反两年内不得同行业任职的竞业禁止协议，被原公司起诉。2019 年，厦门中级人民法院判决该经理支付违约金 10 万元，并返还保密津贴。

最高，承担刑事责任。如果有证据证明该员工确实将相关技术资料泄露给了竞争对手，造成原公司巨大的经济损失（判刑标准 >50 万元），根据我国《刑法》第 219 条规定构成侵犯商业秘密罪，将判处最高 7 年的有期徒刑并赔偿经济损失。

过去，许多人对保密无感，今天，保密已经成为一名员工非常重要的职业操守和行为规范。为什么？

一是信息社会、知识经济下，商业机密对于一个企业来说，生死攸关。一个定价策略、一个外观设计、一串代码、一份客户资料等被泄露，可能会给公司带来灭顶之灾。二是由于新技术的应用，机密被窃、被复制十分容易，不用特殊设备，手头有部手机即可，拍照、摄像、发送，几秒钟就完成泄密。三是基于互联网，机密很容易被扩散，一旦发到网上，几分钟点击转发数百万次，成为公开的秘密，甚至迅速形成公共事件。四是许多职场人士的保密意识，被海量信息冲刷得越来越淡漠和混乱。特别是新员工，保密意识和保密操作上几乎一片空白，很容易无意中就发生泄密行为。

那么作为职场新人该怎么办？

很简单，严格遵守和执行公司保密制度，养成保密意识和保密习惯。关于保密制度，有几个关键词：

关键词一：保密范围。

公司保密，都会限于商业机密这个范围，不可能什么都要保密。什么是公司商业机密？我国《反不正当竞争法》第九条规定："商业机密是指不为公众所知悉、具有商业价值并经权利人采取相应保密措施的技术信息和经营信息。"具体来说，不同的公司对什么是自己的商业机密、公司保密范围有哪些，有自己的明确规定。

某公司的保密制度规定的保密范围如下：

1. 技术信息。技术信息的范围一般包括甲方客户提供的需求、软件实现方式、技术手册及其他文档、涉及商业秘密的业务函电、代码等。

2. 经营信息。包括客户名单及客户的数据库资料、营销计划、采购资料、定价政策、不公开的财务信息、劳动报酬、进货渠道、产销政策、招投标中的标的及标书内容等。

3. 员工应保密自己的薪资和绩效，相互之间不得打听收入情况。

以上三方面，应该说是企业保密范围的底线了。对于大中型企业来说，保密范围非常广泛，公司会制定专门的保密手册，详尽列出保密范围，有的长达几十页。

关键词二：保密级别。

几乎所有的大型企业，比如中国移动、华为、阿里巴巴、中国工商银行等，都会有保密分级制度。一般划分为绝密、机密、秘密、内部公开四个级别，针对不同的保密级别采取不同的保密办法。也有的公司的保密级别分为三级。以某公司保密级别为例：

- 绝密级——公司经营发展中，直接影响公司权益的重要决策文件及技术信息资料为绝密级。

- 机密级——公司的规划财务报表、统计资料、重要会议记录、客户资料、经营状况、管理制度等为机密级。
- 秘密级——公司人事档案、合同、协议、员工工资、尚未进入市场或尚未公开的各类信息为秘密级。

关键词三：保密办法。

进入互联网时代，企业的保密要求越来越高，保密办法也越来越多。比如华为，仅仅涉及员工的安全保密规定就有十几个。许多大型公司特别是科技类公司，员工入职时，要和公司签订保密协议和竞业禁止协议，在这些保密制度中，几乎都规定以下事项：

一是未经授权或批准，员工不得将需要保密的事项对外部或内部无关人员透露，谁泄露谁负责。美国惠普公司规定，员工不能泄露自己的薪酬信息。一名员工如果问另一名员工收入多少，如果后者如实回答，透露自己的薪酬，那么说出自己薪酬数额的员工就会被开除。按照惠普的原则，不追究问的人，而是追究说的人。

二是未经授权或批准，员工不得将公文、手册、报表、记录、传真、电报、电子文档、讲话、录音、录像等资料对外或对内部无关人员展示。

三是员工应妥善保管所持有的涉密资料，不得擅自将涉密资料带离保存场所或办公场所，不得在处理涉密资料时留下泄密隐患，离职或离岗前必须将涉密资料原件和复制形式完整交回，不得自行保留。

四是未经授权或批准，员工不得复印或以其他方式复制标有“绝密”“机密”“秘密”级别的内部资料。未经信息所有人批准，员工无权将自己所获得的保密信息再授权或提供给他人。

有的公司还规定，下班或离开办公桌 10 分钟以上，应关闭或锁定计算机。桌面上不能放有秘密级以上文件，秘密级以上文件应放在带锁抽屉或保密柜内。公司所有办公区域不开通无线上网服务。

对于职场新人来说，要尽快建立信息安全和保密意识，要有职业的敏感度。无论入职哪家公司，无论公司有无明文规定或者开会强调，只要进入职场，应该养成以下底线保密意识和保密习惯：

- 未经同意不得翻看他人的文件资料。
- 不得无保密措施存放涉密文件资料。
- 未经批准，不得复制与自身工作无关的公司文件和资料。
- 不泄露自己收入信息，不打听同事的个人收入。
- 未经批准，不得带领公司以外人员进入工作区域参观。
- 不得泄露公司秘密和未经披露的会议内容与决议经营数据信息。

不同的公司，在保密制度和办法上各不相同，新员工入职后，要仔细学习本公司的保密制度或办法，以自己公司的具体要求为准。有许多公司在新员工入职时，来不及就保密制度和办法做很多培训和要求，你可千万不要以为公司不重视保密。

本讲知识点

什么是商业机密？商业机密是指不为公众所知悉、具有商业价值并经权利人采取相应保密措施的技术信息和经营信息。

13.3

基本职业操守 3——廉洁

职场痛点

职场新人常常误解，以为廉洁是对领导的要求，自己“新员工一枚，不关我事”。其实，近几年国内外许多企业爆出的行贿受贿、贪污腐败、占公司便宜等事件，都涉及普通员工甚至新人。

不洁身自好，不守本分，迟早会断送自己的职业生涯。

本讲提要

什么是廉洁？廉洁指的是：

1. 不收受好处。
2. 不假公济私。
3. 不徇私情。
4. 不占公司便宜。
5. 不贪赃枉法。

请养成公私分明，廉洁奉公的好习惯。

廉洁，是职场基本职业操守之一。什么是廉洁？廉洁，也叫廉洁奉公，是指员工洁身自好，不收受好处，不假公济私，不徇私情，不占公司便宜，不贪赃枉法。一个人在自己的职业生涯中，要从入职的第一天起，就把廉洁的准则深深地刻在自己的头脑中，体现在自己的行为上。具体来说，廉洁表现在以下几个方面。

不收受好处

不得以任何名义和形式收取或者享受客户、供应商、竞争对手、下属机构礼品、现金、有价证券、接待和专门服务。

在这方面，不同行业的企业，规定是有差异的。

我国几乎所有的企业，比如海尔、格力、美的等家电企业，中国移动、中国联通等运营商，供水、供电、供暖等公共服务类公司，都严格规定：上门服务人员，不得接受客户任何礼品或招待。任何指的是哪怕一杯水、一个橘子、一个小挂件等礼品，更不得接受购物卡、微信红包等馈赠。

中国银行规定，业务关联方主动提供的礼品、旅行安排、食宿招待等，员工只有在不影响正常履行职责且当场拒绝会被视为失礼的情况下，才可以在公开的场合下接受，并在接受之前或者当时及时报告上级，决定处理方式。

不得收取好处，就是当关联方或者利益方向你提供好处时，你应该婉拒，而不是高高兴兴地收下，这是新人必须养成的一项职业操守。关联方指的是客户、供应商或其他合作伙伴。

不要被小恩小惠所迷惑。一般来说，关联方给好处，开始总是小恩小惠，比如送小礼品、水果饮料、吃饭等。有的新人，容易被小恩小惠所迷惑，认为这些不值几个钱，不算收取好处。所有上门服务的公司都严格规定服务人员上门必须滴水不沾，为什么？因为喝一口水，也是受人恩惠，接受一口水，接下来就可能是一杯水，再下来就是一杯饮料、一件礼物等。收受好处的口子一开，就会由小变大，堵也堵不住。如果出于礼貌，不得不接受，怎么办？请示上级或者请示公司有关部门。如果业务关联方送你礼品，你的上级也同意收下，礼品归谁？有的新人自认为归个人，这是错误的。一些大型公司，对此有明确的规定，比如规定：价值 50 元以下的礼品，经请示后可以归个人；50 元以上的礼品必须上交公司。一些公司一般没有明确的规定，那就请示领导，由领导决定礼品归属。当然，一般不是很贵重的礼品，领导一般会让个人所有。如果是贵重的礼品，或者明显带有贿赂性质的礼品，比如名烟、名酒、名表，则应该上交。

总之，针对关联方提供的好处，一句话说，有规定，按规定。无规定，就请示，不得自行处置。

实际上，总有一些上门服务人员违反公司的规定。比如，享用客户提供的饮料，甚至吃饭喝酒，接受小礼品，结果之后就会少开发票金额、增加服务时间、为客户提供超范围的服务事项等，导致公司利益和形象受损。

一位做系统维护的新员工，被 A 公司派到客户处进行某项目维护。客户发现这位员工的技术不错，就想让他把公司的系统也维护一下。客户这个请求不仅超出了工作业务范围，而且客户还不想付钱。客户采用的办法很简单：对该员工热情招待、陪吃陪喝、嘘寒问暖。该员工初入职场，不好意思拒绝，便利用几个晚上，帮客户维护系统。没想到，帮忙的时候，客户公司的系统瘫痪了。后来客户追究责任，认为这位员工代表的是提供服务的公司，是职务行为，应该由A公司赔偿，而A公司认为，这是员工私下的行为，与公司无关，两家公司打起了官司。而这位惹祸的职场新人，没想到自己的低级错误给两家公司都带来很大损失。

不假公济私

员工因工作需要而掌握的公司资源，如车辆、器材、设备、办公用品、会员卡等，不得做私人用途。

在学校和家庭中，一些人没有受到廉洁方面的培训，分不清自己或者他人的行为是不是违反了廉洁准则。比如，用公司的车辆为自己搬家拉货，下班后用公司的电脑或者其他设备，用公司的复印机、复印纸为自己复印文件等。这些都是假公济私，违反了廉洁准则，是错误的行为。

有一次我前往某公司上课，该公司人力资源部的员工来机场接我。接到我之后，这位员工又让车在中途绕了个道，接上自己的女朋友，然后一起回市里。

这种做法，同时犯了两个错误：第一个错误，利用公车为自己办私事，违法了廉洁准则；第二个错误，在工作中办私事，违法了勤勉履职准则。

不徇私情

工作中，面对任何人，包括同学、同乡、亲朋好友等，都必须坚持原则，按章办事。

脸皮薄，是新人的共同特点。什么是脸皮薄？在工作中，只要遇到熟人或“铁哥们儿”“闺密”，或者其他亲朋好友等求自己帮忙办点私事的时候，由于不想得罪人，或者“不好驳人家的面子”，或者干脆就是不知道如何应对，于是，新人就处处退让，为人家行方便、办私事。

有职场好友求公司负责考勤的“哥们儿”，将自己某次迟到改为公出。该 HR 不好意思拒绝，答应了。某公司采购办公用品，开办公用品店的朋友，请负责采购的行政主管照顾一下生意，该主管答应了。公司举办市场推广活动，邀请某明星代言，公司其他部门有几位该明星的粉丝，央求市场部小王设法偷偷带她们进去求签名合影，小王办了。

这些行为，就是徇私情，就是因私废公，就是不廉洁的行为。

不占公司便宜

员工不得利用公司管理漏洞或不当方式，从公司为自己或他人获取好处。

占公司便宜，与贪污盗窃等不同。贪污盗窃是采取非法方式，在公司不知晓的情况下，将公司财物据为己有。而占公司便宜则是打擦边球，利用公司的管理漏洞，为自己或他人牟取利益。比如，公司招待客户吃饭，有的人可能把自己的餐费混在里面报销，或者开发票时多要几瓶饮料带回去。因公外出，让出租车司机多给两张发票，或者用金额高的票据替换金额低的票据等。

在职场上，有一个著名的测试，叫报销单测试。公司会定期或不定期报销单据，比如差旅费、接待客户的餐费、公出或者加班打车费等。报销的程序是，填单，财务审核，领导签字，最后报销。报销单据，往往可以测试员工廉洁程度。报销明细中可以看出是否诚实、是否廉洁、是否在报销单里塞了私人单据、是否把个人消费塞进公务消费中报销等。

坦率地说，占公司便宜，可以说是职场中最为常见的现象了，也可以说是廉洁准则中最难坚守的地方。

某公司一次开除55名道德瑕疵员工，原因是这些员工在微信群里找出租车司机要发票，每月都多报销几百元打车费。公司通报称“涉及金额并不巨大，但是有规则就要遵守，公司制度不能打折扣”，这些员工被开除。晚间加班打车，公司报销是应该的。因私打车，却充入公务报销，坚决不能做。所以公司的便宜，不能占，不能沾。

不贪赃枉法

大家经常看到关于我国反腐方面的报道和宣传，出现频率很高的词汇有“以权谋私”“行贿受贿”“贪赃枉法”，这些词汇形容的都是采取违法方式获取好处的现象。在公司里，这种现象有企业特有的一些特点，比如“贪污”“吃回扣”“吃里爬外”等。

贪赃枉法就是：

- 为了拿到订单，给有关政府部门或者买方有关人员送礼、送钱（俗称回扣）、输送利益（比如组织旅游）。
- 向供应商索取金钱或其他好处，或者强迫对方用好处交换采购或者许可。
- 为了得到好处，置公司规章制度和利益于不顾，吃拿卡要，给好处才办事，不给好处不办事或者刁难。

以权谋私、行贿受贿、贪赃枉法，不仅仅是违反公司的规章制度，而且是违反国家法律法规的行为，是绝对不能做的。在任何公司，这些都是不能触碰的底线，违法将会遭到公司最高级别的处罚，并且在自己的职业生涯留下擦不掉的污点，甚至会触犯刑法。

事实上，国内外企业每年都会发布廉洁公告，都会处理若干起贪赃枉法事件。任何一家遵纪守法的公司，都会对这种恶劣的行为保持高压态势，严厉打击，绝不姑息。

新人千万不要以为廉洁与自己无关。入职后，新人就会慢慢发现，公司里有些岗位的权力或资源，会影响他人利益。

但很多岗位上的人员不以为意，长此以往，恐会酿成大错。

廉洁是每一位员工都应当恪守的基本职业操守。人在职场，不合法的好处，不碰；不是自己的东西，不拿。坚持原则，公私分明，廉洁奉公。

本讲知识点

什么是廉洁？不收受好处，不假公济私，不徇私情，不占公司便宜，不贪赃枉法。

13.4

基本职业操守 4——依法合规

职场痛点

许多新人没有职场“高压线”意识。

新人因无知而触碰职场“高压线”，害人害己，令人遗憾。

本讲提要

依法合规就是守规矩，包括遵守国家的法律法规、行业惯例、企业的规章制度、合同契约，甚至文化习俗和价值取向等。

养成依法合规意识——在公司里，无论自己做什么，其他人甚至领导让你做什么，都要问一句，这样做合不合法？合不合规？合法合规，做；不合法不合规，不做。这是一条“高压线”，不能碰。

什么是依法合规？在企业经营中，公司和员工必须严格遵守相关法律、法规、规章、监管规定、适用的国际惯例、行业惯例以及公司章程、规章制度、操作规程，不得逾越、违反。这是一条“高压线”，不能碰。用一句话来说——依法合规就是遵守规则，包括国家的法律法规、市场规则、行业惯例、企业的规章制度，甚至文化习俗和价值取向等。

遵守公司规章制度

作为员工，无论在哪个岗位，从事何种工作，都要严格遵守公司的规章制度，包括公司章程、决议、制度、操作规程等。一句话来说，按公司的规矩工作。但是，在许多公司，不按规章制度办事，违反操作流程的现象时有发生。

上海交通大学舆情研究实验室、公共关系网联合发布的《2013 年中国企业舆情年度报告》显示，三成企业财经舆情涉嫌违法违规操作。

2013—2017 年，某移动通信运营商员工，通过代理商发展“零预存”合约机业务后，在出现欠费投诉等情况时没有尽到回访、跟踪、及时管控等业务管理责任，造成公司终端和话费损失 164 万余元。

2018 年，某位网络运营商员工，违规延长客户宽带专线“免费试用”时间，在系统资费为“零”的情况下，私自收取客户费用据为己有；擅自使用他人工号篡改调低宽带专线营业系统资费，将费用“差额”部分据为己有，共给公司造成经济损失约 18.8 万元。

2019 年 3 月，扬州市一工地外爬架发生坠落，6 死 5 伤。中国建筑第二工程局有限公司官方微博发布通报称，造成事故的原因是附着式升降脚手架操作人员严重违章作业。

在职场的违规事件中，有的违规是无心之失，有的是工作懈怠造成，有的是人情世故，有的干脆是牟取私利。现在，越来越多的企业，对于员工违规采取零容忍。无论什么原因，违规给公司和个人职业发展造成的损失是不可估量的。

违法违规，不但要受到公司处罚，还有可能承担刑事责任，不能触碰。

公平交易

遵守市场经济的基本原则和国家相关法律法规，与客户公平交易，和竞争对手公平竞争，不得采取隐瞒、欺骗、抹黑、串谋等方式达成交易或者赢取竞争对手。

市场是一个大学校，许多优秀的企业和正直的职场人士，会教导新人学会公平交易，如价格公开、信息披露、合约自愿等市场原则。但是违反公平交易原则、法规的现象仍然时有发生。

职场中常见的现象有：

- 作弊。一切通过非公平不正当手段获取优惠券减免、奖励、订单、五星好评等行为。甚至在某些行业，有专门的作弊软件。
- 刷单。利用消费者会员卡、司机乘客账号或者虚拟 ID 刷单，或者对敲（自己跟自己成交）、团伙刷单、模拟消费者刷单等，造成虚假购物信息或者成交信息或者好评信息，以获取订单或者利益。
- 抢单。违反公司的客户划分和管理规定，从本公司的同事手里，抢夺、截取客户资源或者订单。采用不正当手段（比如私下刺探、买通）从竞争对手手里抢夺客户或订单。
- 私单。与客户共谋，将公司业务或者订单转为个人承接或其他公司转接。
- 窜货。公司经销商、代理商或业务员违规跨区销售或供货。
- 围标，也叫串标（串通投标），指为取得订单投标时，几个投标人（都是自己人）之间相互约定，一致抬高或压低投标报价进行投标，通过限制竞争，排挤其他投标人，达到使自己中标的目的。
- 做“托”。利用假消费者假意购买，营造热销氛围，吸引真消费者。

- 黑对手。通过制造谣言或其他虚假信息的方式，打击竞争对手，使自己获利。

这些现象，与国家的法律法规、社会的公序良俗和公司的规章制度，都是相违背的、不相容的，是典型的不依法、不合规、违反职业操守的行为。

遵守契约

市场经济是契约经济，合同就是契约，是双方真实意思的表示，是当事人双方进行合作和交易的具有法律约束力的约定。合同不是儿戏，一旦签订，就必须严格遵守，不得随意更改、违反。这些合同包括与外部业务往来合同，以及新人与公司签订的劳动合同、竞业禁止合同、保密合同、培训合同、目标责任合同、绩效契约等。

新人在遵守合同、协议方面，常见的问题有：

- 忽视合同要件。有新人看到公司与每位客户签订客户承诺协议，让客户签字并寄回，认为多此一举，并不认真检查客户是否签字，是否客户本人签字，导致承诺协议无效，给公司带来损失。
- 签订违法违规合同。某公司业务人员为了完成业绩，在客户的软磨硬泡下，背着公司给客户另外写下字据，承诺额外赠送礼品和附加其他服务。字据也是一种契约，这样做相当于和客户签订了一份“阴阳合同”，这种做法会给公司带来很大麻烦。
- 视合同条款如儿戏。某公司根据与供应商签订的服务协议，供应商必须每季度对公司所购设备进行一次维护。在岗员工认为设备运行良好，没有必要每季度维护，于是擅自告知供应商改为半年维护一次即可。后来设备出重大故障，双方发生纠纷，供应商拿出公司员工减少维护次数的邮件记录，导致公司非常被动。该员工因此被辞退。

文化习俗和价值取向

依法合规，也包括尊重社会的基本价值取向和当地文化习俗。在互联网时代，一句歧视、冒犯的话，一个错误的表情包，都可能造成公司经营的巨大危机和灾难性后果。

滴滴通过其风控合规部官方微信号“滴滴清风”发布公告显示，滴滴在 2018 年内部查处各类腐败、舞弊等违规事件 60 余起，共查处违规人员 83 人。公告称，有 83 人因严重违规被解聘，其中 8 人因涉嫌违法被移送司法。小米集团建立由第三方独立运营的诚信合规平台，消费者和合作伙伴可以通过独立第三方 Convercent 所提供的举报网站对任何涉嫌舞弊的行为进行举报。2017 年 9 月，有人问华为总裁任正非，华为如何应对外部环境的不确定性？他的回答是，“内外合规”。

今天的社会是契约社会、法治社会，企业和个人的言行，必须合法，遵守国家或者所在国的法律法规；必须合规，符合公司章程、公司契约和公司的规章制度。

任何一名员工，都应当具备依法合规意识，并且把依法合规作为自己工作中的“高压线”。

什么是依法合规意识？就是在公司里，无论自己做什么，别人让你做什么，甚至你的领导让你做什么，你都要问自己一句，这样做合不合法？符不符合公司规定？合法合规，做；不合法不合规，不能做。

如果你是销售员，你的经理为了这个季度的业绩数字好看，让你做点假数据，把下季度的业绩先放到这个季度里，你做不做？不做。如果你是工程师，为了工作方便，偷偷降低参数的事情你做不做？坚决不能做。如果你负责公司行政，有人和你关系不错，想不按照公司规定和流程，让你给他们多领用些低值易耗品，或者让公司的车顺便办一点私事，你办不办？不办。如果你在公司里做财务，领导让你做假账，你做不做？不做，无论如何被威逼利诱，你都要坚决不做。

在职场上，把合法合规作为一条“高压线”，不碰，不犯，才能踏实、心安，走得远。

本讲知识点

什么是依法合规？依法合规是员工的基本职业操守之一，就是遵守国家的法律法规、市场规则、行业惯例、企业的规章制度，甚至文化习俗和价值取向等。依法合规是“高压线”，不能碰。

13.5

基本职业操守 5——层级意识

职场痛点

许多职场新人陷入两级状态：要么目无上级，不服从指令，当面顶撞，随意越级；要么在上级面前唯唯诺诺，一概盲从，毫无自己的主张和判断。

本讲提要

层级意识就是：下级服从上级，一个上级，尊重上级。

下级服从上级，是任何科层组织的基本原则。但是，服从不是盲从。

遵守一个上级的原则，不要动辄越级。

层级意识，不仅仅是一种意识，而且是一种职业操守。层级意识包括三层含义：第一，下级服从上级；第二，一个上级；第三，尊重上级。

下级服从上级

下级应当坚决执行上级的指示和要求，当下级与上级的意见不一致时，以上级的意见和决定为准。

下级服从上级，是一条基本的组织原则。曾经有新人问，为什么一定要下级服从上级？上级对，我服从，上级不对，我也服从？

为什么下级必须服从上级？

一是，指挥链是公司组织运转的基本保证。任何公司都需要设置一套由上到下的科层结构，董事会—总裁—部门—小组—员工，从而保证公司的有效运转。这个从上到下的指挥链，要求下级服从上级。

二是，公司目标是按照指挥链层层向下分解的。

- 谁给你分解公司的目标和工作任务？你的上级。
- 谁对你的工作监督检查？你的上级。
- 你向谁汇报工作？你的上级。
- 你工作有困难时向谁求助？你的上级。

服从上级，其实就是服从公司，服从公司目标。

三是，权力与责任对等。权力大，责任也大；权力小，责任也小。首先，公司是以资产承担责任的，大股东资产最多，责任最大，所以大股东权力也最大。其次，公司从上到下，权力和责任层层分解。上级比下级承担着更大的责任，也应当拥有更大的权力。所以，承担更大责任的上级更具决策权。

但是，服从不是盲从。盲从，就是绝对地、无条件地听从上级。服从是对的，盲从是错误的。那么，服从与盲从的区别是什么呢？

服从职务，不是服从个人。你服从上级，仅仅是因为工作需要和组织安排，上级处在指挥链上端的职务（岗位，或者叫职位），你处在指挥链下端的职务。所以上级担任这个职务时，下级服从上级。上级不再担任这个职务时，则无须服从。这不是人走茶凉，而是上级不再担任这个职务时，他的任何指令对你来说都是无效的。

另外，下级服从上级原则，仅适用于工作领域。非工作领域，比如个人私生活，不适用此原则。某部门经理要求其下级在工作时间，陪自己老婆购物，并许诺按照公出处理，该下级高兴地接受了任务。领导利用员工为自己办私事，属于公器私用，显然是错误的。员工明知下级服从上级原则不得用于私人领域，仍接受上级指派，也是错误的。此事若要追究，上级将承担主要责任，下级也要承担一定责任，并不是无过错一方。

违法，不能服从。上级违法乱纪，违反国家法律法规和公司规章制度的指令，下级坚决不能执行。

某公司销售部经理，让下级小赵修改销售汇总和明细，为一部分库存做一份假提货单，使其转为应收账款，从而超额完成本季度销售指标。

在职场，上级给下级下达这种违规的指令，也不罕见。怎么办？坚决不能执行。

超出上级职权范围的决定，不服从。上级的权力和责任，是以他的职务为半径的，超出则无效。

明天有重要客户来公司洽谈，销售部洽谈室的投影仪坏了，销售部经理让小赵到公司会议室，把公司的投影仪直接搬过来安装好，以备明天之用。公司会议室投影仪属于公司资产，归行政部管理。销售部经理让小赵直接去搬，是越权行为，小赵可以不服从。一般来说，小赵可以去行政部办理借用投影仪手续后，再搬来安装。

因此，下级服从上级原则中，违法违规、超出职权范围的决定，下级无须服从。

除工作领域、违法违规和越权三种情况外，作为下级，对于上级的任何决定和指令，都必须服从和坚决执行，不得抗拒，不得打折扣。

一个上级

层级意识，包含着一个很重要的原则，就是一个上级的原则——一个下级，只能有一个直接上级，也叫顶头上司。管理规范的公司，都是按照一个上级原则设计组织架构和指挥链的。

一个员工有很多上级。公司董事长是不是上级？当然是。公司的总裁、副总裁、总助、总监、经理、副经理，都是上级。在很多大型集团公司，比如中国移动、中国工商银行、中石化、沃尔玛、华为、联想等，经理级以上人员，有几千甚至上万人。理论上，经理级以上人员都是普通员工的上级。但是，在组织原则上，只有你的直接上级才是可以给你下命令的上级，你只服从他一个人，其他高级别的上级无权指挥于你。未经直接上级同意，你不得服从任何其他上级的指令。

周末，隔壁部门的经理 B 给小赵打来电话说，明天同时有几家客户过来考察，他们实在忙不过来，让小赵帮忙接待一下。小赵欣然答应并去帮忙，还得到了经理 B 的表扬。到了周一，小赵拖着疲惫的身体回到办公室上班，向自己的经理汇报说“我周末帮经理 B 接待了 ×× 客户”，本以为经理听了会表扬他周末主动加班，没想到却遭到自己经理的批评：“经理 B 没经过我同意私自叫你帮忙，你怎么也不给我汇报一下就去了？你到底是哪个部门的人？！”

显然，小赵犯了一个职场上的低级错误——没有坚持一个上级的原则。只服从顶头上司的指挥。

现实中，作为普通员工，要恪守一个上级的原则很不容易。这是因为在我国许多企业中，组织架构、指挥链不很清晰，特别是在创业公司和家族企业中，大小领导都来下命令，若不服从工作艰难开展。有的公司，大老板喜欢一竿子插到底，直接指挥员工；有的企业，特别是有些国有企业，一个部门有一个经理、一个或者两个副经理，还有一个经理助理；还有些科技类公司和项目类公司，实行矩阵式管理，一个员工既归部门经理管又归项目组负责人管。这种一个员工有好几个直接上级的现象，被称为多头管理。

出现这种多头管理，就很难坚持一个上级的原则。怎么办？这种情况下，你应该紧紧抓住一条主线——你的顶头上司。第一种办法是，无论谁给你下命令，你就请他找你的顶头上司，告诉他你只能听从顶头上司，否则不好办；第二种办法是，无论谁指挥你，你都在第一时间向顶头上司汇报，请他裁决，他让你执行你就执行，他不让你执行就不执行。

尊重上级

其实，以上两点都是对上级最大的尊重。此外，在不同的企业文化中，尊重上级还另外有不同的含义和要求。

平等文化。跨国公司或者受西方管理影响较大的中国公司，除了工作中下级服从上级之外，在其他方面倡导一种平等关系。

- 员工可以直接叫上级的名字，甚至叫老板的名字。
- 和上级聚餐吃饭时，不讲主位、副位，主陪、副陪，想坐哪里坐哪里。
- 出差时，员工和领导各背各的包，甚至各走各的路。
- 开会发言，可以不分先后。
- 开会时，只要还没有形成决议，下属就可以当场提出与领导不同的意见，甚至反驳领导。

差序文化。但是在中国传统文化浓厚的公司，以上行为可能会被认为是不尊重上级。中国传统文化倡导差序格局，即长幼、上下、君臣、男女尊卑有序。领导为上，下属为下，即使领导年龄比你小，只要是你的领导，就要尊称。尊重上级，就是遵守上尊下卑的规矩，不得以下犯上。

某公司一位刚入职的新人，去找其部门领导请假，敲开办公室门就对领导大声说："李经理，通知你一下，我下午家里有事情不来了，你安排一下工作。"瞬间，部门所有人都愣了，抬头看，是哪位领导来视察工作？发现竟然是某新员工请假，瞧这请假的口气，像大领导布置工作似的。第二天，该员工就收到公司 HR 发来的辞退通知书。

在差序文化的企业里，按照以下方式尊重上级，不会太离谱，除非公司另有要求：

- 见上级要叫官称。李经理、王处长、郑总，职务就高不就低。
- 领导优先。出入门口、电梯、办公室，让领导先走；开会发言，领导先讲，领导不讲，请示直接上级再说。
- 不要在公开场合质疑领导，特别是不要在大庭广众之下，与上级形成针锋相对的辩论态势，更不能得理不饶人，要维护领导的权威。

作为员工，要学会按照不同的企业文化表达对上级的尊重。

当然，今天的中国是法治社会、契约社会，新员工要特别注意：你虽身为普通员工，但是你和上级不是人身依附关系，而是契约关系。上下级关系仅仅局限于由劳动契约所形成的工作上的指挥关系。任何对上级的尊重，都不能超越由国家法律所规定的劳动关系之上，除非是你自己发自内心的敬意。

本讲知识点

层级意识包括三层含义：下级服从上级，一个上级，尊重上级。

14

敬业

在职场，态度决定一切。

本课目标

1. 理解责任心的意义。
2. 了解职业精神和主人翁精神。
3. 懂得不找借口、不抱怨、不自以为是的道理。

本课提要

14.1 责任心

什么是责任心　“分内之事”的四层境界

14.2 什么是职业精神

什么是职业精神　职业精神的四个特征

14.3 什么是主人翁精神

什么是主人翁精神　主人翁精神与职业精神的关系

14.4 没有任何借口

什么是找借口　只为成功找方法，不为失败找理由

14.5 我不再抱怨

抱怨是职场大忌

14.6 不要“我以为”

自以为是害人害己　避免自以为是的方法

14.1

责任心

本讲痛点

有的新员工会有这样的表现：工作中脱岗、失职、渎职；出现问题时推诿、扯皮、找借口。自己的本职工作，需要别人督促、提醒才做。

本讲提要

责任心是对自己分内之事，有一种必须做好的强烈意愿和自觉。做好分内的工作是应该的，是义务，如果没做好就会内疚，会心甘情愿接受处罚。

责任心是新人入职面临的最严峻的挑战之一——从上学时对自己负责，甚至对自己不能完全负责的状态，转入对他人负责，对工作具有担当意识和责任心的状态。

什么是分内之事？对分内之事的理解有四层境界，境界越高，新人在职场的价值越大，反之则反。你一旦上岗，就要像一颗钉子一样，钉在自己的岗位上，始终如一地忠于职守，尽职尽责。如果没有做好分内之事，你就会内疚、不安，会千方百计地想做好。如果达到这样的状态，你就真正入职了，你会成为一名值得信任、值得托付的员工。

什么是责任心？2019年3月4日，我国飞往美国的CA983航班，起飞不久飞机发出机舱火警警报，机长决定备降俄罗斯机场，并让所有乘客以及机组人员撤离。飞机紧急着陆后，乘客争先恐后地从逃生口逃离，而飞机上的空乘人员，都坚守在自己的岗位上，冒着飞机随时会燃烧爆炸的危险，镇定地维持着秩序，在协助每一名乘客撤离后，他们才离开飞机。跳下飞机后，正值深夜，俄罗斯阿纳德尔机场正在下雪，积雪没过小腿，十分寒冷，不少乘客只穿着短袖，空乘人员就把毛毯分给他们，还有一位空乘人员将自己的鞋子脱下来，给跑丢鞋子的乘客穿上。空乘人员在零下 30 摄氏度的停机坪上，冻得抱团取暖，等所有乘客被接走后，他们才搭乘最后一辆小车离开。这些空乘人员，在艰苦的条件下，还像钉子一样钉在自己的岗位上，没有忘记自己的职责是为乘客提供周到、安全、舒适、及时的服务，这就是责任心。

在有的员工身上，不负责任的现象很常见。

- 动辄脱离岗位，任由工作无人处理。
- 对工作推三推四，一问三不知。
- 工作上出了问题，归罪于外，推卸责任，反正不是自己的错。
- 对工作敷衍了事，漫不经心，偷奸耍滑。

有了对比，责任心的含义就很容易理解了。

责任心是对自己分内之事，有一种必须做好的强烈意愿和自觉。

那么，如何理解责任心呢?

第一，做好自己分内之事是一种义务。

什么是分内之事？不同的人有不同的理解。有的人理解为“各人自扫门前雪，莫管他人瓦上霜”。有的人理解为古道热肠，对自己的事儿、别人的事儿都很热心。

在职场，分内之事有四层境界。

第一层：岗位说明书规定的岗位职责，是分内应该做的事。这是底线，不能再低了。

第二层：除规定的岗位职责外，工作前后手、上下游岗位中与自己相关的工作，出现遗漏或者紧急情况时，也是分内之事，拾遗补阙，及时补位。

第三层：除以上两层含义外，把公司的事当作自己分内的事情。公司的任何事情，只要需要做又没人做，自己碰到就可以去做。美国福特公司创始人福特，当年大学毕业去一家公司应聘，走到董事长办公室，发现门口地上有一张纸，他就弯腰捡起来，发现是一张废纸就把纸扔进了纸篓里，然后到董事长办公桌前说："我是来应聘的福特。"董事长说："很好福特先生，你已经被我们录用了。"

显然，董事长通过地上的一张废纸，看到了福特对分内工作的理解，符合公司的要求——碰到任何需要做又没人做的事情，自己都应该做。

第四层：除以上三层含义外，持续地、长久地对客户或者当事人负责，一年、两年，甚至更久的时间，仍然把它当作自己分内的事情。

武汉市鄱阳街的景明大楼建于1917年，是一座6层楼房。在1997年，也就是这座楼度过了漫漫80个春秋的一天，突然收到当年的设计事务所从英国寄来的一份函件。函件告知：景明大楼为本事务所1917年设计，设计年限为80年，现已到期，如再使用，为超期服役，敬请业主注意。

过去了80年，不要说设计者，当年的老板和施工人员恐怕也不在了，可是，当年的设计事务所还把超期提醒和告知作为自己分内之事，还在守着一份责任、一份承诺。

所以，分内之事是自己的岗位职责，是为前后手拾遗补阙，是为公司拾遗补阙，是始终如一地、持久地尽职尽责。

在岗位职责的基础上，不断扩展分内之事的范围，并非多管闲事。在职场，公司、领导总是愿意把更多的工作、更高的职位、更多的权力、更高的报酬，给那些愿意承担更多责任的人。而那些偷奸耍滑，推三推四，希望分内之事越少越好，不愿意担当，不愿意承担责任的员工，会被公司边缘化或淘汰。

第二，承担不利后果和强制性义务的自觉。

作为一名员工，没完成工作，会内疚、不安。为什么作为一名员工，没有做好本职工作，会心存内疚和不安，并愿意承担对自己不利的后果呢？因为这是一份托付和承诺。当你和公司签订了劳动合同，入职上岗，不仅仅是有了一份工作，更重要的是，公司和客户对你有一份托付，你对公司和客户有一份承诺。假如你在出纳岗位，等于把公司的钱都交给你保管。公司要把巨额财产交给你这个原来根本不认识的新员工保管，这是多大的托付和信任？你入职，等于向公司做了一个承诺—— 钱交给我保管，请放心，不会有错。同样，一名乘客买了机票坐上飞机，等于把自己的性命托付给了航空公司，交给了机长，交给了空乘人员。公司招聘一名网络维护人员，等于把公司网络安全托付给了他。公司招聘一名保安，等于公司把办公室安全、物品和人员安全托付给他。机长、网维、保安等于向公司做了承诺，受人之托，忠人之事。这个承诺，以及对这个承诺的坚守，是做人的基本原则，是一名员工的基本义务和价值所在。

有了这种对责任的自觉，一个人为了履行好自己的职责，就会宁愿吃苦受累，宁愿承受委屈或损失，甚至宁愿牺牲自己的生命。

出身名门、37 岁就当上日本邮政大臣的野田圣子，第一份工作是在帝国酒店当清洁工。她每天要把马桶擦得光洁如新才算合格。刚开始，她讨厌这份工作，干起来也马马虎虎。有一天，一位与她一起工作的前辈，在擦完马桶后，居然伸手盛了一大杯冲厕水，当着她的面一饮而尽。在前辈的眼中，野田圣子的工作根本没有做到位，光洁如新只是工作的最低标准，经她清洁过的马桶，干净得连里面的水都可以用来饮用。前辈这一举动，使野田圣子大吃一惊。她发现自己在工作态度方面出了问题，没有负起应有的责任。以后，为了表明自己的责任心，野田圣子也在擦完马桶后，盛一杯冲厕水，并喝下去。野田圣子喝冲厕水，是为了表明自己愿意承担没有尽到责任所带来的不利后果。其实，这种承担没有尽职尽责所带来不利后果的自觉，表现为很多形式。有的表现为内疚、不安；有的表现为主动道歉，主动补救，主动赔偿；有的表现为几十年如一日，一丝不苟，兢兢业业；有的则表现为即使牺牲生命，也要履行职责。

公交车司机黄志全，在驾驶公交车时，突然心脏病发作，在生命的最后一分钟，他强忍剧痛，做了三件事：第一，把公交车缓缓地靠向路边，并用最后的力气拉下了手动刹车闸。第二，把气控车门打开，让乘客依次安全下车。第三，将发动机熄灭，确保公交车和乘客的安全。而他自己，却走到了生命尽头。用生命守护责任，是崇高的。一旦上岗，就要像钉子一样，钉在自己的岗位上，忠于职守，尽职尽责。

本讲知识点

什么是责任心？

是对自己分内之事有一种必须做好的强烈意愿和自觉。

14.2

什么是职业精神

职场痛点

职业精神是员工的底线，然而，缺乏职业精神的员工比比皆是。

本讲提要

职业精神是受人之托，忠人之事；是对自己的职业怀着敬意，尽职尽责、规规矩矩、训练有素地服务于客户的一种精神。

职业精神有四个核心要素：爱岗敬业；受人之托，忠人之事；恪守职业操守；训练有素的职业技能。

职业精神

我们先看几个例子。有一次在网上订餐，外面下着大雨刮着大风，骑手顶风冒雨，把饭菜准时送到。饭没冷，汤没洒。保姆请假一周，走后她给厨房垃圾桶套上了七层垃圾袋，好让业主每天扔一层。去年在青海湖旅行，认识一位司机，只有小学文化程度，但是他每天穿笔挺的西装，总是提前十分钟到门口等。车子每天擦，座套每天换，车上会准备垃圾桶、矿泉水、湿纸巾和睡觉盖的薄毯。

相信大家会说，不错，他们真敬业！

相反，再看这几种表现。酒店服务员用擦马桶的毛巾擦洗漱杯。网购时商家寄错货物，反而指责客户，并且以各种借口不退不换。家里Wi-Fi坏了，维修人员上门维修，来了之后，忘带测试工具和维修工具，而且一问三不知。在餐馆吃饭，服务员端菜时，把手指头都浸入菜里了。当提醒服务员手指头在菜里时，没想到服务员从容地回答："没事没事，不烫。"大家会说，真不敬业！

有一句口号可以准确地表达出职业精神的内涵，这句口号是："打好这份工！"职业精神，浓缩成一句话就是"打好这份工"。

职业精神有四个核心要点：爱岗敬业；受人之托，忠人之事；恪守职业操守；训练有素。

爱岗敬业

热爱自己的职业，以自己的工作为荣，珍惜、尊重、精益求精。无论从事什么样的职业，都是以自己提供的劳动或服务换取应有的报酬，都要给委托人或客户带来价值，否则他人不会采购你的劳动或服务。所以，无论什么职业，既不高人一等，也不丢人，往大了说，是为社会、为公司、为客户美好生活做一份贡献；往小了说，是自食其力，为自己、为家庭承担责任。

美国一所大学的学生食堂有一位洗碗工，每次洗碗时都会戴上耳机，听着音乐，摇头晃脑地操作着洗碗机。当问他为什么每次洗碗都戴上耳机满脸笑容时，他说他干洗碗工已经很多年了，他觉得这份职业很好，很稳定，他洗的餐具又干净又省水，别人都很尊敬他，他爱这份工作。北京的胡同里，有许多小公共厕所需要定期清洁打扫。街道雇了厕所保洁员，分区分片负责厕所保洁。有一处厕所，是由一对外地来北京打工的夫妻承担保洁工作。他们总是认认真真，一丝不苟，把厕所打扫得干干净净，不留死角，对居民永远面带微笑，客客气气。遇到居民上厕所，他们会马上停止操作，出来在门外等候，让居民先进去方便，然后再继续工作。居民们也很尊敬他们。前几年，这对夫妻因故辞职回老家了，胡同里的厕所保洁就出了状况，换了几任保洁员都不行。后来，在居民和街道的多次请求下，他们又回来上岗了。这对厕所保洁员夫妻，以自己的爱岗敬业，获得了人们的尊敬。可惜的是，一些新人却被某些舆论所左右，迷失在年入百万、一夜爆红的宣传之中，忘记了最根本的东西——每一个人，只要是自食其力，尽心尽力，精益求精，无论做什么职业，都会受人尊敬，都可以带来美好生活。

职场人，无论是在炎炎夏日里的交通警察，在建筑工地高塔上吃午饭的工人，还是在深夜写字楼里加班的白领，他们都是全身心地投入工作。这就是爱岗敬业。

受人之托，忠人之事

任何一个职业，都是通过为客户提供产品和服务而取得报酬，都是受人之托，忠人之事。中国古代的镖局以信为本，一旦接受了委托，收了定金，就要对客户做承诺，无论遇到任何艰难险阻，甚至冒着生命危险，也一定要把镖（货物、财物）及时送达。如果镖损坏或者丢失，照价赔偿或者加倍赔偿，如果不能及时送达，扣减或者不收费用。今天的社会更推崇这种精神。接受了委托，就要对客户负责到底，并通过公司整个流程和体系体现这种职业精神。所以，国内外顶级的公司，都把“客户第一”作为自己的核心价值观。有一种错误的理念是，为自己做事时，认认真真，一丝不苟；而为他人做事时，会偷工减料，偷奸耍滑。今天的社会则相反，人们给自己做事时，可以丢三落四；而给公司做事、给客户做事时，反而要认认真真，一丝不苟。

今天的社会，我们每个人赖以生存的收入，主要是来自为他人提供产品和服务，或者说，来自他人付钱让我们为他做事。一家餐馆，有客人来就餐，才有收入。一家航空公司，有人来坐飞机，机长、空乘人员、地服、领导等才不会失业。各行各业都是如此。

所以，当有人走进餐馆的时候，当有人订机票的时候，当有人拨打快递公司客服电话的时候，当有人在网店下单的时候，是美妙的时刻：有人花钱将自己的健康、生命、物品、金钱委托给陌生人，这是对餐馆、航空公司、快递公司、网店最大的信任。有了这个委托、这份信任，餐馆、航空公司、快递公司、网店才有收入。

大家想一想，在世界上，还有比这些更重要、更有价值的委托和信任吗？所以几乎所有的企业，都把客户放在第一位。

恪守基本职业操守

仍以古代的镖局为例，职业操守如下。

- 店大不欺客。
- 当面验货，贴上封条，运镖人不得私自开封。到达目的地，由收货人当场打开查验收讫。
- 不偷窃，不损坏，不调包，不野蛮装卸。

今天，国内外的企业，对员工的职业操守，有共同的期望和要求，如下。

- 勤勉。
- 保密。

- 廉洁。
- 依法合规。
- 层级意识。

某乘客买了经济舱的机票，登机后胡搅蛮缠，无理取闹，甚至要动手打人，闹着要坐头等舱。面对这样的乘客，航空公司的空乘人员始终面带微笑、轻声细语，耐心解释和劝导，甚至在这名乘客吐口水到她们身上，也没有流露出任何厌恶情绪，直到把这件事情处理好。

面对这种乘客，任何人都会心生鄙夷，会有不耐烦的情绪。但是，空乘人员面对无理取闹的乘客，始终专业细致，面带微笑。这就是职业操守，这就是职业精神。职业操守告诉她们，她们不是代表个人微笑，而是代表公司微笑，不是个人的微笑，而是公司的微笑。在飞机上，她们代表航空公司，她们的职业是空乘，即使面对无理之人，也要耐心细致，不卑不亢，彬彬有礼地提供服务和帮助。

训练有素

训练有素是指专业、懂行、技能高超。今天的社会，专业的人做专业的事。“没有金刚钻，别揽瓷器活。”古代的镖师敢开镖局，要会武功，押镖碰到打劫时，能够保护货物。职业精神，体现在更懂行，更专业。

今天的社会，对专业技能有非常高的要求。没有专业知识和技能，就没有职业精神。而爱岗敬业，客户第一，恪守职业操守，训练有素，构成了职业精神的核心。

本讲知识点

什么是职业精神？

是爱岗敬业，客户第一，恪守职业操守，训练有素的工作精神。

14.3

什么是主人翁精神

职场痛点

在职场，对主人翁精神是有争议的。但我国几乎所有国有企业和部分外资企业、民营企业，却十分推崇主人翁精神。

面对这些争论，许多员工不知如何理解。

本讲提要

主人翁精神，是一种很高的境界和追求，是一种以公司为家，不计得失，无私奉献，同舟共济的精神。在职场上常常有关于主人翁精神与职业精神孰好孰坏的争论，建议新员工从这几点去理解。职业精神是底线，主人翁精神是高标。先恪守职业精神，再追求主人翁精神。离开了职业精神，主人翁精神是空中楼阁。离开主人翁精神，职业精神是井底之蛙。

上一讲我们介绍了职业精神，不过，许多职场人士认为，一名员工，仅仅有职业精神是不够的。他们认为，职业精神就是打工精神，实际上是拿一份钱，干一份活。公司有钱的时候，大家都来了，公司有困难的时候就都离开了。职业精神，好像是能共富贵，不能共患难。还是主人翁精神好，既能共富贵也能共患难，在公司困难时，具有主人翁精神的人是不会扔下公司不管的。企业需要的不是职业精神，而是主人翁精神。那么，什么是主人翁精神？主人翁精神是一种当家做主的精神。

这种精神把企业看作自己的，自己是企业的主人，而不是客人。既然是企业的主人，就应该全心全意，不贪名利，不计得失，甚至无私奉献。一句话，主人翁精神就是以公司为家，不计得失，同舟共济，无私奉献的精神。

显然，主人翁精神与职业精神相比，在境界和要求上高了许多。许多企业和企业家十分推崇主人翁精神。比如，某集团的创始人就推崇“把企业当作自己的家，为了公司发展不计得失，无私奉献，与公司同舟共济的主人翁精神”。

在我国，主人翁精神是国有企业的主流价值观。国有企业倡导主人翁精神，因为企业是国家的，员工是企业的主人。既然员工是企业的主人，主人翁精神作为国有企业的主流价值观，顺理成章。

一些跨国公司也推崇主人翁精神。比如，西门子公司就倡导“员工爱企业如家，争当企业的主人翁”。美国宝洁公司的核心价值观是：领导才能、主人翁精神、诚实正直、积极求胜和信任。主人翁精神是宝洁公司核心价值观之一。正因为把员工当作公司的主人，宝洁给予员工高度的信任与自由度，不仅让员工自行安排工作内容与优先顺序，并赋予员工自主权与决策空间。

不过，主人翁精神遭到了一些企业和企业家的质疑。企业界经常发生关于主人翁精神的争论。好多年前，一位知名民营企业家抱怨员工的“打工者心态”，叹息员工“主人翁精神”的缺失影响了卓越团队的打造。他还没说完，就有人质问：“打工者只要能打好工就好了，何必强调他在为谁打工？您提出的问题折射出了您的老板心态，对员工的期待超越了他们的岗位职责！您可以要求员工有主人翁精神，但您的企业氛围给了员工主人翁的感受吗？”“企业是你的，你是真正的主人翁，企业不是员工的，他一分钱的股份也没有，凭什么有主人翁精神？”这个争论中，反方认为，员工没有股份，本来就不是主人翁，何谈主人翁精神？员工是打工的，是雇员，好好打工即可，何必要求他有主人翁精神呢？为什么有的人不提倡主人翁精神，而推崇职业精神？为什么有的人推崇主人翁精神呢？推崇主人翁精神，让员工把公司当作自己的家，无私奉献，同舟共济，在这种理念下，公司是无法裁员的。既然员工是主人，哪有公司把主人辞掉的？然而，企业哪有不裁员的？所以有的人就是从裁员的角度，不提倡主人翁精神。凡是推崇和倡导主人翁精神的企业，比如国有企业，裁员的阻力很大，裁掉一位员工非常困难——都是企业的主人翁，怎么能辞退呢？

那么，如何看待这个争论呢？如何理解职业精神与主人翁精神呢？用一句话表示就是：职业精神是底线，主人翁精神是高标。职业精神，实际上是职场最低的标准和要求，不能再低了。

职业精神，也可以叫打工精神。应聘入职后，员工拿钱打工，受人之托，忠人之事，应干好本职工作。公司不聘用我，或者我想去别的公司发展，无论在哪家公司上班，都要尽职尽责。

2019 年中国足球超级联赛冠军是广东恒大，亚军是北京国安，这两个球队是竞争对手。国安原 U21 队员韦世豪，在过去国安与恒大的比赛中，代表国安出战时，表现优异。2019 年 2 月韦世豪转会加入恒大，在代表恒大对阵国安的比赛中，对老东家国安毫不客气，表现同样十分抢眼。职业精神是无论给谁打工，无论在哪家公司工作，都要对公司、对客户负责，都要恪守基本的职业操守，都要训练有素。员工跳槽或者被辞退都是正常的，如果谁在公司的表现低于职业精神这个要求，没有哪家公司愿意聘用他。所以，职业精神是底线。

主人翁精神是高标。主人翁精神是一种高大上的要求。以厂为家，不计得失，无私奉献，这个要求比职业精神高多了。以公司为家，无论公司兴旺还是衰败，我都不离不弃。即使公司发不出工资，我也毫无怨言，努力工作，无私奉献。这已经超越了劳动关系，超越了利益关系，这种主人翁精神对任何员工来说，与职业精神相比，都是一种很高的标准。主人翁精神这种高标，公司可不可以倡导呢？可以。员工可不可以追求呢？可以。人总是有自己的理想、信仰和追求。我们不要怀疑世界上有人愿意为了自己的信念和追求，宁愿放弃自己的个人利益，甚至牺牲自己的生命。一个社会也好，一家公司也罢，这种精神是积极的，奋发向上的。但是，我们也必须承认，主人翁精神既然高大上，就意味着这不是所有员工都可以达到的，甚至不是大多数员工可以达到的。何况，这种主人翁精神的塑造，还需要公司在制度层面、企业文化层面，有支持和保障才行。作为一名员工，应该把职业精神作为底线，要恪守；把主人翁精神作为高标，进行追求。在恪守职业精神的基础上，追求主人翁精神。

一名员工可能暂时还做不到以公司为家，不计得失，无私奉献，但是，他必须做到受人之托，忠人之事，尽职尽责。

你的职责是送货，就必须安全准点把货送到。你的职责是做零件，就要按照规格和质量标准做。你的职责是会计，就要把账目做得准确无误。

过去，我国一些企业就犯了这个错误：在公司大力倡导主人翁精神，结果员工连尽职尽责等基本职业精神都没有，本末倒置。当然，如果一名员工恪守了职业操守，就不一定停留在这个层面，而可能追求更高层的主人翁精神。这样，企业、员工才能走得更高、更远。

职业精神是底线，主人翁精神是高标。先恪守职业精神，再追求主人翁精神。离开了职业精神，主人翁精神是空中楼阁。离开主人翁精神，职业精神是井底之蛙。

本讲知识点

什么是主人翁精神？

是以公司为家，不计得失，同舟共济，无私奉献的精神。

14.4

没有任何借口

职场痛点

一些新员工，动不动就找借口，事事找理由，总觉得都不是自己的错。

本讲提要

没有任何借口，是指只为成功找方法，不为失败找理由。

为什么没有任何借口？

第一，找借口是归罪于外，推卸责任。

第二，员工的责任就是解决问题。

第三，办法总比困难多。成功者总是找方法，失败者总是找理由。

企业中员工找借口，推卸责任的现象太普遍了。我自己做过公司总经理，也接触过数以千计的老板和经理人，可以说，他们对员工找借口这种现象都极为反感。一名员工，如果动不动就找借口，很快会被上级当作缺乏敬业精神的低价值员工来看待，这类员工不堪任用，是公司淘汰的首选。

什么是找借口？是指任职人总在为他不能做、没有做、做不好找外部理由。问他为什么上班迟到，他说路上堵车。给他布置工作，他说他手头有很多工作，忙不过来。问他为什么还没有和客户公司的老板谈，他说老板一直出差，不在公司。问他这个月为什么业绩下降得厉害，他说最近经济不景气。公司里这种天天找借口，事事找借口的员工为数不少。工作没做好，各种各样的借口已经准备好了，上级问一句，员工回一句，市场、客户、其他部门不配合，经费不足，人手不够等都是常用的借口。

没有任何借口，就是上级在下达指令、安排工作时，员工不推三阻四，而是坚决执行；在工作遇到挫折或失败时，员工不怨天尤人，不找理由为自己辩解，而是积极寻找解决问题的办法。所以，没有任何借口是指：只为成功找方法，不为失败找理由；成功者总是找方法，失败者总是找理由。

员工A在工作中出现了差错，上级把他找到办公室，批评他。没想到，这名员工为出现的差错，准备了很多理由，每当上级分析一个原因，他马上就有借口在等着。最后，千错万错都是别人的错。员工B同样是工作中出现了差错，上级把他找到办公室，批评他。本以为员工B会和员工A一样，准备为自己辩解。没想到，员工B拿出一个本子，边写边说自己某项工作之所以出差错，是自己在哪个方面还做得不到位造成的，现在想到几个解决办法，准备接下来试一试。同时，把常见的问题写下来，准备贴在自己工位上提醒自己。通过没有任何借口这一条，好员工还是差员工，高价值员工还是该淘汰的员工，高下立判。员工B不仅在之后没有犯过同样的问题，而且在不到两个月，就被破格转正，现在已经是一个部门的小主管，管理着自己的团队，工资也翻番。

没有任何借口，为什么被所有企业推崇？

第一，找借口是外归因。没有任何借口，并不是说在工作中，员工不能找原因、谈困难、分责任。工作中，总有由市场、公司、同事、老板、经理等各方导致的工作问题，使目标难以达成。不让员工讲出来，是掩耳盗铃，自欺欺人。但是出现问题，有两种找原因的途径，也就是归因的思路。

一种是外归因。找出许多自己控制不了，无法解决的外部因素。比如，产业政策调整，客户的领导更换，其他部门配合不力，领导不重视等，总之归罪于外。出现问题，自己无能为力，没有责任，与己无关。另一种是内归因。内归因，是在工作遇到困难时，从自身找原因，自己哪里没做好，自己还可以解决哪些问题。即使有客观原因，即使有再大的困难，员工总是可以从自身寻找改进之处，总是能再做点儿什么。显然，外归因指向找借口，内归因指向找方法。

第二，员工到公司上班，就是来解决问题的。一个随时可能被问题难住，束手无策的员工，是没有价值的，不值得公司给他发工资、交社保。

第三，办法总比困难多。谁不知道工作总会有困难，随时面临失败的可能？但是，企业走到今天，不就是在困难和失败中，找到了解决办法，一步步发展的吗？再大的难题，总会有解决的办法。

所以，新人要只为成功找方法，不为失败找理由。

本讲知识点

什么是没有任何借口？

只为成功找方法，不为失败找理由。

14.5

我不再抱怨

职场痛点

一些新员工在工作中，不分时间、地点地抱怨，已经造成职场“雾霾”，对工作产生了许多不良影响。

本讲提要

抱怨可以，但是要分场合。私人场合，可以随意抱怨。工作场合，不得抱怨。

为什么？

一是在工作场合，你不代表个人，而是代表岗位；你的行为不是个人行为，而是职务行为。

二是在工作场合，要遵守公司制度和职业操守。

三是在公司里，没有人应该成为你不良情绪的垃圾桶。

四是抱怨是归罪于外，于事无补。

抱怨，也就是吐槽。提起吐槽，大家很熟悉。在网络时代，吐槽更方便，甚至某电视台还开设了一档相关节目，进行吐槽。

不吐槽，确实做不到。不但我做不到，估计职场上很多人都做不到。既然如此，为什么还要倡导不抱怨呢？为什么说不抱怨是敬业的标志之一呢？因为抱怨要分场合。不抱怨，指的是在工作场合不抱怨。进入职场，员工就必须学会将私人场合与工作场合区分开来。在私人场合，你想抱怨就抱怨。在工作场合，不得抱怨，如果有不满情绪需要发泄，要遵守公司规则。

什么场合是私人场合

私人场合有两个特征：第一个特征是非工作时间，第二个特征是非工作话题。这两个特征缺一不可。上班时间与亲朋好友在微信群聊天，是私人场合吗？与亲友聊天，是私人场合。但是，上班是工作时间，工作时间聊天违反规定。下班时间与客户一起吃饭闲聊，不谈业务，是私人场合吗？不是。也许你与客户私人关系很好，但是由于你们双方有职务在身，你代表你们公司，他（她）代表他们公司，如果没有工作关系，你们不会认识，关系不会如此密切。虽然在下班时间，只要是为了公司的事务，出于工作的目的，就不是私事而是公务。下班时间与公司同事一起吃夜宵聊天，是私人场合吗？只要是非公司、非工作话题，就是私人场合。如果涉及公司、工作话题，则不是私人场合。

下班后与同事一起聊天，是私人场合还是工作场合不容易辨识。公司里的同事，上班时是同事，下班时是朋友，有工作关系又有私人关系，对于这两种关系，新人往往不加区分。但不区分不行。为什么？因为如果你与同事是工作关系，只能遵守工作规则和职业操守。如果你与同事是私人朋友关系，就可以按照生活规则和人际喜好处理。怎么区分自己与同事的关系是同事关系还是朋友关系呢？谈公司、谈工作，就是同事关系；谈与公司事务无关的风花雪月、家长里短，就是朋友关系。公司事务是公，私人事务是私，把公和私区分开来，是职场上的一个基本原则。

私人场合，可以抱怨吗？当然可以。因为作为一个成年人，你是自己的主人，抱怨、宣泄不满等，都是你的权利。而且，抱怨、宣泄造成的后果也完全由你个人承担，与他人无关。

人生不如意，十之八九。作为一个个体，在工作和生活中，总会有烦心事，总会有不如意。在私人场合，在家里的时候，和亲朋好友一起的时候，在同学、朋友微信群里，抱怨生活中的烦心事，再正常不过。至于你的抱怨，是让人反感，还是让人共鸣，由你自己考虑。心理学研究表明，抱怨是一种情绪宣泄的方式，既可以舒缓和平复心情，又不会对工作产生负面影响。所以，下了班，你和朋友一起吃饭的时候，可以吐槽生活的不如意，也可以吐槽公司、老板、同事等。

在日本，有一种专门为员工提供抱怨和发泄不满场所的业务，叫发泄屋。如果在公司里受了委屈，心里实在承受不了，可以打电话给发泄屋公司，订一个小黑屋，里面有沙袋，上面可以写老板或者同事的名字。下班后，一个人或者几个朋友进入小黑屋，对着老板的名字、同事的名字，大声咆哮，或挥拳击打，发泄抱怨和不满。

这里，特别要提醒注意的是，当与同事或其他工作伙伴在一起时，聊非公司、非工作话题，属于私人场合，可以。但是，你们吐槽公司、工作时，就属于工作场合，不可以。

什么场合是工作场合

工作场合也有两个特征：第一个特征是工作对象，比如上级、同事、客户、供应商等；第二个特征是工作话题或出于工作目的。这两个特征缺一不可。如果是工作对象，但不是工作话题或工作目的，就不是工作场合。如果是工作话题，但不是工作对象，也不是工作场合。

有人会问，工作场合的两个特征为什么与私人场合的两个特征不一样呢？为什么不按照上下班时间来判定呢？这是因为，只要是上班时间，就应该处在工作状态，就不是私人场合。而下班后，则有可能还处在工作状态。

在工作场合，抱怨私人事务，是不可以的。

工作场合应该勤勉履职，尽心尽力，不应该分散精力，谈工作以外的私人话题。在工作场合，抱怨公司事务，也是不可以的。你有再大的委屈，对公司有再大的不满，对上级和同事有再多的怨言，都不应该在工作场合流露、发泄。

在工作场合，为什么不可以抱怨

道理一：工作场合，你不是代表个人，而是代表这个岗位、这个职位。你的行为不是个人行为，而是职务行为。

对外界，你代表本公司。面对公司外部的合作伙伴或者媒体，你无论身处公司哪个部门、哪个岗位，你的言行都是代表公司，而不是代表你个人。有公司规定，客户无论找到本公司哪个部门的哪个岗位的哪个员工，无论客户问到的是不是该员工岗位职责内的事务，该员工绝不能说“不知道”“我管不着”“这事儿和我没关系”，而是必须负责将客户引导到与有关岗位接洽为止。为什么有这个规定？客户咨询的时候，你发现这个业务确实不是你的职责范围，你确实不知道怎么回事，但你也不能说“不知道”“我管不着”等，如果你这样处理，客户不会认为你个人推诿，而是认为你们公司内部在互相推诿。

众所周知，网上经常爆出一些公司的不良问题并形成热点。这时，肇事公司会立刻通知公司所有员工沉默闭嘴，不得接受任何媒体采访，不得就此事发表任何看法。因为，这时该公司任何一位员工的言论，都可能被外界解读为该公司的立场。即使你没有得到授权，在外界看来，你的看法也会被认为是公司立场。

而在公司内部，你代表部门或者你们团队。某公司召集各部门经理参加会议，某部门负责人太忙，于是派下属替他参加。没想到，这个员工在开会发言的时候，抱怨说现在这么忙，还开会，不是给大家添乱吗？刚散会，部门负责人就接到公司老总的电话，问他们部门是不是对上级领导有意见，怎么连公司的会都不想参加了。受上级委派，替上级去开会，是一种职务行为，代表上级，代表部门，这时候，个人的任何抱怨，都被解读为上级甚至整个部门的抱怨。显然，员工代表部门参加会议时，不能抱怨。

道理二：工作场合，应该恪守职业操守。

中国有句谚语："不能吃谁的饭，砸谁的锅。"既然你在客户面前代表公司，就不能吃公司的饭，砸公司的锅，在客户面前说自己公司的坏话，哪怕你心里对公司的产品、公司的管理、公司的政策，有抱怨，有不满。这时候，最符合职业行为规范的表现是维护公司形象和声誉，而不是抱怨。

遗憾的是，多年来，我经常碰到公司的员工、高管，在对外场合抱怨自己的公司，使人对抱怨者本人和其公司产生负面评价。当然，除了抱怨公司以外，还有员工在公司里抱怨其他部门，抱怨自己的领导。在客户面前抱怨公司"我们公司的管理混乱""我们公司的产品更新换代很慢，快被淘汰了"，抱怨其他部门"我们公司的财务，都是老板的亲戚，当然不把你们放在眼里""你们公司提出的要求是合理的，这么合理的要求，我们工程部就是不认，他们真是胡闹"，抱怨上级"我们经理，其实是三本毕业的，还是混下来的，对工作就是瞎指挥"。这些都是错误的。

道理三：在公司里，没有人应该成为不良情绪的垃圾桶。

公司外部的客户和合作伙伴，当然没有理由成为你不良情绪的垃圾桶；公司内部的伙伴，也没有人愿意听你抱怨。特别是抱怨上级，抱怨老板，抱怨工作伙伴的时候，大家会把你的抱怨解读成你在指责他们，在推卸自己的责任，在为自己工作中的问题寻找借口，或者认为你是在拿他们出气，发泄不良情绪。没有人愿意整天听别人抱怨，没人愿意成为别人不良情绪的垃圾桶。也许，你的家人、朋友，有义务有耐心听你抱怨，但是公司里的伙伴没有这个义务。生活没有浪漫曲，公司也没有浪漫曲，工作中总有许多不如意之处，你要么忍受，要么想办法解决。公司里，同事之间要相互关怀，相互帮助，相互理解，相互鼓励，但是这都不是你可以随便对别人抱怨的理由。作为工作伙伴，根本不应该成为你负面情绪的垃圾桶。

道理四：抱怨是归罪于外。

从心理学的角度，当一个人抱怨时，实际上是归罪于外，相当于宣告：这不是我的问题，是别人的问题。然而，企业最需要的，恰恰是能够从自己身上找原因的员工。小 A 入职后，不满意自己的工作，经常向朋友抱怨，说上级不重视他，不放心他，让他天天在公司里打杂，他准备不干了。朋友问他："为什么上级不放心你？你对自己公司的产品了解吗？能独立向客户演示吗？自己单独做成过大单吗？""我还不能独立演示，也没有做成过大单。""那就等你能够独立演示，能够独立做大单，再辞职也不晚，再去别的公司也有业绩可讲。"小 A 听从了朋友的建议。经过几个月的努力，小 A 告诉朋友："最近都是我自己出去给客户做演示，也做成了两个大单，上级现在对我很客气，说明年一定给我升职和加薪。"抱怨不如反省，不如实干。

即使是别人的问题，你也不应该成为抱怨者，而应该成为宽容者、建议者、行动者。在职场上，员工、老板都应该关注自己能改变的事情。

一位知名企业创始人在演讲中说："我们喜欢的人，是提建设性意见并且有行动的人，我们讨厌那些天天抱怨的人。无论在内网、在外网，我们最讨厌那些天天说公司不好，还留在公司里的人。我们的门是打开的，我们愿意听建议、批评，但是要有行动，大家只有团结一致才能渡过难关，而不是碰上麻烦、灾难的时候，大家都互相说对方的错。”

当然，向公司建立的沟通渠道抱怨，则是没有问题的。许多公司都会给员工建立抱怨渠道。比如，公司的“意见箱”“吐槽大会”“开放日”，还有公司专题讨论会等。有任何抱怨、意见和建议，可以通过这些渠道沟通。

本讲知识点

在工作场合，为什么不可以抱怨？

道理一：你不代表个人，而是代表岗位；你的行为不是个人行为，而是职务行为。

道理二：工作场合，应该恪守职业操守。

道理三：在公司里，没有人应该成为你不良情绪的垃圾桶。

道理四：抱怨是归罪于外。

14.6

不要“我以为”

职场痛点

初入职场，新人常犯的一个错误，就是“我以为”：“我以为工作不那么着急”“我以为客户收到邮件了”“我以为今天不开会”。

“我以为”是一种“自以为是”“想当然”，常常害人害己，给工作造成麻烦和损失。

本讲提要

“我以为”的实质是不敬业。

“我以为”错在哪里？错在两点。第一点，职场是一个满足内部和外部客户需求的地方，不是一个你想干什么就干什么的地方。第二点，新人缺乏职场经验，无法凭空推测，无法“我以为”。新人要通过在工作中持续沟通确认，避免出现“我以为”的错误。

公司领导带小 A 出差去和客户签合同。合同是一式四份，领导跟小 A 说，把盖好章的合同，带上六份。小 A 想，合同不是一式四份吗？带六份合同不是多余吗？于是小 A 就只给四份合同盖了章，带上出差了。结果在客户签合同时，出了状况。客户的老板签字时，一不小心把字签在乙方的位置上，合同作废。领导当时说：“没事，小 A，再取一份盖了章的合同。”小 A 跟领导说：“合同一式四份，我以为四份就够了，没带备用合同。”领导当时气得脸色铁青，又不便发作，于是给甲方的老板赔着笑脸，说先把这三份签了，差一份再补。客户的老板不高兴地说：“等你们把合同准备齐，一起签吧，不然合同就不用签了。”领导赶紧让小 A 直奔机场，以最快速度回公司把两份盖章的合同带过来。

小 A 的“我以为”，差点把公司的一个大单弄丢了。

职场上，新人常犯的一个错误就是“我以为”，例如：

- “我以为这个工作不那么着急。”
- “我以为客户收到了我们的邮件。”
- “我以为今天不开会。”
- “我以为这事儿领导已经知道了。”

结果，“我以为”的，不是上级想要的，不是同事想要的，也不是客户想要的，仅仅是自己一厢情愿的。这种“我以为”常常害人害己，给工作造成麻烦和损失。

“我以为”是一种自以为是，妄自尊大，是一厢情愿，想当然。

“我以为”的实质是不敬业。

有人说：“我最怕和做事想当然、没有细节的人共事。他给出一个方案，其实需要很多细节才能执行，然而他都没有，需要你不断询问、不断解释、不断补充才能操作。这其实和人的责任心、为他人着想有关，一句话，与敬业精神有关。只图自己方便，多一句话也不愿意说，自以为是的人，很难与他人合作，也很难成事。”

那么，这种“我以为”错在了哪里？错在两点。

第一点，职场是一个用产品和服务满足客户需求的地方，不是一个你想干什么就干什么的地方。企业，是通过为客户提供产品和服务而获利的，那么，企业的产品和服务好不好，谁说了算？当然是客户说了算。客户认为好，才可能购买，不好就不会购买。在公司内部，你的上级、同事是你的内部客户。你工作好不好，谁说了算？你的上级说了算，你工作的前后手说了算，即客户说了算，你自己说了不算。所以，你不能一厢情愿地想当然，而要根据客户的需求、上级的要求、工作伙伴的请求去工作。你所有的工作都是为他人提供服务和支持的，那么对你工作进行评价的是客户，是同事，是上级，而不是你自己。所以，不能“我以为”。

职场上客户第一。公司聘用你，把你安排在这个岗位上，是因为你能够为外部、内部的客户服务。你的工作，是围绕他们展开的。所以，你只能以他们的“是”为是，以他们的“非”为非，以他们“以为”的为“以为”，而不能自以为是，不能“我以为”。“我以为”，是职场大忌。

第二点，你缺乏经验。假如你在一个陌生的地方行走，不小心踩到水坑。你能说，以为马路是平坦的，不可能有小水坑吗？你不会这样说。因为你很清楚，陌生的地方，是你不熟悉的地方，是你没有经验的地方。在陌生的地方行走，正确的做法是：要么小心翼翼，走一步看一步，确认前方没有问题再继续走；要么找一个老司机带路。其实，即使是职场老手，也不能仅凭经验办事。时代在变化，经验常常会过时。对新人来说，职场是陌生的地方，没有经验的地方。没有工作经验，对实际工作的复杂程度、各种困难和解决办法不了解，怎么敢“我以为”呢？

“我以为”是不对的，怎么改善

要么小心翼翼，逐步探索，积累经验；要么找职场前辈带路。无论哪种途径，都要采取一个简单的方法——前中后确认法。在工作的前、中、后三个阶段，通过沟通确认。和谁确认？和你的上级、客户、合作伙伴、同事确认。

确认什么？确认指令、需求、意向、数据、指标、偏好、办法、标准、意见等。

特别是新人初入职场，不会不懂的工作、技能甚多，对于这些不会不懂的地方，千万不能不懂装懂，自以为是地做，而是确认和求教，让上级或老同事确认需求或正确的方法。

第一阶段：前，即你开始下一步工作之前

新员工应确认自己对上级的指令或者客户的需求的理解是准确无误的，排除可能的误解，而不是“我以为”；对不会、不懂的工作，以求教的方式确认。以前面签合同的案例来说，大家知道，签合同都是一式四份。领导让小 A 准备 6 份盖章的合同，多准备两份。为什么多准备两份合同呢？职场前辈肯定有自己的考虑，如果小 A 对领导的指令有疑问，在准备合同之前，可以和领导确认一下。领导会说，出门在外，应带备用合同，以防万一。只要在行动之前，和领导确认一下，麻烦即可消除。工作中，这个确认怎么做呢？

一个做法是复述，另一个做法是发问。

复述就是在接受上级、同事、客户的指令或者需求的时候，一定要学会通过复述也就是向对方重复指令或者需求，让对方确认自己的理解准确无误。

比如客户说：“我们公司希望你们提供的 IA 小抓手，能支持千万

级的访问量。”你可以复述：“和您确认一下，您的意思是，1.0 版的 IA 小抓手，要达到支持千万级访问量吗？”通过复述，你确认自己对客户的需求理解无误。当然，这种复述仅适用于确认客户的简单需求、上级的简单指令。如果是重要的需求或指令，比如涉及方案的思路、可行性、预算、周期、验收标准等，仅仅复述是不够的，必须让对方签字确认，你才可以进行下一步。对于上级的指令，新员工可以按照第 9 课中的 5W1H 来确认。

发问就是有疑问时，以发问的方式澄清和确认对方的意见和指令。比如供应商说：“由于国庆期间交通管制，我们过几天才能给你们更换这台设备。”你可以发问：“我想和您确认一下，您说的过几天，究竟是几天？我们需要一个准确的时间。”

第二阶段：中，即工作正在进行中

在工作进行的过程中，如有任何疑问或者发现任何问题，不能想当然，而要通过沟通来确认。

你外出采购物品，某物品单价超出了预算，怎么办呢？有人曾经自以为是，采取少买一件不突破总额的方式来处理。结果，回去之后领导不满意，甚至不签字。单价超预算，和总额超预算一样，在规范的公司里，是一件挺严重的事。你自以为是地认为只要总额没超预算，反正数量用不了那么多，少买一件就解决问题了。岂不知，一个小小的单价超预算，也许需要公司几个部门、几位领导和几位办事人员的沟通、协调，甚至争论。

一个员工自以为是，往往给许多人带来不必要的工作量和麻烦。说实话，这种员工在公司待不长，要么很快被辞退，要么很快被边缘化。因为添的乱比办的事情多。

其实，改进的方法很简单——发问、请示。

在采购中，发现某物品的单价超出预算，立刻向自己的直接上级或者相关人员请示和沟通，然后根据指令行事。

第三阶段：后，即完成本次任务后

员工不能自以为是地以为工作完成了，就没事了，应该与工作开始时，形成一个闭环——向上级复命，或者向客户或合作伙伴主动确认此项工作已经圆满完成。比如，领导要求你给所有经销商发邮件，通知自下月起，促销政策要发生微调。你通过邮件群发过去，对方自动回复收到，你就以为工作做完了，这是不对的。正确的做法应该是：邮件发出后，即使对方自动回复收到，你也应该通过电话、微信或者其他方式与经销商逐一确认："看了我们的邮件了吗？下个月起，我们公司的促销政策要微调，您注意到了吗？给你们领导汇报了吗？"只有对方回复说注意到，已告知领导，这项工作才算完成。

客户一天要收很多邮件，他可能因为疏忽而没看这封邮件，没有及时了解到你们政策的调整。有的公司，负责此项工作的人员，也许已经离职，已不管此事，新人还没和你联系。在现实中，由于公司渠道管理人员自以为是，这种误解和冲突常常发生，造成和经销商之间的矛盾。严格地说，这项工作还没有结束，你需要向你的上级回复。

你应向上级报告：经过确认，我们 100 家客户，已经有 95 家确认收到新的促销通知，88 家确认他们老板知晓了新的促销政策，80 家决定采纳和执行我们的政策，另外 8 家对我们的政策有疑问，不准备执行新政策。没有确认收到，以及没有确认他们老板知晓通知的 5 家和 12 家，我分析它们是对我们的促销政策有意见，想拖延。以上问题，请领导尽快拿出解决的意见。这时候，给经销商发促销通知的工作才算结束。

敬业，是通过前中后确认法，准确无误地理解来自客户、合作伙伴的需求和上级的指令，从而保证自己做的，恰恰是他们需要的。敬业，要告别自以为是，告别"我以为"。

本讲知识点

如何避免犯"我以为"的错误？用"前中后确认法"。

15

诚信

诚信，是立身之本。

可是，在有的员工身上，撒谎、造假、轻易许诺、轻易失信等时常发生。

本课目标

1. 树立诚信意识。
2. 了解职场中诚实的含义。
3. 了解职场中讲信用的含义。
4. 掌握职场中诚信的方法。

本课提要

15.1　人，无信不立

什么是诚信　什么是契约精神　做事先做人

15.2　诚实

什么是诚实　诚实的四个方面

15.3　讲信用

什么是讲信用　如何才能恪守承诺　一诺千金

15.4　撒谎者悖论

如何做一个诚实的人　四个要点　什么是不轻易撒谎　三个要点

15.5　可信承诺

诚信不仅仅是一句承诺、一个善良的愿望，而是可以预期、可以执行，用某种机制保证且可以信赖的承诺　不要相信没有任何保障的承诺　承诺的三种保证机制

15.1

人，无信不立

职场痛点

入职后，如果领导对你的评价是：年轻人，靠谱！你就成功入职了。人无信不立，诚信的品行先于能力。

然而，一些员工的诚信价值观却迟迟没有树立起来。

本讲提要

什么是诚信？

诚信是一家公司、一个人的立身之本。

新员工入职后，如果领导对你的评价是："这个年轻人，靠谱！"你在职场上就立足了。靠谱，不仅仅是认可你的能力，也是认可你的诚信。什么是诚信？

诚信是诚实、信用，诚实，是尊重事实，不弄虚作假。信用是说话算话，恪守承诺。诚信，是一个良善社会的基石，是市场经济的核心价值观，是企业和员工安身立命之本。市场经济的特征是陌生人经济，人们的经济活动几乎都是在陌生人之间进行的。

- 网购。把款打给从未谋面的网店店主。
- 快递。把十分重要的文件，交给你根本不认识的快递员。
- 销售产品。与中国的或欧洲的商人签订几千万、几个亿的供货合同。

- 招聘。招聘一位陌生人担任财务经理，把公司上亿的资产交到这个不认识的人手里。

2018 年，我国企业员工总数达到 3.91 亿，其中超过 99% 的员工原来与老板并不认识。

与陌生人的交往，造就了人类今天的繁荣和幸福。经济交往在熟人之间进行的地方，持续性则不足，相对落后；经济交往在陌生人之间进行的地方，就相对繁荣。与陌生人交往，使得人们的经济活动可以突破村、县、市、省、国的局限，甚至在全世界范围内分工协作，寻找最物美价廉的资源、最专业的供应商和最有需求的市场。

与陌生人打交道，需要人们的契约精神。契约精神就是无任何欺诈隐瞒地自由签约，无任何身份差别的主体平等，无任何特权条件地恪守承诺。契约精神的核心，就是诚信。

如果没有诚信，你敢给网店打款吗？不敢。你怕有风险，款打过去后，网店消失了，钱也没了。

如果没有诚信，你敢给买方供货吗？不敢。你怕货发过去后，货款收不回来。每年年底，一些公司都要派专人出去要账、追款。

如果没有诚信，公司敢招聘员工吗？不敢。公司担心有的员工，领着工资，上了社保，拿着福利，却贪污公款，拿回扣，泄露公司商业机密，偷窃公司核心技术。

如果没有诚信，你敢在银行存款吗？不敢，你担心存款会消失，银行不认账。

你不敢买理财产品，你怕理财产品是集资诈骗。

你不敢外出旅游，你怕旅游时被骗被坑。

总之，如果没有诚信，今天我们的生活和经济活动，都会陷入混乱和麻烦。诚信，创造了人类的繁荣和美好生活。而不诚信，则制造了许多悲剧和罪恶。

实际生活中，缺乏诚信会给社会带来巨额成本。

五常大米是我国吉林省五常市的一种高品质大米。近年来，由于各种假冒五常大米充斥市场，消费者几乎买不到真正的五常大米。五常大米每年的产量仅仅是 5 万吨，但是市场中号称是五常大米的总销量每年达到 100 万吨，其中只有 5% 的五常大米是真的。假的充斥市场，真的也没人敢信了。为了让消费者买到真的五常大米，各种办法应运而生。比如，五常大米由五常当地权威机构认证的专卖店销售，结果市场中出现许多假专卖店。

另一种办法，由信誉好的人来卖真米。一位长年累月站街推手推车卖五常大米的人，亮出自己的身份证和优秀共产党员身份，来证明自己绝不会骗人。

2017 年，五常当地想出了一种办法：把真五常大米装进保险箱。每只保险箱装 5 公斤五常大米，没有密码打不开，保险箱从五常直接寄给客户，客户收到保险箱之后，公司再发送密码给客户，客户打开保险箱，才能吃到真五常大米。

因为缺乏诚信，大米居然要装入密码箱卖，这增加了多少企业成本和社会成本？

不仅五常大米，许多行业都有因缺乏诚信所带来的混乱和焦虑。在医院，由于患者担心医院不讲诚信，不负责任地多开药、过度医疗，常常发生医闹。医院也担心患者不讲诚信，病治好后不付钱，要求病人入院前一定要交押金，不交押金甚至见死不救。打车，乘客担心司机绕路多赚钱。买菜，随身携带便携称，以防买到短斤少两的东西。给孩子买奶粉，选择海外代购，对国内的奶粉不放心。买猪肉，怕猪是被喂了催长素、瘦肉精，又怕猪肉里注了水，甚至怕买到病死猪的肉；敢买的时候，又怕短斤少两。

职场上，诚信同样稀缺。

雇主 / 领导的诚信问题

2003 年，中国外经贸企业协会曾经对全国近 10 万家涉外经贸企业进行了外经贸企业信用信息跟踪调查，发现不诚信行为，如“拖欠或压低职工工资”有43.4%，“偷工减料”有37.8%，“欺骗用户”有33.5%。中国企业信用缺失导致每年损失5 855亿元，国内生产总值每年因此减少近两个百分点。另一项调查显示，66.9%的职场人士被领导的承诺“忽悠”过。其中，四成职场人士表示，领导承诺的提成、奖金只是画了一张“大饼”，兑现是“绵绵无绝期”。还有三成职场人士被领导加薪的承诺“忽悠”过，加薪的时间也是一拖再拖。相比较而言，因提拔被“忽悠”的比例较低，为18.6%。

甚至有员工提出，可以用五道题检查老板是否诚信。

1. 公司是否按时发工资。

2. 公司是否有客户上门催账。

3. 公司是否频繁开除员工。

4. 老板是否守时。

5. 老板是否随便承诺。

员工的诚信问题

前面的调查还显示，在求职者虚报或隐瞒的信息中，以往的薪金收入被虚报的比例最高。其次是虚报重要工作经历，以求高职位。此外，还有其他造假、撒谎、言而无信的现象充斥职场。

公司要求销售人员或者维护人员定期拜访客户，有人懒得去，于是造假。20多年前，许多公司规定，拜访客户必须填写拜访单，拜访单上必须有客户签名，有的销售人员就代替客户签名。公司发现后改成销售人员到客户公司后，必须用客户的座机给公司打电话，以便确认到达客户那里，有的销售人员让客户帮忙用座机给公司打电话，没等公司接电话就挂掉，以证明自己拜访过，其实自己根本没去。还有的让自己公司销售部的行政人员说自己在客户那里，已打过电话。现在，互联网时代，技术手段多了，造假也升级了。有公司要求销售人员拜访时发位置地图，证明自己在客户那里，有销售人员采取提前截屏，躺在被窝里发截屏欺骗公司。

考勤中的造假更是五花八门，防不胜防。

诚信，比金子还要珍贵！近几十年来，像我国经济领域的成就一样，诚信方面有了长足的进步。几十年前，“三角债”常见，需要相关机构发文件解决。替考、替写论文的现象较多，“枪手”不以为意，毫不避人。假数据、假业绩、假报告泛滥成灾。这些年，不诚信现象不仅大大减少，而且社会对这些现象已经形成一种见不得人、拿不上台面、人人喊打的共识。

企业无信不立，人无信不立。今天，哪家企业更诚信，就更容易赢得客户，赢得更大的市场。哪个员工更诚实，更讲信用，就更可能得到老板、同事、客户、合作伙伴的信任和认可。

很多公司，都把诚信作为公司的核心价值观。

中国工商银行	工于至诚，行于致远
阿里巴巴	诚信是核心价值观
美国通用电气	永远保持坚定的诚信
微软	全球范围内的承诺
某 100 人的小公司	发现抄袭，不诚信，立即解聘

华为还在《华为商业行为准则》中发表了诚信宣言，内容如下。

华为十几年来铸就的成就只有两个字——诚信，诚信是华为一贯倡导的核心价值观。华为承诺对客户诚信，对社会诚信，对政府诚信，对利益相关者诚信，对员工诚信。华为的成长发展得益于诚信，诚信是华为取之不尽，用之不竭的最重要的无形资产，是华为整体竞争力要素之一。

诚信的价值观，成为所有的知名企业对员工的硬性要求。

曾经读过这样一则故事，一个内地人到香港出差，用公用电话打电话，他投了一枚一元港币，但打不通。这时他看到电话外面写有免费求助的电话号码，就抱着试一试的心态打过去。是一位小姐接的电话，她仔细询问了当时的情况，提出了解决的办法，但他仍然打不通要打的电话。接线小姐表示歉意后记下了他国内的地址。事后，这位先生请教了香港的同事，才知道未打通的原因是自己操作失误。离港后，他将这件事情淡忘了。但过了一个月，这位先生接到了一封香港寄来的邮件，打开一看，是香港电信公司寄来的一元硬币及致歉信。

从香港寄来的邮件少说也要几十元，而一元硬币，一般客户也根本不会在意，况且事件是客户的不当操作造成的，电信公司并没有责任，但香港电信公司还是用邮件返还了客户的一元硬币，道理很简单，你没有享用我的服务，不能收你的钱（尽管那一元硬币很可能是被下一个打电话的人无意享用了而电信公司并未收到），没能为客户提供电信服务，就要向客户致歉。一元硬币虽小，却折射出了香港的诚信文化。

企业界有句话：做事先做人，人品比能力更重要。这里的人品，首先指的是诚信。人无信不立。

本讲知识点

什么是诚信？

是诚实信用。诚实，是尊重事实、不弄虚作假，讲信用是说话算话、恪守承诺。

15.2

诚实

职场痛点

一些新员工有撒谎、弄虚作假的不诚实行为，而且对这种行为不以为意。

请新员工注意，“不诚实”属于劳动合同或公司制度中规定的可以“立刻解聘”的条件，后果很严重。

本讲提要

什么是诚实？是尊重事实、不弄虚作假，包括以下四个方面。

1. 个人信息的诚实。一个连个人简历都造假的人，是不值得信任的。

2. 工作信息的诚实。员工应保证自己提供的工作信息，如考勤、外出、报表、报告、工作过程和工作成果的真实性，不得有虚构、夸大、隐瞒、误导等欺骗性行为。

3. 产品和服务的诚实。对自己的产品和服务不夸大、不隐瞒、不做虚假陈述和承诺。

4. 不做伪证。不以造假来掩盖造假，形成连环假，错上加错。

诚实，是职业道德的底线。在职场上，不诚实属于“立刻解聘”条件——一经发现，公司可以将员工立刻辞退，且不提供补偿金。

什么是诚实？是尊重事实、不弄虚作假。事实如何，就是如何，保证真实性，不造假，不撒谎，不抄袭，不做伪证。

职场上的诚实，起码包括以下四个方面。

1. 个人信息的诚实。

2. 工作信息的诚实。

3. 产品和服务的诚实。

4. 不做伪证。

个人信息的诚实

年龄、学历、工作经历、家庭情况，以及其他个人资料真实有效，没有伪造、故意隐瞒和涂改等行为。在今天的社会，个人的真实履历，构成了其社会信息的基准。生日、年龄、学历、工作经历、实习经历、爱好、婚姻、子女、专业等具有法律法规和信用上的严肃性，一旦隐瞒、伪造、更改，不仅面临道德谴责，而且还要承担法律责任。

这是一个人最基本的品德，你首先要对自己负责，保证自己所申报、填报的资料是真实的，才能使公司或别人准确地了解你。

一个连个人履历都造假的人，是不值得信任的。个别新人，在学生时期习惯了考试作弊，抄袭作业，找“枪手”代写论文、代考试，夸大实习期的评价等。这些不经意的不诚实行为，严重降低了自己的道德底线和敏感性，对许多不诚实的行为不以为意。如果把这些带到职场，会给自己的职业生涯埋下不诚实的地雷，不知道哪天就会爆炸。

一位朋友是一家国有企业的高管，领导正考虑提拔他，不料，在清理领导干部的假学历、假学位、假年龄期间，查出来他上大学时虚报年龄，少填了一岁。这是怎么查出来的？原来是看到他在初中时的入团志愿书上的日期，才知道他的真实年龄。他因此受到处分，晋升无望。

这是，初中埋下的不诚实地雷，在30年后爆炸了。

职场上常发生简历造假却害了自身的事件。

有人工作才几个月就跳槽，或者因为不合格被辞退，自己觉得不光彩，于是在简历中隐瞒这一经历。经过10年、20年，不少人的简历连自己都说不清。而且，一份简历造假，以后需要更多造假来掩盖，终有纸包不住火的那一天。现在社保系统全国联网，你曾经在哪家企业上班，有交社保的记录、所得税代扣代缴的记录，简历很容易查证。有人说我去一家公司上班，一共上了三个月，还没来得及交社保，没有社保记录，这种情况如何查？你可千万别自作聪明。

一个人去一家公司工作了个把月后，很不愉快地离开了，其间没交社保，他不想在简历上填写这一段经历。后来新公司发现他的社保记录不连续，这下问题来了。

为什么社保记录不连续会惹麻烦？因为在北京、上海等地工作，没有工作所在地户口，想买房或孩子上学，其中一个条件就是连续五年交社保。你想申请城市绿卡，也要连续交社保，社保中断，记录作废，损失巨大。

在此，特别提醒新人，在资历浅、职位低的时候，公司一般不是很关注和在意你的资历造假。当你慢慢有了一定资历、一定能力、一定职位，即你开始变得重要并成为不少公司争抢的人才时，你的履历是否真实，就非常重要了。因为这时候你的履历已经和你的身价、职位关联起来。今天，几乎所有重要的岗位招聘，企业都要进行“背景调查”“尽职调查”，防止履历造假。所以，千万别“一失足成千古恨”，在新人时期要自律，不要形成不诚实的履历，否则将来可能毁掉自己的大好前程。

某公司拟聘请一位年薪近百万的高管，两次面试已过，公司准备发录取通知，但在背景调查时，对该高管的工作经历有疑问。该高管有一段工作经历只有短短的 7 个月，但没有在自己的简历中呈现，过去的履历一直把这 7 个月的工作时间分摊在前后两份工作的时间上。这属于履历造假，是不诚实的行为，他被取消了录用资格。

个人信息造假，不是小事，每个人都要重视。

工作信息的诚实

员工应保证自己提供的工作信息，如考勤、外出、报表、报告、工作过程和工作成果的真实性，不得有虚构、夸大、隐瞒、误导等欺骗性行为。

遗憾的是，有的人对撒谎、造假习以为常，不以为意，随口就来。一公司的员工，以父亲生病为由，请假 3 天，并获得公司批准。实际上，他是和女朋友外出旅游，玩得高兴把旅游时拍的照片发到了朋友圈。被公司发现后，公司根据规章制度中关于“编造理由获取事假，经核实，请事假属于旷工。旷工 3 天及以上的，用人单位可以与劳动者解除劳动合同”的规定，对其做出了解除劳动合同的处理，而且没有补偿金。可以说，请假是员工最容易造假的时候。为了请假，或者为了公司少扣自己的工资，有人想办法造假。一名女员工为了让自己请病假的事情看上去更逼真，就在网上找了一张显示有 39.7 摄氏度的温度计图，以此“蒙骗”主管。主管准假后，仔细看了看图片，发觉不对，于是便在搜索引擎上搜索“发烧”、“温度计”等关键词，没有想到竟然搜到和女职工传来的一模一样的照片。主管向女员工表示自己已经知道真相，该员工居然狡辩说：“如果不相信我就算了。”随后，该员工因不诚实被辞，没有补偿金。

其实，请假应当诚实，而不应当造假。首先，任何管理规范的企业中工作都很忙，员工经常请假，无论什么假，都会给工作带来影响，都会降低自己在公司的评价。所以，一个敬业的员工，没有特别的事由，不会轻易请假。其次，有特殊情况必须请假的，该怎么请就怎么请，没有必要造假。请假是不能上班，不能上班就没有为公司创造价值，就不应该拿钱，更不应该利用主管的善良，钻公司规章制度的空子。除了请假造假，考勤、公出、工作记录、报表、业绩数据、工作量等也容易被造假。

阿里巴巴有一名员工，是广州一名销售员，他服务了上百个客户。阿里巴巴规定对客户做定期回访，要有回访记录，他每月要回访 100 位客户。这名员工觉得回访辛苦，想偷懒，就在 CRM 里填写了虚假的拜访记录。很巧，阿里的品控抽查，打电话问了这位客户。虚假拜访记录在阿里属于一类过失，该员工被立即开除。这个事件在阿里巴巴内部列为典型案例。

在阿里巴巴，“诚信”价值观的描述下面，具体的一条就是不做虚假拜访记录。除阿里巴巴外，很多企业的员工手册中，对不诚实行为，都要按照规章制度立即解聘。

以下是被很多公司列入不诚实行为的做法。

- 虚报资料。
- 不如实填写当班记录。
- 故意对任何赠券、返点不收账和 / 或记账。
- 在打卡上填假记录或为其他员工打卡。
- 欺骗性请求休息或假称生病而缺席。
- 擅自修改公司政策及公告。

产品和服务的诚实

不制造和贩卖假冒伪劣产品，不坑蒙拐骗，对自己的产品和服务不夸大，不隐瞒，不做虚假陈述和承诺。不制造和贩卖假冒伪劣产品，不坑蒙拐骗，难道不是商人和做人的基本道德吗？是的，然而这种道德底线，却被人不断冲破。有人买房子，在售楼处看了样板间，觉得房子不错，面积大，正准备签合同，他的朋友看出问题，悄悄跟他说：“样板间里的家具好像是特制的，比正常的家具小一号，这样可以显得房间里空间大。”都是套路。如果你发现你的公司正在干类似的勾当，赚不正当的钱，你千万不能心存侥幸，同流合污，而要赶快离开。还有一些公司的员工为了个人业绩，违反公司制度和规定，有意隐瞒公司产品和服务的不足与缺陷，或者夸大产品和服务的功能、质量等。

今天，我们看到世界500强企业、中国500强企业，都是因诚实经营，才被市场、消费者接受和认可，那些依靠坑蒙拐骗赚钱的企业，最后都会受到惩罚，消失在市场中。

不做伪证

所谓伪证，是做虚假陈述。

比如同事因私事早退回家，他私下告诉你，到时候领导问起他，你就说他拜访客户去了。你替同事打掩护，也就是为他人做虚假陈述，是做伪证。以前，我国对做伪证的处罚并不严厉。有老人在马路上以交通事故方式碰瓷，明显做伪证，最后也不了了之。在法庭上，有人公然做伪证，也仅仅是被批评教育。

一些新人对在公司里、工作上做伪证不以为意，认为只要是善意的，为了公司好，为了同事好，为了工作好，帮助说几句假话，隐瞒一下真相，没什么了不起。今天，全社会包括职场，越来越多的人意识到做伪证的危害。做伪证，是通过不诚实取得额外的好处。以不诚实为另外的不诚实做背书，以不诚实掩盖不诚实，通过双重造假来掩盖事实，形成连环假，错上加错，当然危害更加严重。自己不要做假，也不要帮别人做伪证。请诚实做人，不撒谎，不造假，不抄袭，不做伪证。

本讲知识点

诚实包括哪四个方面？

包括个人信息的诚实、工作信息的诚实、产品和服务的诚实、不做伪证。

15.3

讲信用

职场痛点

许多新人不明白，讲信用其实是在工作的点点滴滴中体现的。

由于缺乏常识和经验，新人常常陷入说话不算数的尴尬境地。

本讲提要

讲信用是说话算话，恪守承诺。

如何才能恪守承诺？

一是不轻易承诺；

二是一诺千金，答应了就要千方百计地履行承诺，有任何问题自己克服，损失自己承担。

三是如有问题，及早沟通。

新人对于信用的了解，来自你刚进入大学校园，某银行的工作人员向你殷切介绍信用卡。新人对于信用的更多了解，来自你想贷款买房，银行给你做的个人信用等级评定。

银行会让你填一张表，上面有自然条件（客观条件）、教育经历、职业经历、法律意识以及资产状况等项目，银行采用积分制的评价方法，将客户的信用分为AAA级、AA级、A级、BBB级、BB级、B级、CCC级、CC级、C级和D级10等级。你的评级里只要有B，表明信用欠佳，给你贷款有一定风险。只要有C，就是信用差，风险大，贷款就没有可能。D 表明信用极差。只有出现 A，才是信用好，风险小，银行愿意给你贷款。那么，什么是信用？能够履行和他人的约定而取得的信任。你取得了多大信任，信用就有多大。

讲信用，是遵守与他人事先达成的约定，信守给他人做出的承诺。如果一个人能够经常履行与他人的约定，或者在还款、支付账单、履行合同等方面从不违约，就会取得他人的信任，信任积累起来就是信用。一句话，讲信用是说话算话，恪守承诺。在职场中，讲信用具体指的是哪些事项呢？

1. 合同、协议。

凡是有签字盖章的合同、协议，无论遇到任何困难和麻烦，你都应该遵守。一般来说，合同的效力较高，协议的效力较低，但都应该严格遵守。

2. 口头承诺的事项。

外部伙伴、上级、同事等提出的建议、要求等，如果你同意，形成承诺，你就应当遵守。

同事说："下午两点，我们一起布置会场吧。"你说："好。"

客户说："你下班之前再给我打一个电话。"你说："没问题。"

你对上级说："3 天内，我拿出一个方案。"

3. 上级布置的工作。

上级要求，周一上班时把分析报告放在他办公桌上。

4. 工作目标、计划。

上级向你分解工作目标、业绩指标，你自己制订的周计划、日计划等，一旦目标、指标和计划确定，相当于你向上级、同事和其他伙伴做出了承诺。

5. 工作节点。

比如，上报报表的时间、提交日志的时间、提交计划的时间、检查的时间、复核的时间、工作总结的时间等。

6. 岗位职责。

履行岗位职责是你入职时对公司的承诺，必须遵守。许多新人不知道，讲信用也包括了履行岗位职责，没有履行岗位职责，就是不讲信用，不信守承诺。

7. 其他商定或默认的事项。

领导开会时提出的要求或者团队一起形成的决议，你没有表示反对，就相当于你默认了。可以看出，在职场上讲信用不是抽象的，而是很具体的，不仅要说话算话，而且要恪守承诺，包括恪守书面的承诺、口头的承诺、默认的承诺和劳动关系上的承诺。

如何恪守承诺

1. 不轻易承诺。

不要信口开河，轻易承诺，不该答应的事情不要答应。初入职场，新人往往轻易承诺。上学的时候，一些学生对许诺和失信不以为意。比如约定一起外出，随口答应，后来自己没去，失约了，连道歉都没有。承诺很随意，失信也无所谓，认为这都是小事，没什么大不了的。有人养成了轻易承诺的习惯，并把这种习惯带到职场，加上新人对于是否能达成工作中的承诺缺乏判断力，又碍于面子，或者由于某种压力或者利益，轻易答应，实际上无法完成，从而出现失信的情况。

无法履行承诺时，可以采取的办法如下。

李嘉诚在创业初期，资金极为有限。一次，一位外商要大量订货，但他提出需要富裕的厂商作保。李嘉诚找了好几天，没有找到合适的人，他并没有捏造事实或含糊其词，而是向外商据实相告，说自己未找到。那位外商深为他的诚信所感动，对他十分信赖，说："你是一位诚实君子，不用其他厂商作保了，现在我们就签约吧。"虽然这是个好机会，但李嘉诚感动之余还是说："先生，蒙你如此信任，我不胜荣幸。但我还是不能和你签约，因为我资金真的有限。"外商听了，极佩服他的为人，不但与他签约，还预付了货款。这笔生意使李嘉诚获利颇丰，为他以后的生意发展奠定了基础。

新人还可以请教上级，请教前辈等，不能自以为是、不懂装懂，也不要认为自己是新人，失信是理所当然的。

2. 一诺千金。

一旦做出承诺，就要努力达成，不可违约。即使是自己事先考虑不周而导致失约受损，也要努力弥补。

秦末有一个叫季布的人，一向说话算数，信誉高，许多人都同他建立了浓厚的友情，当时还流传着这样的谚语：“得黄金千两，不如得季布一诺。”这就是成语“一诺千金”的由来。

很多知名企业都有这样的故事：与客户签订一份合同，由于市场或其他方面发生了变化，导致履行这份合同，不仅不赚钱，而且一定会亏损，但是企业创始人一诺千金，承担了损失，履行了合同，从此赢得了更多客户和订单。

2010 年农历腊月二十九，某公司的员工都已放假，只有公司的老板和财务人员留在公司，等着供应商最后一笔工费和材料款的结算，一直等到夜幕降临。某公司老板与部分业务人员去上海参加展览会，人力资源部约好了一位在杭州的应聘者前往上海面试。参展后，时间已经很紧张，为了不失信，老板和同事顾不得吃饭和休息便赶往面试地点，终于在约定时间与应聘者见了面。应聘者得知此事后，非常感动，直夸企业有诚信。

某公司，一位女员工不幸身患重病，她得知病情后，担心因为自己治疗而耽误工作，在住院的前一天晚上，花费了几个小时时间把自己的工作逐条整理，写了满满的几页纸。清晰的条理、细致的内容、明确的交代、对岗位工作交接考虑得非常周到，字里行间带有不舍，甚至带有一丝内疚和遗憾。上级和同事收到后，感动不已。

有一个成语叫尾生抱柱。说的是春秋时期，一个叫尾生的年轻人，与女子约定在桥下相会，等不到女子，水上涨后小伙子为了信守承诺抱着桥柱而死。对于新人来说，当然不需要你用生命践行承诺，只要努力一点，辛苦一点，上心一点，敬业一点，就能够恪守工作中绝大多数的承诺。

3. 不能达成承诺，要及早沟通和报告。

无论是自己单独工作，还是与他人一起做事，都要学会在工作中及时评估，发现问题。一旦发现情况有变，可能难以达成任务，不要心存侥幸，默不作声，等着失信于人，给自己和他人造成无法弥补的损失，而应该马上与对方沟通，说明情况，让对方有所准备。沟通有3个要点。

先表示歉意，说明情况。这样，可以让对方有所准备，有时间寻找替代性、补救性解决办法。

承担全部的责任。千万不要推诿，找借口或者想把损失转嫁给对方，这是绝对不可以的。

补救措施。向对方表明，在没到合同期限或者承诺的时间节点之前，自己尽己所能，以期达成承诺。

到了承诺日期，确实没有兑现承诺，无论是对客户的承诺、对领导的承诺，还是对同事的承诺，处理方式都是一样的：首先表示歉意，诚挚地道歉，然后承担全部责任，不推辞，不找借口，并检讨自身的原因，寻找今后改进的方式和方法。

每个人在社会中的信用、在公司里的信用，都是一点一滴、日积月累而形成的。信用是存量，讲信用是增量。信用像水库，讲信用像流向水库的河流。河流的水越多，水库的水就越满。只有持续不断地讲信用，你的信用才会高。

本讲知识点

什么是讲信用？

讲信用就是说话算话，恪守承诺。

15.4

撒谎者悖论

职场痛点

撒谎，就是不诚实，但是没有撒过谎的人也是不存在的。许多新人以此为由，为自己的撒谎行为开脱。

本讲提要

如何诚实?

第一，绝不撒谎。

第二，如果不得不撒谎，仅局限于善意的谎言。

第三，不轻易撒谎。

第四，在权威人士面前绝对不要撒谎，特别是在上级面前。

诚实原则告诉你，不应撒谎，而某项研究称，人不可能不撒谎。

关于撒谎有一个著名的悖论，是“撒谎者悖论”。公元前 4 世纪，古希腊有一个人叫欧布里德，是几何学的创立者欧几里得的弟子。他提出如下问题：如果某人说他正在说谎，那么他说的这句话是真还是假？什么意思呢？比如有人说“我说的话是假的”，那么他这句话本身是真的还是假的呢？之所以是悖论，是因为如果“我说的话是假的”是真的，那就是一句假话；如果“我说的话是假的”是假的，那就是一句真话。那么，人们到底该相信他还是不该相信他呢？这就处在两难之中。

这种逻辑上的悖论很多，比如鳄鱼悖论。鳄鱼一口咬住一个人，并向这个人出了一道题，让这个人说一句话，如果说的是假话，就一口吃了他。结果这个人说："你一定要吃了我。"鳄鱼傻眼了，如果吃了这个人，这个人说的话就是真话。如果放了这个人，这个人说的就是假话，鳄鱼陷入两难之中。当然，现实当中如果一个人真被鳄鱼咬住，它可不会问你这种逻辑问题，而是会一口吃了你。在企业中，如果你撒谎，客户、上级、同事不会是给你出题，而很可能给你某种惩罚。

但是坦率地讲，撒谎是一种十分普遍的现象。在职场，撒谎是很常见的。

"这事儿我不知道。"自己明明知道，但是说不知道。"我没说过。"自己说过的不承认。"这事儿我们都尽力了。"其实他自己也知道并没有尽力。"不是我干的。"其实这事儿就是他干的。"这事儿没人告诉我呀。"其实有人早告诉他了。"忘了。"其实不是他忘了，而是没做。还有日期记错、地点记错、人记错、事记错等等各种借口。又如"我以为这事儿不着急""我以为这事儿下周才需要完成"，其实他很清楚这项工作完成的期限。

"撒谎者悖论"是一个逻辑问题、集合论问题，需要数学家、逻辑学家用逻辑学和数学方法去解决。

企业中的撒谎，是一个利益问题，因为通过撒谎可以避免麻烦，甚至得到好处。比如通过撒谎，工作量减少了，该自己承担的责任可以不用承担。在职场上，撒谎当然是不对的，即使是那些满口谎言的人，也不希望别人撒谎。我们来比较撒谎和不撒谎，你的同事或者上级、客户将如何对待你。如果大家认定你是一个诚实的人，那么无论你当下说的话是真的还是假的，他们都会认为是真的。如果大家认定你是一个不诚实的人，那么，无论你说的话是真的还是假的，他们都会认为是假的。

如果你一开口，无论说的是真话还是假话，大家都认为是假话，撒谎就没有意义了。当然，公司里不排除个别人，主要是新人，撒谎的时候简单直接，不管别人相信不相信，只管撒谎，这种做法在公司里是行不通的。

那么，如何让你的客户、上级、同事认定你是一个不撒谎的人或者一个诚实的人呢？

以下是几种办法。

第一种办法，绝不撒谎。这个办法很笨，但是很实在。你把这种状态永远保持下去，时间长了，大家就会认定你是一个不撒谎的人、诚实的人。当然，无论何时何事，绝不撒谎是很难做到的。

第二种办法，可以有善意的谎言。有时候不得不撒谎时，把撒谎的范围局限为：给公司或者工作能带来好处，或者不给别人添麻烦，或者帮助别人避免损失，或者对别人没有损失。总之，局限于善意的谎言。比如，有人形象并不算好，你称呼人家“帅哥”“美女”，这种谎言就没有问题。

一家公司给新员工培训，告诉新员工，见了客户，要把长得帅的男士叫帅哥，长得漂亮的女士叫美女。员工问，如果见了长得丑的要叫什么？老板回答说：“不好看的男的一律叫老板，女的还叫‘美女’。现在的社会，美的丑的女性，我们都该叫美女，这是善意的谎言。”

第三种办法，不轻易撒谎。博弈论就是讨论这个问题。前面讲过，人们为什么认定你是一个诚实的人呢？就是在多次的交往、博弈当中，发现你是一个诚实的人，于是认定你是一个诚实的人。所以，人不能轻易撒谎。

什么是不轻易撒谎？以下是几个很有意思的要点。

第一个要点，在明显的事实、证据面前不要撒谎。一次，我到一家公司上课，按规定所有参训人员不许迟到。上课的时候，有几个人迟到了，晚了10多分钟才进教室。但在上课的签到簿上，这几个人签的都是准时，所以很快就被发现了。这几个人在众目睽睽之下，晚了10多分钟进教室，是事实，却还敢撒谎，这就是不明智的做法。

第二个要点，在重大的、原则性的、关键的问题上不要撒谎。这种撒谎会涉及很多人、很多事，会给公司、他人带来重大影响。因为关注的人多，这种撒谎很容易被揭穿，也容易给自己带来损失。

第三个要点，别用一个谎言掩盖另一个谎言。撒谎是有成本的，这个成本首先是自己的信用。个人信用被透支，是一件损失极大、后遗症很严重的事情。

另外，通过谎言来掩盖谎言，成本会越来越高，总有一天自己无法承受，所以要学会及时止损。而止损，就是停止撒谎，学会认错。

第四种办法，在权威人士面前不要撒谎。在公司里，谁是权威人士？当然是老板、上级、创业元老、骨干员工。这些人是职场的资深人士，他们经验比你丰富得多，见识比你广。你在他们面前撒谎，不是自找没趣吗？

但是，遗憾的是，许多职场新人恰恰把事情搞反了。他在和自己年龄相仿的伙伴面前，无话不谈，绝不撒谎。而在那些职场前辈面前，却整天撒谎，这是在给自己找麻烦。

除以上办法外，还有一种情况，是一锤子买卖。如果你和别人仅打一次交道，别人是无法认定你是一个诚实的人还是一个撒谎者，上面说的问题就不存在了。所以，我们看到社会上的一些骗子，是做一锤子买卖，骗了东家骗西家，骗了南方骗北方，骗了之后就换对象和地点。但是，这种一锤子买卖在公司内部是不可能的。上级、同事甚至客户，你几乎要天天打交道。另外，如果仅打一次交道，一锤子买卖，一次博弈，由于人们无法判断你是一个诚实的人还是说谎者，最好的方式是不和你打交道。而我们知道，在市场经济中，在互联网时代，如果别人都不和你打交道，你就被孤立了。

总之，讲诚信，要不撒谎。当很难做到不撒谎时，怎么办？“撒谎者悖论”可以给你一些启发和帮助。

本讲知识点

什么是不轻易撒谎？

要点一，在明显的事实、证据面前不要撒谎。

要点二，在重大的、原则性的、关键的问题上不要撒谎。

要点三，别用一个谎言掩盖另外一个谎言。要学会及时止损，即停止撒谎，学会认错。

15.5

可信承诺

职场痛点

新员工常常轻易承诺，轻信承诺。

本讲提要

新员工应该记住，别人向你或者你向别人做出的承诺，必须有保障机制，不要相信没有任何保障的承诺。

以下 3 种机制下的承诺，才是可信承诺：第一种是经常打交道，以后还要打交道；第二种是有抵押物；第三种是有违约惩罚机制。

诚信很珍贵，然而，诚信难，不诚信易。在这种情况下，如何建立诚信？如何与外部伙伴、上级、同事建立一种相互信赖的伙伴关系？这里有一个笑话。一个强盗身上绑着炸药，闯进了一家银行。他对银行的人说，要么给他 100 万元，要么他引爆炸药。银行的人见状，不慌不忙地摊开一张纸，给强盗画了一幅图，并给强盗讲解了一番道理，强盗听完，二话没说，掉头就走。

讲了什么道理呢？画了一幅什么图呢？银行职员给强盗画了一幅博弈论上常用的图。分两种可能性，一种可能性是给强盗钱，强盗得 100 万元，银行损失 100 万元。另一种可能性是不给强盗钱。如果不给强盗钱，也有两种可能性，一种可能性是不引爆，银行没有损失，强盗什么也没得到。另一种可能性是引爆，大家同归于尽，损失无穷大。在这里，强盗的威胁是可信的吗？换句话说，假定银行不给强盗钱，强盗真会引爆炸药吗？通过比较刚才的几种可能性我们不难得出，强盗不会引爆炸药，因为引爆炸药之后，他不仅毫无所获，还要赔上性命。而不引爆的时候所得是零，零比负无穷大要大得多，他当然不会引爆。因此，强盗的威胁根本是不可信的。

诚信，不是简简单单的一句承诺，不是一个理念，也不是一个善良的愿望。

什么叫可信承诺？诚信必须是可以预期、可以执行、可以用某种机制保证的。这才是可信赖的承诺，是可信承诺。

有以下 3 种机制保障，承诺才是可信赖的。

第一种，多次博弈。多次博弈产生可信承诺。什么是多次博弈？所谓多次博弈，是多次打交道。在多次打交道中，每一次对方都信守承诺，你会相信在下一次打交道时，他也能信守承诺。多次信守承诺，产生可信承诺。我国正在不同层次、不同领域建立征信系统。征信系统是记录和评估企业或居民个人信用的系统。它如何评估你的信用高低呢？就是积累数据，记录历史，记录个人在贷款、购物、消费等行为中的信用状况，了解你在和人交往中是否有失信的记录，诚信情况如何，以此作为你将来是否诚信的评估依据。过去一直讲诚信的人，做出的承诺可信度更高。过去不讲诚信、劣迹斑斑的人，做出的承诺也不可信。

对于刚入职的新人来说，没有和上级、同事、客户多次打交道的经历，没有多次博弈，还没有信用记录，别人无法从你的过去判断你这个人是否诚信、是否值得信任。所以，新人经常遇到以下场景。

- 上级交给你一项工作时，满脸“写着”不放心。
- 你报销的票据，上级要多看几眼。
- 你办过的事，一个团队的其他同事要检查一遍。

有的新人觉得委屈：“凭什么不信任我？”不是他们不信任你，只是没有经过几次博弈，大家对你的诚信还无法判断。怎么解决呢？华为给每位员工都建立了费用报销诚信档案，每位员工都有诚信分值。这个分值会决定个人费用报销被审计抽查的概率。员工刚入职时为 80 分、B 等。以后每报销一笔费用，没有出现差错的话，就可以加 1 分，最高可累加到 120 分。诚信分值越高，抽查比例越低，反之亦然。分数在 80 分以下，所有的费用报销都需要检查。就像华为的费用报销诚信档案一样，解决的办法无非是——你入职后，言出必行，诚实守信，不弄虚作假，不言而无信。时间一长，多次博弈后，你在大家心目中的诚信记录，自然会帮你建立起可信承诺。

第二种，抵押。不仅多次博弈产生可信承诺，抵押也可以产生可信承诺。抵押是指什么？承诺不能只是说——语言上的保证。如果有人向你拍胸脯做保证，请不要轻信。道理很简单，他如果违约，你该怎么办？对方违约，意味着对方获益，你受损。违约是奖励了违约方，惩罚了守约方。大家想一想，如果违约能得到奖励，他以后会如何？当然是变本加厉地违约。守约方受到惩罚，以后会如何？当然选择违约。如何解决这个问题呢？抵押。如果承诺方有一笔财产实实在在地抵押在你这里，或者抵押在第三方，或者是可执行的（对方一旦违约，就可以赔偿守约方），承诺才是可以相信的。古往今来，为了解决诚信的问题，人们发明了许多抵押的方式。在我国战国时期，战国七雄合纵连横，国与国之间签订盟约，如何知道双方的盟约是可信的呢？通过人质。国王将自己的儿子交给盟约的另一方作为人质，如果违约就杀死对方的儿子。秦始皇的父亲叫异人，就是被送到赵国作为人质的。现在无论是购房、供货、服务等，签合同都会规定预付定金。付定金的意思是，如果你不信守承诺，不诚信，你的定金将被没收，你要承担损失。有企业担心员工的诚信问题，采取了工资或奖金延后两个月或数月发放的方法。有两家银行将 2018 年的员工工资，在 2018 年发放 70%，在 2019 年发放 20%，在 2020 年发放剩余的 10%。还有的公司将奖金延迟到次年年中发放。银行发放贷款时，会要求贷款方提供抵押物，或者要求有实力的公司进行担保。这些抵押方式对于初入职场的新人来说，在诚信方面有什么启发呢？别人向你承诺时，没有抵押物，不要轻易相信。在现代社会，可以信赖的承诺，不是说出来的，而是执行出来的，是用真金白银来保证的。不是随意说几句好话，或者向天地发誓，你就选择相信他。新人在职场成熟的标志，就是不相信口头的承诺，而要相信真金白银的承诺。在公司里，你如何让上级、同事信任你？

根据抵押产生可信承诺的道理，你可以这样做：

与公司签订其他协议。比如培训协议、竞业禁止协议、知识产权协议、保密协议等，这些协议都具有法律约束力，相当于你在公司有了更多的抵押物。

实际上，准备离开公司的员工，对于签订这些协议，总是不情愿的。

介绍同学、朋友进公司。这种做法使你和同学、朋友互为“人质”。当然，有的公司鼓励介绍同学、朋友进入公司，还会发介绍费；而有的公司则不鼓励这样做。

签订目标责任书。大多数公司有目标责任书，即员工以自己在公司的未来收益作为抵押物。

第三种，惩罚。除多次博弈和抵押外，为了形成可信承诺，还可以有第三种机制——惩罚。可执行的惩罚产生诚信。如果当事人不信守承诺，将会受到惩罚，而且惩罚带来的损失一定大于其收益。如果违约得到的好处是 100 万元，就要确定无误地得到大于 100 万元的惩罚。市场中常见的“假一赔十”就是用巨额罚金保证承诺是可以信赖的。为什么路边摊不可信？因为路边摊可以随时换地方。买家如果上当受骗，找不到卖主，无法进行惩罚。凡是有惩罚机制，并且可以得到切实执行的地方，诚信程度就高。如果仅仅是君子协定，不能保证对违约者进行惩罚，诚信程度就低。

惩罚也有多种方式：

第一，当事人之间的惩罚。你如果违约，我以后就不和你做生意、打交道了，给你造成严重损失。

小区里店主如果卖假货，以后小区居民都不进店买东西，小店将被迫关门。

经常失信的员工，领导不重用他，不信任他，不理睬他，会将他边缘化。

第二，第三方惩罚机构。通过第三方机构，保证违约方会得到惩罚。在我国，有争议仲裁机构和司法机关等第三方机构。

第三，商业信誉（商誉）。曾有一段时间，大家不敢买国产奶粉，因为经过几次假奶粉事件，国内奶粉企业的商誉被破坏。

如果一位经理人管理一家企业，在企业里贪污腐败，任人唯亲，把公司管理得一团乱，他就失去了商誉。在经理人市场中，以后没有哪家企业敢找他做经理人。

一位普通员工，也有自己的商誉，这个商誉是在公司的领导、同事和合作伙伴那里的口碑。俗话说，金杯银杯不如口碑，口碑就是商誉。

当然，博弈、抵押和惩罚机制都是外部约束。如果一个人的内心有约束力，有任何违约行为时，不等外部追责，自己内心就不安、愧疚，产生负罪感、愧疚感，产生马上纠正和补偿的愿望，就会大大降低履行承诺的成本，诚信就更有保障。

本讲知识点

怎样的承诺才是可信承诺？

有 3 种机制保障才是可信承诺。

第一种，多次博弈。

第二种，抵押。

第三种，惩罚。

16

团队精神

与他人合作，是职场最要紧的事之一。

本课目标

1. 了解什么是团队精神。
2. 学会成为伙伴，而不是旁观者。
3. 树立与他人合作的意识和能力。
4. 学会发现别人的优点，学会与有缺点的伙伴合作。

本课提要

16.1　什么是团队精神

团队　群体　团队精神是志同道合、精诚合作、共享共赢

16.2　是伙伴，不是旁观者

什么是旁观者？是不相干、看热闹的人　什么是伙伴？是“胜则举杯相庆，败则拼死相救”的人

16.3　与他人合作

合作意识与合作能力，是职场最要紧的事　合作精神不是什么　合作精神是什么

16.4　一个人不可能完美，但团队可以

不要以为你什么都行，离开团队，你可能一事无成；也不要以为你什么都不行，有了团队，你也许什么都行　没有完美的个人　学会发现他人的优点　用人之长，容人之短，学会与有缺点的人合作

16.1

什么是团队精神

职场痛点

不明白团队的概念，把群体认为是团队。

不明白团队精神的概念，把整齐划一认为是团队精神。

本讲提要

1. 什么是群体？什么是团队？

团队不是群体，团队与群体不是一回事。

2. 什么是团队精神？

团队精神是志同道合、分工协作、共享共赢。

众所周知，所有企业毫不例外地把团队精神作为自己的核心价值观。可以说，团队精神是职场人提及最频繁的词。

那么，什么是团队精神？要明白团队精神，先要明白什么是团队。什么是团队呢？经常有人这样说："我们班就是一个团队，大家要团结一致。""出去旅游，我们旅游团就是一个团队。"跳广场舞的阿姨也说："大家是一个团队，动作要整齐。"那么，班级、旅行团、广场舞队是团队吗？不是。

一群人组成一个班级、一个旅行团、一支广场舞队，并没有成为团队，这些都不是团队。把一个一个的土豆装进一个麻袋里，只不过是一麻袋土豆罢了。团队及团队精神，有其独特的内涵。给大家举两组例子，左边的一组例子是群体，右边的一组例子才是团队。

群体	团队
正在上课的班级	正在参加拔河比赛的班级
旅行社组织的旅行团	《西游记》里西天取经的唐僧师徒
同乘一架飞机的乘客	一支篮球队或足球队
一个包工头下面的一群工人	一个项目小组
在广场上跳广场舞的一群人	一支乐队
特征	特征
各有各的想法和目标	共同的目标
没有利益关系	共赢
相互可替换，缺少谁都行	互补与合作，缺少谁都不行
遵守群体规范	遵守团队规范

整齐划一、各有不同，不是团队，同样是在一起的一群人，为什么有的是团队，有的却不是团队呢？一群人在一起，只有具有以下几个特征，才是团队。

第一，目标。团队的第一个典型特征是共同的目标。团队是有共同目标的人在一起形成的。所谓共同目标，是人们常说的志同道合，这样的组合如下。

场景	他们的共同目标
《西游记》里西天取经的唐僧师徒	西天取经
一支篮球队或足球队	赢得比赛
一支乐队	演奏出美妙的乐曲

由此看出，他们为了共同目标走到一起，组成团队。没有共同目标的一群人在一起，只能叫团体或者群体，而不能叫团队。

以正在上课的班级为例。正在上课的班级，最容易被误认为是一个团队。其实，是不是团队很容易辨认，就是看他们有没有共同目标。正在上课的班级，虽然大家都坐在一间教室，虽然都在听课，最后都要考试，但是每个学生都有自己单独的和别人不一样的个人目标。有的学生的目标是拿学分，有的学生的目标是发展个人特长，有的学生则只是为了应付点名。有人会说，学生有共同目标——拿学分。其实，这恰恰是鉴别班级是不是团队的一个关键点：拿学分，是学生各自的目标，而不是共同目标。某个学生是否以拿学分为目标，并不影响其他学生的目标。比如学生张三，这门课是辅修，不拿学分。比如李四，上课后发现课程太难，觉得自己肯定拿不到学分，于是天天旷课，最后也不参加考试。张三和李四拿不拿学分，并不影响其他学生拿学分的目标。许多大学实行学分制，报名上某一门课的学生一起上课，下课后各有各的目标，大家并不属于一个班级，只不过凑巧报了同一门课，一起上课而已。一起出游的旅行团，也没有共同目标。乘客们坐同一架飞机，目的地相同，但是实际上各自有不同的目的，比如都是坐一架飞机去深圳，张三的目的可能是旅游，李四可能去谈生意，王五可能去看女朋友。也就是说，旅行团成员的是各玩各的，只不过凑巧坐了同一航班或者由同一个导游带着旅游。一起跳广场舞的阿姨们，也不是一个团队。阿姨们目标各异，有的想通过跳舞健身，有的喜欢跳舞，有的出来躲家里的烦恼，有的觉得好玩。

那么，有人会说，进入同一家公司，大家应该有共同目标吧？不一定。进入同一家公司，同事们可能有共同目标，也可能没有共同目标。我们看到，在优秀的公司里，几乎每一位员工都非常认同公司制定的战略和年度目标，并自觉地为目标而努力。这时候，公司就容易形成团队。然而，有的公司虽然也宣布了公司目标，但是公司里的人各吹各的号，各打各的小算盘，并不认同公司的目标。新人在职场里的时间久了，就会慢慢发现，同一家公司里的员工并不一定具有共同目标。这时候，这家公司就是一盘散沙，并不是一个团队。一家公司，有同一个目标，才是团队。

第二，合作。团队的第二个典型特征是分工协作。团队一定是一群人，由于需要合作而组成的。这意味着，团队成员是分工协作的、互补的，是相互支持、相互依赖的，谁也离不开谁，否则团队目标就难以达成。班级所有学生，有分工有协作，有指挥的，有当啦啦队的，步调要一致。有任何一个或者几个学生不与其他人合作，闹意见，或者出工不出力，就可能在比赛中失败。球队 11 名队员，都有各自的分工，有前锋、中锋、左边锋、右边锋、左边卫、右边卫、后卫等，不同角色的队员必须相互合作、相互配合，才能赢球。一个乐队中拉首席小提琴的在中心位，很重要，但是他离不开后排吹小号、黑管、长笛等乐手的配合。

有一支著名的乐队，在一次重要的演出中，定音鼓师敲鼓敲早了，导致整个乐队的演奏乱了套。敲定音鼓被人称为“敲边鼓”，好像不重要，可是看来不重要的角色出一点点儿状况，整个演奏就会乱了套。可见，乐队成员之间的协作配合和互补有多么重要，谁也不离开谁。相反，相互之间没有合作，仅仅是在一起的一群人，就不是团队，而是团体、群体。

- 同乘一架飞机的乘客，相互之间没有合作，坐在座位上，一路上谁都不理谁，也没有问题。
- 旅行团里，大家只要跟着导游，不掉队就行，不需要合作，一趟旅行下来，旅行团成员之间可能没说过几句话，甚至仍然不认识。
- 跳广场舞的阿姨跟着音乐的节奏跳舞不是合作，因为少了哪位阿姨，都有没问题，对大家跳舞没有影响。

第三，共赢。团队的第三个典型特征是共享共赢。共赢的意思是，团队成果是以总体的形式呈现出来的，团队成员只有在团队取得成果的基础上，才能取得个人成果。2015 年 1 月 30 日，在 CBA 常规赛倒数第二轮浙江队与广东队的比赛中，浙江队外援埃里克·迈克科鲁姆一个人获得 82 分，创造了 CBA 历史上个人进球纪录，可最后浙江队还是输了比赛。赛后，迈克科鲁姆没有狂喜，而是独自伤神。球队输了，个人进球再多也没有意义。球队赢了，每个人才能分享球队胜利的喜悦和奖金。团队好，团队成员才能好。团队有成果，团队成员才能有荣誉，团队有业绩，团队成员才能有利益。所以，团队成员之间，要相互鼓励、相互帮助，分享各自的信息、各自的经验、各自的想法，然后共享成果。虽然有的成员贡献更大，分享的更多，有的成员贡献相对小，分享的少一些，但是没有人会被落下，没有人会被排除在外。

卡曾巴赫（Katzenbach）与史密斯（Smith）合著的《团队的智慧》（*The Wisdom of Teams*）曾对团队有这样的诠释："团队就是一群拥有互补技能的人，为了一个共同的目标而努力，达成目的，并固守相互间的责任。"

明白了团队与群体的区别，对团队精神的理解，就应该很容易。团队精神是志同道合的一群人，为了达成共同目标而分工协作，是共享共赢的精神和理念。团队精神有许多，最核心的是目标、合作与共赢。具有这三个特征的群体，才叫团队。相反，不具备这三个特征的群体，就不能叫团队，只能叫团体或者群体。

一句话，团队精神是志同道合、分工协作、共享共赢。这样一来，大家就理解了，并不是一个公司、一个部门、一个小组就是一个团队。只有所有成员都具有共同目标、合作精神，并追求共享共赢，才会成为一个团队。即只有成员都具有团队精神，才能形成团队。

本讲知识点

什么是团队精神？

团队精神是志同道合、分工协作和共享共赢。

16.2

是伙伴，不是旁观者

职场痛点

一些新人入职后，把自己当作一个旁观者，迟迟不能融入团队。

本讲提要

1. 什么是旁观者？什么是伙伴？团队不需要旁观者，需要伙伴。

团队精神意味着，大家是伙伴，不是旁观者；大家是我们，不是他们；团队的事是自己的事，不是别人的事。

什么是旁观者

一位年轻人徘徊在楼顶，随时可能跳下楼。在楼顶上，年轻人的亲人和同学，焦急地哭喊着劝说年轻人别想不开。在楼下，救援人员正在紧张地准备救援气垫，维护现场秩序。然而，街道上挤满了看热闹的人，有的拿手机边拍边发，不少人还喊："赶紧跳，半天了，怎么还不跳？"还有的打电话叫朋友过来看热闹。

旁观者，是那些看热闹不怕事大的人，是那些袖手旁观、指手画脚的人，是觉得再大的事情，都与自己无关的人。入职前，新人是旁观者——工作的旁观者，甚至是生活的旁观者。在家庭中，他们也可能是旁观者。家里有父母承担责任，不用自己操心家庭事务，不用管柴米油盐、房租、水电费，甚至不用洗碗扫地，家就像酒店一样，自己安心住就行，不用操心。在大学读书，他们或许也是旁观者。家里提供学费，学校安排教学，自己只要安心读书就可以。社会中发生的事情，都与自己没有关系。

在互联网时代，这种旁观者心态被强化和放大。在网络上，我们看到无论发生什么事，许多人通过手机或电脑，看热闹、拍巴掌，或者当评委、发弹幕，或者义愤填膺、扼腕长叹，或者出谋划策。实际上，许多键盘侠不是侠客，而是旁观者。有人会疑惑，键盘侠如此关心、关注这些事情，怎么会是旁观者呢？很简单，因为不用承担责任。事情闹得再大，也影响不到自己，隔着网络，很安全。所以，人们经常看到键盘侠在网络上十分活跃，到处指点，可是一旦遇到实际问题的时候，反而装聋作哑，一言不发。事实上，许多在网上活跃的键盘侠，在公司里常常是一个事不关己、高高挂起的旁观者。

职场上，旁观者心态的表现如下。

1. 无所谓。

公司的事情好像和他没有关系。公司经营得好不好，业绩是否达成，工作是否完成，他都无所谓。有的新员工甚至对自己的事也无所谓，福利多少，奖金有没有，有没有被扣钱，他都无所谓。

2. 袖手旁观。

无论对自己部门、别的部门，还是合作伙伴，都很冷漠。伙伴有困难，他假装没看见。伙伴需要他的帮忙，他说自己忙，各种推托。甚至在伙伴有麻烦时，他会躲得远远的。

3. 评头论足。

他觉得什么都和他没有关系，于是就坐在电脑前面当键盘侠，对公司的事指指点点，评头论足。今天评论公司和老板，明天抱怨上级和同事，只要公司里有点儿风吹草动，工作上遇到一点儿麻烦，他就马上抱怨：“看，怎么样？我早说这样不行。”甚至持一种“恨人有，笑人无”的心态，当别人比自己好的时候，羡慕嫉妒别人。当别人做得不够好，出现问题的时候，他又看人笑话。

什么是伙伴

伙伴是为了共同目标而分工协作，是休戚与共的人。

一个盲人和一个行动不便者，在森林里行走，他们怎样才能走出森林呢？盲人可以背行动不便者。盲人是行动不便者的伙伴，行动不便者是盲人的伙伴，双方优势互补，谁也离不开谁。只有双方分工协作，才能一起走出森林。

大家在一家公司、一个部门里，就像在一条船上一样。大家目标是一致的，一荣俱荣，一损俱损，公司不好，部门不好，其他成员不好，你想好也难。我们不是旁观者，不是局外人，而是伙伴，是利益相关的自己人。团队成员往往会说“我们”如何，而不是“你们”“他们”如何。团队成员有麻烦，不是“他们”有麻烦，而是“我们”有麻烦。天要下雨，公司外面堆着物品，那不是公司的物品，是“我们”的物品，我们要想办法把“我们”的物品搬到安全的地方。同事遇到困难，不是别人遇到困难，是同伴遇到困难，是“我们”遇到困难，“我们”绝不能袖手旁观。用华为团队的一句话来说，伙伴是“胜则举杯相庆，败则拼死相救”的人。

2018 年 10 月 30 日，重庆发生了公交车坠入长江的事件。公交车冲入长江，车上无人生还。调查后发现，公交车坠落的原因是，某乘客因错过站而与司机激烈争执、打斗，导致车辆失控，掉入长江。在这个事件中，乘客无视社会规则，殴打正在开车的司机，而司机缺乏职业素养，未控制好自己的情绪。可悲的是，车里的其他乘客，对此无动于衷，把自己当作看热闹的旁观者，眼睁睁地看着悲剧发生，最后所有人都丧生了。

企业就像一辆公交车，从所有权来讲，你可以说这家公司是属于公交公司的、某个私人老板的，或者国有的。但是，一旦开动，这个司机就取得了公交车的控制权，他到底往哪里开，怎么开，不是随意的，他要对公交车公司负责，对乘客负责，甚至要对道路两旁的路人负责，还要对环境负责，不能排放不达标的尾气，污染环境。那么乘客呢？当然也不是旁观者。当个别乘客干扰司机甚至有危险行为时，其他乘客应该站出来制止这种行为。我们经常看到个别司机开车时，打私人电话甚至低头看手机，这很危险。站出来制止这种行为，是为了司机，也是为了自己和其他乘客。在一辆车里、在一条船上、在一家公司里，我们都是命运共同体。

员工进入企业之后，就不是旁观者，而是公交车上的乘客，是一艘轮船上的水手，所以麦当劳把自己的员工称为水手。第一位员工都有责任让这艘轮船平稳地到达目的地，每一位员工都不能成为旁观者，而要成为彼此的伙伴。

本讲知识点

什么是伙伴？

伙伴是为了共同目标而分工协作，是休戚与共的团队成员。

16.3

与他人合作

职场痛点

缺乏与他人的合作意识。

缺乏与他人的合作能力。

本讲提要

1. 与他人合作，是这个世界上最要紧的事情之一。

2. 合作精神不是什么？

不是各扫门前雪，不是叫快递，不是等、靠、要，不是服从命令。

3. 合作精神是什么？

是双赢，是承担责任，是主动伸手，是妥协包容。

只要参加过招聘的人都知道，具有与他人合作意识和合作能力，是企业招聘要求的标配。为什么？因为与他人合作，是这个世界上最要紧的事情之一。1958 年，美国人伦纳德·里德（Leonard Read）写了一篇文章《我，铅笔》（I, Pencil）。铅笔看起来很简单，由一根笔芯儿、铁圈、橡皮和木杆组成，但是它的生产过程却很传奇。首先，铅笔的原料就非常复杂，它不是普通的木杆，是一种叫雪松木的木材做成的，雪松木产自美国加利福尼亚州北部森林。这需要有人伐木、装船、运输，然后到木材加工厂切割、烘干。铅笔芯的原材料是石墨，来自斯里兰卡，需要有人采矿、运输。石墨要与产自密西西比河河床的黏土混合，形成铅笔芯。橡皮则来自印度尼西亚，还得有硫化剂、催化剂和添加剂等。事实上，一根小小的铅笔，就有很多人参与了它的生产过程，许多人被联系在一起，没有这些来自不同地区的人的分工和协作，一根小小的铅笔是无法被生产出来的。

今天，人们之间的分工协作更加密切。北京的自来水，是千里之外的丹江口水通过南水北调中线工程引入，又经过净化、过滤、消毒后，通过自来水管道才流到千家万户的。没有人们的合作，水都难以喝到。我们用的电脑、手机等，几乎每一件商品，都是由产业链上遍布世界各地的很多家企业合作提供的。而每一家企业的产品和服务，又是由该企业所有员工合作提供的。

- 格力空调是由格力电器 8.8 万名员工合作生产、销售和维护的。
- 淘宝和天猫的服务是由阿里巴巴 10.4 万名员工合作提供的。
- 京东商城是由京东 17.9 万名员工合作才得以运营的。
- 华为的手机和通信设备，离不开华为 18.8 万名员工的合作。
- 遍布全国的中国工商银行的金融服务，是由 44.9 万名员工合作提供的。

- 遍布世界各地的沃尔玛，则是依靠其220万名员工的合作。

所以，企业的价值来自很多人的合作。可以这么说，不懂与他人合作，或者不会与他人合作的人，在今天的社会是很难立足的。

一个员工的价值，不仅仅取决于他个人的技能，更取决于他能不能很好地与他人合作。有一个故事，对我们理解团队合作有很大的启发作用。在天堂和地狱，都有盛粥的大锅和同样比人的胳膊还长的勺子，但是天堂里的人，一个个吃得红光满面，而地狱里的人，个个面黄肌瘦，饿着肚子。这是怎么回事呢？原来，地狱里的人自己顾自己，争先恐后地拿长勺子挖粥给自己吃，可是勺子太长，无论如何都吃不到自己的嘴里，结果谁也吃不到粥。而在天堂里，一个人拿长勺子挖到粥之后，喂给另外一个人吃，这样大家相互为对方喂粥，每个人都有粥吃。

我国的一些著名企业倡导“狼性文化”，比如华为、海尔等以“狼性团队”著称。推崇“狼性文化”，不仅仅是推崇狼的狠和猛、敢打敢拼的精神，还有狼群的合作精神。狼族从来不单独作战，因为它们明白，在面对强敌的时候，自己的力量无法超过敌人，必须团结一致，共同战斗，才能共渡难关。作为狼族中的一员，个体的优秀固然重要，但是要想生存，就必须和其他成员团结合作，才能不被环境所淘汰。

海尔集团董事会主席张瑞敏说：“狼的许多难以置信的做法值得借鉴。最值得称道的是它们在战斗中的团队精神、协同作战，甚至不惜为了胜利，粉身碎骨、以身殉职。我们人类必须多向狼族学习协作精神。狼与狼之间的默契配合成为狼成功的决定性因素。不管做任何事情，它们总能依靠团队的力量去完成。”不要以为你什么都行，其实离开团队，你可能一事无成；也不要以为你什么都不行，有了团队，你也许什么都可以做到。“千人同心，则得千人之力；万人异心，则无一人之用。”这句话的意思是如果一千个人同心同德，就可以发挥超过一千个人的力量。可是，如果一万个人离心离德，恐怕连一个人的力量也比不上。

合作精神不是什么

许多新员工不明白合作精神是什么，没关系，我们可以先看看合作精神不是什么。

1. 不是“各扫门前雪”。

有新员工认为，在公司里，各有各的岗位职责，每个人只要完成自己的岗位职责，各扫门前雪，不就行了？不行。在公司里，每一个岗位都不是一座孤岛，岗位与岗位之间是互联互通、分工协作、相互依赖的。出纳的职责，是为公司的其他部门和岗位提供汇兑、结算、现金收支等方面的服务。反过来，出纳需要财务部其他岗位的合作，需要公司其他部门如行政部、人力资源部和其他业务部门的合作，才能履行好自己的职责。

2. 不是叫快递。

新人不能以为合作精神是叫快递，下了订单就马上有人上门，晚一秒就差评，不高兴就取消订单，这不是合作精神，而是以自我为中心，唯我独尊，想全世界都围着自己转，为自己服务。

3. 不是等、靠、要。

有的新人把依赖别人，等别人把事情准备好，自己再开始工作理解为合作，这也不对。什么都去等，都靠别人，都要伸手，不是合作。

4. 不是服从命令即可。

将合作理解为服从命令，是不对的。

市场部经理要求下属小李与销售部沟通“十一”期间几个大型促销活动的后勤物资保障清单内容，小李按照经理的要求去销售部沟通。这件事体现出小李与他人的合作精神了吗？并没有。因为与他人合作的精神，主要体现为一种自动自发的行为，即行为是当事人自觉自愿地主动发起的。市场部小李发现“十一”期间市场部与销售部联合举办的几个大型促销活动的后勤物资保障工作还没有完全落实，于是不等经理要求，就自己主动找销售部相关人员对接沟通，双方列出了促销期间后勤物资清单和采买、保管、领用的具体办法，然后报请各自的经理，准备在下次跨部门会上讨论，这才是合作精神。新人不能像棋子一样，上级拨一下才动一下，上级让做，才去与他人合作，这是不对的。上级没有拨，没有命令，自己就主动与当事人协调解决，这才是真正地与他人合作。

人与人之间有三种合作模式，具体如下。

第一种模式是熟人合作。在熟人社会，比如一个村庄、一个学校，大家彼此熟悉，是亲朋好友或同学。这时候，物以类聚，人以群分，找关系最好、自己最熟悉、最合得来的人合作，是传统农耕社会的合作模式。一旦离开了熟人社会，没有熟人，关系不存在了，就没有了合作，不会合作。

第二种模式是服从命令听指挥。如果离开了熟人社会，还怎么合作呢？一个强者才能把分散的一个个人凝聚在一起。大家都服从于这个强者，强者给大家下命令，大家服从命令听指挥。一旦强者不下命令、不在或者不再强大，大家马上就一盘散沙，不再合作，甚至开始内斗。

如果学校组织外出旅游，在规划好路线、确定好费用后直接发通知，学生只需要报名参加就可以，这样的旅游容易组织，参加人数多，矛盾少。如果换一种组织方式，学校放假，由各班级学生自己组织旅游，麻烦就来了。班级在讨论旅游的时候，各种想法都有，有的想去东北，有的想去云南，有的想去九寨沟，有的想宅在家里，哪儿也不去。各种表现也都有，有的学生积极发言，有的学生查资料、翻地图，有的在一旁玩手机，一言不发。不少公司就有这种现象，一旦没有一个威严的领导或者上级，员工就如一盘散沙，不知所措，各吹各的号，各唱各的调，谁也不服从谁，难以合作。这种由于服从命令听指挥而产生的配合没有体现团队精神，也没有体现合作精神。合作精神是自觉、自发、自治，而不是服从。合作精神的真谛，是在没有上级命令的情况下，自己和伙伴能自发地合作，解决问题。

第三种模式是团队合作。合作精神是什么？是双赢、承担责任、主动伸手和妥协包容。

1. 双赢。

双赢，这是团队精神中使用率最高的字眼。他人好、伙伴好，自己才能好。大家好，才是真的好。双方合作有几种情况：第一种，利己利人（双赢）；第二种，两败俱伤（输 / 输）；第三种，损人利己（赢 / 输）；第四种，独善其身（赢）；第五种，舍己为人（输 / 赢）；第六种，好聚好散（无交易）。可以看到，只有第一种双赢思维，才能调动双方的积极性，达到目标一致、行动一致的效果。人与人合作，不是零和游戏，不应该损人利己，而应该努力达成对双方都有利的结果——双赢，这样双方才能走得长远。

有人问李泽楷，他的父亲李嘉诚教给他赚钱的秘诀是什么。李泽楷说父亲没教他赚钱的方法，只教了他做人处世的道理。这个道理就是：和别人合作，假如拿七分合理，八分也可以，只拿六分就好。也就是说，让别人多赚两分。这样，合作过的人都知道，和李嘉诚做生意会赚到更多，这样就有更多的人愿意和他合作。从一单生意来看，看似少赚了，但是从长远来看，其实赚得更多。

2. 承担责任。

与他人合作时，人常有一种倾向——偷懒、推卸责任。

两位西方学者张伯伦（Chamberlain）和贝利（Bailey），做了一个拉绳实验。他们发现拔河时，一个人拔河，会使出 100% 的力量。两个人参加拔河，每个人只会使出单独拔河时 95% 的力量。3 个人参加，每个人会使出 85% 的力量。8 个人参加，每个人会使出 49% 的力量。这种现象就是我们中国人常说的“三个和尚没水吃”，用经济学术语说，是“搭便车”。“搭便车”现象在经济学中也叫“正外部性”，即某人的投入所带来的收益，没有被自己全部获得，还被其他人获得的现象。比如，春节放烟花，烟花是你买的，放烟花时你不仅可以观赏，周围人不花一分钱，也可以观赏，他们搭了你的便车。与他人合作时，常常有人想“搭便车”，想通过一些小花招，推卸责任，让别人多干，自己少干。如果双方各有打算，都想让别人多干，自己少干，结果只能是一种“双输”的局面。所以，合作时，双方都必须明白一个道理——主动承担责任，不要故意推卸责任，也不要为了合作中谁干得多、谁干得少而斤斤计较，这样才能达到双赢的效果。

3. 主动伸手。

承担责任的第一步，是主动伸手，做发起人。在“十一”促销活动之后，某些区域效果不错，如果马上再做一次推广活动就更好了。有了这个想法，你写成方案提交上级，并主动找销售部相关人员讨论，一起准备产品推广会。不等领导指示，你们已经把发邀请、同步到新媒体、会场布置、主持人及嘉宾接待、产品演示、大客户接待和客户跟踪等事项，都进行了考虑。做发起人是一件比较麻烦的事情，主动伸手很可能自讨没趣、白费功夫，甚至出力不讨好。但是，要想达成合作，双方就必须都具备主动伸手的积极态度。如果都等别人伸手去当发起人，自己总是被动地配合，等待指挥和命令，等待客户电话，等别人来找自己，就永远没有合作。

4. 妥协包容。

人与人合作，可能是容易的事情，也可能是艰难的事情。如何让艰难的事变为容易的事呢？职场前辈一定会告诉你，没有秘诀，就是四个字——妥协、包容。小李向销售部提出的“十一”期间促销活动后勤保障方案，销售部不认同，小李很郁闷。这种情况在职场再正常不过，千万不要以为自己主动伸手，花了许多时间准备的方案，别人就要全盘接纳；也不要以为自己业务最熟，情况最了解，能力最强，大家就必须按照你的想法办。那么怎么办呢？只有双方沟通，听听各自的想法，哪些是双方认可的，哪些需要解释说明，哪些是需要自己让步的，如此才能达成合作。

所以，人们常说，合作是一门妥协的艺术、包容的艺术。与他人合作，共同打拼，是入职后最要紧的事之一。

本讲知识点

合作精神是什么？

是双赢，是承担责任，是主动伸手，是妥协包容。

16.4

一个人不可能完美，但团队可以

职场痛点

有人常常对伙伴吹毛求疵，看不见别人的优点和长处，不能求同存异、妥协包容。

本讲提要

一个人不可能完美，但团队可以，这意味着：

1. 谁也离不开谁；
2. 没有完美的个人；
3. 学会发现他人的优点；
4. 用人之长，容人之短。

一个人不可能完美，但团队可以，这是体现团队精神的一句名言。这句名言道出了团队的一个真相——单个的团队成员是不完美的，有优点也有缺点，但只要团队成员团结合作，优势互补，就能形成一个完美的团队。物理学上有一个彩虹效应。天上的彩虹，非常美丽，这种美丽实际上是由赤橙黄绿青蓝紫7种不同的颜色组成的。单独看每一种颜色：红色，热情、亢奋，但是缺乏冷静；绿色，春意盎然，一派生机，但是缺乏热情，蓝色，充满幻想、憧憬，但是不够踏实……而且单独看，是单调的，甚至是乏味的，只有7种颜色组合起来，才能形成彩虹，才是美丽的。

《西游记》中西天取经的团队，简直是对团队精神最好的注脚。确实，西天取经的团队是一个完美的团队，他们经过九九八十一难，终于完成西天取经的任务。但是，如果单独看西天取经团队中的每一个成员，都是不完美的。

唐僧是西天取经团队的领导，优点是有坚定的意志和为了弘扬佛法的献身精神，能够把比他强的几个人留在他身边；缺点是软弱、优柔寡断，甚至有时是非不分、善恶不分。孙悟空的优点是能力强，逢山开路，遇水架桥，除妖降魔，多次挽救唐僧和众人的生命；缺点是虚荣，意志不坚定，无组织无纪律。猪八戒的缺点是好吃懒做，爱撒谎，偷奸耍滑，挑拨离间，重色轻友；优点是在关键的时候，总能站出来，起到意想不到的作用。沙和尚的优点是吃苦耐劳，兢兢业业，一步一个脚印。缺点是没有什么本事，比较平庸。单看西天取经团队中的每一个成员，都不完美，优点和缺点也很明显。但就是这些看起来各有缺点的团队成员，却组成了能够克服千难万险的取经团队。

团队角色理论

英国剑桥产业培训研究部前主任贝尔宾（Belbin）博士，提出了团队角色理论，并在全世界得到广泛应用。他的观点是，一支结构合理、完美的团队，应当由 8 种不同角色构成，分别是实干者、协调者、推进者、创新者、信息者、监督者、凝聚者和完善者。

实干者：务实可靠、服从。

优点：有组织能力、实践经验，工作勤奋，有自我约束力。

缺点：缺乏灵活性，对没有把握的主意不感兴趣。

协调者：沉着、自信、善于协调和控制局面。

优点：能够对各种观点兼容并蓄，看问题客观。

缺点：无原则，无创造力。

推进者：有前瞻性、主动探索。

优点：积极，随时准备向故步自封挑战。

缺点：冲动、急躁，容易挑起事端。

创新者：才思敏捷、思想深刻。

优点：才华横溢，富有想象力，知识面广。

缺点：高高在上，不重细节，不守规矩。

信息者：外向、好奇、信息灵通。

优点：在外联系广泛，能拓宽视野。

缺点：朝三暮四，忽视内部问题。

监督者：清醒、理性、谨慎。

优点：原则性强，判断力强。

缺点：死板，吹毛求疵。

凝聚者：擅长交际，温和。

优点：有适应能力，能促进团队合作。

缺点：在危急时刻左顾右盼、优柔寡断。

完善者：勤奋、认真。

优点：一丝不苟，追求完美。

缺点：常常拘于细节，吹毛求疵。

团队角色理论给我们的重要启示如下。

- 谁也离不开谁。
- 没有完美的个人。
- 学会发现他人的优点。
- 容人之短。

这些启示用一句话表述就是：一个人不可能完美，但团队可以。

1. 谁也离不开谁。

每一种角色都十分重要，谁也离不开谁。虽然每一种角色有自己的优点和缺点，但都在团队中发挥着自己独特的作用和价值，这种作用和价值是不可替代的。有一个概念是团队智商。在团队中，每个人的智商都非常高，但是团队的表现却非常差，这就是团队智商低。什么样的团队智商高呢？答案是：团队中各种角色都有，这样的团队智商高。相反，角色单一的团队，智商很低。为什么？道理很明显，没有互补性。巴萨是世界顶级足球俱乐部，梅西是世界顶级球星。假如巴萨的 11 名球员都由梅西分身而成，巴萨会更强吗？足球专家一定会告诉你，如果球队是 11 个梅西上场，巴萨就会成为弱队。一支足球队，需要前锋、左边锋、右边锋、左边卫、右边卫、中锋、后卫、守门员等，每个位置都需要具有独特能力的球员。梅西擅长做前腰，并不擅长做后卫，更做不了守门员。一支顶级足球队，是由顶级守门员、顶级后卫、顶级前锋等组成，不可能由 11 名顶级前腰组成。

2. 没有完美的个人。

每一个团队成员的优缺点都是相生相伴的，完美无缺的团队成员是不存在的。在上面的 8 种角色中，找不出只有优点没有缺点的角色。现实中，我们在一家公司、一个部门、一个小组中，也找不到一位完美的员工、完美的领导。一个老板想招聘一位总经理，猎头公司的人会问老板的要求是什么。老板描述道："我要招聘的这个总经理，要有很强的战略能力；还要有很强的执行力，能把我的想法执行下去；也要有很强的领导力，能够带领整个团队；还要有很强的沟通能力，在行业中有很好的业绩和经验，是这个行业的行家。"听到这里，猎头公司的人说："不用招聘了，他现在应该已经是老板了。"既然完美无缺的团队成员不存在，那么就不要对他人求全责备。

3. 发现他人的优点。

在一个团队里，你要经常问自己，自己是否看到了伙伴的优点，是否感觉发现他人的优点是一件很困难的事情。有的人用惯了修图软件，见到实际中的人，总觉得眼前这个人不好看，浑身都是缺点，看不到这个人的优点。在团队中，人们更趋向于用苛刻的眼光看待团队伙伴。当你问他伙伴的缺点，他能列举出一大堆。当你问他伙伴的优点，他半天也讲不出来。在只盯着别人缺点，不去发现别人优点的心态下，你是无法与伙伴优势互补，团结合作的。

4. 容人之短。

既然团队成员的优缺点是相伴相生的，那么每一个团队成员都要善于用人之长，容人之短。团队成功的关键是让每一个伙伴都把优点发挥出来，发挥到最好。别人的缺点只要对团队没有伤害，就要学会包容，不能看到别人的缺点，或者别人出了一点点儿状况，就极力指责别人。

包容有两种情况。一种是包容别人和自己的不同点。既然人与人都是不一样的，那么能不能包容别人和自己的不同之处，学会求同存异呢？另一种是包容别人的缺点。只要他人的缺点不会给团队带来损害，就要包容。以西天取经团队为例，好吃懒做是猪八戒的一个缺点，虚荣是孙悟空的一个缺点，他们因对方缺点而散伙，还是选择包容呢？显然他们选择了包容。

有的人误以为，团队建设需要大家投缘、投脾气、合得来，这种理解恰恰是不对的。如果只考虑合得来、脾气相投，这样建设起来的不是团队，而是团伙。在职场，我们要团队精神，不要团伙精神。所以，完美的团队恰恰是由一群性格各异、能力参差、角色鲜明的人组成的。与和自己各方面反差很大，甚至是自己讨厌的人一起做同事，一起打拼，将会是新员工入职后面临的一个常态。

本讲知识点

“一个人不可能完美，但团队可以。”这句话给我们的启示是？

在团队中，谁也离不开谁；没有完美的个人；学会发现他人的优点；用人之长，容人之短。